U0908671

青藏高原
社会经济史

The Social and Economic History of Qinghai-Tibet Plateau

魏明孔　杜常顺　主编

社会科学文献出版社
SOCIAL SCIENCES ACADEMIC PRESS (CHINA)

前　言

青藏高原历史悠久，文化灿烂，社会经济独具特色，系神奇且充满活力之地。青藏高原自古以来就是中华民族繁衍生息的重要区域，青藏高原上各民族的历史是中国历史的有机组成部分，也是中华民族形成史中的重要因子。青藏高原上的民族不但对内地影响深远，还对东亚、中亚乃至世界产生过巨大影响。

青藏高原位于亚洲大陆南部，西起帕米尔高原，东迄横断山脉，北临昆仑山、祁连山，南抵喜马拉雅山，总面积约300万平方公里，除一小部分属于不丹、尼泊尔、印度、巴基斯坦、阿富汗、塔吉克斯坦、吉尔吉斯斯坦等国外，大部分在我国境内。我国境内的青藏高原在行政区划上包括西藏自治区和青海省全境，云南省迪庆藏族自治州，四川省甘孜藏族自治州、阿坝藏族自治州，甘肃省甘南藏族自治州、天祝藏族自治县、肃南裕固族自治县、肃北蒙古族自治县、阿克塞哈萨克族自治县等，以及新疆维吾尔自治区东南一小部分地区。青藏高原在我国境内面积约257万平方公里，占全国国土总面积的1/4以上。

青藏高原平均海拔4000～5000米，素有“世界屋脊”和“地球第三极”之誉。由于众山环抱，青藏高原形成了一个相对封闭的地理单元；而广袤的高原内部，又有一条条东西走向和西北东南走向连绵起伏的高大山脉横亘其间，山与山之间，形成众多的盆地、宽谷和湖泊，因为这些高山的阻隔，又形成若干局部封闭的地理单元，彼此间交通不便，交流受到限制。青藏高原是亚洲许多江河的发源地，其中长江、黄河、澜沧江（下游为湄公河）、怒江（下游称萨尔温江）、森格藏布河（又称狮泉河，下游为印度河）、雅鲁藏布江（下游称布拉马普特拉河）以及塔里木河等都发源于此，是真正意义上的中华民族母亲河之源头。

青藏高原高亢的地势深刻影响了区域自然景观，使这一区域成为我国三大自然区之一，即青藏高寒区。高原空气稀薄，气候干燥，风力强劲，降水稀少，太阳辐射强烈，气温低且年较差（年振幅）、日较差（日振幅）很大，冰川冻土发育，寒冻风化和冻融作用十分普遍。气候由东部温暖湿润向西北寒冷干旱递变，植被也相应按照森林带、草甸区、草原区、荒漠带依次更迭。受地形和气候的影响，海拔4500米以上的高原腹地平均气温在零摄氏度以下，有相当面积的最暖月平均气温低于10摄氏度。适应了高海拔的寒冷与半干旱气候，在青藏高原腹地的藏南、羌塘、青南、环青海湖以及祁连山一带，形成了广阔连绵的高寒草原。草场面积占高原总面积的53%左右，主要有草甸草场、草原草场、沼泽草场、荒漠草场、灌丛草场和森林草场等。青藏高原可以放牧耐高寒的牦牛、藏绵羊、藏山羊等牲畜。青藏高原东北部较为宽阔的河湟谷地、西藏雅鲁藏布江中游以及藏东、川西诸大江大河流域及盆地有着发展农业的条件，可以种植青稞、小麦、豌豆、马铃薯、蔓菁（圆根）、油菜等耐寒种类作物。

青藏高原高寒缺氧，对包括人类在内的各种生命而言均属于极端环境，但这并没有成为人类生存和居住的禁区。考古学的研究显示，早在3万年以前的旧石器时代，人类就已经在青藏高原腹地展开拓殖和生存活动。包括藏族先民在内，青藏高原曾是中国西部氐、羌系民族生息繁衍的重要区域。而东胡系统的鲜卑人曾从三四世纪之交立国，至7世纪中后期亡国，在青藏高原北部建立了一个延续350年之久的吐谷浑王国。吐谷浑最盛时的疆域，东到今甘肃南部、四川西北，南至今青海南部，西抵今新疆若羌、且末，北隔祁连山与河西走廊衔接。吐谷浑后期的政治中心在今青海湖西约15里的伏俟城。在青藏高原经济发展史上，吐谷浑时代无论如何都是一个重要的篇章。

7世纪开始，伴随着吐蕃王朝的崛起和扩张，吐蕃即藏民族成为青藏高原居民的主体。除藏族之外，青藏高原上还先后有汉、羌、回、蒙古、纳西、傈僳、普米、撒拉、东乡、保安、土、门巴、珞巴等十多个民族成分，是我国多民族聚居区之一。一部青藏高原经济史就是自旧石器时代以来，上述各个民族及其先民在这一极端环境中生生不息的生存拓殖史。

青藏高原经济史属于区域社会经济史的范畴，其内容就是自古以来人类在青藏高原这个独特的自然生态、经济及人文环境的地理区域内的经济活动，即物质资料的生产、分配、交换、消费等展开和演进的历史过程。有关青藏高原社会经济史的研究，学术界已经做了大量的工作。20 世纪 50 年代以来，学术界在相当长的一个时段里聚焦于旧西藏社会形态即西藏农奴暨庄园制度的研究，取得了一系列成果，其中涉及大量经济史的内容，诸如西藏庄园领主制经济的形成、发展与衰败，领主制内涵与特点、庄园形态与类型、生产经营与管理、差税制度与演变等。其中有代表性论文 30 余篇汇编于吴从众主编的《西藏封建农奴制研究论文选》（中国藏学出版社，1991）。20 世纪80～90 年代，在青藏高原尤其是藏区社会经济中扮演重要角色的藏传佛教寺院经济亦引起学术界的高度关注。一些学者就藏传佛教寺院经济形成、发展、演变的历史过程及其原因，寺院经济的构成、经营、管理、特点等方面进行了深入系统的探讨。其中白文固《明清以来青海喇嘛教寺院经济发展情况概述》（《青海社会科学》1985 年第 2 期）、况浩林《近代藏族地区的寺庙经济》（《中国社会科学》1990 年第 3 期）、绒巴扎西《藏族寺院经济发生发展的内在缘由》（《民族研究》1993 第 4 期）及东噶仓·才让加《唐以来藏族地区寺院经济的形成与发展》（《民族研究》1992 年第 3 期）等，是其中具有代表性的论文。自 20 世纪 90 年代以来，学术界从西藏地方史、青海地方史，以及民族史、边疆开发史等角度，开展了经济史的相关研究，并陆续出版了若干专著。其中，崔永红和翟松天《青海经济史》古代卷和近现代卷（青海人民出版社，1998）、陈崇凯《西藏地方经济史》（甘肃人民出版社，2008）等著作，都以现行青海和西藏的行政区划为研究单元，系统地论述了两省区从古代至近现代地方经济发展变化的历史过程。陈崇凯与王建林合作，于 2014 年出版了《西藏农牧史》，论述了从远古至新中国成立之后，西藏地区农牧业的起始、发展和演变的过程。

不同于上述以地方行政区域为叙述空间的经济史撰述，杨惠玲以“藏族地区”为研究对象，撰写出版了《宋元时期藏族地区经济研究》（人民出版社，2011），就宋元时期藏区经济发展的环境与条件、经济制度、牧业、农业、商业、手工业、建筑业等，进行了较为全面的梳理和论述。著名清史专家成崇德《清代西藏开发研究》（北京燕山出版社，1996）则从清代边疆民族地区开发的角度，在深入研讨清代西藏地区经济结构的基础上，重点研究了清代英俄势力渗透对西藏地方经济的影响和清末西藏新政与西藏社会经济发展间的关系。才让《吐蕃史稿》（甘肃人民出版社，2007）设“吐蕃王朝时期的社会经济”专章，集中论述了土地占有关系和吐蕃社会性质，以及吐蕃时期的农业、畜牧业、狩猎业、手工业、商业和交通运输业等，使我们对吐蕃时期的社会经济有了一个比较清晰的认识。罗莉等著《西藏自治区经济史》（山西经济出版社，2016），虽系一部侧重现代的区域经济史，却有“早期的经济与社会分工”“奴隶制经济的兴盛与繁荣”“‘政教合一’制度下的封建农奴制经济”“‘政教合一’制度下的藏传佛教寺院经济”等4章，对吐蕃时期的社会经济有一定的叙述。由中国藏学研究中心的拉巴平措、陈庆英任总主编，由张云任执行总主编的8卷本《西藏通史》（中国藏学出版社，2016），系研究西藏历史的集大成者，其中社会经济部分占有比较重要的位置。

茶马贸易是中古之后青藏高原畜牧业经济与中原内地农耕经济关系史中不可或缺的重要内容。早在20世纪20年代，黎世蘅就在《北大社会科学季刊》第三卷第二期发表《最初华蕃贸易的经过》一文；至三四十年代，《开发西北》《边政公论》《中央亚细亚》等刊物都发表过研究茶马贸易历史的文章[①]。新中国成立后，特别是改革开放以来，茶马贸易的研究为许多学者所关注，他们发表了大量论著，涉及历史上茶马贸易的方方面面。具有代表性的论文有贾大泉《宋代四川同吐蕃等族的茶马贸易》《汉藏茶马贸易》[②]、吴仁安《明代川陕茶马贸易浅说》[③]、冯永林《宋代茶马贸易》[④]、赵毅《明代四川茶马贸易的一种特殊形式》[⑤]、郭孟良《略论明代茶马贸易的历史演

---

① 参见景敖《历代汉蕃茶马互市考》，载《开发西北》3卷5期，1934年5月；李光璧《明代西茶易马考》，载《中央亚细亚》2卷2期，1943年4月；徐方干《茶之塞外流传》，载《边政公论》3卷5期，1944年5月；徐方干《历代茶叶边易史略》，载《边政公论》3卷11期，1944年11月。

② 分别载《西藏研究》1982年第1期、《中国藏学》1988年第4期。

③ 《中国社会经济研究》1984年第2期。

④ 《中国史研究》1986年第2期。

⑤ 《西南大学学报》1988年第4期。

变》[①]、汤开建《宋代与西北各族的马贸易》[②]、陈一石《明代茶马互市研究》[③]、萧国亮《明代藏汉茶马贸易的历史考察》[④]、鲁子健《清代藏汉边茶贸易新探》[⑤] 等。而魏明孔《西北民族贸易研究——以茶马互市为中心》[⑥]和王晓燕《官营茶马贸易研究》[⑦] 等，是系统论述茶马贸易史的专著，对历史上青藏高原茶马贸易多有涉及。王建和陈崇凯《汉藏经济文化交流史》[⑧]中也有大量内容涉及茶马贸易。另外，诸如李晓《宋代茶业经济研究》[⑨]、黄纯艳《宋代茶法研究》[⑩]、刘淼《明代茶业经济研究》[⑪] 一类专著中也有相当内容涉及茶马贸易。

除上述经济史的专门研究之外，在各相关地方通史、民族史、地方志，以及其他涉及青藏高原的各种历史问题的著述中，也都或多或少涉及青藏高原经济史的内容，限于篇幅，在此不一一列举。应该说，上述研究已为我们揭示了不同历史时期青藏高原社会经济的诸多层面，也是进一步推进青藏高原社会经济史研究的基础。但总体而言，还都没有把作为自然地理区域的"青藏高原"作为研究单元，我们所看到的这些研究成果反映的基本都是青藏高原某个局部地区的经济史，还不足以呈现出"青藏高原"这一独特的自然地理区域内人类经济活动的历史全貌和总体特征。这不能不说是一个缺憾。

正是基于此，我们在吸收已有学术研究成果的基础上，撰写了这本《青藏高原社会经济史》，时间上起于新石器时代，止于清末。我们通过梳理研究，认为青藏高原社会经济史主要有以下几个特点。

---

① 《齐鲁学刊》1989 年第 6 期。

② 《中亚学刊》第 3 辑。

③ 《中国藏学》1988 年第 1 期。

④ 《中国社会科学院研究生院学报》1990 第 6 期。

⑤ 《中国藏学》1990 年第 3 期。

⑥ 中国藏学出版社 2003 年版。

⑦ 民族出版社 2004 年版。

⑧ 社会科学文献出版社 2015 年版。

⑨ 中国政法大学出版社 2008 年版。

⑩ 云南大学出版社 2002 年版。

⑪ 汕头大学出版社 1997 年版。

一是青藏高原历史悠久。

青藏高原是人类文明发祥地之一。早在 3 万年前左右的旧石器时代中晚期，人类就已经生活繁衍于青藏高原。根据生物遗传科学有关人类起源的最新研究成果，以及青藏高原古人类活动与考古发现的整体状况判断，青藏高原旧石器时代文化遗存的上限年代可追溯至距今 3 万至 3.5 万年以前。早在 3 万年前，人类就居住、生活、劳作在青藏高原，这里的远古文化不仅源远流长，且具有很强的连续性。从石器的组合和制作技术来看，青藏高原发现的旧石器文化与华北地区旧石器文化传统具有一致性，青藏高原旧石器时代的主体人群应由华北平原向西迁移沿黄河上游逐渐进入青藏高原。新石器时代，青海河湟地区的马家窑文化呈自东向西发展的态势，据此可推测马家窑文化人群有自东向西扩张和延伸的可能。与马家窑、半山、马厂文化类型的发展水平基本相同的西藏昌都卡若遗址，其文化内涵也与马家窑文化有较大的相似性，与此同时，这里的细石器则明显带有北方草原民族的风格。

二是青藏高原在一些经济领域独具特色。

生活在青藏高原的先民，在长期的生产、生活实践中积累了大量经验，创造了灿烂的远古文化，其中尤以彩陶最为典型。彩陶的制作与加工工艺，是当时物质文明和精神文明的高度和谐统一，不仅具有实用价值，而且有审美意义。

青藏高原尤其是河湟地区的彩陶以其数量多、范围广，造型文饰优雅，色泽华丽，内容丰富而享誉海内外。河湟地区的彩陶一般属于仰韶文化或马家窑文化系统，但就已出土的彩陶来看，还反映了不同时期的特征，可分为马家窑、半山和马厂三个类型。河湟地区的马家窑类型彩陶在公元前3100 ~ 公元前 2700 年，半山文化是马家窑文化的发展阶段，距今有 4200 ~ 4500 年的历史，同时也有一定数量的彩陶属于公元前 2200 ~ 公元前 2000 年的马厂文化。马厂文化彩陶的代表性器物有彩陶壶、彩陶罐、彩陶盆、彩陶瓮、彩陶瓶、彩陶杯等。与马家窑和半山类型比较，马厂类型的彩陶制作略为粗糙，但器形和花纹更加丰富。马厂类型彩陶主要花纹有圆圈网格纹、螺旋纹、菱形纹、回纹、雷纹、人形纹、连弧纹等。彩绘多用黑红两色，也有单用黑色的。在彩绘之前先于陶坯上涂一层红底色或施红、白色陶衣，然后再施彩绘的陶器非常盛行。彩陶器中的双耳小罐、单耳杯、短颈高腹壶等，均具有鲜明的时代特色。青藏高原尤其河湟地区是我国彩陶的发祥地之一，其在手工业经济史上占有非常重要的地位。

考古学证明，青藏高原东北部是我国最早进入铜器时代的地区之一。在距今 4000 年左右的齐家文化时期，青海地区已进入青铜文化阶段，在这一时期的考古遗址中，红铜器和青铜器的出土比较普遍。青藏高原的青铜冶炼技术形成的总体时间早于中原地区，中原地区最先接触的青铜冶炼技术有可能是从青藏高原及河西走廊向东传播过去的。

冷兵器时代，马的饲养对于国家或政权而言非常重要，而青藏高原尤其青海地区正是良马的生产基地。自汉代张骞出使西域以来，大量中亚、西亚的良种马就以“天马”“西极马”“汗血马”等名目引进中国，并与中国本地马配种，改良、提升了中国马的品质。而适宜畜牧的西北地区，自然就成为这些良种马培育和畜牧的最佳场所。作为“马上民族”的吐谷浑到达青海地区后，自然受到这种环境与风气的影响，积极学习相关育种技术并开展良种马的培育。把浩渺的青海湖和环湖地区的优质牧场，作为良种马的培育基地，并培育出具有一定神异色彩的所谓“龙种”，所以“吐谷浑良马悉牧青海”。青海湖等地是当时畜牧业的重要基地是毋庸置疑的史实。大业五年（609 年），隋炀帝在占领环湖地区后，也“置马牧于青海渚中，以求龙种”，但隋人并没有掌握实际配种的技术，其结果只能是“无效而止”。能“日行千里”的“青海骢”系吐谷浑人引进波斯母马，择青海本地良马与之配种后繁殖成功的优质马种，这也是吐谷浑人通过丝绸之路参与东西方经济文化交流所取得的重大成果。既有“龙种”，又有“青海骢”，“故其国多善马”。吐谷浑“龙种”和“青海骢”的培育成功，使青海地区从此成为我国最重要的良马产地之一。吐谷浑将大批青海马输入中原地区，换取所需粮食及各类手工业品。唐代，特别是宋明时期，西北地区茶马贸易繁盛，其重要的前提和基础就是青海地区有可资贸易的大量优质马匹。故以吐谷浑为代表的青藏高原民族对我国西北养马业、军事、国防及社会经济之贡献巨大且影响深远。

另外，唐卡是在松赞干布时期兴起的一种绘画艺术，即用彩缎装裱而成的卷轴画，也是青藏高原纺织业技术不断发展的一个方面。9世纪以来，伴随着藏传佛教的复兴和传播，青藏高原地区的唐卡制作艺术也随之蓬勃发展。从传世唐卡看，这一时期的唐卡造像较为简单，身段略显僵硬，着衣少而单薄，饰物沉重感强。颜色多以暖色的红、黄为主调，蓝、绿色配合点缀，色彩变化小。在绘制上虽有线条勾勒，但并不突出，更多的是以不同色调分清层次轮廓，手法质朴、拘谨，具有较强的原始性。尽管如此，却在吐蕃手工业艺术史上具有非常重要的地位，并在后世发扬光大，即使今天也没有中断，系青藏高原物质文明与精神文明最具代表性的体现。

三是畜牧业经济发达，但并非单一的畜牧业经济。

由于青藏高原特殊的自然环境，这里的畜牧业经济发达，系国民经济的支撑。同时，这里的农业、手工业经济也有值得称道的地方，商业流通具有独特的优势。因此，在论述历史上青藏高原社会经济时，不能忽略农业、手工业和商业的作用。

原始农业出现之前，狩猎和采集是原始人群生存的主要手段。在青藏高原，居住在藏中、藏北及青海草原地带的原始先民更为倚重狩猎，而原始狩猎活动是畜牧业产生的重要基础。随着人类驯化动物技能的提高和驯养动物野性的逐步退化，在距今3500年左右的青铜时代，青藏高原兴起了较大规模的畜牧业，游牧业也逐步发展起来。

早在新石器时期，青藏高原的农业经济就已经比较发达，其农业作物包括粟、青稞、黍和麻等，农作物的多样性既是这里的自然条件使然，也是先民们长期社会实践的结果。

马家窑文化早期，青藏高原东北边缘的远古人群已开始从事农业生产，家畜饲养业也开始出现。随着原始农业和畜牧业的发展，制陶、纺织、皮革等手工业也开始发展起来。远古以来，青藏高原原始人群与周边区域各人群之间一直保持往来，早期商业活动也相伴而生。从考古资料来看，先秦时期青藏高原主要种植的农作物为粟。实际上，早在新石器时代晚期，麦类作物就已经开始出现；此外，青海地区已经种植黍和麻等农作物。

吐蕃的“蕃”字在古藏语中有“农业”之意，其兴起之地雅隆地区，被称为“蕃域”。

先秦时期，青藏高原地区的商业活动大致经历了创始、初步发展及逐步兴盛三个阶段，早期贸易当以以物易物为主，后来逐步有了货币交换，贸易活动十分典型地体现了青藏地区与中原的经济、文化联系，一些交易物品还在当时具有重要的政治内涵。

至于后来农业与畜牧业犬牙交错，手工业经济繁荣，商业具有一定的规模，更是青藏高原社会经济的一个特色。

四是在青藏高原的历史上，自中古社会以来以寺院为中心的僧侣阶层聚敛了大量的财富，控制了畜牧业、农业、手工业和商业等资源，成为左右经济的最重要的力量。

10 世纪中叶到 14 世纪中叶，青藏高原地区在政治上经历了从分散割据到完全纳入中央王朝管理的特殊时期，经济发展也大致经历了由奴隶制到封建农奴（牧）制的缓慢转化过程。吐蕃王朝的统治分崩离析后，青藏高原地区旧有的奴隶制生产方式逐步瓦解，以封建农奴（牧）制为基础的封建庄园经济，经过长期的孕育发展后不断成熟完善，成为青藏高原地区最主要的经济生产方式。受生产关系变革的影响，这一时期青藏高原地区的农业、畜牧业、手工业、商贸互市、交通邮驿、建筑业等经济生产部门，均有不同程度的发展与进步，推动了青藏高原地区社会经济的持续发展。尤其是在元代，青藏高原地区被完全由中央政府直接管理之后，伴随着交通邮驿的不断完善，青藏高原地区与内地的经济交流不断加强，不仅促进了青藏高原地区经济的全面发展，而且为青藏高原地区与内地日益密切的政治文化交流与互动奠定了物质基础。此外，伴随着藏传佛教的复兴和弘扬、传播，宗教逐渐渗入这一地区各民族社会生活的方方面面，开始对该地区经济发展产生了深刻影响，使青藏高原地区经济生产的重心开始转向为宗教发展服务，经济发展速度明显降低乃至逐渐处于停滞不前的状态。此外，这一时期青藏高原地区的主要居民虽是名号众多的吐蕃诸部，但由于各地社会经济发展条件和社会发展程度不同，各地的经济发展进程和水平也不尽相同，相关的土地制度、赋役制度千差万别，表现出明显的多元化趋势。

由于宗教势力在青藏高原具有举足轻重的作用，明代在以往的基础上于青藏高原广施封建，所谓“众建多封”。在宗教上，封阐化、阐教、赞善、护教、辅教诸王，大宝、大慈、大乘等诸法王，以及众多西天佛子、大国师、国师、禅师、都纲、剌麻等；行政上，则设乌思藏、朵甘等都司、行都司以及大量的卫所、万户、千户、宣慰司、宣抚司、安抚司等机构，获封各类僧俗职名者不计其数。只要是获得中央政府僧俗职者，都进一步强化了其在当地僧俗民众中的社会、经济地位。凡获封者即与明朝廷确立朝贡关系，而朝贡的名目，有定期的年例朝贡，有明一代，年例朝贡的期限根据不同时期的具体情况不断地进行调整，但大体而言，期限多为三年一贡，也有二年一贡、一年一贡者。如成化（1465～1487年）年间，定议乌思藏诸王等番僧三年一贡，长河西、董卜韩胡等处一年一贡或二年一贡，松潘、茂州诸处番僧则一年一贡，“其附近乌思藏地方，入贡年例如乌思藏”。① 除了年例进贡外，各地僧俗上层凡袭职、替职、谢恩、庆贺等都向朝廷进贡，均无时间限制。

因此，有明一代青藏高原各地僧俗向朝廷进贡者，无论人数规模，还是名目频次，都十分可观。就人数规模而言，从《明实录》等的记载来看，从明初到明末，始终呈增长趋势，特别是明中叶，贡使人数呈陡增之势。成化初年，礼部就乌思藏阐化等诸王贡使人数问题奏称：“宣德（1426～1435年）、正统（1436～1449年）间，番僧入贡，不过三四十人，景泰（1450～1456年）间起数渐多，然亦不过三百人。天顺（1457～1464年）间遂至二三千人，及今前后络绎于途，赏赐不赀……”② 尽管明廷采取各种措施加以限制，但并没有什么明显成效。如成化十八年（1482年），礼部奏朵甘赞善王违反三年一贡之例，连续两次差派贡使413人，同时，又以“请封”“请袭”的名目差派1557人入贡。③ 成化十九年（1483年），长河西灌顶国师札思八坚粲遣使1800人进贡。④ 成化二十二年（1486年），乌思藏大宝法王及国师、牛耳寨寨官等遣使入贡1470人。⑤ 弘治十二年（1499年），长河西及乌思藏诸处，“一时并贡”，贡使合计2800余人。⑥

---

① 《明宪宗实录》卷78，成化六年（1470年）夏四月乙丑条。

② 《明宪宗实录》卷21，成化元年（1465年）九月戊辰条。

③ 《明宪宗实录》卷224，成化十八年（1482年）二月甲寅条。

④ 《明宪宗实录》卷243，成化十九年（1483年）八月癸未条。

⑤ 《明宪宗实录》卷272，成化二十一年（1485年）十一月甲戌条。

⑥ 《明史》卷331《西域传》三，中华书局点校本。

嘉靖十五年（1536 年），“乌思藏辅教、阐教、大乘各王差国师短竹札失等、长河西、鱼通、宁远等处军民宣慰使司差寨官桑呆短竹等各进贡，凡四千一百七十余人”①。隆庆二年（1568 年），董卜韩胡及别思寨贡使多至 1700 余人。②

至于朝贡次数，有学者就《明实录》的记载统计，明代藏区各族朝贡总计不少于 1450 次。如此，则平均每年朝贡至少 5.25 次。

五是青藏高原与内地的经济交流是双向而非单向的。

唐代的农业技术对吐蕃的影响也是比较大的，其中如文成公主从内地带来了先进的农业生产技术、农作物籽种等，以及吐蕃和唐朝使节多次往来于吐蕃与内地，对于吐蕃农业生产技术的改进所起的积极推动作用是不可低估的。但是，当时的这种影响不是单向的，而是双向的。

“皮袄”在吐蕃辖区比较盛行，皮袄制作一般得经过皮革的发酵、柔软处理和剪裁、缝纫等工序，需要一定的专门技术。另外，皮囊也是吐蕃地区装载物品的重要工具；皮革甲胄是吐蕃时期重要的军事装备。吐蕃文书中多次提到的生活用品中包括“靴”等，说明吐蕃当时皮革加工业已经比较成熟，在社会生活中具有一定的地位，而且对内地也有一定影响。吐蕃的毛纺织业产品和技术，对于唐代内地的影响也是直接和深远的，甚至在唐朝出现了以穿戴毛织服装为时尚的现象。

吐蕃的肉制品对当时唐代的社会影响比较大，乳制品酥酪成为内地时髦食品，也成为诗人讴歌的对象，如杜牧就有“忍用烹酥酪，从将玩玉盘”的著名诗句。韩愈“天街小雨润如酥，草色遥看近却无”的诗句，至今仍脍炙人口。而酥油灯也成为唐代军民共同的享用品，如“十万军城百万灯，酥油香暖夜如蒸”，就是唐代诗人的写照。乳制品作为一种营养丰富的食品，不但满足了吐蕃地区的生活需要，而且在唐代内地逐渐流行起来，深受农耕民族的欢迎，吐蕃民族地区乳汁加工技术的提高，对于提高内地居民的生活水平意义重大。尤其吐蕃等地的乳制品及其加工技术传入内地以后，对

① 《明世宗实录》卷 183，嘉靖十五年正月庚午条。

② 《明史》卷 331《西域传》四。

于丰富内地居民的食品种类，改善其食物结构具有不可忽略的推动作用。不仅如此，乳制品加工技术的引进，还对促进内地牲畜和家禽食品深加工、改善食物结构产生了深远影响。

先秦时期青藏高原地区就已经有一定的商品活动，其交易既有物物交换，也有以海贝、金属、玉为一定货币媒介的交换。随着青藏高原社会经济的不断发展和人们活动半径的逐渐扩大，其商品交往的内容和形式也发生了较大的变化，其在社会经济生活中的地位越来越重要。另外值得注意的一点是，在当时的商品交换中，既有内地乃至沿海地区的商品流入青藏高原地区，也有青藏高原的诸如玉器、畜产品等流行中原等地，其影响是双向而非单向的。

乾隆四十八年（1783 年），英国探险家塞缪尔·特纳进藏考察，回到印度后，他向孟加拉国总督提供了一份报告，其中提到了中国内地与西藏之间的贸易物品。西藏向内地输出沙金、钻石、珍珠、珊瑚、少量麝香、西藏生产的羊毛制品、羊绒、孟加拉国水猫皮，内地向西藏输出金银线所织锦缎、普通丝绸、黑茶、烟草、银条、朱砂、水银、瓷器、喇叭、铃钹等乐器、皮类和干果等。双方商品交易的数量很大，据他估算仅在扎什伦布（日喀则）地区，每年就要消费价值 5 万到 60 万卢比的茶叶。① 从事这一贸易的商人包括西藏本地人、克什米尔人以及喇嘛的代理人。当时拉萨既是西藏人烟兴盛之地，也是商贾辐辏之区。“卫藏地方为外番往来贸易人等荟萃之所，南通布鲁克巴，东南通云南属之番子，东通四川属之打箭炉以外各土司，北通青海、蒙古，直达西宁。惟西通巴勒布及克什米尔，缠头番民，常川在藏居住，设廛兴贩者最多。”②

总之，青藏高原的民族地区对内地的影响如同内地对其影响一样，在衣食住行等方方面面均有所表现。

六是青藏高原的社会经济具有一定的包容性与开放性。

青藏高原出土了大量海贝等产自中原的物品，这些物品应当是通过不同

① 〔英〕塞缪尔·特纳：《西藏札什伦布寺访问记》，苏发祥、沈桂萍译，西藏人民出版社，2004，第 268、274 页。

② 西藏研究编辑部编《西藏志·卫藏通志》，西藏人民出版社，1982，第 329 页。

部落之间以物易物的形式，逐步从中原地区传入青藏高原的。新石器时代出土的海贝、绿松石等在当时一般被当作装饰品或财富象征而被人们格外珍视，甚至具有一定的货币职能，它们在青藏高原的出土既是中原文化东向发展的考古学见证，也反映出青藏地区原始居民与中原地区早期先民具有共通的文化心理。海贝、绿松石等物品既有可能是以物易物的重要内容，也有可能是邻近部落之间商业活动的货币媒介。

早在文成公主和亲前，吐蕃就向唐太宗“请赐”“十八种工艺书籍”，这些要求均得到了满足，这对当时吐蕃手工业经济的影响深远，也是吐蕃手工业受内地手工业影响的最好说明。另外，“求匠”也是吐蕃对唐朝多次提出的要求之一。这些史料足以说明，吐蕃早期的手工业经济已经达到一个相当高的水平，其已经知道与内地的差异在什么地方，以及根据轻重缓急最想得到内地支援的是什么。

民族贸易是吐蕃社会经济生活的基本内容之一，其中除了吐蕃本土内的贸易以及与其他少数民族之间的贸易外，吐蕃与唐代中央王朝之间的贸易显得非常重要，而这一方面的情况非常复杂，往往与贸易双方的政治、经济和军事、自然条件乃至决策者的选择偏好有直接关系。吐蕃作为以畜牧业经济为基础的民族政权，与唐朝农耕民族及其他民族之间的生产内容不尽相同，这使其生产具有一定的互补性，为相互之间进行商业贸易提供了客观条件。从经济区位的基本观点来看，具有区位性的产品之间的贸易因依赖度高显得比较频繁，而且交易数量比较大，同时这种贸易往往会刺激和带动社会经济的发展，对贸易双方或多方均有利可图。

松赞干布时期，吐蕃就已经形成了八大市场，其中上部大集市 3 个，分别是勃律王土、突厥、泥婆罗；下部大集市 3 个，分别是葛逻禄、绒绒、邓麻；中部集市 2 个，包括东董（东）等。由于吐蕃特殊的地理环境，这些集市往往位于山口或关隘地带。其中没庐王赤松杰达囊分管东方丝帛山口，桂赤登帕玛分管南方米和糜子山口，没庐穷萨沃玛分管西部蔗糖和染料山口，琼波布当分管北方盐和犏牛山口。在四大山口又各设一个小山口，合为八大山口。吐蕃时期商品贸易具有一定之规模，由此可见一斑。

史书记载吐蕃时期的内地茶商、突厥玉商、粟特刀商、邓麻帛商、兰地盐商等“五商”生产商品的社会分工比较明确，足以体现吐蕃时期商业贸易的活跃情况。除此之外，泥婆罗（尼泊尔）商人、克什米尔商人、于阗商人等，也在一定程度上参与了吐蕃的对外贸易活动，其贸易活动具有一定的开放性。

七是青藏高原在丝绸之路中扮演着不可或缺的角色。

吐谷浑在东西方丝绸贸易中最具价值的贡献，是贯通以青海地区为枢纽联结西域和南朝的往来通道。青海地区很早就是西域与中原往来的通道，被称为“羌中道”，只是与河西走廊相比，青海地区自然条件处于劣势，所以“羌中道”在中西交通中的重要性无法与河西走廊相提并论。

丝路青海道在吐谷浑时代的繁荣，自 20 世纪 60 年代在今青海省西宁市发现波斯萨珊王朝的银币后，就引起了学术界的高度关注和大量研究。吐谷浑道在早期是塞北与南朝交往最为重要的通道。应该说，吐谷浑参与的是中古时代覆盖面非常广的国际商业贸易圈，并以国际贸易中介人的角色为世人所瞩目，也给世人留下了吐谷浑“事惟贾道”的深刻印象。

隋唐时期，伴随大一统局面的逐步形成，中原王朝与西域的关系越来越密切，东西方国际贸易的丝绸之路通道也更多地为中原王朝所掌控。作为东西方国际贸易中介的吐谷浑国也于 663 年为吐蕃王朝所灭，其领地民众被纳入吐蕃治下。但是在隋唐时期，包括吐蕃统治时期，青海地区作为丝绸之路的通路并没有沉寂，仍然在发挥重要的作用，国际性的贸易往来仍然比较活跃。20 世纪 80 ~ 90 年代对青海省都兰境内吐蕃大墓的考古发掘，出土了多达 130 种 6 世纪末至 9 世纪前半期主要出自中原，兼有出自中亚、西亚的丝织品，以及大量分属于粟特和唐的金银铜器物、铜钱，以及漆器、木器等。如此多的来自东、西两方的文物集中于此，充分地说明该时期青海路的地位和作用。此时的青海，确已成为东西方物资交流的中心和融合东西方文化的中心。出土文物证明，在这一历史时期，青海丝绸之路是畅通的，即使是在吐蕃控制下的 7 ~ 8 世纪，其与东西方贸易的规模也是前代所无法比拟的。

本书共分六章。依次分成史前时期、秦汉魏晋南北朝时期、隋唐时期、宋元时期、明朝时期、清朝时期六个大的历史时期，叙述各个时期青藏高原农业、畜牧业、手工业、商业等诸方面的内容及其发展变化的情形。全书由魏明孔、杜常顺主持撰写，具体撰稿人分别为：李健胜（史前时期、秦汉时期）、杜常顺（魏晋南北朝时期）、魏明孔（隋唐时期）、张生寅（宋元时期）、李晓英（明和清时期），魏明孔和杜常顺做了统稿。唐晔副研究员、博士研究生张磊、宋纤也协助做了部分辅助性工作。

由于我们在青藏高原社会经济史这一领域的学术积累还不够丰厚，学术水平也有限，再加上文献资料的不足，所以，目前的这部著作，也只是从区域社会经济史的范畴，在前贤研究的基础上对青藏高原社会经济史做了一个基本的梳理，内容也还不够充实，不足之处有很多。希望起到抛砖引玉的作用，敬请方家指正。

目 录

第一章 先秦时期

青藏高原是人类文明发祥地之一。早在 3 万年前的旧石器时代中晚期，人类就已经扎根青藏高原。1956 年，中国科学院地质研究所曾在青海柴达木盆地南缘格尔木河一带采集到 10 余件旧石器时代的遗物。[①] 1982 年，在柴达木盆地的小柴旦湖湖滨的砾石层中发现了一批人工打制的石制品，其年代距今约 3 万年。[②] 20 世纪60 年代以来，西藏定日县的苏热，申扎县的多格则和珠洛勒，日土县的扎布，普兰县的霍尔区，吉隆县的东淌和却得淌等地陆续发现了旧石器时代的文化遗存。石硕先生根据生物遗传科学有关人类起源的最新研究成果，以及青藏高原古人类活动与考古发现的整体状况，认为西藏高原旧石器时代文化遗存的上限年代可追溯至距今 3 万年至3.5 万年以前。[③] 1980 年，青海省文物考古队在贵南县拉乙亥乡发现了中石器时代文化遗址。[④] 近代以来，考古工作者在青海各地陆续发现了数量众多的马家窑、齐家、辛店、卡约、诺木洪等新石器文化和青铜文化遗址。[⑤] 20 世纪 70 年代以来，西藏地区也陆续发现了卡若、曲贡、昌果沟等新石器文化遗址。仅举上述考古发现便足以说明，早在 3 万年前，人类就居住、生活在青藏高原，远古文化不仅源远流长，且具有很强的连续性。

学术界普遍认为，从石器的组合和制作技术来看，青藏高原发现的旧石

① 邱中郎：《青藏高原旧石器的发现》，《古脊椎动物学报》1958 年第 2、3 期合刊。

② 黄慰文：《柴达木盆地发现旧石器》，《人类学报》1985 年第 1 期。

③ 石硕：《从人类起源的新观点看西藏的旧石器文化遗存》，《中国藏学》2008 年第 1 期。

④ 盖培、王国道：《黄河上游拉乙亥中石器时代遗址发掘报告》，《人类学学报》1983 年第 1 期。

⑤ 崔永红、张得祖、杜常顺主编《青海通史》，青海人民出版社，1999，第 6 ~ 19 页。

器文化与华北地区旧石器文化传统颇为一致[①]，青藏高原旧石器时代的主体人群应由华北平原向西迁移，沿黄河上游逐渐进入青藏高原。[②] 新石器时代，青海河湟地区的马家窑文化呈自东向西发展的态势，据此可推测马家窑文化人群有自东向西扩张和延伸的可能。与马家窑、半山、马厂文化类型的发展水平基本相同的西藏昌都卡若遗址，其文化内涵也与马家窑文化有较大的相似性，所发现的细石器则明显带有北方草原民族的风格。[③] 著名考古学家苏秉琦先生认为齐家文化的整体发展趋势也是由东向西的，[④] 故齐家文化人群或许来自中原地区。另外，也有学者认为齐家文化为古羌人所创造。[⑤] 卡约、辛店文化是青铜时代的土著文化遗存，其族群属性一般被认定是早期羌人。[⑥]

旧石器及中石器时代，人们的生存手段主要为采集和狩猎。青海省贵南县拉乙亥遗址出土了大量动物骨骼，有环颈雉、鼠兔、沙鼠、羊、狐及少量鸟蛋皮。这些动物是当时人们捕食的主要对象。[⑦] 拉乙亥遗址还出土了石研磨器，说明采集农业已经出现[⑧]，且粮食加工技术已经比较成熟。马家窑文化早期，青藏高原东北边缘的远古人群已开始从事农业生产，家畜饲养业也开始出现。随着原始农业和畜牧业的发展，制陶、纺织、皮革等手工业也开始发展起来。远古以来，青藏高原原始人群与周边区域各人群一直保持着往来与联系，早期商业活动也相伴而生。

---

① 参见黄慰文《柴达木盆地发现旧石器》，《人类学学报》1985 年第 1 期；安志敏、尹泽生、李炳元《藏北申扎、双湖的旧石器和细石器》，《考古》1979 年第 6 期。

② 石硕：《从人类起源的新观点看西藏的旧石器文化遗存》，《中国藏学》2008 年第 1 期。

③ 中国社会科学院考古研究所：《昌都卡若》，文物出版社，1985，第 151 ~ 153 页。

④ 白寿彝总主编、苏秉奇主编《中国通史》第 2 卷《远古时代》，上海人民出版社，1994，第 451 页。

⑤ 张义军：《在历史遗存中探寻羌族的起源和文化》，《中国民族日报》2008 年 6 月 13 日，第 8 版。

⑥ 也有学者认为，青海羌人源于宗日文化，并非始自马家窑，并延续至卡约文化。参见闫璘、柳春城《羌人渊源考释》，《青海民族研究》2001 年第 1 期。

⑦ 盖培、王国道：《黄河上海拉乙亥中石器时代遗址发掘报告》，《人类学学报》1983 年第 1 期。

⑧ 崔永红：《青海经济史（古代卷）》，青海人民出版社，1998，第 2 页。

第一节　农业与畜牧业

我国是世界上原始农业产生最早的国家之一。距今七八千年之前，黄河流域的粟类种植和长江流域的稻作农业孕育出辉煌灿烂的原始文化。青藏高原原始农业的起步也比较早，距今5000年左右，青海河湟地区的原始人群就已经开始从事农业生产。青藏高原畜牧业源于原始狩猎，是在与原始农业相结合的饲养业基础上发展而成的。畜牧业的形成虽晚于原始农业，但高原缺氧、草原广阔、草地茂密的自然地理条件更适宜逐水草而居的游牧生活。因此，畜牧业在青藏高原早期先民的社会经济生活中发挥着更为重要的作用。

一　农业

青藏地区原始农业的生成、发展与分布，当与黄河上游的新石器文化关系密切，陕甘交界的马家窑文化对青海河湟地区影响颇深，黄河上游的农作物品种及生产技艺经过“藏彝走廊”西缘通道，传播至西藏东部及山南地区。[①]

从考古发现来看，青海东部地区是青藏高原最早出现原始农业的地区。1980年，青海民和阳洼坡石岭下文化类型遗址曾出土带贮坑房屋，以及石刀、石斧和骨铲等生产工具，学者们据此认为，当时的原始农业已经进入较进步的阶段。[②] 1999年，考古工作者在文化内涵与民和阳洼坡遗址相似的民和胡李家遗址中，通过对灰坑堆积物进行浮选，“采集到炭化的小米粒。在沟状灰坑中还出土了多件炭化遗物，尚待检测鉴定。其中一件外观颇似面食花卷”[③]。这说明，新石器时代庙底沟类型文化向马家窑文化类型过渡时期，

---

① 陈崇凯：《西藏地方经济史》，甘肃人民出版社，2008，第47～48页。

② 参见青海省文物考古队《青海民和阳洼坡遗址试掘简报》，《考古》1984年第1期；尚民杰《青海原始农业考古概述》，《农业考古》1987年第1期；崔永红《青海经济史（古代卷）》，第4页。

③ 中国社会科学院考古研究所甘青工作队、青海省文物考古研究所：《青海民和县胡李家遗址的发掘》，《考古》2001年第1期。

青海东部地区不仅已出现原始农业，而且其发展程度也曾一度达到较高水平，面食已经成为当地居民的重要食物之一。根据当时农作物的品种，这种面条不是由小麦面粉制作的，而是由粟粉、黍粉制作而成。这纠正了面条是2000年前由意大利人或阿拉伯人发明的说法，或者说青海地区是人类最早发明面条的地区之一。马家窑半山类型时期，人类社会已进入父系氏族社会阶段，当时青海东部地区的原始农业生产还不甚发达，从河湟地区出土的生产工具数量来看，狩猎工具所占比例较高，农业生产工具较少，这说明当时人们主要以狩猎为生，出土墓葬中也未见用粮食随葬的习俗。[①] 距今4500年左右，得益于湿润、温暖的气候，马家窑文化进一步向西传播以及受原始农业生产技术进步等因素的影响，河湟地区的原始农业逐步进入大发展时期。从青海乐都柳湾马家窑文化马厂类型遗址中出土的相关器物来看，情况大概如下。

当时人们所用的生产工具除石斧、锛、刀外，还有宽刃的石镰等，并发现了捆绑有长木柄的石斧，保存相当完好。这种复合工具的生产效率显然要比不带把的工具高许多，它应是生产工具进步的标志。墓中还普遍发现了粟的颗粒或皮壳，皆装在粗陶瓮内，说明粟已经是当时人们的主要粮食。[②]

可见，马家窑文化马厂类型时期农业生产工具种类更为多元，制作技艺也更为精细，而粮食随葬习俗的出现，更能说明当时人们倚重农业生产的比重已高于畜牧业。或者说，当时农业生产已经有了长足发展。距今4000年左右，由马家窑文化发展而来的齐家文化成为河湟地区占主导地位的原始文化类型。从考古发现来看，齐家文化遗址广泛分布于青海东部地区的河谷地带，其最西端已至青海湖滨的沙柳河一带。青海乐都柳湾齐家文化墓葬出土的生产工具“以农业工具为主，纺织工具次之，狩猎工具很少”[③]。这说明，“齐家文化的人们过着比较稳定的定居生活，原始农业仍是主要的经济

---

① 尚民杰：《青海原始农业考古概述》，《农业考古》1987年第1期。

② 青海省文物管理处考古队、中国社会科学院考古研究所：《青海柳湾》，文物出版社，1984，第252页。

③ 同上书，第193页。

行业”[①]。

辛店、卡约文化时期，受青藏高原整体气候降温变干的影响[②]，加之早期羌人生产方式在河湟地区主导地位的确立[③]，自然条件较好、适合农作物生长的湟水中下游地区，农业生产较为发达。分布在青海西宁附近的上孙家寨卡约文化人群处于半农半牧或农业稍弱的状态，西宁以西以及距西宁较远的一些卡约文化遗存，自然条件相对较差，经济特点是以畜牧为主。[④]

20 世纪 70 年代以来，先后在澜沧江、拉萨河及雅鲁藏布江流域分别出土了卡若、曲贡、昌果沟等新石器时代遗址，从这些遗址出土的生产工具、农作物遗存来看，这一时期西藏地区的原始农业已经有了较大发展。20 世纪 70 年代中期，西藏昌都县卡若遗址的发掘曾引起学术界的广泛关注。卡若遗址位于澜沧江畔的二级台地上，海拔 3100 米左右，出土了大量打制石器、磨制石器、骨器和陶器，经碳 14 年代测定，遗址距今 4000～5000 年。[⑤]卡若遗址发现的原始村落的年代前后绵延千余年，要维持长期的定居生活，如果没有较高的生产力发展水平和相对固定的生产部门，显然是不可能的，而“从卡若遗址出土的铲状器、锄状器、石刀、石斧等生产工具及其在石器中所占的较大的比重来看，农业无疑是一重要的生产部门”[⑥]。20 世纪 80 年代中期，拉萨市北郊的曲贡村发掘了新石器文化遗址，这是目前国内发掘的海拔最高的新石器时代遗址，从出土的收割器具和加工谷物的磨盘看，曲贡遗址原始人群的经济生活以农业耕作为主，大量兽骨和鱼骨及渔猎工具的出土，说明畜养和渔猎也是生活资料的重要来源。[⑦] 此外，“遗址还见到埋

---

① 崔永红、张得祖、杜常顺主编《青海通史》，第 12 页。

② 安成邦、冯兆东、陈发虎：《甘青地区全新世中期的环境变化与文化演进》，《西北大学学报》（自然科学版）2003 年第 6 期。

③ 崔永红：《简论史前青海先民的经济活动及其与生态环境之关系》，《青海社会科学》2010 年第 1 期。

④ 青海省文物考古研究所：《上孙家寨汉晋墓》，文物出版社，1993，第 220 页。

⑤ 中国社会科学院考古研究所：《昌都卡若》，第 165 页。

⑥ 同上书，第 154 页。

⑦ 中国社会科学院考古研究所西藏工作队、西藏自治区文物管理委员会：《西藏拉萨市曲贡村新石器时代遗址第一次发掘简报》，《考古》1991 年第 10 期。

有人头骨的灰坑，属于猎头或人祭一类的遗存。曲贡人有较为发达的农业，人祭当与祈求丰产或报祭地母有关”①。20 世纪 90 年代初，西藏山南贡嘎县雅鲁藏布江以北河谷地带的昌果沟也发现了距今 3500 年左右的新石器晚期文化遗址。1994 年，在遗址灰坑中发现了青稞和粟的炭化粒，这说明昌果沟遗址古人类除受到西北地区粟作农业的影响外，西亚麦作农业也曾迁播至此地。② 换言之，西藏山南地区是东亚、西亚原始农业文明的交汇之地。

综上所述，受制于独特的地理条件，青藏高原原始农业的起步晚于中原地区，其发展程度也较黄河和长江流域迟缓，故其史前农业的起源与发展不仅仅局限于新石器时代，而是一直延续至青铜时代甚至更晚。③ 从考古资料中不难看出，青藏高原地区的原始农业主要受到黄河上游粟作农业的影响，同时也与南亚、西亚早期农业文明有一定的关联。

二　农作物种类

从考古资料来看，先秦时期青藏高原主要种植的农作物为粟。实际上，早在新石器时代晚期，麦类作物就已经开始出现；此外，青海地区还发现黍和麻等农作物的考古遗存。

粟，又称稷，俗称谷子，去皮后称小米，由野生狗尾草逐步培育而成，性耐干旱，是黄河流域的传统农作物。我们从“社稷”一词中可以断定，稷即粟，其在古代传统农业中的地位是非常高的。学术界普遍认为，我国是粟作农业的重要起源地，但在起源时间问题上学者们意见不一，至今莫衷一是。侯毅先生认为，粟作农业起源于距今约 16000 年的山西下川旧石器晚期文化，距今 9000 ~ 13000 年是中国北方粟作农业的大发展阶段。④ 大多数学

---

① 中国社会科学院考古研究所西藏工作队、西藏自治区文物管理委员会：《西藏拉萨市曲贡村新石器时代遗址第一次发掘简报》，《考古》1991 年第 10 期。

② 参见傅大雄《西藏昌果沟遗址粟炭化粒的发现》，《四川农业大学学报》1997 年第 1 期；傅大雄《西藏昌果沟遗址新石器时代农作物遗存的发现、鉴定与研究》，《考古》2001 年第 3 期。

③ 沈志忠：《青藏高原史前农业起源与发展研究》，《中国农史》2011 年第 3 期。

④ 侯毅：《从最近的考古发现看北方粟作农业的起源问题》，《北方文物》2007 年第 2 期。

者则认为粟作农业起源于距今8000年左右的仰韶文化，在新石器时代，自中国北方向其他地区大规模传播，是我国北方种植范围最广泛的农作物。其中，甘肃省兰州白道沟坪、秦安大地湾、临夏马家湾等地都发现过粟作农业遗迹。①

随着陕甘地区马家窑文化逐渐西向迁播，粟作农业也传入青藏高原。1975年，考古工作者在青海乐都柳湾马厂类型墓地中发现了大量的粟炭粒子，"在一半以上的马厂墓葬中都有容积较大的装有粮食（粟）的粗陶瓮作为随葬品，如墓339有粗陶瓮4件，在出土的陶瓮内均放有粮食，在墓6内也出有粮食"②。这说明马家窑文化马厂类型时期，生活在湟水流域的先民主要种植粟，用大量的粮食作为随葬品，可见当时的社会生产力已达到一定水平，且对粮食很重视。卡约文化时期，粟仍然是河湟地区的主要农作物，用粟来随葬的习俗仍在流行。青海循化县阿哈特拉山墓地出土了一种"小口瓮，内多装有粮食、兽骨，应是储备粮食或肉类的器皿"。经检测，瓮内所装粮食为粟，这说明"粟是当时居民种植的最重要一种粮食作物"③。

新石器时代，西藏地区最主要的农作物也是粟。经过对农作物遗迹的科学检测，考古工作者发现，昌都卡若遗址主要的农作物为粟米。④ 如前所述，西藏山南昌果沟遗址中也出土了粟炭粒子，这都说明西藏地区最早种植的农作物是粟。针对植物特性与地域分布特点，学者们曾指出，"卡若文化的粟米，很可能就是从马家窑等文化传播而来"⑤。傅大雄先生认为，"昌果沟古粟的再度发现表明，粟肯定是西藏高原上长期、普遍栽培过的农作物，而且应当是整个西藏高原上最早栽培的粮食作物"⑥。陈崇凯先生

---

① 刘军社：《黄河流域史前粟作文化遗存的发现与研究》，《农业考古》2000年第3期。

② 青海省文物管理处考古队、中国社会科学院考古研究所青海队：《青海乐都柳湾原始墓地反映出的主要问题》，《考古》1976年第6期。

③ 许新国：《循化阿哈特拉山卡约文化墓地初探》，《青海社会科学》1983年第5期。

④ 中国社会科学院考古研究所：《昌都卡若》，第154页。

⑤ 同上书，第153页。

⑥ 傅大雄：《西藏昌果沟遗址新石器时代农作物遗存的发现、鉴定与研究》，《考古》2001年第3期。

根据考古学材料和学者们的相关研究成果，进一步论证了史前粟作农业经“藏彝走廊”的西缘通道由北而南，经过青藏高原东部边缘，传播至西藏东部乃至山南一带，进而认为“藏彝走廊”一带出土的粟作农业遗存，“当源于西北”。[①] 这大体勾勒出了青藏高原地区粟的原始生产情况及其传播过程。

麦类作物是小麦、大麦和青稞的统称，栽培历史晚于粟。西藏昌果沟遗址“发现的农作物遗存除部分燃烧前已击碎的炭化果核外，较大颗粒的多类似于麦类的种子，子粒细小的则均类似于粟的种子，另有少量其他植物种子的炭化粒以及部分难于划分类别的炭化种子。经过近年来的鉴定与研究，已确定遗址内的农作物遗存以青稞和粟的炭化粒为主，在大量青稞种子炭化粒中混杂有少数几粒小麦种子的炭化粒”[②]。这说明，西藏山南地区较早引种了麦类作物。傅大雄先生认为：

> 昌果沟古青稞的发现表明，新石器时代晚期，西藏高原上已辗转接触到了西亚“麦”（青稞）的农业文明。青稞高产、早熟、抗旱、耐瘠，勿须脱壳而易于炒食作糌粑，对高原农业生态表现出了独特的适应性……经过长期的自然选择和人工选择，青稞以其对高原农业生态独特的适应性而逐渐取代了粟。[③]

人们在循化县卡约文化遗址和都兰县诺木洪文化遗址中发现了麦类作物的遗迹，崔永红先生据此认为，“青海境内至迟卡约文化、诺木洪文化时期已在较普遍地种植麦类作物”[④]。由于考古遗存保存不完善，青海地区发现的麦类作物的具体品种未能明确鉴定[⑤]，学术界对青海地区麦

---

① 陈崇凯：《西藏地方经济史》，第48页。

② 傅大雄：《西藏昌果沟遗址新石器时代农作物遗存的发现、鉴定与研究》，《考古》2001年第3期。

③ 同上。

④ 崔永红：《青海经济史（古代卷）》，第11页。

⑤ 同上。

类作物的来源也未予研究，不过，根据傅大雄先生“青稞农耕很可能是首先在雅鲁藏布江流域确立后再向藏东北传播的”① 这一判断，不排除至今在青海地区广泛种植的青稞来自西藏的可能。傅大雄先生曾提出，“西藏高原于新石器时代中晚期是粟与麦的东西方农业文明的汇合部，西藏高原是栽培作物的次生起源中心”②。从粟和麦类作物引种、传播的方式和过程来看，我们认为不仅是西藏，而且整个青藏高原都是新石器时代中晚期东西方农业文明的汇合部。

此外，青海东部地区可能较早引种黍和麻。黍在西北地区俗称糜子，在青海的种植历史较为久远。麻分雌雄两种，茎干皮可用来织布。1978年，甘肃东乡林家遗址发现了黍类遗迹和麻的种子。崔永红先生根据甘肃西部与青海东部相邻且自然地理条件大致相同，乐都柳湾墓葬中的布纹痕迹，以及《西宁志》《西宁府新志》《丹噶尔厅志》等方志材料中的相关记载，认为新石器时代晚期青海东部地区已种植黍和麻类作物。③ 1999年挖掘的青海民和喇家齐家文化遗址中，考古工作者发现了粟和黍的遗迹，这次考古发现进一步证明，距今4000年左右，青藏高原东北边缘已种植黍。④

上述论述充分表明，早在新石器时期，青藏高原的农业生产就已经有一定程度的发展，其农业种植品种包括粟、青稞、黍和麻等，农作物的多样性既是这里的自然条件使然，也是先民们长期社会实践的结果。

三　畜牧业

原始农业出现之前，狩猎和采集是原始人群生存的主要手段。在青藏高原，居住在藏中、藏北及青海草原地带的原始先民更为倚重狩猎，而原始狩猎活动是畜牧业产生的重要基础。从藏北阿里、青海格尔木等地发现的原始

---

① 傅大雄：《西藏昌果沟遗址新石器时代农作物遗存的发现、鉴定与研究》，《考古》2001年第3期。

② 同上。

③ 崔永红：《青海经济史（古代卷）》，第12～13页。

④ 谢端琚：《喇家遗址发掘与齐家文化研究》，《中国文物报》2005年1月7日，第7版。

岩画看，当时的人们以单人、多人围猎的方式射杀、抓捕野兽。[①] 在狩猎过程中，人们对野生种群数量分布较多的野牦牛、盘羊、野猪、青羊等动物的习性开始有了一定的认识，并把捕获的一些野生动物以圈禁的形式进行驯化。由于这些动物的野生性状难以在短期内驯服，所以不可能很早就进行放牧活动，与之相较，植物的栽培相对容易，故畜牧业的产生一般都晚于原始农业。

青海民和胡李家遗址中，出土的动物骨骸甚多，大多比较残碎，显然是人们食用后的骨渣，多为猎获的野生鹿、犬科动物、啮齿动物及鸟类的遗骸，大量分布于灰坑和底层堆积中。这说明距今5000年前的原始人群仍以狩猎为重要生活手段，攫取经济在当时的经济生活中占有较大比重。此外，经过鉴定，其他可辨识的动物主要是饲养的羊和猪，房基下还找到有意识埋藏的狗头，说明狗也是当时人们饲养的家畜之一。[②] 青海民和核桃庄马家窑文化遗址、青海贵南尕马台马家窑文化遗址中，也发现了饲养家畜猪、狗、羊的遗存。[③] 西藏拉萨曲贡遗址出土的兽骨数量也很多，经初步鉴定，基本为野生动物如马、牛、羊、鹿等。考古学者还从灰坑内发现一些鱼骨，说明新石器时代的曲贡人有食鱼的习惯，但未发现常见饲养家畜猪的遗迹。[④] 昌都卡若遗址中出土了石镞、石矛以及用于投掷的石球，说明已从事农业生产的卡若人也经常从事狩猎。在遗址灰坑中，还发现了猪的遗骸，说明“当时人们已知饲养家畜，饲养的动物目前所知的只有猪一种”[⑤]。新石器文化中后期，畜牧业还未脱离原始农业，人们通过圈禁的方式来饲养猪、狗、羊、牛等动物。在农业生产力极低的原始社会，圈养动物的饲料可能主要是收割、采集而来的野生植物，但不排除用农产品喂养的可能，同时人们也开

---

① 参见四川大学考古系、西藏自治区文物局《西藏日土县塔康巴岩画的调查》，《考古》2001年第6期；汤惠生、张文华《青海岩画》，科学出版社，2001。

② 中国社会科学院考古研究所甘青工作队、青海省文物考古研究所：《青海民和县胡李家遗址的发掘》，《考古》2001年第1期。

③ 参见青海省文物管理处《青海民和核桃庄小旱地墓地发掘简报》，《考古与文物》1995年第2期；白万荣《青海古代文化分布概述》，《青海社会科学》1991年第2期。

④ 中国社会科学院考古研究所西藏工作队、西藏自治区文物管理委员会：《西藏拉萨市曲贡村新石器时代遗址第一次发掘简报》，《考古》1991年第10期。

⑤ 中国社会科学院考古研究所：《昌都卡若》，第154页。

始种植牧草为家畜提供饲料，青海喇家齐家文化类型遗址中出土的苜蓿遗迹，就为史前人类种植牧草、发展饲养业提供了考古学依据。[①] 这无疑是研究青藏高原畜牧业生产的重要资料。

随着人类驯化动物技能的提高和驯养动物野性的逐步退化，在距今3500年左右的青铜时代，青藏高原兴起了较大规模的畜牧业，游牧业也逐步发展起来。崔永红先生认为，“青海地区大规模畜牧业的兴起是青铜器时代卡约文化的事，至于游牧经济的产生更晚至卡约文化后期，而这时原始农业在河湟地区产生已至少有2000多年的历史了”[②]。

如前所述，全新世后期青藏高原经历过一次大的气候变化，自然生态环境的巨变也影响了当时人们的生产、生活方式。大致而言，青海西宁以东的原始人群仍以农业为主并兼以畜牧，西宁周围地区为半农半牧，西宁以西地区畜牧业占主导地位，湟源一带的原始人群还从事农业生产，而生活在日月山以西草原地带的原始人群则逐步开始了游牧生活。可见，除被驯化动物性状的改变为游牧业的产生提供了先决条件外，生态环境的变化也是饲养业摆脱农业，形成相对独立的畜牧业及游牧作业方式的一个重要因素。

齐家文化时期，青海地区的饲养动物有狗、猪、羊、牛、马、驴，家畜种类较为齐全[③]，这说明当时的人们已具备较高的动物驯化水平。在卡约文化的早期遗址中，仍能看到以粟随葬的现象，说明当时的人们仍然倚重农业生产。到了后期，农业生产的比重进一步下降，特别是西宁以西地区基本看不到从事农业生产的痕迹，如湟源莫布拉卡约文化遗址中，灰土、灰烬中基本找不到农业生产的遗物，而是“发现了以牛羊粪作为燃料的情况。据此推测，卡约文化时期的莫布拉人，是以家庭为单位，过着纯畜牧经济的生活”[④]。当时的人们盛行以动物随葬的习俗，“较大型的墓葬多随葬马、牛、狗、羊等动物骨骼，一般都是用四肢及头骨或尾骨，没有完整

---

① 谢端琚：《喇家遗址发掘与齐家文化研究》，《中国文物报》2005年1月7日，第7版。

② 崔永红：《青海经济史（古代卷）》，第14页。

③ 白万荣：《青海古代文化分布概述》，《青海社会科学》1991年第2期。

④ 高东陆、许淑珍：《青海湟源莫布拉卡约文化遗址发掘简报》，《考古》1990年第11期。

的牲畜骨架”[①]。此外，青海贵德山坪台卡约文化墓地中也有以家畜随葬的现象。[②] 这一时期，人们使用的生活、生产工具多用家畜骨骼做成，分布在青海东中部的卡约墓葬中发现了骨锥、骨铲、骨簇、骨管、骨纺轮、骨针、骨棒、骨贝和其他大量的骨装饰品，这与数量和种类都很少见的农业生产工具形成了鲜明对比。由此，“不难看出卡约文化牧猎生产力的发展水平，足以构成卡约文化的经济主体，而农业则退居为附庸的地位”[③]。从用饲养动物随葬的规模来看，当时人们不再是小规模地圈养动物，而应该是以放牧的方式大规模饲养动物，我们也有理由相信，卡约文化晚期居住在日月山以西的原始先民们已过上了逐水草而居的游牧生活。这主要是先民们根据当地自然环境的实际情况，不得不进行的一种生产形式的选择。

在距今 3200 多年的辛店文化时期，畜牧业进一步发展。考古发掘资料较为丰富的民和核桃庄辛店文化墓葬中，“有马、羊、牛、狗等家畜，骨器也很多，说明文化主人的畜牧业是比较发达的”[④]。距今 3000 年左右的诺木洪文化时期，畜牧业已得到长足发展，这一时期的人们过着农牧兼营的定居生活[⑤]，畜牧业水平也较之前有较大提高。青海海西搭里他里哈遗址发现了长 7.3 米、最宽处 6.6 米的大型圈栏，“圈栏内有大量羊粪堆积，厚约 15 ~ 20 厘米，其间也夹杂少量的牛马和骆驼的粪便”[⑥]。考古发掘者认为，这可能是当时人们饲养家畜的圈栏。这一时期，人们饲养家畜的水平进一步提高，和逐水草而居的粗放式游牧相比，大型圈栏的出现一方面说明当时人们饲养的家畜数量较多，且不是单一的畜群；另一方面也说明除早出晚归的野外放牧外，人们可能还用农作物秸秆饲养牛羊，并为家畜的繁殖和越冬提供

---

① 青海省考古队、湟源县博物馆：《青海省湟源县境内的卡约文化遗址》，《考古》1986 年第 10 期。

② 青海省文物考古队、海南藏族自治州群众艺术馆：《青海贵德山坪台卡约文化墓地》，《考古学报》1987 年第 2 期。

③ 王杰：《试析卡约文化的经济形态》，《江汉考古》1991 年第 3 期。

④ 青海省文物考古研究所、青海省文物管理处、西北大学文博学院：《民和核桃庄》（附录《民和核桃庄史前文化墓地人骨研究》），科学出版社，2004，第 305 页。

⑤ 白万荣：《青海古代文化分布概述》，《青海社会科学》1991 年第 2 期。

⑥ 青海省文物管理委员会、中国科学院考古研究所青海队：《青海都兰县诺木洪搭里他里哈遗址调查与试掘》，《考古学报》1963 年第 1 期。

了更好的条件。

距今 3000～4000 年前，即夏、商和西周时期，西藏地区的畜牧业可能也经历过类似于青海齐家、卡约、辛店和诺木洪文化时期的发展过程，畜牧业逐步摆脱了单纯的饲畜阶段，产生了逐水草而居的游牧作业方式，到后来，放牧和饲养相结合的牧畜业逐步发展起来，成为支撑西藏文明发展的重要经济支柱。这是我们对当时整个青藏高原畜牧业经济的基本判断。

四　畜牧种类

如前所述，青藏高原原始先民们驯养的家畜包括猪、狗、羊、牛、马、驴、骆驼等。其中，猪是最早驯化且对早期居民社会生活产生过重要影响的家畜品种，羊和牛的饲养和驯化是青藏地区原始畜牧业的突出成就。

猪是杂食类哺乳动物，具有适应能力强、易饲养、繁殖快等特点。野生猪的性情相对温顺，较容易驯化，是人类最早驯化和饲养的家畜之一。上述青海民和胡李家、西藏卡若等遗址中都发现了猪的遗存，说明距今 5000 年左右的青藏高原早期居民已开始饲养家猪，青海乐都柳湾马家窑文化马厂类型墓葬还发现了用猪下颚骨随葬的现象。① 由于猪的体型与习性不适合游牧放养，在游牧业形成的时代也未见放养猪的考古学证据，一直以来都以圈养的方式在居民定居点及其周围进行饲养。猪的饲养一方面可看作以原始农业为依托的动物饲养业的一个典型，另一方面也为定居居民提供了相对稳定的肉食来源，为人类社会的发展和原始文化的进步提供了重要的物质基础。

羊是较为温顺的食草动物，也是人类最早饲养的家畜之一。在距今 6000～7000 年的中石器时代拉乙亥文化遗址中，考古工作者发现了羊骨。② 一般而言，拉乙亥文化遗址所发现的羊骨可能是猎获物的遗存，崔永红先生

---

① 青海省文物管理处考古队、中国社会科学院考古研究所：《青海柳湾》，第 84 页。

② 盖培、王国道：《黄河上游拉乙亥中石器时代遗址发掘报告》，《人类学学报》1983 年第 1 期。

据此认为，可能从那时起原始先民们就开始了对羊的驯化。[①] 学术界一般认为，藏系绵羊由野生盘羊驯化而来，后者的野生原种至今仍分布于唐古拉山区。除此之外，绵羊和山羊也是较早驯化的家畜。藏系绵羊至今仍是青藏高原牧民饲养的主要羊种，可能是驯化后的盘羊与绵羊杂交的品种。齐家文化时期，青藏高原地区普遍饲养绵羊和山羊，从青海互助、湟源等县齐家文化墓地中用羊角随葬[②]，甚至把羊骨置于棺内的现象看[③]，当时的人们把羊看作财富和地位的象征。诺木洪文化遗址出土的圈栏，主要用于饲养绵羊和山羊，且饲养规模较大。这都说明羊是青藏高原原始畜牧业的主要经营对象。

牦牛的驯化是青藏高原早期畜牧业的重大成就。牦牛是青藏高原特有的畜种，体格强壮，耐寒能力强，适宜负重远行，被誉为“高原之舟”。现代家牦牛和野牦牛的直接祖先是生活在距今 200 万年前更新世时期的原始牦牛，经过数百万年的进化，逐渐成为青藏高原特有的野生动物。1991 年，考古工作者在西藏林芝发现了一具完整的野牦牛遗骨，据初步测定，其年代距今有 1 万年左右。[④] 从考古发现看，青海民和、大通、贵南等地的马家窑文化遗址都有牛骨出土，拉萨曲贡、昌都卡若新石器时代文化遗址中也有牛骨遗存，这说明牦牛是原始先民狩猎的重要对象。由于野牦牛体格庞大、野性难驯，其驯化为家畜的历程可能较为漫长，大规模饲养的历史也应当晚于猪和羊的驯化史。距今 3000 年左右，居住在甘肃、青海地区的古羌人和西藏地区的原始先民可能成功驯化了牦牛，在青海都兰诺木洪文化遗址中，曾出土陶牦牛 1 件，“两角及尾部稍残，头部两侧不对称，背部呈波浪形。毛长及地，故显得略矮”[⑤]。由此可以推断，牦牛在当时可能已被驯化为家畜。

---

① 崔永红：《青海经济史（古代卷）》，第 15 页。

② 青海省文物考古队：《青海互助土族自治县马厂、齐家、辛店文化墓葬》，《考古》1986 年第 4 期。

③ 青海省考古队、湟源县博物馆：《青海省湟源县境内的卡约文化遗址》，《考古》1986 年第 10 期。

④ 陈崇凯：《西藏地方经济史》，第 54 页。

⑤ 青海省文物管理委员会、中国科学院考古研究所青海队：《青海都兰县诺木洪搭里他里哈遗址调查与试掘》，《考古学报》1963 年第 1 期。

大致从商周以来，牦牛不仅成为青藏高原重要的畜牧品种，随着羌人的南迁和东进，牦牛还不断进入中原，并与黄牛杂交形成新的优良家畜，即犏牛。①

另外，我们还能从石器时代青藏高原大量骨针等加工工具的考古发现中得知，这里的畜牧业经济是比较活跃的。②

第二节　手工业

青藏高原史前手工业主要包括石器加工业、制陶业、皮革与纺织业、骨器加工业、玉器加工业、冶铜业及木器加工业等。青藏高原史前手工业种类的形成与发展既有时间上的前后，也有地域上的差异。由于文字记载的历史相对滞后，史前手工业的研究主要依赖考古发现，近年来，随着青藏高原地区考古工作的深入展开，史学工作者可资利用的考古学资料也进一步增多。以西藏为例，20 世纪八九十年代“从聂拉木、定日、申扎、墨脱、昌都等西藏上中下部地区发掘了许多石器、陶器、古人骨头等实物，特别是在昌都卡若发掘的古人房子、谷物种子、动物骨头、石器、陶器等文物，为研究西藏地区人类形成过程和西藏古代文化变迁提供了丰富的科学依据”③。因为有了考古学材料，有关青藏地区史前手工业的形成与发展研究才有了比较坚实的材料基础，而我们的论述也主要是在考古发现的基础上展开的。

一　石器加工业

石器是史前人类使用的最为主要的生产工具，石器制作也是史前人类手工业的核心内容。1956 年，中国科学院地质研究所在柴达木盆地南缘的格尔木河上游找到了 10 余件旧石器时代的打制石器，其中有石核、石片和砾石等工具。④ 1964 年，中国科学院青藏高原综合科学考察队在西藏定日县苏热采集到打制石器约 40 件，石器的种类主要有石片、边刮器和尖状器三种，

---

① 陈崇凯：《西藏地方经济史》，第 71 页。

② 崔永红：《青海经济史（古代卷）》，第 23 页。

③ 次旦平措等：《西藏通史》，西藏古籍出版社，1996，第 14 页。

④ 邱中郎：《青藏高原旧石器的发现》，《古脊椎动物学报》1958 年第 2、3 期合刊。

其中一件尖状器略呈心形。石片均用锤击法打出，石器则多由劈裂面向背面加工，并主要有单向和错向两种加工方法。[①] 1966 年，考古工作者在西藏聂拉木县发现了细石器考古遗存，这也是我国境内已知的出土细石器的地点中海拔最高的地方。[②] 1980 年，青海省文物考古队在青海贵南县拉乙亥乡发现了一处中石器时代的遗址，经发掘，出土了 1480 件石制品，包括砍砸器、斧形器、刮削器、石刀、研磨器等，有些器物有垂直琢修的痕迹。[③] 近 30 年来，青藏高原出土了大量新石器时代的石器，其中，磨制石器种类较多，制作也更为精细。考古发现证明，从距今 3 万年左右的旧石器时代到距今 3000～4000 年的新石器时代，青藏高原广泛分布着石器加工业的史前遗存，这说明青藏高原原始先民们制作和使用石器的历史甚为漫长。

青藏高原发现的原始石器以生产工具居多，部分用于生活装饰和制作兵器。

首先，青藏高原发现的旧石器时代的石器主要用于狩猎和采集。如在藏北申扎、双湖发现的旧石器，器形可分为长刮器、圆头刮器、双边刮器和尖状器等四种，这些石器都是由在石核上直接打击的办法制成的，局部地方采取交互休整的制作技艺。[④] 藏北发现的细石器质料主要是火石、燧石、凝灰岩、碧玉和玉髓等，器形基本可以分为石核、石片和刮削器三大类。[⑤] 上述石器主要用于狩猎，当时的人们利用这些石器上的锋刃宰杀、刮割猎物的皮肉。拉乙亥遗址中发现的研磨器底面平整，工作面中间深凹，似独木舟状，主要用来加工植物根、茎、果实等。此外，还出土 8 件研磨棒，这些器物背面留有星状疤痕，据专家研究可能是敲击坚果等物品所致。[⑥]

在青藏高原新石器时代的考古遗址中，也发现了用于狩猎和采集的石

---

① 张森水：《西藏定日新发现的旧石器》，《珠穆朗玛峰地区科学考察报告：第四纪地质》，科学出版社，1976，第 105～109 页。

② 戴尔俭：《西藏聂拉木县发现的石器》，《考古》1972 年第 1 期。

③ 盖培、王国道：《黄河上游拉乙亥中石器时代遗址发掘报告》，《人类学学报》1983 年第 1 期。

④ 安志敏、尹泽生、李炳元：《藏北申扎、双湖的旧石器和细石器》，《考古》1979 年第 6 期。

⑤ 同上。

⑥ 盖培、王国道：《黄河上游拉乙亥中石器时代遗址发掘报告》，《人类学学报》1983 年第 1 期。

器。西藏拉萨市曲贡村新石器时代遗址出土了近万件石器，分为打制和磨制两大类，以打制石器为主，磨制石器的数量比较少。打制石器以石片石器为主，均为砾石打片制成，器类主要有刮削器、切割器和尖状器等，形体小巧，形式变化多样。[①] 西藏贡噶县昌果沟新石器时代遗址共出土打制石器257件，包括石核、石片、砍砸器、刮削器、凹块刮器和石球等。[②] 昌都卡若出土的石器也以打制石器为主，标本多达6828件，约占全部石器的85.6%。石器的制作工艺属于砾石工艺，打制技术保留了许多从旧石器时代中期开始出现的原始特色，但少数石器的局部边缘亦使用了琢制。[③] 昌都卡若出土的磨制石器中有石镞和切割器[④]，可能用于狩猎。青海民和县阳山墓地有石球等狩猎工具出土[⑤]，虽然在出土的石器器物中所占比例较低，但也能反映出当时人们利用石球击杀猎物，以满足生存之需的社会生产力发展的一般状况。乐都柳湾半山、马厂、齐家墓葬中，均有石球与骨镞等狩猎工具出土，说明狩猎业在当时也占有一定地位。[⑥] 直到原始社会晚期，人们仍然利用石器手工制品进行狩猎活动，如青海都兰县诺木洪搭理他里哈遗址就有石锤和石镞出土。[⑦]

其次，新石器时代的磨制石器主要用于农业生产，常见的器型包括斧、锛、刀、锄、镰等。这一时期的磨制石器制作工艺亦较为精湛，一般采用打、切、磨、划孔和琢钻孔等技术。新石器时代晚期，磨制石器分通体磨光和琢磨兼施两类，通体磨光石器制作十分精细，表面磨得相当光滑，琢磨兼施的石器一般为研磨器和部分斧、锛等。这一时期的斧和刀上一般都会穿孔，多用对钻法凿孔。

---

① 中国社会科学院考古研究所西藏工作队、西藏自治区文物管理委员会：《西藏拉萨市曲贡村新石器时代遗址第一次发掘简报》，《考古》1991年第10期。

② 中国社会科学院考古研究所西藏工作队：《西藏贡噶县昌果沟新石器时代遗址》，《考古》1999年第4期。

③ 中国社会科学院考古研究所：《昌都卡若》，第51页。

④ 同上书，第85页。

⑤ 青海省文物考古队：《青海民和县阳山墓地发掘简报》，《考古》1984年第5期。

⑥ 青海省文物管理处考古队、中国社会科学院考古研究所：《青海柳湾》，第250页。

⑦ 青海省文物管理委员会、中国科学院考古研究所青海队：《青海都兰县诺木洪搭理他里哈遗址调查与试掘》，《考古学报》1963年第1期。

石斧是最为常见的一种原始农业生产工具，当时的人们用火烧掉树林后，就用石斧来清除残余的树木和杂草，并用来翻土耕种。

在青藏高原，石斧的出现可追溯至5000～6000年前。青海民和阳洼坡遗址出土了一批磨制精细的锋利石斧，其中有一种板斧状石斧，通体磨光，中间有孔，两面磨刃，刃呈弧形，可能是为了绑束木柄而做成如此形状的。[①] 乐都柳湾马厂类型墓葬中共出土石斧178件，分为梯形、长方形、长条形和穿孔形。其中，在902号墓发现一件石斧，“横剖面略呈椭圆形，斧长11厘米，刃宽5.4厘米，附木柄，柄长35厘米，柄之一端凿成长方銎，銎径长5.2厘米，宽2.4厘米，与石斧上端套接，然后用绳缚捆”[②]。这说明，当时的人们已掌握了制作斧柄的技术，而带有斧柄的石斧可以大大提高砍伐和翻种的效率，对于农业生产和畜牧业经济均有较大影响。此外，青海民和阳山、胡李家、喇家等遗址中都有石斧出土。

除在西藏昌都卡若发现石斧外，[③] 在西藏墨脱背崩村，考古工作者发现了磨制石斧两件。其中一件已残，长8.5厘米、宽2.1厘米、厚1.9厘米，呈黑色；另一件亦残，长6.7厘米、宽2.3厘米、厚1.9厘米，色灰黑。[④] 在墨脱格林村，一位村民曾在山坡上拾得1件石斧，通体磨光，长8.1厘米、宽4.1厘米、厚2.6厘米，器身墨绿色，中缀翠绿花纹。[⑤] 在墨脱地东村，也发现1件石斧，亦为通体磨光，器身扁平，略呈梯形。[⑥] 此外，西藏山南隆子县夏拉木、涅荣石棺墓中也出土了长条形磨光石斧，“最具特点之处是其长、宽比值很大，剖面呈长方形或正方形。类似的器物不仅在西藏卡若遗址、墨脱马尼翁、墨脱村、背崩村、格林村、地东村、西让村等石器地点有过发现，而且与黄河上游甘、青地区新石器文化中所出的同类器形接近”[⑦]。

---

① 崔永红：《青海经济史（古代卷）》，第5页。

② 青海省文物管理处考古队、中国社会科学院考古研究所：《青海柳湾》，第88页。

③ 中国社会科学院考古研究所：《昌都卡若》，第85页。

④ 尚坚、江华、兆林：《西藏墨脱县又发现一批新石器时代遗物》，《考古》1978年第2期。

⑤ 同上。

⑥ 同上。

⑦ 西藏自治区文管会文物普查队：《西藏山南隆子县石棺墓的调查与清理》，《考古》1994年第7期。

石锛是用来伐木和加工木器的工具，同时也可以用来翻地。在西藏墨脱县墨脱村紧靠雅鲁藏布江东南岸的河谷台地上，考古工作者发现了 9 件石器。其中有 6 件石锛，均通体磨光。① 西藏拉萨市曲贡村新石器时代遗址中，也发现了磨制石器锛。② 青海地区的新石器文化至青铜文化遗址中几乎都有石锛出土，出土量仅次于石斧，可见石锛在当时是一种十分重要的农业生产工具。锛的形状一般呈长方形或长条形，长 7 ~ 11 厘米，宽 4 ~ 6 厘米，多为单面起刃，使用时也装有木柄。③

石刀的用途较广，但主要用于农业收割。在青藏高原新石器时代文化遗址中，石刀也是比较常见的一种农业生产工具。青海民和阳洼坡遗址中出土的石刀一般呈长方形，有些石刀中间穿孔，一面或两面开刃。青海乐都柳湾半山、马厂及齐家文化墓地中皆有石刀出土，这些石刀有的两侧凹腰，有的穿孔，都是为了方便系上绳索，以便套在手指上使用。④

此外，石铲、石锄、石镰及研磨器等农业生产、加工工具伴随着斧、锛、刀等常见工具，也大量出土。青海民和阳山马家窑文化半山类型墓地出土的农业生产工具还有镰刀和锄，谷物加工工具有石杵⑤；青海民和县胡李家遗址出土了铲和磨石⑥，民和喇家出土了研磨器⑦；青海都兰县诺木洪搭理他里哈遗址也出土过研磨盘和磨石⑧；西藏拉萨市曲贡村新石器时代遗址中发现了大型磨盘，这些都是很有特点的农产品加工器具。⑨ 这说明当时的粮食加工技术已经比较先进，农业生产有了一定程度的发展。

---

① 尚坚、江华、兆林：《西藏墨脱县又发现一批新石器时代遗物》，《考古》1978 年第 2 期。

② 中国社会科学院考古研究所西藏工作队、西藏自治区文物管理委员会：《西藏拉萨市曲贡村新石器时代遗址第一次发掘简报》，《考古》1991 年第 10 期。

③ 崔永红：《青海经济史（古代卷）》，第 10 页。

④ 同上书，第 6 页。

⑤ 青海省文物考古研究所：《民和阳山》，文物出版社，1990，第 62、139 页。

⑥ 中国社会科学院考古研究所甘青工作队、青海省文物考古研究所：《青海民和县胡李家遗址的发掘》，《考古》2001 年第 1 期。

⑦ 中国社会科学院考古研究所：《昌都卡若》，第 85 页。

⑧ 青海省文物管理委员会、中国科学院考古研究所青海队：《青海都兰县诺木洪搭理他里哈遗址调查与试掘》，《考古学报》1963 年第 1 期。

⑨ 中国社会科学院考古研究所西藏工作队、西藏自治区文物管理委员会：《西藏拉萨市曲贡村新石器时代遗址第一次发掘简报》，《考古》1991 年第 10 期。

最后，质地坚硬的石器还用于加工骨器、木器等，有时也制作成纺织工具及兵器。西藏墨脱县墨脱村曾发现了 1 件石凿[①]，西让村也曾出土了 1 件石凿[②]，这说明当时的人们利用石凿进行钻孔的技术应当主要应用于骨器、木器及石器加工。西藏墨脱县卡布村发现了一件磨光石纺轮，中间有两面钻通的小孔，黑色，直径 3.3 厘米，厚 1.1 厘米。[③] 柳湾齐家文化墓葬也有石纺轮出土[④]，说明石器有时还用于纺织。上述用于狩猎的一些石器，如石簇、石球，可能也用作兵器，青海民和喇家遗址 F4 中，曾出土用于战争的石刀、石矛各 1 件。[⑤] 此外，石器还用于制作装饰品。青海民和核桃庄曾出土石串珠和绿松石珠、块。[⑥] 青海乐都柳湾墓地出土了大量石制串珠、石臂饰及绿松石，“以串珠为大宗，共有一万五千八百一十六颗，出在一百零八座墓中，最多者有墓 583、607、604 三座，数量达千颗以上。随葬石臂饰的有十一座，随葬骨片的有四十座，保存都比较完好。绿松石饰出在二十六座墓中，制作都很别致”[⑦]。西藏昌都卡若遗址也出土了一些石制的装饰品，是体现卡若先民精神生活和风俗习惯的实物，种类有笄、璜、环、珠、项饰、镯、垂饰等。这些装饰品大部分磨制光滑，制作精细，工艺水平较高。[⑧]

综上所述，青藏高原旧石器和中石器时代的石器加工主要是为了满足渔猎和采集之需，新石器时代的典型石器则主要用于原始农业生产。旧石器时代的打制石器做工一般较为粗糙，器型包括石片、石球、刮削器等，一般都是从石核上直接打击制成的。中石器时代的石器制作虽仍以打制为主，但已对局部进行磨制，一般都从劈裂面向背面沿着边缘锤击加工，制作工艺较之

---

① 尚坚、江华、兆林：《西藏墨脱县又发现一批新石器时代遗物》，《考古》1978 年第 2 期。

② 同上。

③ 同上。

④ 青海省文物管理处考古队、中国社会科学院考古研究所：《青海柳湾》，第 193 页。

⑤ 中国社会科学院考古研究所甘青工作队、青海省文物考古研究所：《青海民和县喇家遗址 2000 年发掘简报》2002 年第 12 期。

⑥ 青海省文物考古研究所、青海省文物管理处、西北大学文博学院：《民和核桃庄》，第 27 页。

⑦ 青海省文物管理处考古队、中国社会科学院考古研究所：《青海柳湾》，第 24 页。

⑧ 中国社会科学院考古研究所：《昌都卡若》，第 145 页。

前已有进步。青藏地区发现的细石器遗址也为数不少，制作这些石器的原始先民主要从事狩猎业，为适应高原狩猎生活，细石器往往较为小巧，制作工艺也较精细，且基本承袭了源自我国华北的细石器传统。[①] 或者说，当时青藏高原的石器制作，与华北地区的细石器传统比较一致。新石器时代的石器制品中打制石器仍占很大比重，磨制石器则是这一时期的典型器物，斧、锛、刀、锄、镰等工具主要用于农业生产，其中一些属于复合型工具，还用来加工木器、骨器或建造房屋等。石器制作工艺的进步反映出青藏高原地区史前人类适应、利用和改造自然能力的逐渐增强，也体现了原始社会生产力逐步发展的历史过程。

二　制陶业

陶器是原始社会人类发明的一项重要文明成果。陶器的出现不仅为人们的生活提供了便利，也表明了人类利用和改造自然的能力进一步增强。青藏高原是我国史前制陶业高度发达的地区之一，青海河湟地区的彩陶文化更是享誉中外。

目前，青海地区已知最早的陶器出土于青海民和阳洼坡遗址，该遗址属马家窑文化早期石岭下类型，绝对年代距今 5000 ~ 5800 年。该遗址出土的陶器按质料可分为夹砂粗红陶、泥质红陶、泥质灰陶和彩陶。其中，夹砂粗红陶约占 70%，泥质陶次之，彩陶最少。这些陶器大部分为碎陶片，能复原的很少。[②] 青海柳湾马家窑文化半山类型墓葬出土的随葬器具主要是陶制器皿，完整的和经修复可以基本复原的半山类型陶器共 266 件。这些陶器按质料分为泥质红陶、泥质灰陶和夹砂红陶 3 种，以泥质红陶为主，夹砂红陶次之，泥质灰陶最少。半山类型陶器的造型都为平底器，不见三足器与圈足器，也未见圜底器。在平底器中，颈腹部普遍附有对称的环形耳或小鋬钮，除腹部两侧置有对称的环形耳外，有一部分彩陶壶口沿两侧也附有一对小耳或小钮，有的穿孔有的不穿孔。除部分素面陶器外，陶器表面一般都有各种

---

① 安志敏、尹泽生、李炳元：《藏北申扎、双湖的旧石器和细石器》，《考古》1979 年第 6 期。

② 青海省文物考古队：《青海民和阳洼坡遗址试掘简报》，《考古》1984 年第 1 期。

不同的装饰，最为常见的是彩绘，其次是绳纹、划纹，还有附加堆纹等。其中，有一种附加堆纹由小方块按串珠式排列，三排按平行排列，两排做成曲折三角形，共五排，饰在粗陶双耳罐的腹上部。这种附加堆纹既有装饰效果，又起着加固作用。① 乐都柳湾马家窑文化马厂类型时期的彩陶文化更为发达，“陶器发现的数量惊人，品种复杂多样。据统计，完整的陶容器就有一万一千多件。在一个地点一个文化类型就发现有这么多的陶容器，可以想象当时制陶业之规模”②。

这一时期，制陶技术的提高主要体现在窑室更大，火膛加深，烧制火候高而火力均匀，陶器的质地更加坚硬而器表颜色更加均匀柔和。③ 马厂类型陶器造型除平底器外，还有圜底器和尖底器，陶器器形有陶钵、盆、杯、壶、彩陶罐、彩陶壶、瓶、带嘴陶罐、长颈陶壶、单耳陶壶、侈口陶罐和粗陶双耳罐等。④ 基本与马家窑文化同期的青海同德县宗日文化遗址共出土完整或可基本复原器物 542 件，按质地和颜色可分两类，一类为泥质红陶，质地细腻；一类为夹粗砂乳白色陶，质地粗糙，饰有绳纹。⑤ 此外，宗日遗址出土的彩陶一般以紫红彩绘制图案，其中一件 24 人分两组集体舞蹈的舞蹈纹彩陶盆堪称国宝。⑥ 1973 年，青海省文物管理处考古队在大通县上孙家寨清理马家窑文化墓葬 M384 时，出土了一件内壁绘有舞蹈图案的彩陶盆。这件彩陶盆为泥质红陶，器高 14 厘米，口径 29 厘米，最大腹径 28 厘米，底径 10 厘米，内壁以剪影式平涂手法绘有 3 组 5 人手拉手的舞蹈图案⑦，体现了青海东部地区原始农业民族用载歌载舞的巫术活动，来祈求“丰产丰育”的生动场景。⑧

青海齐家文化时期的制陶业整体上要比马厂类型更为进步。从乐都柳湾

---

① 青海省文物管理处考古队、中国社会科学院考古研究所：《青海柳湾》，第 32 页。

② 同上书，第 252 页。

③ 崔永红：《青海经济史（古代卷）》，第 18 页。

④ 青海省文物管理处考古队、中国社会科学院考古研究所：《青海柳湾》，第 97 ~ 98 页。

⑤ 青海省文物管理处：《青海省同德县宗日遗址发掘简报》，《考古》1998 年第 5 期。

⑥ 霍福：《青海宗日舞蹈盆的文化符号学分析》，《青海民族研究》2005 年第 3 期。

⑦ 青海省文物管理处考古队：《青海大通县上孙家寨出土的舞蹈纹彩陶盆》，《文物》1978 年第 3 期。

⑧ 邵明杰：《上孙家寨彩陶盆舞蹈图案新论》，《四川文物》2010 年第 2 期。

墓地出土的齐家文化类型陶器来看，这一时期的制陶工艺技术较之前有突破性发展，主要表现在除普遍采用泥条盘筑法外，已经出现慢轮制造技术，出土的双大耳陶罐和双耳彩陶罐的器壁上都留有清晰的轮旋痕迹。[①] 同时，这时期还出现了薄胎的高足陶杯和双大耳陶罐，造型精巧别致，这些器物的耳把上还有刻划纹与镂孔等装饰。此外，还有陶盉与四耳陶罐等器物，造型新颖，盉的口侧置一管状流，便于倒水，颈侧则置一把手，便于提取。学者们根据用陶数量与工艺技术等因素，推测当时已出现相对固定的陶工。[②] 因为这些种类繁多、工艺精湛、图案生动的彩陶，非专业手工业工匠难以完成。青海民和齐家文化喇家遗址出土的陶器普遍采用手制，小型器由手捏制而成，大型器则采用泥条盘筑或对接成形，同时兼用慢轮修整技术。陶质分为泥质陶和夹砂陶，泥质陶以红陶为主。器物类型包括高领双耳罐、敛口瓮、敛口罐、双耳罐、大双耳罐、大三耳罐、单耳杯、尊等，器表一般都经过打磨，以素面为主，个别器物有纹饰。纹饰有篮纹和弦纹两种，篮纹又以竖行为主。[③] 从制作技艺看，喇家遗址制陶工艺综合了史前制陶技术的各项成就，已达到很高水平。

卡约、辛店及诺木洪文化时期，青海地区的制陶水平整体上呈下降趋势，但分布甚为广泛。青海平安、互助两县发现的卡约文化遗存共有 190 余处，这些遗址中的陶器以夹砂陶为主，彩陶少见，器形多为双大耳罐、单耳罐及瓮，除素面陶器外，一般有刻划纹、附加堆纹的陶器也较常见。[④] 青海循化阿哈特拉山卡约文化墓地出土的陶器以夹砂粗红陶为主，夹细砂和灰陶为辅，在陶器中普遍羼有碎陶末。一般在器表和口颈内部施一层红褐色陶衣，器底较小，内凹成圈足。陶器器型可分为堆纹口沿罐、小口双耳罐、单耳杯、明器、直口壶、球腹罐、大口双耳罐、双大耳罐等。[⑤] 青海湟源发现的卡约文化遗址中的陶器主要是夹砂粗陶，夹砂陶不但容易破碎，而且碎块

① 青海省文物管理处考古队、中国社会科学院考古研究所：《青海柳湾》，第 200 页。

② 同上。

③ 中国社科院考古研究所甘青工作队、青海省文物考古研究所：《青海民和喇家遗址 2000 年发掘简报》，《考古》2002 年第 12 期。

④ 青海省文物考古研究所：《青海平安、互助县考古调查简报》，《考古》1990 年第 9 期。

⑤ 许新国：《循化阿哈特拉山卡约文化墓地初探》，《青海社会科学》1983 年第 5 期。

都较小，大多不易辨出器形，能够辨认的器形有长颈双耳罐、单耳罐、无耳罐、豆、盘、碗、鬲等。[①] 青海都兰县诺木洪搭理他里哈遗址出土的陶器有夹砂灰陶和夹砂红陶两种，以夹砂灰陶较多。夹砂灰陶色较纯，大多呈浅灰色，也有些呈深灰黑色的。夹砂红陶色不甚纯正，常有灰色的斑块。[②]

彩陶不仅是河湟地区的手工业产品，而且在青藏高原的其他地区也有所发现，其中西藏就普遍存在彩陶。西藏地区出土陶器、陶片的遗址主要有藏北申扎、双湖，昌都卡若，拉萨曲贡，山南隆子县、贡嘎昌果沟，林芝红星等地。其中，昌都卡若和拉萨曲贡遗址出土的陶器最具代表性。[③]

昌都卡若出土的陶片计 20000 多片，绝大多数破碎太甚，大部分难以复原。其中，能够辨认器形的有 1234 件，分罐、盆、碗三种，代表性的器物是双体兽形罐，线条圆浑，古朴生动。

总体而言，卡若遗址陶器器形简单，均为平底器，陶质为夹砂陶，纹饰以刻划纹为主，其他还有绳纹、摩刷纹、附加堆纹、剔刺纹、印压纹、篦纹、篮纹和彩绘。[④] 从出土的陶器火候不高、颜色不纯等情况来看，“当时可能尚未使用陶窑，而是如同现代云南的傣族和佤族一样，在露天的火堆中烧制陶器”[⑤]。卡若陶器坯体成形技术为原始手制法，多用泥条盘筑法，故出土的陶制工具甚少，仅见陶纺轮一种，共 6 件，且纺轮并非专门烧制，而是利用残陶片磨成圆形、中穿一孔而成。有少量出土的彩陶，其彩绘是直接绘在夹砂陶的磨光面上的，黑彩暗淡，容易脱落，与马家窑马厂类型的彩陶相似。此外，卡若先民惯用的钻孔修补陶器的方法，也常见于半山、马厂文化类型。[⑥] 这都说明卡若遗址彩陶文化与河湟地区的马家窑彩陶有一定的亲缘关系，是在后者影响下发展起来的。

西藏曲贡遗址出土的陶器的制作工艺水平明显高于昌都卡若出土的陶

---

① 青海省考古队、湟源县博物馆：《青海省湟源县境内的卡约文化遗址》，《考古》1986 年第 10 期。

② 青海省文物管理委员会、中国科学院考古研究所青海队：《青海都兰县诺木洪搭理他里哈遗址调查与试掘》，《考古学报》1963 年第 1 期。

③ 陈崇凯：《西藏地方经济史》，第 58 页。

④ 中国社会科学院考古研究所：《昌都卡若》，第 120 ~ 133 页。

⑤ 同上书，第 140 页。

⑥ 同上书，第 152 页。

器。曲贡遗址陶器陶质分夹砂和泥质两种，陶器制法虽多采用手制，但已有慢轮修整的痕迹，造型比较规整，有的器表打磨得十分光滑。器型有罐、钵、豆、盘、钵等，多为单耳或双耳，器底为圜底或带圈足。① 曲贡陶器陶胎致密，烧造火候较高，陶器更加坚实耐用，陶色有黑、黑褐、红、红褐、灰几种，以黑陶和黑褐陶为主，也有少量的红陶和红褐陶。装饰手法采用了磨光、磨花、剔刺、刻划等工艺，纹饰有重菱纹、菱格纹、戳点纹、划纹、三角折线纹、圆圈纹、网纹、平行线纹、涡纹等。②

西藏山南隆子县石棺墓中也出土了数量较多的陶器。其中，斗玉乡夏拉木石棺墓中出土的小口球腹罐、细颈双口球腹罐等，呈浅褐色、深褐色，形制独特③，这在西藏迄今为止所发掘的墓葬出土器物中并不常见。西藏贡噶县昌果沟遗址出土陶片 162 件，陶质为夹砂粗陶、夹砂细陶和泥质陶 3 种，以夹砂粗陶居多，夹砂细陶次之，泥质陶最少。此外，还发现了一些作为刮削之用的圆形、椭圆形、方形和不规则形的陶刮器，与中原地区新石器时代遗址中出土的陶刮器相比，显得简单粗糙。④ 西藏札达县格布赛鲁墓地也出土了数量较多的陶片，主要为夹砂陶，泥质陶较少，陶色以红褐色为主。可辨认的陶器主要有罐、钵、杯等，绝大多数为圜底器，器耳较为发达，多饰有压印的绳纹、弦纹、水波纹、刻划纹、小圆点和菱形构成的几何纹等，器耳上则多见剔刺的点状或条形纹样。⑤ 此外，考古工作者曾在藏北申扎、双湖找到夹砂粗褐陶片，陶胎内含有少量颗粒均匀的石英微粒，素面上有一层黑色陶衣，胎质坚硬，火候较高，与林芝、墨脱和昌都一带的新石器时代陶片在制作技艺上多有不同。⑥ 这些陶片虽伴随着旧石器、细石器出土，但年

---

① 中国社会科学院考古研究所西藏工作队、西藏自治区文物管理委员会：《西藏拉萨市曲贡村新石器时代遗址第一次发掘简报》，《考古》1991 年第 10 期。

② 陈崇凯：《西藏地方经济史》，第 59 页。

③ 西藏自治区文管会文物普查队：《西藏山南隆子县石棺墓的调查与清理》，《考古》1994 年第 7 期。

④ 中国社会科学院考古研究所西藏工作队：《西藏贡噶县昌果沟新石器时代遗址》，《考古》1999 年第 4 期。

⑤ 四川大学中国藏学研究所、四川大学考古系、西藏自治区文物局、阿里地区文化广播电视局：《西藏札达县格布赛鲁墓地调查简报》，《考古》2001 年第 6 期。

⑥ 安志敏、尹泽生、李炳元：《藏北申扎、双湖的旧石器和细石器》，《考古》1979 年第 6 期。

代应当晚于昌都卡若遗址中出土的陶器。

从上述原始陶器出土、分布的考古学证据来看，青藏高原原始制陶业首先源于青海河湟地区，这一地区的制陶技法与风格承袭了陕甘地区新石器时代早期制陶工艺的一般特点，经过河湟地区原始先民3000多年的传承与发展，陶器制作工艺已达到了较高的水准，尤其是彩陶工艺在我国原始手工业与艺术领域占有相当高的地位。

河湟地区的陶器制作技术可能也经过藏彝走廊传入了西藏地区，这和原始农业技术、农作物的传播方式大体一致。这充分反映了西藏与河湟地区在农业、畜牧业和手工业方面的相互影响。

在制陶工艺上，马家窑文化石岭下类型和半山类型阶段，以及距今4300~5300年的昌都卡若文化阶段，陶器均为手制成型，小型器物一般用手捏成，较大的器物采用泥条盘筑。马家窑文化马厂类型阶段，陶窑规模进一步增大，烧陶的火候更高，陶质也更为坚硬。从青海乐都柳湾马厂类型墓中出土数量惊人的陶器来看，当地居民应当是专门制作陶器的部族，他们或者以指定服役的形式向更高一级的部落专门贡献陶器，或者专门用陶器换取其他部落的食物和其他生活资料，当然也有可能以陶器的数量和精美程度作为财富与地位的象征。不论哪一种形式，都充分表明当时这里的陶器手工业技术的发达和手工业经济的活跃，体现了青藏高原尤其是河湟地区的社会分工比较明显。到齐家文化阶段，慢轮修整技术已完全成熟，陶器工艺较之前有了大的飞跃。拉萨曲贡遗址出土的陶器也多用轮修技术，还采用“磨花工艺”，使得陶器表面更加光滑。[①] 这都说明距今3500~4000年，青藏地区的制陶工艺有了长足进步。距今3000年左右，随着青铜冶炼业的兴起和青藏高原游牧经济比重的增加，陶器的生活、生产功用日趋下降，这都导致了原始制陶业的逐步衰落。

在陶器器型与艺术审美上，新石器时代早期青藏高原的陶器型器古朴、稚拙，主要以平底器为主，这既与当时的生产力发展水平有关，也与人们的

---

① 陈崇凯：《西藏地方经济史》，第61页。

生活习惯相呼应。[①] 随着制陶工艺水平的提高，陶器的器型日趋多元化，圜底或带圈足的器物成为主流器型，器物的纹饰也更加丰富多彩。青海马家窑文化各个类型的彩陶“以其最流行的主题纹饰与其他花纹搭配，组合成无数种精美的图案，形成既有相对统一的主题风格，又有层出不穷的变化形式的彩陶艺术，能给人以强烈的感染力”[②]。马家窑文化彩陶还暗含着我国传统艺术的两大法则，一是由上而下“俯察”的艺术创作手法，二是以移动的散点透视形成“游目”的审美原则，代表了我国原始社会艺术文化的辉煌成就。[③]

黄河流域是我国古代文明的摇篮之一，位于黄河上游的青藏高原尤其河湟地区是原始社会先民们居住、活动的主要场所之一。考古发掘资料表明，早在距今4000～5000年的新石器时期，河湟地区的先民们就过着以农业和畜牧业经济为主、渔猎经济为辅的定居生活。他们在长期的生产、生活实践中积累了大量经验，创造了灿烂的远古文化，其中尤以彩陶最为典型。彩陶的制作与加工工艺，是当时物质文明和精神文明高度和谐统一的代表，不仅有实用价值，而且有审美意义。

青藏高原尤其河湟地区的彩陶以其数量多、范围广，造型文饰优雅，色泽华丽，内容丰富而享誉国内外。河湟地区彩陶一般属于仰韶文化或马家窑文化系统，但就已出土的彩陶来看，还反映了不同时期的特征，可分为马家窑、半山和马厂三个类型。河湟地区的马家窑类型彩陶在公元前3100～公元前2700年，半山类型彩陶是马家窑文化的发展阶段，距今有4200～4500年的历史，同时也有一定的彩陶属于公元前2200～公元前2000年的马厂类型文化。

河湟地区马厂类型的彩陶产生于马家窑文化的后期阶段，与半山类型一脉相承。马厂文化彩陶的代表性器物有彩陶壶、彩陶罐、彩陶盆、彩陶瓮、彩陶瓶、彩陶杯等。与马家窑和半山类型比较，马厂类型的彩陶制作略为粗糙，但器型和花纹更加丰富。马厂类型彩陶的主要花纹有圆圈网格纹、螺旋

① 陈崇凯：《西藏地方经济史》，第60页。

② 崔永红、张得祖、杜常顺主编《青海通史》，第8页。

③ 张岱年、方克立：《中国文化概论》，北京师范大学出版社，2010，第179页。

纹、菱形纹、回纹、雷纹、人形纹、连弧纹等。彩绘多用黑红两色，也有单用黑色的。在彩绘之前先于陶坯上涂一层红底色或施红色、白色陶衣，然后再施彩绘的陶器非常盛行。彩陶器中的双耳小罐、单耳杯、短颈高腹壶等，均具有鲜明的时代特色。

马厂类型的彩陶，一方面保留着半山类型彩陶富丽繁缛的风格，另一方面却有了许多变化和创新，图案逐渐显得简练，形成了刚健有力的风格，以多样化的表现手法，进一步丰富了彩陶艺术。相对而言，马厂类型的彩陶在彩绘方面有了新的突破：除了黑红两色相间并用外，还有一种以两条红线合镶一条黑线的手法。马厂类型后期，还出现了先在器物上施红色或白色陶衣或衬底，再画黑色花纹的彩绘方法，色调浓厚，用笔恰到好处。马厂类型的彩陶图案花纹主要由直线构成，因此与其他类型相比较，具有刚健庄重的特点。通过细密的直线纹和粗壮的宽带纹的斜正、疏密、虚实的结合，构成了想象力丰富、变化多样的图案。

研究表明，青藏高原尤其河湟地区是我国彩陶的发祥地之一，其在手工业经济史上占有非常重要的地位。

三　皮革与纺织

在原始社会，皮革加工由来已久。早在旧石器时代，青藏高原的先民早就学会了利用猎获野兽的皮毛制作服饰，以抵御严寒、美化身体。青藏高原自然地理条件特殊，利用、加工皮革的需要更为迫切。

青海贵南县拉乙亥遗址曾出土骨锥 2 件、骨针 5 枚，骨锥针尖会经过仔细磨制，骨针针眼加工也甚为精细，是从两面磨薄后对钻而成的。[①] 可以肯定的是，青藏高原中石器时代出土的骨锥和骨针一定是用来加工兽皮的，借此反推，万余年前居住在青藏高原上的先民们应当已经开始加工皮革。

西藏卡若遗址出土了带锯齿的骨片、骨锥和骨针[②]，带锯齿骨片可能是用来剥兽皮的工具，而骨锥和骨针显然是用来缝合动物皮毛的。拉萨曲贡遗

---

① 盖培、王国道：《黄河上游拉乙亥中石器时代遗址发掘报告》，《人类学学报》1983 年第 1 期。

② 中国社会科学院考古研究所：《昌都卡若》，第 116 页。

址还出土了一根针尖穿一针鼻的骨针，其原理与现代缝纫机针几乎没有区别，在我国史前遗址中首次发现。[①] 青海民和县阳山遗址也出土有骨锥[②]，青海乐都柳湾齐家文化墓葬也发现了骨锥和骨针。[③] 这都说明，新石器时代青藏高原原始先民们普遍加工皮革，上述遗址中出土的石锤、带锯齿的骨刀、石刀可能都是用来鞣制皮革的工具。[④]

考古发现充分说明，青铜文化时期青海地区的皮革加工业有了进一步的发展。1989 年，考古工作者在乐都柳湾发现了一件辛店文化时期的彩陶靴。学者们根据这一彩陶靴推断当时的人们已制作皮靴，且已摆脱用整块兽皮包裹脚面的原始制靴办法，“帮底分件”的结构已经出现。[⑤] 时代较晚的诺文洪文化遗址中曾出土 3 件牛皮靴，“革履的原料是牛皮，用较厚的作底，薄的作面。底和面缝合是先钻孔，再用皮条缝住。标本 0103 在鞋口前端附有牛毛作装饰。标本 051 底部两端和后跟部分稍宽，并向上卷起，再用皮条把它的鞋面缝接起来。底的前后两部分，因行走已磨破损，有用皮补缀的痕迹。装饰品有用石、骨、牙和蛤蜊壳等制作的”[⑥]。可见，西周至战国时期，青藏高原的皮革加工工艺已达到较高水准，先民们已经充分利用当地资源来改善生活。据崔永红先生分析，当时的皮革加工业依附于原始农业和畜牧业，以家庭为单位进行生产，并未突破家庭手工业的范畴。[⑦] 另外一种情况可能是，当时的皮革加工也存在于农民家庭副业手工业或牧民家庭副业手工业之中。

纺织业的出现可能晚于皮革加工，但对原始先民的社会生活、生产产生了更为重要的影响。在青藏高原，新石器时代至青铜时代的考古文化遗址中几乎都有纺轮出土，这说明青藏高原的原织纺织业起步较早。在青海乐都柳

---

① 陈崇凯：《西藏地方经济史》，第 63 页。

② 青海省文物考古研究所：《民和阳山》，第 139 页。

③ 青海省文物管理处考古队、中国社会科学院考古研究所：《青海柳湾》，第 193 页。

④ 崔永红：《青海经济史（古代卷）》，第 23 页。

⑤ 柳春城、许新国：《乐都柳湾出土彩陶靴考略》，《青海文物》1990 年第 2 期。

⑥ 青海省文物管理委员会、中国科学院考古研究所青海队：《青海都兰县诺木洪搭理他里哈遗址调查与试掘》，《考古学报》1963 年第 1 期。

⑦ 崔永红：《青海经济史（古代卷）》，第 24 页。

湾，“半山类型的人们相当重视纺织业，在半山类型墓葬中发现有一百多件石、陶纺轮。陶纺轮大小相若，制造精致，有的纺轮正背面甚至侧面都饰有各种不同的几何形花纹，主要系用刻划或锥刺的技法画出圆圈纹、五星纹、十字纹、X 字纹、梅花纹等纹样。这种巧妙的艺术装饰表明，纺轮不仅是实用的纺织工具，也是可供人民欣赏的艺术品”①。在西藏昌都卡若，“从出土较多而精致的骨针、骨锥以及纺轮来看，当时的人们除了利用皮毛以外，无疑已有纺织品的存在。在一件器底的内部，留着布纹的痕迹，每平方厘米范围内经纬线各有八根，可见织物粗糙，纺织技术还处于很原始的阶段”②。这种类型的毛纺织品，就是比较粗糙的毛褐的实物。在青海民和阳山，“大量纺轮的随葬和陶器底部有席纹的存在，说明当时普遍存在着纺织和编织生产”③。当然，这类毛纺织品还显得比较粗糙，应该属于毛褐之类。

青藏高原原始纺织业所依赖的原料可能主要是动物的毛绒，因毛绒易腐烂，故在上述考古遗址中难以寻找其踪影。不过，从时代较晚的青海都兰县诺木洪搭理他里哈遗址出土的情况来看，当时的人们利用毛线和毛绳进行纺织。毛线和毛绳的原料“多用绵羊毛和牦牛毛两种。绵羊毛的只有黄褐两色。用牦牛毛纺成的绳，今日青海省牧区还普遍使用。当时毛绳多用羊毛，可能与饲养家畜以羊为主有关”④。另外，我们从青藏高原盛产骆驼的情况看，驼毛也应该是毛织品的原料之一。用毛线织成的生活用品有毛布、毛布制品、毛带、毛绳、毛线、革履、装饰品、乐器等，其中，“毛布及其制品原料多用绵羊毛。经过染色，布的颜色以黄、褐两色为主，也有少数用灰黑、红和蓝等色组成条纹，编织在上述两色之间的”⑤。毛带也多用绵羊毛织成，颜色有黄、褐两色，以黄色居多。⑥ 此外，崔永红先生根据邻省出土

---

① 青海省文物管理处考古队、中国社会科学院考古研究所：《青海柳湾》，第 251 页。

② 中国社会科学院考古研究所：《昌都卡若》，第 154 页。

③ 青海省文物考古研究所：《民和阳山》，第 139 页。

④ 青海省文物管理委员会、中国科学院考古研究所青海队：《青海都兰县诺木洪搭理他里哈遗址调查与试掘》，《考古学报》1963 年第 1 期。

⑤ 同上。

⑥ 同上。

的相关考古实物，以及青海东部农业区农作物种植种类的相关记述，认为马家窑文化、齐家文化时期，青海河湟地区居民纺织的主要纤维是麻，乐都柳湾、民和阳山等地陶器底部的布纹痕迹当为麻布。[①]

四 骨器、玉器、木器加工业

骨器是原始先民重要的生产、生活工具，骨器加工业的历史也甚为悠久。在青藏高原，由于狩猎业、牧畜业在原始居民社会生活中占有重要地位，故用来加工骨器的材料也较为多见。

除上述西藏、青海出土的骨锥、骨针等纺织工具外，其他类型的骨器也大量出土。西藏昌都卡若出土的骨（角）器共有366件，占生产工具总数的4.4%左右。其中包括骨锥、骨针、骨斧、骨抿子、骨刀梗、带锯齿骨片、印模骨具等。除角锥是用动物的角制成之外，其余均是用动物的肢骨或肋骨加工而成。[②] 西藏拉萨市曲贡村新石器时代遗址出土有骨针、骨锥和梳形器，从制作工艺看，当时骨器的加工精度很高。[③] 青海乐都柳湾发现了嵌有石叶的骨柄刀，这是一种具有多种用途的复合刀具，在甘肃与青海的部分遗址中也有发现，具有浓厚的地方性色彩，此类工具在中原地区尚未发现。[④] 这与青藏高原畜牧业经济发达是息息相关的。青海民和核桃庄出土的骨器共有1000多件，种类也较多，包括针、镞、珠、管、梳等，既有生产工具，也有生活用具，还有较多的装饰品。[⑤] 2000年，青海民和县喇家遗址出土的骨器共有4件，“其中F4∶24放于F4∶14敛口瓮中，残碎，器形不详。其余3件有锥和匕”[⑥]。青海省化隆县半主洼卡约文化墓地出土的生产、生活工具中，骨制品所占比例较大，主要有骨镞、骨饰、贝饰、骨针、獐牙

---

① 崔永红：《青海经济史（古代卷）》，第21~22页。

② 中国社会科学院考古研究所：《昌都卡若》，第116页。

③ 中国社会科学院考古研究所西藏工作队、西藏自治区文物管理委员会：《西藏拉萨市曲贡村新石器时代遗址第一次发掘简报》，《考古》1991年第10期。

④ 青海省文物管理处考古队、中国社会科学院考古研究所：《青海柳湾》，第250页。

⑤ 青海省文物考古研究所、青海省文物管理处、西北大学文博学院：《民和核桃庄》，第29页。

⑥ 中国社会科学院考古研究所甘青工作队、青海省文物考古研究所：《青海民和县喇家遗址2000年发掘简报》2002年第12期。

饰几种，共计117件。[①] 青海都兰县诺木洪搭理他里哈遗址出土的骨器类别有铲、凿、匕、刀、磨光用器、镞、锥、针、梳形器和纺轮等。[②] 骨器的原料可以辨认的有牛、马的骨骼，多以肩胛骨制作铲和刀等，肢骨制作镞、凿、匕、磨光用器、锥和针等，肋骨制作磨光用器。角器的原料一般是利用兽角制成的匙形，通体磨光，器壁较薄。诺木洪搭理他里哈遗址出土了1件笛形器，是用细长的横剖面略呈马蹄形的兽类长骨制成，在残长8厘米的上面穿有4个直径0.4厘米的孔，孔距分别为1.2厘米、1.3厘米和2.7厘米。类似的笛形器，在西宁市西郊朱家寨遗址卡窑文化的墓葬中曾出土过1件。此外，还出土了1件哨形器，用较粗的兽骨制成，一端磨有一个扁椭圆形的孔。[③] 可见，原始先民们有时还用骨做成乐器，说明当时的生活丰富多彩。

在原始社会，玉器不仅用来装饰、美化生活，质地坚硬的玉器还是重要的生产、生活工具。此外，在一些用玉部落中，玉器是部落酋长身份和权力的象征，同时也是巫师“绝地通天”的法器。西藏昌都卡若遗址出土的装饰品是体现卡若先民精神生活和风俗习惯的实物，种类有笄、璜、环、珠、项饰、镯、贝饰、牌饰和垂饰等，质料有石、玉、骨、贝等。[④] 这说明，西藏地区早期的居民们已有用玉的习惯。在青海地区，齐家文化时期的原始部落一般被认为是用玉部落。乐都柳湾齐家文化出土了较多使用质地坚硬的玉石料制造的工具，在已鉴定的玉石料制造的工具中，有软玉制造的斧、锛、凿、纺轮等，还有用铁碧玉、石英、叶蜡石、大理石制造的石斧与纺轮等，磨制得非常精致。“用质料较好的玉石料制造生产工具与其他器物，可以说是柳湾的齐家文化的一个突出特点，也是当时农业生产水平和制石工艺水平比马厂类型更先进的一个重要标志。”[⑤] 民和喇家齐家文化遗址中出土的玉

---

① 青海省文物考古研究所：《青海省化隆县上半主洼卡约文化墓地第二次发掘》，《考古》1998年第1期。

② 青海省文物管理委员会、中国科学院考古研究所青海队：《青海都兰县诺木洪搭理他里哈遗址调查与试掘》，《考古学报》1963年第1期。

③ 同上。

④ 中国社会科学院考古研究所：《昌都卡若》，第145页。

⑤ 青海省文物管理处考古队、中国社会科学院考古研究所：《青海柳湾》，第252页。

器有玉璧、玉瑗、玉管、玉刀、玉斧和玉锛等。其中，玉璧、玉管经过音乐声学测量，“显示这些玉器明显具有调音和不同音高的间响功能，有着比较好的音乐性能”[1]。所出土的一件青绿色玉刀长41.2厘米、宽6.5厘米、厚0.8厘米，质地细腻，磨制精细[2]，可能是一件象征部落首领权力的礼器。齐家文化的玉器加工工艺包括切割、钻孔、琢磨、抛光等工艺。玉材切割以片切割为主，钻孔分单面、双面两种，琢磨、抛光技术的应用因器物不同有所区别。[3] 上述喇家遗址中出土的巨型玉刀就经过了精细的琢磨和抛光，一般玉器则往往留有较明显的打磨、抛光痕迹，玉器加工技术在此时已经比较成熟。

应该说，原始先民加工木器的历史更加悠久，相对而言，木器原料来源普遍，加工较易，早在狩猎、采集阶段，人们就已经习惯使用木棒或带尖的木杆捕获猎物或进行采集。农业生产工具石斧、石锛等，同时也是加工木器的重要工具。青海民和阳山遗址中出土的同类石器的分化在生产工具上表现不太明显，但在木工加工工具上却十分突出。其中所发现的石凿可分为大中小3种，“可以凿出不同大小的卯眼和修理不同的木料。表明为了加工出不同用途的木料而制造出了不同的工具，反映了当时建筑技术已达到相当高的水平”[4]。马家窑文化墓葬使用的棺木制作技术依出土年代早晚呈粗放至精细发展的态势，乐都柳湾马厂类型墓葬中还首次发现了榫卯结构的木棺痕迹，说明当时的木器加工技术已较精密、复杂。[5] 青海都兰县诺木洪搭理他里哈遗址曾出土残车毂两件，“发现于圈栏出入口外，用粗松木材制成”[6]。这是青海地区发现的已知最早的木车，说明大约在西周时期青海地区的羌人就已经会制造畜力挽拉的木车。这些均说明青藏高原地区木器加工

---

① 幸晓峰、叶茂林、王其书等：《青海喇家遗址出土玉石器的音乐声学测量及初步探讨》，《考古》2009年第3期。

② 叶茂林、何克洲：《青海民和县喇家遗址出土齐家文化玉器》，《考古》2002年第12期。

③ 彭燕凝：《齐家文化玉器与三星堆文化的关系》，《深圳大学学报》（人文社会科学版）2008年第4期。

④ 青海省文物考古研究所：《民和阳山》，第139页。

⑤ 崔永红：《青海经济史（古代卷）》，第28页。

⑥ 青海省文物管理委员会、中国科学院考古研究所青海队：《青海都兰县诺木洪搭理他里哈遗址调查与试掘》，《考古学报》1963年第1期。

出现的时代久远，且后来发展得比较快，对当地社会经济和生活水平的影响非常深远。

五 青铜冶炼业

新石器时代中晚期，我国进入青铜时代，青铜冶炼技术的出现也一般被视为人类进入文明阶段的重要标志之一。

考古学证明，青藏高原东北部是我国最早进入铜器时代的区域之一。距今4000年左右的齐家文化时期，青海地区已进入青铜文化阶段，在这一时期的考古遗址中，红铜器和青铜器的出土较为普遍。青海贵南拉乙亥乡尕马台齐家文化墓地出土了铜镜、铜指环、铜泡等50余件。经专家鉴定，这些铜器既有红铜，也有铅青铜与锡青铜。其中，在M25号墓中出土了一面铜镜，压在墓主人胸下。这面铜镜直径9厘米，厚0.4厘米，表面平滑，背面为不规则七角星纹图案。角与角之间饰以斜线纹，因镜钮已经坏损，另在镜的边缘凿有两个小孔作系绳穿挂之用。该铜镜经中国科学院考古研究所放射性分析法鉴定，其铜和锡的比例是1∶0.096，属青铜质，铜镜制作规整，铸造工艺精美，达到了相当高的水平。这面铜镜既是尕马台遗址最为典型的文化遗物，也是迄今为止我国境内出土年份最早的一面铜镜。[①] 1980年，青海互助总寨齐家文化墓地中出土了2件铜刀，其中一件“形体较宽，一面开刃，刃部有使用痕迹，长13.5、宽2.3、厚0.2厘米”[②]。尽管青藏高原齐家文化阶段的铜器制作工艺尚处初级阶段，但它们的出土证明了当时的人们已经掌握了金属冶炼技术，这无疑是人类文明的一大进步。

卡约、辛店文化时期，青海地区的青铜冶炼技术有了进一步提高。1963年秋天，青海西宁发现了一件卡约文化时期的青铜鬲。这件青铜鬲保存完好，口沿外侈，短颈，深腹，袋状锥形足，通高15.4厘米、口沿11.8厘米。该青铜鬲口部附一堆成半圆形耳，高2.1厘米、内径1.7厘米，颈部饰

① 李健胜：《拉乙亥文化述论》，《青海社会科学》2009年第4期。

② 青海省文物考古队：《青海互助土族自治县马厂、齐家、辛店文化墓葬》，《考古》1986年第4期。

三道凸弦纹，腹部饰双道人字形凸弦纹。这件铜鬲的出土地距朱家寨北山根卡约文化墓不远，考古学者判断其年代大致是商代。[①] 1983 年，湟源县大华中庄出土了一件青铜权杖首，鸠头状杖銎之上，一端塑铸一只猛犬，另一端为一头母牛。这件造型生动的青铜器可能是多范合铸而成，反映了当时青铜手工业技术的高超水平。1985 年，大通黄家寨卡约文化墓地出土了一件鸡形铜权杖首，采用了青铜镂空技术，制作难度较大。[②] 此外，青海化隆县半主洼卡约文化墓地共出土完整铜器 98 件，多是一些小饰品，包括铜铃、铜锥、铜连珠饰、铜刀、铜钺等。[③] 青海民和核桃庄小旱地墓地有铜器出土的墓葬共 24 座，出土铜器计 133 件，种类有铜泡、铜铃、铜饰、铜球等。[④] 青海都兰县诺木洪搭理他里哈遗址出土的铜器有斧、刀、钺形器和镞等 4 种，同时还采集到铜渣和炼铜用具的残片，铜渣表面有铜绿，容易破碎。[⑤]

据学者研究，距今 2600～4000 年，西藏各地区也先后进入铜器时代。目前，在昌都贡觉、拉萨曲贡等地的遗址中出土的铜刀、铜镜大致是春秋战国时期的考古遗物。其中，曲贡村出土的铜镜系铁柄铜镜，镜面呈圆形、板状，表面光洁，略呈银白色。这种铜镜可能产于本地，也有可能是氐、羌民族南迁时的文化遗物。[⑥] 集铜、铁、银于一面铜镜中，反映了当时铸造技术的水平比较高，即使是氐、羌民族南迁时的文化遗物，也会对当地的手工业技术产生积极影响。

一般而言，青藏高原的青铜冶炼技术形成的总体时间可能早于中原地区，考虑到青藏高原地处东亚与西亚之间，而西亚又是北半球最早产生青铜冶炼技术的地区之一，故中原地区最先接触的外来青铜冶炼技术有可能是从

---

① 赵生琛：《青海西宁发现卡约文化铜鬲》，《考古》1985 年第 7 期。

② 马兰、刘杏改：《大通黄家寨及杨家湾墓地清理简报》，《青海文物》1989 年第 2 期。

③ 青海省文物考古研究所：《青海省化隆县上半主洼卡约文化墓地第二次发掘》，《考古》1998 年第 1 期。

④ 青海省文物考古研究所、青海省文物管理处、西北大学文博学院：《民和核桃庄》，第 26 页。

⑤ 青海省文物管理委员会、中国科学院考古研究所青海队：《青海都兰县诺木洪搭理他里哈遗址调查与试掘》，《考古学报》1963 年第 1 期。

⑥ 陈崇凯：《西藏地方经济史》，第 64～65 页。

青藏高原及河西走廊东向传播过去的。① 青藏高原的青铜冶炼技术到卡约、辛店文化时期日趋成熟，已出现了多范合铸和镂空技术。从器物类型上看，青藏高原的青铜器多为铜镜、铜泡、铜铃、铜饰等生活装饰器物，也出土了用于战争的铜刀、铜钺、铜镞等，这与中原地区以青铜冶炼技术完善原始礼乐文化的传统多有不同。到西周至战国时期，中原礼乐文化西向发展并影响了甘青地区的羌人，青铜礼乐器物也开始出现，但在制作技艺上已落后于中原。学者们普遍认为青铜冶炼技术的出现意味着社会生产力的飞速发展，特别是对原始农业生产力的提高起到了至关重要的作用。赵世超先生经过研究发现，自然界中稀有的青铜并不像人们想象的那样广泛运用于农业生产，铁器未出现之前人类主要使用的农业工具为石器、木器、骨器等。② 以此说反观青藏高原的青铜冶炼业，我们需谨慎审视青铜冶炼技术对当时社会发展的作用与影响。

因此我们认为，铁器普遍推行之前的青铜器时代，在青藏高原地区应该说是青铜器、石器、木器和骨器等混合使用的时期，尽管不同时期混合比例有所不同。

第三节　商业

一般而言，商业贸易活动是人类文明的产物，但也不能由此排除原始人类从事商业活动的可能。先秦时期，青藏高原地区的商业活动大致经历了创始、初步发展及逐步兴盛三个阶段，早期贸易当以以物易物为主，后来逐步有了货币交换，贸易活动十分典型地体现了青藏地区与中原的经济、文化联系，一些交易物品在当时还具有重要的政治内涵。

---

① 有关中原地区冶金业的起源问题，学术界争议较大，安志敏、李水城先生认为甘青地区的齐家文化及其青铜冶炼技术可能对中原地区产生过影响。参见安志敏《试论中国的早期青铜器》，《考古》1993 年第 12 期；李水城《西北与中原早期冶铜业的区域特征及交互作用》，《考古》2005 年第 3 期。

② 赵世超：《殷周大量使用青铜农具说质疑》，《农业考古》1983 年第 3 期。

一 商业贸易

旧石器时代，先民们主要从事狩猎和采集，生产力水平比较低下，阶级分化尚未出现，可能有邻近部落之间零星的以物易物的交换活动，但在社会生活中并不占有重要地位。

新石器时代以来，随着原始农业的发展、社会分工的细化、贫富差异的初步出现，以及人类迁移活动的加剧而带来的生活半径的不断扩大，原始商业活动也因此得到初步发展。青海东部地区的马家窑文化类型墓葬中，多次出土了海贝、蚌壳、叶蜡石、绿松石等产于中原及沿海地区的物品。如青海乐都柳湾马家窑文化墓葬中就曾出土了海贝和叶蜡石，“叶蜡石多产于福建寿山和浙江青田等地。海贝产自南海”①，均非青藏高原地区所产之物。此外，半山类型的 26 座墓葬中曾出土了产于湖北、陕西一带的绿松石 40 件。② 青海贵南尕马台齐家文化墓葬中约有 1/3 的墓出土过海贝，数量少者几枚、十几枚，多者达几十枚，甚至百余枚，同时伴有石贝、骨贝出土。“相当于中原商周时期的卡约文化墓葬中，几乎都有海贝出土，这说明海贝是尕马台遗址的一种典型文化遗物。”③ 青海地区出土了产于我国南方沿海地区的海贝，这引起了学术界的高度关注，经有关学者研究，海贝的出土根据年代远近形成由少到多的趋势，出土海贝上的人工穿孔也呈现由小到大的变化过程，辛店、卡约墓葬中石贝、骨贝的数量逐步增加，到后期还出现了青铜贝，说明以贝作为实物货币经历了使用频率由低到高的不同发展阶段。也有学者认为，贝在当时主要是一种装饰品，或是财富的象征，而对作为实物货币流通的程度不能估计过高。④ 和青海地区的情形大致相同，西藏地区新石器时代文化遗址中也出土了来自南方的海贝，如在昌都卡若遗址中，考古工作者就曾发现了用于佩戴的穿孔贝。考古工作者认为：

---

① 青海省文物管理处考古队、中国社会科学院考古研究所：《青海柳湾》，第 259 页。说当时的海贝产自南海也不尽然，东海似乎也是其来源之一。

② 青海省文物管理处考古队、中国社会科学院考古研究所：《青海柳湾》，第 49 页。

③ 李健胜：《拉乙亥文化述论》，《青海社会科学》2009 年第 4 期。

④ 崔永红：《青海经济史（古代卷）》，第 31 页。

> 穿孔贝属于宝贝，此类贝主要产于南海，但在仰韶文化、龙山文化以及黄河上游诸石器时代文化中，经常可以发现以宝贝作为装饰品的情况，这似乎是我国原始文化的共同特征之一，所以国外有的学者是以宝贝的传播作为一种文化因素的传播加以考虑的。卡若遗址远离南海，竟然也发现了这种贝，这除了证明它的居民与我国其它类型的新石器时代文化的居民有着共同的意识以外，也反映出了当时部落之间的交换，不论是直接或间接的，已经到达了很远的范围。①

这种认识是比较符合青藏高原历史实际的。

结合现在学者们对青藏高原出土海贝等产自中原的物品的相关研究，我们认为，这些物品应当是通过不同部落之间以物易物的形式，逐步从中原地区进入青藏高原的，新石器时代出土的海贝、绿松石等在当时一般被当作装饰品或财富象征而受到人们格外的珍视，甚至具有一定的货币职能，它们在青藏高原的出土既是中原文化东向发展的考古学见证，也反映出青藏地区原始居民与中原地区早期先民具有共通的文化心理。海贝、绿松石等物品既有可能是以物易物的重要内容，也有可能是邻近部落之间商业活动的货币媒介。

辛店、卡约文化时期，居住在甘青地区的羌人可能已经进入早期国家阶段，文明发展程度已经完全承纳了货币交换所需的各种条件。1978 年，青海大通上孙家寨卡约文化 455 号墓葬中出土了 32 枚金贝，1981 年，青海贵南沙沟乡关塘卡约文化遗址中，出土了两枚青铜贝。这些与中原地区的货币使用过程基本一致，都说明大约在春秋时期，当地羌人已经利用金属贝进行商业交换。崔永红先生认为，这一时期的部分羌人已经从事游牧业，游牧业的经济特性更倚重商业贸易，以换取必需的生产、生活资料，因而这一时期的商业活动可能较为兴盛。② 这有一定的道理。

二　玉石之路

青藏高原盛产玉石，特别是横亘于青藏高原与新疆地区之间的昆仑山是

---

① 中国社会科学院考古研究所：《昌都卡若》，第 154 页。

② 崔永红：《青海经济史（古代卷）》，第 32～33 页。

我国重要的玉料出产地。昆仑山所产玉石中，最为著名的是产于北麓的和田玉，考古学材料证明，距今 4000 ~ 5000 年，和田玉已输往中原地区，其中良渚文化遗址、二里头文化遗址、商代妇好墓中都曾出土用和田玉制成的精美玉器，有学者据此提出“玉石之路”这一概念。[①] 一般而言，玉石之路的主要路线是指产自新疆于阗等地的玉石，沿和田河或克里雅河穿过塔克拉玛干沙漠至塔里木河，从天山南口穿银山道或兴地沟至哈密，然后一路东行穿过河西走廊或北方草原进入中原。

近年来，考古工作者发现齐家文化遗址出土的玉器大多由昆仑玉制成，其中，青海喇家遗址所出土的 7 件玉器皆为软玉，“经初步鉴定，认为属于广义的昆仑山玉，很可能玉料来源于昆仑山东麓的格尔木，也就是广义的和田玉”[②]。齐家文化一般被认为是沟通中原及东部地区玉文化与西部玉料产地的中介，加之齐家文化与四川三星堆文化之间具有很密切的文化联系[③]，使我们更有理由相信，除上述玉石之路的主要路线外，可能还有一条从昆仑山南麓经柴达木盆地到达河湟地区，再向东部地区延伸，或经藏彝走廊，向西南地区运送玉料的路线。玉石之路不仅是先秦时期西域与中原贸易交往的重要通道[④]，也是青藏高原地区与中原及西南地区的重要商业通道。

玉为石之美者，用玉、赏玉是中华文化的一大传统，中原及东部地区的龙山文化、红山文化及良渚文化遗址中都有大量玉器出土，可见玉石文化源远流长。曾在青藏高原东北部创造辉煌灿烂的原始文化的齐家文化部族也是用玉民族，他们所使用的珍贵玉料可能先由靠近昆仑山玉料产地的部落采挖后以交换、馈赠的形式输入河湟地区，然后由齐家文化先民使用或传递至中原及西南地区，通过玉石之路进行玉料交换的现象是先秦时期青藏高原与中原、东部地区及西南地区进行文化及商品交往的重要方式，也是丝绸之路未

---

① 参见杨伯达《中国古代玉器面面观》（上），《故宫博物院刊》1989 年第 1 期；杨伯达《中国古代玉器面面观》（下），《故宫博物院刊》1989 年第 2 期。

② 叶茂林、何克洲：《青海民和县喇家遗址出土齐家文化玉器》，《考古》2002 年第 12 期。

③ 彭燕凝：《齐家文化玉器与三星堆文化的关系》，《深圳大学学报》（人文社会科学版）2008 年第 4 期。

④ 臧振：《“玉石之路”初探》，《人文杂志》1994 年第 2 期。

开通之前中原与青藏高原地区产生经济联系的重要途径。

总之，先秦时期的青藏高原地区就已经有一定的商品活动，其交易既有物物交换，也有以海贝、金属、玉为一定货币媒介的交换。随着青藏高原社会经济的不断发展和人们活动半径的逐渐扩大，其商品交往的内容和形式也发生了比较大的变化，其在社会经济生活中的地位越来越重要。另外值得注意的一点是，在当时的商品交换中，既有内地乃至沿海地区的商品流入青藏高原地区，也有青藏高原的诸如玉器、畜产品等流入中原等地，其影响是双向而非单向的。

第二章
秦汉魏晋南北朝时期
——以诸羌、吐谷浑为中心

秦汉时期，青藏高原的主要居民是羌人。“河关之西南羌地是也。滨于赐支，至乎河首，绵地千里。赐支者，《禹贡》所谓析支者也。南接蜀、汉徼外蛮夷，西北〔接〕鄯善、车师诸国。”[①]秦汉时期，青藏高原的羌人以“种落”为基本的社会组织。《后汉书》记载，羌人自无弋爰剑即公元前5世纪之后：

> 子孙支分凡百五十种。其九种在赐支河首以西，及在蜀、汉徼北，前史不载口数。唯参狼在武都，胜兵数千人。其五十二种衰少，不能自立，分散为附落，或绝灭无后，或引而远去。其八十九种，唯钟最强，胜兵十余万。其余大者万余人，小者数千人，更相钞盗，盛衰无常，无虑顺帝时胜兵合可二十万人。发羌、唐旄等绝远，未尝往来。牦牛、白马羌在蜀、汉，其种别名号，皆不可纪知也。

这些羌人的种落，各有名号，或取自“父名母姓”，或取自动物名称，“种类繁炽。不立君臣，无相长一，强则分种为酋豪，弱则为人附落，更相抄暴，以力为雄”[②]。各种落自有世袭性酋长，整个羌族社会因之呈现为“由大小酋豪统治的分裂性社会结构”[③]。史籍中所见的较为活跃的羌人种落

① 《后汉书》卷87《西羌传》，中华书局点校本。

② 同上。

③ 王明珂：《华夏边缘》，社会科学文献出版社，2004，第150页。

有烧当、烧何、当煎、当阗、累姐、先零、滇零、封养、钟、虔人、沈氏、巩唐、滇那、零吾、乌吾、吾良、卑南、罕、唐旄、发、黄羝、牦牛、白马、参狼等。秦汉之际，匈奴单于政权“破东胡，走月氏，威震百蛮，臣服诸羌”①。羌人为匈奴所挟，时常侵扰西汉边地。汉武帝时，“征伐四夷，开地广境，北却匈奴，西逐诸羌”②，中央王朝的统治势力自此延及青藏高原东北边缘地区，部分羌人被纳入郡县或附设的“属国”体系，形成羌汉杂居的局面，大部分羌人则受护羌校尉“领护”，羁属于汉王朝。但东汉一代，因为汉王朝“失于绥御”，羌人部落的反叛活动此起彼伏，羌人也由此遭到汉王朝残酷的镇压，其经济与社会经历了前所未有的震荡与浩劫。

汉晋时期，伴随着中原王朝的拓疆开土和民族大迁徙，大量汉族和鲜卑族进入青藏高原。汉族主要移徙于青藏高原东部边缘海拔相对较低、适宜农耕的河谷地带，而鲜卑人则主要移徙于高海拔草原地区，从事游牧业。进入青藏高原的鲜卑族主要有两大分支，即与拓跋部有渊源关系的秃发部和慕容鲜卑的分支吐谷浑部。秃发部主要活动于农牧交错的河湟地区，并建立南凉国；而吐谷浑部则游牧于从黄河河曲到青海湖的广大游牧地区。此外，还有乙弗、契汗（瀚）、折掘等鲜卑部落活动。在鲜卑人进入之后，原来分散而势弱的羌人部落大多臣属或依附于鲜卑人，而且在文化乃至血缘上都与鲜卑人有相当程度的混同融合，较大且完全保持独立性的羌人部落已十分少见。早期分布于今甘、青、川三省交界地区的党项虽然人多势众，但在很多时候也是从属或臣属于吐谷浑的。③ 唐初，党项大酋长拓跋赤辞即为吐谷浑臣属，并与吐谷浑结为姻亲，“被浑主亲戚之恩，腹心相寄，生死不贰”④，曾力助吐谷浑抗唐。除党项外，在青藏高原还有一些被认为是羌种或羌之“别部”的部族或部落，诸如宕昌、白兰、女国、苏毗、羊同及附国等。包括党项在内，关于这些部落或部族的最初记载，其时间点大部分在吐蕃王朝崛起前夕。从秦汉到南北朝时期，也即吐蕃王朝兴起之前，历史文献中关于

① 《后汉书》卷87《西羌传》。

② 同上。

③ 参见李锡厚、白滨《辽金西夏史》，上海人民出版社，2016，第452~456页。

④ 《旧唐书》卷198《西戎·党项羌》，中华书局点校本。

今天西藏的记载几乎处于空白状态。

吐谷浑作为辽东慕容鲜卑的一支，于西晋末年迁至枹罕，随后征讨、兼并当地羌氐部众，势力扩及今甘、青、川三省交界地区，并建政立国，在青藏高原建立了一个颇具规模的游牧民族政权。吐谷浑建政后，其统治中心亦逐渐向西迁移，起初主要在沙州莫何川（今青海省贵南县）等地，后来逐渐西移至伏罗川及青海湖西约15公里处的伏俟城（意为“王城”）。吐谷浑全盛时期，拥有东起今甘肃甘南、四川阿坝，西至新疆和田、且末，北至祁连山，南至青海南部的广大疆域。“其地东西三千里，南北千余里”①，盛时更有“东西四千里，南北二千里”② 之广。从公元三四世纪之交立国，至7世纪中后期亡国，吐谷浑王国在青藏高原存续了三个半世纪之久。因此，在青藏高原经济发展史上，吐谷浑时代是一个重要的篇章。

第一节 农业

一 秦汉时期

秦汉时期，在游牧经济占主导地位的情况下，青藏高原海拔相对较低、气候较为湿润的河谷盆地地区，其农业发展仍然有着相当的规模。首先，作为游牧民的羌人，其经济也并非纯粹的畜牧业，一些拥有较好自然条件的羌人部落往往兼营农业。羌汉战争中，汉军掳获羌人的物资，除牲畜之外，往往也有谷物粮食。如《后汉书》卷24《马援传》载建武十一年（35年）夏，陇西太守马援等讨击羌人于金城郡唐翼谷（今青海海东），“收其谷粮畜产而还”③。而据《后汉书》卷17《来歙传》，此次汉军与羌人作战，“斩首虏数千人，获牛羊万余头，谷数十万斛”。又据《后汉书》卷87《西羌传》，永元五年（93年），护羌校尉贯友遣兵出塞，攻烧当羌豪迷唐于大小榆谷（今青海省海南州），“获首虏八百余人，收麦数万斛”。缴获谷粮多达

① 《晋书》卷97《西戎·吐谷浑》，中华书局点校本。

② 《隋书》卷83《西域·吐谷浑传》，中华书局点校本。

③ 《后汉书》卷24《马援传》。

数万斛，乃至数十万斛之多，可见羌人农业生产有着相当的规模。唐翼谷、大小榆谷，分别在湟水和黄河谷地，这两个地区早在马家窑文化时期就已有粟作农业，至卡约文化时期，河湟地区逐步游牧化，但局部地区农业生产仍在持续，秦汉时期羌人农业经济当与马家窑时期河湟地区的粟作农业一脉相承，只是种植的农作物由粟为主转为以麦类为主了。[①] 而农牧兼营的羌人部落，其实力往往强于其他纯事畜牧的部落。著名的烧当羌就是因为占据了土地肥美、可牧可耕的大小榆谷地区，而实力强大：

> 自烧当至滇良，世居河北大允谷，种小人贫。而先零、卑湳并皆强富，数侵犯之。滇良父子积见陵易，愤怒，而素有恩信于种中，于是集会附落及诸杂种，乃从大榆入，掩击先零、卑湳，大破之，杀三千人，掠取财畜，夺居其地大榆中，由是始强。

隃麋相曹凤称：

> 自建武（25~56 年）以来，其犯法者，常从烧当种起。所以然者，以其居大、小榆谷，土地肥美，又近塞内，诸种易以为非，难以攻伐。南得钟存以广其众，北阻大河因以为固，又有西海鱼盐之利，缘山滨水，以广田蓄，故能强大，恃其权勇，招诱羌胡。

曹凤因此向东汉朝廷建议乘烧当羌战败亡逃之机，“建复西海郡县，规固二榆，广设屯田，隔塞羌胡交关之路，遏绝狂狡窥欲之源。又殖谷富边，省委输之役，国家可以无西方之忧”。汉廷接受了曹凤建议，并命其为金城西部都尉，“将徙士屯龙耆”，随后，上官鸿、侯霸等先后主事，以大小榆谷为中心，在黄河河谷地区广置屯田，“列屯夹河，合三十四部”[②]，前后持续了 20 年左右的时间，后因羌变再起而罢废。

---

① 陈宗祥：《秦汉时期青海河湟地区生产情况试探》，《青海社会科学》1982 年第 4 期。

② 《后汉书》卷 87《西羌传》。

汉武帝开边之后，河湟地区逐渐进入郡县范畴，汉人移民渐次到此进行垦殖活动，进一步推进了这一地区农业生产的发展。汉宣帝时，派义渠安国巡行诸羌，先零羌豪向他提出“愿时渡湟水北，逐民所不田处畜牧”；赵充国的屯田奏中提到当时湟水流域“计度临羌东至浩门塞，羌虏故田及公田，民所未垦，可二千顷以上”，都表明原属西羌之地，已有汉人进入并开展农业垦殖。赵充国进兵河湟，更在这一地区展开大规模军屯。① 东汉初年，马援上言湟水流域破羌（今青海乐都）以西“城多完牢，易可依固；其田土肥壤，灌溉流通”，力请朝廷不因羌乱而放弃，朝廷因之下诏由官府招集散亡民众“各返旧邑”，马援又“奏为置长吏，缮城郭，起坞候，开导水田，劝以耕牧，郡中乐业”。后来，东汉军队也在湟水流域开展屯田生产。永建五年（130 年），护羌校尉韩皓“转湟中屯田，置两河间，以逼群羌”，至马续代为校尉，又从“两河间”“上移屯田还湟中”；至阳嘉元年（132 年），“以湟中地广，更增置屯田五部，并为十部”。②

秦汉时期，青藏高原的农业生产也有所进步，有些部落还以农业见长，吐蕃的“蕃”字在古藏语中有“农业”之意，其兴起之地雅隆地区，被称为“蕃域”。③ 陈崇凯先生根据《贤者喜宴》《汉藏史集》中的相关记载，认为当时的藏族先民已从刀耕火种时代进入锄耕、牛耕阶段，铁器也被普遍使用，人们在土地整治、农田水利、农作物选种、农具改进等方面也已积累了一定的经验。④ 据藏文史籍记述，2 世纪左右，即拉脱脱日年赞至朗日松赞时期，雅隆部落的农业文明已经确立。⑤ 大约在埃肖勒时期，有了引水灌溉技术；赤年松赞时期，已普遍使用铁犁和铁锨；达日年塞时期，已有牛耕技术。⑥

---

① 《汉书》卷 69《赵充国传》。

② 《后汉书》卷 87《西羌传》。

③ 陈崇凯：《西藏地方经济史》，第 84 ~ 85 页。

④ 陈崇凯：《西藏地方经济史》，第 86 ~ 87 页。

⑤ 赵萍、续文辉：《简明西藏地方史》，民族出版社，2000，第 18 页。

⑥ 张天琐：《西藏古代农牧业生产技术概述》，《西藏民族学院学报》（哲学社会科学版）1998 年第 2、3 期。

二 魏晋南北朝时期

魏晋以降，在吐谷浑统治的区域，虽然畜牧业占绝对优势，但局部地区，仍然有农业生产。史载吐谷浑“亦知种田。有大麦、粟、豆，然其北界气候多寒，唯得芜青、大麦”①；又载：“地宜大麦，而多蔓菁，颇有菽粟。”② 据此，则其农作物主要有大麦、豆（菽）和粟三种，都是比较耐寒耐旱、适宜高原地区种植的作物。《北史》记载北魏延兴四年（474 年），长孙观率军进攻吐谷浑时“入拾寅境，刍其秋稼”。北魏在军事活动中关注到吐谷浑之“秋稼”，表明其农业是有一定生产规模的。依此次长孙观进军的路线与主要方向，所焚吐谷浑“秋稼”之地应该在以今青海省贵德县为中心的大小榆谷即黄河河谷地带，这里在两汉时期就是羌人从事农业及中原王朝开展屯田的重要地区。吐谷浑统治时期，这一地区的农业生产依然得到延续，应该是吐谷浑最主要的农业区。至隋大业（605 ~618 年）年间，隋朝占有吐谷浑故地后，又在这里大兴屯田。《隋书》卷 63《刘权传》载：

> ……帝复令权过曼头、赤水，置河源郡、积石镇，大开屯田，留镇西境。

由于农业生产的维持和发展，吐谷浑所属不尽是从事游牧的牧人，自然也有一小部分主要以农业为生的农户。现存的敦煌藏文文书中，就有反映吐蕃统治时期，向吐谷浑农户分派耕种任务、征收粮食的记载。③

湟水流域的农业生产仍然在持续。生活在这一地区的汉人和部分羌人都从事农业生产。在南凉统治时期，尽管战乱频仍，秃发氏也仍然有倡导农桑的政策，而从事农业者主要是“晋人”，所谓“置晋人于诸城，劝课农桑，以供军国之用”。④ “晋人”者，即被纳入秃发氏统治之下的

---

① 《北史》卷 96《吐谷浑传》。

② 《晋书》卷 97《四夷·西戎·吐谷浑传》。

③ 参见杨铭《唐代吐蕃与西域诸族关系研究》，黑龙江教育出版社，2014，第 31 ~32 页。

④ 《晋书》卷 126《秃发利鹿孤载记》。

汉人。

青藏高原东部横断山区的河谷地带，也有农业生产。如前所述，其中的附国人就主要以农业为生，种植小麦、青稞等农作物。

第二节　畜牧业

一　秦汉时期

古代羌人一向以发达的养羊业为世人所瞩目，故中原也以“西戎牧羊人”目之，并冠以“羌”之名号。秦汉时期，除居于海拔相对低的河谷地区者兼事农耕外，其经济主业仍为游牧。据《后汉书》记载，羌人“所居无常，依随水草。地少五谷，以产牧为业”[①]。公元前5世纪中期，原为秦国奴隶的无弋爰剑逃到河湟地区，向当地“以射猎为事”的羌众授以“田畜”之术，“遂见敬信，庐落种人依之者日益众”[②]。无弋爰剑所教之“田畜”之术，大概是秦国较为先进的农牧业生产技术，因而促进了西羌地区经济的发展，其中一个重要的体现就是西羌“种落”的发展与壮大。无弋爰剑之后，其子孙分支多达150种，“种类繁炽”就反映了这一情况。羌人畜牧业生产以游牧的方式进行，畜种以马、牛、羊为主，另有驴、骡、骆驼等。《汉书》《后汉书》中，有大量羌汉兵事冲突的记载，汉军在这些兵事活动中，每每掳获羌人马、牛、羊、驴、骡、骆驼等畜产以成千上万乃至数万、十数万相计。如汉宣帝神爵元年（公元前61年），赵充国攻打先零羌，掳获“马牛羊十余万头”[③]；建武十一年（35年），陇西太守马援击先零羌于临洮，“斩首数百级，获马牛羊万余头”；建初三年（78年），马援子马防击烧当羌于陇西，掳牛羊十余万头；[④] 和帝永元元年（89年），护羌校尉邓训遣兵“掩击迷唐于写谷，斩首虏六百余人，得马、牛、羊万余头”；次

① 《后汉书》卷87《西羌传》。

② 同上。

③ 《汉书》卷69《赵充国传》，中华书局点校本。

④ 《后汉书》卷24《马援传》。

年，又遣兵击迷唐，“斩首前后一千八百余级，获生口二千人，马、牛、羊三万余头，一种殆尽”①。永初七年（113 年），“骑都尉马贤与侯霸掩击零昌别部牢羌于安定，首虏千人，得驴、骡、骆驼、马、牛、羊二万余头，以界得者”②。元初三年（116 年），“任尚又遣假司马募陷陈士，击零昌于北地，杀其妻子，得牛、马、羊二万头”③。建光元年（121 年），护羌校尉马贤击当煎羌于允街，掳马牛羊 10 万头；④ 永和四年（139 年），马贤击烧当羌种酋豪那离于金城，“得马骡羊十万余头”⑤。永和六年（141 年），武威太守赵冲追击巩唐羌，掠马、牛、羊、驴 18000 余头⑥。“建康元年（144 年）春，护羌从事马玄遂为诸羌所诱，将羌众亡出塞。领护羌校尉卫瑶追击玄等，斩首八百余级，得牛、马、羊二十余万头。”⑦ 这些记载虽然不能直接反映羌人的经济实态，但说明羌人畜牧业生产有着相当高的水平，当然也就拥有数量相当庞大的畜群。不过，也正是汉朝政权与羌人种落间长期的战争，使在政治和军事上都处于弱势的羌人种落不断遭到沉重的打击，致其人畜两敝。“或枭克酋健，摧破附落，降俘载路，牛羊满山。”⑧ 仅护羌校尉段，从延熹二年（159 年）到延熹八年（165 年）的六七年之间，“凡破西羌，斩首二万三千级，获生口数万人，马牛羊八百万头，降者万余落”。之后，他又主导了对迁移安置于内郡的所谓“东羌”的军事镇压，“凡百八十战，斩三万八千六百余级，获牛马、羊、骡、驴、骆驼四十二万七千五百余头”。⑨ 历经如此摧残，羌人游牧生产已很难维持，经济衰敝势所必然，甚至一些羌人种落在历经战争浩劫后，也瓦解消亡。不仅如此，在诸羌中以“强富”著称的烧当羌迷唐所属，在汉军打击下也只能是“亡逃栖窜，远依

① 《后汉书》卷 16《邓训传》。
② 《后汉书》卷 87《西羌传》。
③ 同上。
④ 同上。
⑤ 同上。
⑥ 同上。
⑦ 同上。
⑧ 《后汉书》卷 87《西羌传》。
⑨ 《后汉书》卷 65《段颎传》。

发羌”①。

两汉时期直至唐以前，青藏高原的社会经济情形缺乏文字记载。所知者仅为唐以后藏文文献中一些传说形式的追述。根据这些追述，大体断定居住在草原高地的部落主要从事游牧业，饲养的牲畜主要是牦牛、藏系绵羊、马等，西藏早期社会出现的六牦牛部和十二小邦，均为牧业部落，比如，雅隆为典型的牧业型部落，其牧业经济持续了较长的时期。② 一般来说，居住在河谷地区的部落过着半农半牧的生活，牧业经济在其中所占比重较大，这既与自然地理条件有关，也取决于西藏地区早期居民的社会经济结构。③ 据《西藏王臣记》《汉藏史集》《红史》等后世文献记载，悉补野王统世系时期西藏地区的畜牧业有了长足发展，聂赤赞普时期，始用“乌尔朵”（意为投石器或牧鞭）放牧；布代贡甲时期，驯养牦牛、黄牛、山羊等，夏天收割牧草，以备牲畜过冬；朗日松赞时期，有了定居放牧、分季放牧、分类放牧的习惯。④

二　魏晋南北朝时期

魏晋以降，青藏高原进入鲜卑主导的时代。鲜卑族本系游牧民族，他们进入青藏高原后，既未改变自己原有的经济生产形态，也没有改变青藏高原既有的游牧业占主导地位的经济结构。所以在吐谷浑建政立国的350多年间，畜牧业始终是青藏高原占主导地位的经济生产形态。关于吐谷浑的游牧经济，相关史籍中都有大致相同而简略的记载：

《晋书》卷97《西戎·吐谷浑传》：

> ……然有城郭而不居，随逐水草，庐帐为屋，以肉酪为粮。

---

① 《后汉书》卷87《西羌传》。

② 石硕：《吐蕃王朝以前雅隆吐蕃部落的经济变迁及其与政权发展的关系》，《西藏民族学院学报》（哲学社会科学版）2001年第1期。

③ 陈崇凯：《西藏地方经济史》，第85~86页。

④ 张天琐：《西藏古代农牧业生产技术概述》，《西藏民族学院学报》（哲学社会科学版）1998第2、3期。

《魏书》卷101《吐谷浑传》：

……虽有城郭而不居，恒处穹庐，随水草畜牧。

《周书》卷50《异域下·吐谷浑传》：

……虽有城郭，而不居之，恒处穹庐，随水草畜牧。

《北史》卷96《吐谷浑传》：

……逐水草，庐帐而居，以肉酪为粮。……虽有城郭而不居，恒处穹庐，随水草畜牧。

《南齐书》卷59《河南传》：

……多畜，逐水草，无城郭，后稍为宫屋，而人民犹以毡庐百子帐为行屋。

《隋书》卷83《西域·吐谷浑传》：

……有城郭而不居，随逐水草。

《旧唐书》卷198《西戎·吐谷浑传》：

……有城郭而不居，随逐水草，庐帐为室，肉酪为粮。

除吐谷浑外，同期高原上的其他鲜卑人、羌人等部落部族也大多以游牧为主业。如秃发鲜卑据有可耕可牧的河湟地区，其统治区域内有为数众多的“晋人”（即汉人）和部分羌人从事农业生产，秃发氏也取

“劝课农桑”之策，但其“国人”即秃发鲜卑本族及所属羌胡等其他民族仍主要从事传统的游牧业。史载东晋义熙（405～418年）中，西秦乞伏炽磐征讨秃发傉檀，败其太子武台，掳获马牛18万还;[①] 秃发傉檀曾一次向后秦主姚兴献马3000匹、羊30000只,[②] 从一个侧面反映了其畜牧业有着相当可观的规模。而同属鲜卑的乙弗、折掘、契汗等部落都在牧草繁盛的环青海湖地区活动，皆以畜牧为生。东晋义熙十年（414年），即南凉国败亡前夕，秃发傉檀曾率军7000人西征乙弗部，掳获牛马羊40余万,[③] 乙弗部众仅万落（户），一次武装袭击而被掳走的牲畜就达如此数目，可见其畜牧业的繁盛。另据《晋书》卷125《乞伏炽磐载记》记载，东晋元熙元年（419年）西秦王乞伏炽磐向乙弗部强征马匹，一次就“税其部众戎马六万匹”。这也反映了乙弗部畜牧业尤其养马业之发达。作为青藏高原土著的党项人则完全是一个“不知稼穑，土无五谷”的游牧部族。史载党项所居“气候多风寒，五月草始生，八月霜雪降”，“畜犛牛、马、驴、羊，以供其食”[④]。另外如宕昌、白兰、羊同、苏毗等均以游牧为生。

史载宕昌“牧养犛牛、羊、豕以供其食”[⑤]。白兰，“羌之别种也。其地东北接吐谷浑，西北利模徒，南界郝鄂。风俗、物产与宕昌略同”[⑥]；羊同即藏文史籍中的象雄，位于今西藏西部，有大羊同、小羊同之分。杜佑《通典·大羊同国》谓：“其人辫发毡裘，畜牧为业。”苏毗地处通天河流域及藏北高海拔地区，同样是游牧部族。地处今四川甘孜的附国，大致处于定居状态，所谓“垒石为碉而居”，经济上农业似乎占有相当大的比重，“土宜小麦、青稞”，但“其土高，气候凉，多风少雨”，地宜畜牧，畜养了大量牛马，日用生活中也大量使用畜产品。“其俗以皮为帽，形圆如钵，或带

---

① 《晋书》卷125《乞伏乾归载记》。
② 《晋书》卷126《秃发傉檀载记》。
③ 同上。
④ 《旧唐书》卷198《西戎·党项羌传》。
⑤ 《魏书》卷110《宕昌羌传》，中华书局点校本。
⑥ 《北史》卷96《白兰传》，中华书局点校本。

羃礫。衣多毛毼皮裘，全剥牛脚皮为靴。”[①] 如此看来，附国的经济类型大致属于半农半牧。

与以往相比，吐谷浑时代，青藏高原游牧经济的牧产结构并没有明显的变化。羊、马、牛、骡等仍然是最基本的畜种。其中，养羊业是早期包括青藏高原在内的广大西部地区游牧民最具代表性或象征性的产业，以致这些游牧民被中原冠以“羌”的名号。羊之肉、乳、皮、毛兼用，在游牧民生活中的重要性无可替代。所以，吐谷浑时代，养羊业仍然是青藏高原游牧经济中最为重要的产业之一。在青藏高原，牛的品种主要有牦牛、黄牛、犏牛，而最引人瞩目的是牦牛。牦牛对高原游牧民而言，不仅可食其肉、乳，可用其皮、毛，而且是高原上最重要的运输工具，后世以“高原之舟”誉之，具有很高的经济价值，青藏高原上几乎所有部族部落都畜养有大量牦牛。如吐谷浑，史书中载其“多牦牛”[②]，“土出牦牛、马、骡”[③]；上述党项、宕昌、苏毗等高原其他部族也大都如此。

相对而言，吐谷浑时代，在青藏高原的畜牧业中，得到长足发展的是养马业。养马业在青藏高原有着悠久的历史，而随着鲜卑诸部的移入，无论在畜养规模上还是在社会经济中的总体影响力，都为青藏高原的养马业开启了一个新的时代。前述在环湖地区游牧的乙弗部仅有万落之众，但一次就被西秦强征马匹达 6 万之多，这足以说明其养马业规模之可观。而在吐谷浑畜牧经济中，养马业同样占有重要地位。东晋咸安元年（371 年），吐谷浑王碎奚遣使向前秦送马达 5000 匹[④]。吐谷浑在养马业上的最大成就和贡献则是良种马的培育，特别是政治中心西移至环湖地区之后，利用当地优质的牧场资源开展良种马的繁育工作，从而使青藏高原的养马业在品质层面达到更高的水平。史籍中多载吐谷浑盛产良马，此“良马”即“龙驹”（“龙种”）与“青海骢”。

《魏书》卷 110《吐谷浑传》载：

---

① 《隋书》卷 83《西域·附国传》。
② 《隋书》卷 83《西域·吐谷浑传》。
③ 《北史》卷 96《吐谷浑传》。
④ 《晋书》卷 113《苻坚载记》。

……青海周回千余里，海内有小山，每冬冰合后，以良牝马置此山，至来春收之，马皆有孕，所生得驹，号为“龙种”，必多骏异。吐谷浑尝得波斯草马，放入海，因生骢驹，能日行千里，世传“青海骢”者是也。

其他如《北史》《周书》《隋书》《旧唐书》《新唐书》，以及《册府元龟》《通典》《文献通考》等文献均有类似记载。

自汉代张骞通西域以来，大量中亚、西亚的良种马就以“天马”“西极马”“汗血马”等名目引入中国，并与中国马配种，大大提升了中国马的品质。而在地理上与西域毗邻，历来又为游牧民渊薮的西北地区，自然就成为这些良种马培育和畜牧的最合适的地方。20 世纪 60 年代末在河西走廊武威雷台魏晋墓中发现的铜奔马，就说明了汉代以来西北地区作为我国良马培育、畜牧基地的重要地位。作为“马上民族”的吐谷浑到青海后，很容易受到这种环境与风气的影响，因此积极学习相关育种技术并进行良种马的培育。而把青海湖和环湖地区优质牧场，作为良种马的培育基地，并育出神异色彩浓厚的所谓“龙种”，显然是附会汉代以来西域和中原地区所谓的“泽出神马”的传奇意象，借以抬高马匹的身价，以故，“吐谷浑良马悉牧青海”[①]。但是，青海湖等地是当时畜牧业的重要基地却是毋庸置疑的史实。隋大业五年（609 年），隋军在占领了环湖地区后，炀帝令“置马牧于青海渚中，以求龙种”，但隋人并未掌握实际配种的技术，其结果只能是“无效而止”[②]。能“日行千里”的“青海骢”系吐谷浑人引进的波斯母马，择青海本地良马与之配种后繁殖成功的优质马种，也是吐谷浑人通过丝绸之路参与东西方经济文化交流所取得的重大成果。既有“龙种”，又有“青海骢”，“故其国多善马”[③]。吐谷浑“龙种”和“青海骢”的培育成功，使青海地区从此成为我国最重要的良马产地之一。吐谷浑将大批青海马输入中原地区，换取所需粮食及各类手工业品。唐代，特别是

① 参见《旧唐书》卷 198《西戎·吐谷浑传》；《新唐书》卷 221 上《西域上·吐谷浑传》。
② 《隋书》卷 3《炀帝纪》。
③ 《梁书》卷 54《西北诸戎·河南传》，中华书局点校本。

宋明时期，西北地区茶马贸易繁盛，其重要的前提和基础就是青海地区有可资贸易的大量优质马匹。故吐谷浑对于我国西北养马业及社会经济之贡献巨大且影响深远。

除了“龙驹”和“青海骢”之外，吐谷浑时代青藏高原另一著名的良马品种为“蜀马”。蜀马属于山地马类型，体型矮小，善于走山地，今川西北一带当是这一类马匹的主要产地，因大量输入蜀地后才广为世人所知，故有了“蜀马”之称。南北朝以来，这一地区处在吐谷浑统治或控制之下，所以《晋书》中有吐谷浑“出蜀马、氂牛”的记载，蜀马也在吐谷浑时代作为青藏高原另一类型的良种马，大量输入西南和中原各地，其在高原养马业中也占有相当重要的地位。《魏书》中就记载，在吐谷浑王伏连筹主政时期，曾频频向北魏进贡牦牛、蜀马及“西南之珍”，“无岁不至”。①

在养马业方面，吐谷浑人除了重视以挽乘为目的的优质马匹的培育和畜牧之外，更训练调教出能够随乐曲节奏起舞的所谓“舞马”，也即“善舞马”“能舞马”，并作为贡品，进献于南北方政权。“舞马”大概源自古代的马戏。据载，曹魏时曹植曾向其兄曹丕进献可以“行与鼓节相应”的大宛良马。《太平御览》卷894引《魏志》载：

> 陈思王表文帝曰：“臣于武皇帝时，得大宛紫骍马一匹，形法应图，善持头尾，教令习拜，今辄已能，又能行与鼓节相应。谨以奉献。”

这种通过调教和训练而能伏拜且“行与鼓节相应”的马，自然就是舞马，此马来自大宛，则训马以舞的这种技艺很可能也源于西域。十六国时后凉段龟龙所撰《凉州记》载，后凉麟嘉五年即393年，西域疏勒王就曾向吕光进献“善舞马”。② 吐谷浑邻接西域，与之关系密切，其“舞马”训练

① 《魏书》卷110《吐谷浑传》。

② （清）张澍辑录《凉州府志备考》“祥异古迹”卷1，三秦出版社，1988，第91页。

调教之法当是受西域影响的结果。南朝梁张率所作《舞马赋》曾描绘了吐谷浑舞马舞动时的情景：

……既倾首于律同，又蹀足于鼓振。擢龙首，回鹿躯，睨两镜，蹙双凫。既就场而雅拜，时赴曲而徐趋。①

461年，吐谷浑王拾寅遣使向南朝刘宋孝武帝贡献“善舞马、四角羊”，引起极大的反响。《宋书》卷96《鲜卑吐谷浑传》载：

世祖大明五年（461年），拾寅遣使献善舞马、四角羊。皇太子、王公以下上《舞马歌》者二十七首。

又《宋书》卷85《谢庄传》载：

时河南献舞马，诏群臣为赋，庄所上甚美。又使庄作《舞马歌》，令乐府歌之。

吐谷浑也曾把这种舞马进贡给北魏、西魏皇帝。②

由于舞马之罕见，加之人们对马与龙之间关系的神异想象，吐谷浑舞马的到来，显然被刘宋君臣视为盛世祥瑞，而大加渲染。萧梁天监中（502～519年），吐谷浑也献舞马，同样令萧梁君臣欢悦不已：

而河南国又献赤龙驹，有奇貌绝足，能拜善舞。天子异之，使臣作赋……③

由此条记载可知，吐谷浑舞马是在本地所产龙驹及青海骢等良种马中选

---

① 《梁书》卷32《张率传》。

② 《北史》卷96《吐谷浑传》。

③ 《梁书》卷32《张率传》。

出之后再加以调教训练而成的。正是因为吐谷浑人向南北朝政权输送舞马，舞马才逐渐为内地人所熟知。到唐代，尤其唐玄宗时期，舞马表演更成为朝野瞩目的宫廷文化盛典。

养马业在社会经济中地位之重要，也突出反映在吐谷浑人的法律中。史载吐谷浑法律规定“杀人及盗马者罪至死，他犯则征物以赎”[①]。盗马者与杀人者相提并论，均被处以极刑，吐谷浑社会对于马匹的重视程度由此可见一斑。

另外，在游牧民族中，狩猎往往是与畜牧业相伴生的一种重要的经济补充形式。史载吐谷浑“众好射猎”[②]，所谓“好”者，实为一种风习或常态，则狩猎是其重要的经济活动，也是其生计的重要来源。青藏高原上其他游牧部族大致也是同样的情况。

第三节　手工业

一　秦汉时期

秦汉时期，青藏高原手工业生产力的进步集中体现在冶铁业的出现与发展上，铁器的应用使畜产品、木器等加工业水平也相应得到提升，这在很大程度上促进了青藏高原的经济发展和社会进步。考古工作者曾在西藏不同地点发掘出秦汉时期的铁器遗存，如在拉萨澎波农场洞穴坑中曾发现铁剑1柄、铁柄1件。[③] 浪卡子县查加沟汉晋古墓葬中发现的武器均为铁质，“因锈蚀严重，均已成残片。种类有剑、刀、镞等，其中箭镞为锥形，与常见的三角形有别”[④]。乃东县普努沟墓葬群曾出土过10件铁器，[⑤] 拉萨东郊辛多

---

① 《晋书》卷97《西戎·吐谷浑》。

② 《魏书》卷101《吐谷浑传》。

③ 西藏自治区文物管理委员会：《西藏拉萨澎波农场洞穴坑清理简报》，《考古》1964年第5期。

④ 西藏自治区山南地区文物局：《西藏浪卡子县查加沟古墓葬的清理》，《考古》2001年第6期。

⑤ 陈崇凯：《西藏地方经济史》，第80页。

墓群中出土有铁箭链、铁质小刀、铁矿渣、铁块等物品。[①] 这说明大致在秦汉时期，青藏高原上的居民已经比较熟练地掌握了冶铁技术。

如前所述，从考古发现来看，青海地区的冶铁业可能出现于西汉晚期，青海共和曲沟乡曹多隆古城曾大量出土烧结的铁块、炼铁的坩埚、木炭和矿石，说明此地曾有冶铁作坊。[②] 该古城系新莽设西海郡后所筑古城之一，故从考古学上讲，青海地区的冶铁业当起于新莽时代。不过，结合汉武帝以来中央王朝在河湟地区设置郡县、移民屯田的历史事实，青海东部地区冶铁业的出现应当早于新莽时期。此外，曾统治青海西部和新疆东南部的羌人政权婼羌国也掌握了冶铁技术，史称婼羌国“山有铁，自作兵，兵有弓、矛、服刀、剑、甲”[③]。婼羌国制造的兵器种类繁多，其冶铁业技术已经比较成熟，冶铁作坊规模应当较大，且应有一定数量的专门工匠。

新石器时代以来，一直在青藏高原居民生活中扮演重要角色的陶器制造业在秦汉时期仍是当地重要的手工业生产门类之一。

在青海大通上孙家寨汉晋墓出土的手工产品中，本地的手工业只有陶器制造业较为发达，其他手工业产品则与中原等地的同类器物相同，大多系从中原引进。该墓葬群出土的陶器以泥质陶器居多。西汉昭宣时期的泥质陶器多为罐形器，与青海民和胡李家庄汉墓中出土的器形大致类似，该汉墓“陶器分为泥质灰陶和夹砂褐陶两种，均轮制。器表均饰绳纹，且多数间饰弦纹。器形均为罐，包括长腹罐、扁腹罐、盘口罐、圜底罐和单耳罐”[④]。西汉后期，灶、壶、盆等一些新的陶器类型开始出现，但模制技术并不发达，如陶灶仍系手制，素面而无模印花纹。大致属于东汉前期的陶器制作工艺，不甚讲究，制作粗劣草率。这一变化在陶灶上表现得尤为突出，如灶面皆素面，模印花纹消失，甚至往往用废砖稍加打凿以充陶灶。东汉晚期以后，陶器的制作水平又有较大提高，如器类增加，器形规整，模制器盛行，

---

① 陈宗祥：《秦汉时期青海河湟地区生产情况试探》，《青海社会科学》1982 年第 4 期。

② 崔永红：《青海经济史（古代卷）》，第 59 页。

③ 《汉书》卷 96《西域传上》。

④ 何克洲、张德荣：《青海民和县胡李家发现汉墓》，《考古》2004 年第 3 期。

施釉技术开始应用，出土有釉陶壶、尊、杯、灯、灶、仓、井等。① 2011 年 10 月 20 日，考古工作者在青海西宁海湖新区一号汉墓中发现了较多的彩釉陶器，还清理出一件陶厕，这在青海考古史上尚属首次。② 彩陶施釉技术的出现，反映了陶器手工业的进步，烧窑温度提高，产品的硬度也有所提高，其实用性、防水性都有所改善。

因铁制工具的较普遍应用，青藏高原地区木器加工业较先秦时期有了更大进步。诺木洪文化时期，羌人已会制造木车，两汉时期造车技术更为成熟。赵充国攻掠先零羌时，曾虏获“车四千余辆”③。造车是一门综合技术，这则材料说明，秦汉时期青藏高原不但有比较成熟的造车技术，而且反映出当时西羌的木器加工业较为发达。此外，源于中原的漆器也已传入河湟地区，青海民和县胡李家遗址出土“漆器 2 件。腐朽严重，仅能辨认出器形大致为盘”④。

从川西高原的考古发现，特别是从石棺葬出土的随葬品来看，秦汉时期，制陶业、制铜业仍然是这一地区手工业中最为重要的部门，同时，铁器也应用于居民的生产生活中。“出土器物中，陶器以一种尖核桃形口沿的双耳罐为其特征，发现最多。其余有单耳罐、高领罐、杯、碗、三连罐、壶等，器形都很简单。个别墓中也有随葬大量青铜器和铁器的，如汶川萝葡砦 1 号墓，随葬有铜剑、铜柄铁剑、铜戈、铜钺、铁矛、铁刀、铜盔、银臂甲、革盾，以及铜带钩、金银项饰、琉璃珠、珉玉珠、半两钱等。”⑤ 这大体反映了当时手工业生产的基本状况。

二 魏晋南北朝时期

魏晋南北朝时期，青藏高原的手工业主要围绕游牧民的基本生产生活而展开，如毛织、制皮等事关穿衣、居住等基本生活需求，因此，也是牧民必

---

① 青海省文物考古研究所：《上孙家寨汉晋墓》，第 221 页。

② 袁震、祁万强：《海湖大道墓葬又有重大发现我省考古首次出土陶厕》，《青海都市报》2011 年 10 月 21 日。

③ 《汉书》卷 69《赵充国传》。

④ 何克洲、张德荣：《青海民和县胡李家发现汉墓》，《考古》2004 年第 3 期。

⑤ 王恒杰、张雪慧：《民族考古学概论》，福建人民出版社，2009，第 259 页。

须掌握的生产技能。史载青藏高原上各部族牧民多以裘褐为衣，如附国人之“衣多毾皮裘，全剥牛脚皮为靴”①，宕昌人“皆衣裘褐”②，党项人之“服裘褐，披毡为上饰”③，吐谷浑“庐帐而居”④ 之类，都反映了青藏高原上游牧民着衣方面的基本特点。所谓“裘”者，即皮制之衣；所谓“褐”或“毾”者，均为毛织之衣。当然，也有以毛毡为衣的，所谓“披毡为上饰”者即是。在住的方面，游牧民则多“庐帐而居”，“庐帐”又称“穹庐”“毡庐”等，大多是用牛毛或羊毛制成的毛毡搭建的，如党项人，其屋“织牦牛尾及羖攊毛为屋”⑤。为适应转场游牧的需要，庐帐可以随时拆卸搬迁。

游牧民的生产生活，离不开各种各样的金属器具，所以其对矿产开发及相关冶炼铸造技术的学习和掌握也颇为重视，特别是游牧民勇武善战，部族之间、部族内各部落间攻伐活动频繁，需要大量兵器武装自己。因此，兵器制造应该是游牧民手工业中最为重要的事情。史载吐谷浑境内“饶铜、铁、朱砂”等⑥，附国境内“山出金、银、铜”等金属，另外，宕昌向中原的贡品中包括朱砂、雌黄、白石胆等，⑦ 大体上反映了高原上的一些矿产得到了开采。其中一部分则经冶炼加工为兵器及其他用品。《北史》载吐谷浑有弓、刀、甲、矟等兵器；⑧ 北周时，与吐谷浑关系密切的白兰羌还遣使贡献犀甲、铁铠等，⑨ 则其兵器的制造应有一定水平，故而作为贡品献给北周。同时，我们也注意到，《北史》关于附国的记载中，提到不少附国人使用的包括金属在内的各种手工制品，如“人皆轻捷，便击剑。漆皮为牟甲，弓长六尺，竹为箭”，又如“项系铁锁，手贯铁钏。王与酋帅，金为首饰，胸前悬一金花，径三寸”。这在一定程度上反映了当时附国人已经比较熟练地

① 《北史》卷96《附国传》。
② 《北史》卷96《宕昌传》。
③ 《北史》卷96《党项传》。
④ 《北史》卷96《吐谷浑传》。
⑤ 《北史》卷96《党项传》。引文中所言“羖攊”者，即为山羊。
⑥ 《北史》卷96《吐谷浑传》。
⑦ 《北史》卷96《宕昌传》。
⑧ 《北史》卷96《吐谷浑传》。
⑨ 《北史》卷96《白兰传》。

掌握了金属制造等手工业技能。

不过，在这一时期青藏高原地区的手工业中，最引人瞩目的方面是吐谷浑为满足在青海立国的政治、军事及交通方面的需要，其在政治重地、地理形胜、交通要津等处所陆续修建了为数不少的城邑、桥梁等。

史籍中关于吐谷浑"有城郭而不居，恒处穹庐，随逐水草畜牧"的记载，一方面表明吐谷浑城池之筑引人瞩目，另一方面表明吐谷浑仍然保持着游牧行国的特质。应该说，吐谷浑城邑的修建，或出于军事防戍，或出于控扼交通，或作为政治中心，而非以居住为主要目的，但少数城邑还是有吐谷浑王室及部分上层贵族居住的。吐谷浑伏罗川城和伏俟城均是如此。

伏罗川城为吐谷浑王拾寅（452~481年）所筑。《南史》卷79《河南》及《梁书》卷54《河南王国》均记载：

慕（利）延死，从弟拾寅立，乃用书契，起城池，筑宫殿，其小王并立宅。

据《魏书》卷110《吐谷浑》记载，拾寅所筑城位于伏罗川：

慕利延死，树洛干子拾寅立，始邑于伏罗川，其居止出入窃拟王者。

伏罗川在今青海省兴海县曲什安河流域。拾寅建城伏罗川，吐谷浑政治中心由此从沙州即莫何川（今青海省贵南县茫拉乡）迁移至此。此城之筑，显系拾寅仿效中原王朝的做法，"居止出入窃拟王者"，以王为核心的部分统治者入住城内宫殿，由此开始了城居生活。不过，这个位于伏罗川的吐谷浑都城，在北魏皇兴四年（470年），被长孙观所率北魏大军焚毁了。是年，北魏令上党王长孙观督河西七镇军讨伐吐谷浑，"部帅拾寅遁藏，焚其所居城邑而还"①。周隋之际，吐谷浑王夸吕又筑伏俟城于青海湖西，其政治中

① 《魏书》卷25《长孙观传》。

心再度西移，作为政治中心的伏俟城，同样也成为吐谷浑王等居住的城邑。伏俟城遗址尚存，位于青海湖西北约 15 公里处。据黄盛璋、方永《吐谷浑故都——伏俟城发现记》所述，该城有用砾石叠砌成的外廓，呈长方形。“廓内偏东有南北内墙一道。西部有长约 200 米的方形夯筑台，为内城，内城有东门，城内靠西墙有一方形房基，边长 700 米，大约是宫殿遗址。基前有街道直通东门。符合‘以穹庐为舍，东开向日’（《后汉书·乌桓传》）的说法。”①

除了上述两个都城外，常见于史籍且较为重要的吐谷浑城邑还有浇河城、泥（洪）和城、洮阳城、曼头城、赤水城、树敦城、贺真城等。

浇河城，系吐谷浑王阿豺（413～428 年）时所筑②，为吐谷浑四大戍之一。③

泥（洪）和城与洪和城均系吐谷浑王伏连筹（490～529 年）所筑军事戍地④。

曼头城为吐谷浑冲要之地，为吐谷浑政治中心伏罗川北方重要的军事屏障。北魏和隋朝时期，数度大规模讨伐吐谷浑，曼头城是必拔之城，而吐谷浑失去此城的结果便是其王不战而遁。⑤

赤水城，位于曼头城以南以西，亦为吐谷浑四大戍之一，隋朝时期，曾以此城为河源郡治。⑥

树敦城和贺真城不知筑于何时，两城均为吐谷浑蓄藏财宝的战略重地，西魏将领史宁曾称“树敦、贺真二城是吐谷浑巢穴”⑦，尤其是树敦城，曾

① 黄盛璋、方永：《吐谷浑故都——伏俟城发现记》，《考古》1962 年第 8 期。

② 参见杜佑《通典》卷 174《州郡四》：“浇河域即晋时吐谷浑阿豺所筑，在（廓州达化）县西一百二十里。”中华书局，1988。

③ 《南齐书》卷 59《河南吐谷浑氏传》载，吐谷浑“戍有四，一在清水川，一在赤水，一在浇河，一在吐屈真川，皆子弟所治”。中华书局点校本。

④ 《北史》卷 96《吐谷浑传》：“子伏连筹立。孝文欲令入朝，表称疾病，輙修洮阳、泥和城而置戍焉。”

⑤ 《魏书》卷 4 下《世祖纪下》；《隋书》卷 61《宇文述传》、卷 63《刘权传》。

⑥ 《隋书》卷 39《地理志上》。

⑦ 《北史》卷 61《史宁传》。

为吐谷浑旧都，“多诸珍藏”①。

除上述之外，吐谷浑境内所筑之城，见于文献者还有西强城②、鸣鹤城、镇念城、三角城③（三城均在今甘肃临潭附近）等。另外，近世以来的许多考古调研发现在今甘青地区有不少吐谷浑时代城邑的遗址，如青海省河南县阿木去乎古城、泽库县羊玛日古城、贵南县塔瓦古城、冬次多古城等。④ 城邑的建设说明吐谷浑人除具备了必要的建筑工程技术之外，也掌握了在城内建筑宫室屋舍所必需的制砖、制瓦、木工等各种技能。

在吐谷浑时代，青藏高原上另一令人瞩目的建筑形制则是附国人所居之“礶”。《北史》卷96《附国传》：

> ……无城栅，近川谷，傍山险。俗好复仇，故垒石为礶，以避其患。其礀高至十余丈，下至五六丈，每级以木隔之，基方三四步，礀上方二三步，状似浮图。于下级开小门，从内上通，夜必关闭，以防贼盗。

关于“礶”，《康熙字典》谓：“《集韵》锄交切，音巢。附国之民，垒石为巢而居曰礶。”这种建筑形制当有很早的起源，但见诸中原文献则始自刘宋范晔等人编撰的《后汉书》：

> 冉駹夷者，武帝所开，元鼎六年（公元前111年），以为汶山郡。……皆依山居止，累石为室，高者至十余丈，为邛笼。⑤

所谓“礶”者，为汉人据其建材、形制及用途等意会之称，当地语言谓之“邛笼”，意为“雕”，其起源与古代青藏高原居民的飞鸟崇拜有关，

① 《北史》卷61《史宁传》。

② 王仲荦：《北周地理志》卷2《陇右》，中华书局，1980。

③ （宋）乐史：《太平寰宇记》卷154《洮州临潭县》，中华书局，2007年标点本。

④ 中国社会科学院考古研究所四川工作队：《丝绸之路河南道沿线的重要城址》，载刘庆柱主编《考古学集刊》第13集，中国大百科全书出版社，2000，第238页。

⑤ 《后汉书》卷86《南蛮西南夷·冉駹夷传》。

后世则以“碉房”“碉楼”称之。[①] 这样的建筑形制，并非附国人所特有，而是青藏高原东部地区常见的一种独特的建筑形式，至今依然可见。

在建筑方面，吐谷浑人在黄河上所建桥梁即“河厉”也载诸史册，为人们所熟知者便是北魏郦道元《水经注》卷2引段国《沙州记》中的记载：

> 吐谷浑于河（黄河）上作桥，谓之河厉。长百五十步，两岸垒石作基陛，节节相次，大木纵横，更镇压两边，俱来相去三丈，并大材以板横次之。施钩栏，甚严饰。桥在清水川东也。

“河厉”即河桥，吐谷浑的这种桥梁建筑形制，是一种为解决木材长度不够而需跨越整个河面的原始桥梁形式，也即伸臂梁桥或悬臂桥，又被称为“飞桥”“握桥”等。根据段国所记，这种桥是在河流两岸桥台或桥墩上用圆木或方木纵横叠置、层层挑向河心，最后用木梁连接为跨越河流的桥梁。

学术界认为伸臂梁桥在汉以后起源于西北，后来流传于全国各地。[②] 目前，在青藏高原东部地区，仍可见到这种形制的桥梁。吐谷浑“河厉”是文献中最早有关伸臂梁桥较为完整的记载，说明吐谷浑人很好地掌握了此一形制桥梁的建筑技术，是这种桥梁建筑早期成功的践行者。

第四节　商业贸易

一　秦汉时期

随着秦汉大一统王朝的形成以及秦汉王朝向周边地区大规模的开疆拓殖，这一时期中原内地和周边地区的政治和文化联系空前强化。相应地在经济上，中原内地与周边地区的商业贸易得到大幅推进，所谓“汉兴，海内

---

① 关于“邛笼”之意，学界多有论说，可参见石硕《邛笼解读》，载《民族研究》2010年第6期。

② 参见唐寰澄《中国古代桥梁》，中国建筑工业出版社，2010，第64页。

为一，开关梁，弛山泽之禁，是以富商大贾周流天下”①。据司马迁《史记》的记载，秦汉时期，蜀地、秦陇一带与青藏高原东部边缘地区之间的经济关系日益密切。其中，巴蜀地区和青藏高原东缘即今川西北地区邛、笮、冉龙等部族之间有着密切的商贸关系。《史记》载：

巴蜀亦沃野，……西尽邛笮，笮马、牦牛。②

又载：

及汉兴，皆弃此国，而开蜀故徼，巴蜀民或窃出商贾，取其笮马、僰僮、牦牛，以此巴蜀殷富。③

而秦陇一带经济则得河湟地区“羌中之利”：

天水、陇西、北地、上郡与关中同俗，然西有羌中之利，北有戎翟之畜，畜牧为天下饶。④

得“羌中之利”，自然是经济贸易的结果。据《后汉书》可知，河西地区的姑臧（今武威）是当时汉与西域各族及诸羌间商业贸易的中心：

时天下扰乱，唯河西安，而姑臧称为富邑，通货羌胡，市日四合，每居县者，不盈数月，辄致丰积。⑤

一些考古发现也颇能印证上述史籍中的记载。20世纪以来，在今川西

① 《史记》卷129《货殖列传》，中华书局点校本。
② 同上。
③ 《史记》卷116《西南夷列传》。
④ 《史记》卷129《货殖列传》。
⑤ 《后汉书》卷31《孔奋传》。

北及青海东部地区，陆续发现了一些出土的秦汉货币。在川西高原，考古发现，在包括当地土著的石棺葬在内的秦汉墓中，有相当一部分出土了秦半两、八铢半两、四铢半两、榆荚半两、宣帝五铢、东汉五铢等多种秦汉货币；[①] 而青海东部发现的汉墓中，则普遍出土了汉代各时期的五铢钱、新莽钱等[②]。以货币为一般等价物的商品交换，摆脱了以往以物易物交易行为的原始特性，标志着这些地区的商品经济已经有了较大发展。

不过，青藏地区与周边地区的商贸关系不仅仅局限于中原内地，与诸如蒙古高原、西域乃至印度之间也存在各种形式的商贸往来。如近年来在西藏阿里地区发现的属于汉晋时期的故如甲木古墓葬出土的丝绸、青铜器皿、微型黄金面具等文物，显示了该地区与中原、西域以及印度北部等存在广泛的文化联系。[③] 而这些文化联系无疑也包括经济交往以及商贸关系等方面。

二　魏晋南北朝时期

魏晋南北朝时期，青藏地区商业贸易最引人瞩目的是吐谷浑经济中浓厚的商业色彩与丝绸之路青海道的繁荣。

吐谷浑为游牧行国，但其经济却是牧商并重。史载吐谷浑“国无常赋，须则税富室、商人充用焉”[④]。也就是说，吐谷浑国没有建立一整套常态化的税赋制度，税征是根据国家的实际需要而随机进行的，税征的对象则是富室和商人。商人作为吐谷浑随机税征的两个主要对象之一，表明在游牧业为经济基础的吐谷浑社会中，形成了一个在经济实力上可以与游牧贵族并驾齐驱的商人群体或阶层，而这个群体或阶层的形成，自然与吐谷浑商业贸易的活跃与繁荣有着直接的关系。由于包括吐谷浑在内的青藏高原各部族大都以游牧业为生，经济上同质性很强，缺乏交易动力，因此，吐谷浑的商业贸易

① 参见阿坝藏族羌族自治州文物管理所、成都文物考古研究所编《中国西南地区石棺葬文化调查与发现 1938 ~2008》，四川大学出版社，2009。

② 参见何克洲、张德荣《青海民和县胡李家发现汉墓》，《考古》2004 年第 3 期；青海省文物考古研究所《上孙家寨汉晋墓》，第 168 页。

③ 仝涛：《西藏阿里“象雄考古”新发现》，《中国文物报》2012 年 8 月 17 日。

④ 《魏书》卷 101《吐谷浑传》。

主要是与青藏高原周边及更远的国家和地区之间进行的。由于这种贸易首先是依托于游牧业即畜产品来进行的，这就促使吐谷浑的游牧经济具有明显的商业化色彩，有学者因此把吐谷浑经济定性为“商业型游牧经济”或者“畜牧商业型经济”①。吐谷浑的商业经济大致包括两个方面，一是以马匹、牦牛等为主的畜产品向内地的输出，二是充分发挥区位地缘优势，积极主动地参与东西方国际贸易，从而促成丝绸之路青海道的繁荣。

如上所述，作为马上民族的吐谷浑人到青海后，高度重视养马业，成功培育了以“龙驹”和“青海骢”为代表的良种马匹，而推动养马业发展的主要动力显然是马匹的商业贸易价值。而牦牛属于青藏高原特有的畜牧种类，是青藏高原各族对外贸易输出的传统牲畜。吐谷浑马和牦牛等牲畜的输出主要有两种形式，一是以官方朝贡的名义，将马匹、牦牛等作为贡品纳献于内地各政权，然后以回赐的形式获得所需的各种农产品和手工业品；二是边界地区民间的互市贸易。

吐谷浑自建政以来，就和十六国特别是南朝、北朝各政权建立和保持了密切的政治关系或联系，并在相应的政治关系框架内开展经济与文化交流活动，谋求商业利益。吐谷浑先后接受西秦、前秦、南北朝各政权以及隋、唐诸王朝所封“白兰王”“西秦王”“河南王”“青海王”，以及可汗、郡王、公、都督、将军、刺史、校尉等各类名号，从而在形式或名义上与这些政权、王朝保持藩属关系，并以这种藩属的身份不断向其朝献，在经济上形成交易关系。所谓通贡、通使，实与通商合一，可能通商更具有实质性的内容。

420 年之后，中国进入南北朝对峙的时代，吐谷浑则与对峙的双方均展开具有政治、经济双重意义的朝贡活动。423 年即刘宋景平元年，吐谷浑王阿豺向刘宋“遣使奉表献方物”②，“始通江左，受官爵”③，开启了向南朝遣使朝贡的先例。继阿豺之后，慕璝、慕利延、拾寅等诸王均与刘宋

① 参见马曼丽《关于吐谷浑游牧经济商业化的几个问题》，载胡之德主编《兰州大学丝绸之路研究论文集》，兰州大学出版社，1992，第 178 页。

② 《宋书》卷 96《鲜卑吐谷浑传》，中华书局点校本。

③ 《南史》卷 79《河南传》，中华书局点校本。

保持良好的交往，从景平元年（423 年）到大明五年（461 年），不到 40 年间，吐谷浑向刘宋遣使 20 次①。此后，齐、梁相继，都没有影响这种朝贡关系。梁时，“其使或岁再三至，或再岁一至”②，朝贡的频率较之前更加密集。

吐谷浑对北朝的朝贡始于北魏始光四年，即 427 年，慕璝“遣使奉表”，魏武帝诏授大将军、西秦王。此后慕利延、拾寅时期，双方关系紧张，北魏军队数次西征青海，吐谷浑之朝贡活动因之中断。但此后，特别是北魏孝文帝执政时期，与吐谷浑关系和解，吐谷浑的朝贡重新开启，频率也日渐密集。日本学者松田寿男曾统计了《魏书》帝纪中有关“诸国”朝贡的记载，其中次数居于首位的便是吐谷浑，为 64 次，而其中 63 次是在孝文帝时代③。但从《魏书》所言吐谷浑“终世宗世至于正光，牦牛、蜀马及西南之珍无岁不至”④ 来看，孝文帝之后，吐谷浑对北魏的朝贡仍然在持续进行。北魏世宗元恪于 499 年至 515 年在位，正光系北魏孝明帝元诩年号，时间在 520 年至 525 年，也就是说，在 6 世纪初期的 20 多年时间里，吐谷浑对北魏的朝贡活动仍然相当频繁。而《魏书》的这段文字也充分说明吐谷浑朝贡的贸易性质，即北魏因为吐谷浑的朝贡而获得了大量产自青藏高原的“牦牛、蜀马及西南之珍”。北魏分裂后，北朝形成东魏、西魏和北齐、北周间的对峙，吐谷浑与疆界相邻的西魏和北周虽然也有进贡之举，但由于西魏和北周对自己有着直接的威胁，因此，取密远疏近之策，通过加强与东魏、北齐间的关系达到牵制西魏和北周的效果。特别是吐谷浑王夸吕在位期间，还与东魏建立了和亲关系，使双方关系进一步密切。《北史》载⑤：

兴和（539～542 年）中，齐神武作相，招怀荒远，蠕蠕既附于国，

① 白翠琴：《中国历代民族史·魏晋南北朝民族史》，社会科学文献出版社，2007，第 94 页。
② 《梁书》卷 54《河南传》。
③ 胡小鹏：《西北民族文献与历史研究》，甘肃人民出版社，2004，第 24 页。
④ 《魏书》卷 101《吐谷浑传》。
⑤ 《北史》卷 96《吐谷浑传》。

> 夸吕遣使致敬。神武喻以大义，征其朝贡，夸吕乃遣使人赵吐骨真假道蠕蠕，频来东魏。又荐其从妹，静帝纳以为嫔。遣员外散骑常侍傅灵檦使于其国。夸吕又请婚，乃以济南王匡孙女为广乐公主以妻之。此后朝贡不绝。

隋唐时期，中央政权对吐谷浑有大规模征伐之举，但同时也对吐谷浑王封官加爵，并结姻亲之好，吐谷浑的贡使朝献也时有所至。

南北朝时期，宕昌也与其相邻的吐谷浑国一样，与南北朝各政权建立了藩属朝贡关系。据《北史》载，宕昌王梁弥忽遣其子弥黄于北魏太武帝时“奉表求内附”，弥忽受封宕昌王、弥黄受封甘松侯。自此“世修职贡”，后因故一度中断。但到孝文帝时，宕昌王弥机“遣使子桥表贡朱沙、雌黄、白石胆各一百斤。自此后，岁以为常，朝贡相继”[①]。据松田寿男的统计，北魏时宕昌的朝贡次数次于吐谷浑，在朝贡诸国中位居第二位。

宕昌与南朝交往始于刘宋孝武帝时。刘宋大明元年（457 年），授梁瑾忽为“河州刺史、宕昌王”[②]，《南史》载“宋孝武世，其王梁瑾忽始献方物”[③]。齐、梁两朝，仍然视宕昌为藩属，继续予以封授，宕昌则保持朝贡。《南史》中还特别记载梁天监四年（505 年），宕昌朝献之物为甘草与当归。反映了除畜牧产品外，像甘草、当归等中草药一类的土特产也是朝贡的物品之一。[④]

关于吐谷浑边界地区民间商业贸易活动的情况，史籍中的记载并不多。史载吐谷浑在慕璝时代“招集秦、凉流民”，“南通蜀、汉，北交凉州、赫连”[⑤]，则蜀汉和凉州暨河西走廊这两个与吐谷浑地界毗连的区域，大致也是与吐谷浑有较为密切的商业贸易关系的区域。不过，吐谷浑与河西地区商业贸易的情况，史籍中没有多少记载，而吐谷浑与蜀地间贸易往来的情形则

---

① 《北史》卷 96《宕昌传》。
② 《宋书》卷 6《孝武帝骏本纪》。
③ 《南史》卷 79《宕昌国传》。
④ 同上。
⑤ 《魏书》卷 101《吐谷浑传》。

见于南朝诸史。《梁书》载："其地与益州邻，常通商贾，民慕其利，多往从之。教其书记，为之辞译。"①《南齐书》则谓："（益州）西通芮芮、河南，亦如汉武威、张掖，为西域之道也。"② 梁武陵王萧纪统辖益州，"在蜀十七年，南开宁州、越嶲，西通资陵、吐谷浑，内修耕桑盐铁之功，外通商贾远方之利，故能殖其财用"③。

吐谷浑与益州紧密的商贸关系是促成南朝时益州经济繁荣的重要因素之一。史载"梁益二州土境丰富，前后刺史莫不营聚畜，多者致万金。所携宾僚，并京邑贫士，出为郡县，皆以苟得自资"④。《南齐书》因之谓益州"州土瓌富，西方之一都焉"⑤。而吐谷浑又将与益州的商贸成果扩展到与北朝的经济往来中。如上所述，通过吐谷浑，大量蜀地的物品即所谓"西南之珍"又输入北魏。

应该说，吐谷浑作为游牧行国，与南北朝的商贸关系大致上仍然属于中国传统的以互补为主的农牧间经济关系的范畴。但吐谷浑的商业经济更为重要也更具有价值和意义的层面则是参与以丝绸之路为纽带的国际贸易，并在南北朝南北分裂的特定背景下，在其中发挥了枢纽和联结的作用。

吐谷浑在东西方丝绸贸易中最具价值的贡献是贯通了以青海地区为枢纽的联结西域和南朝的往来通道。青海地区很早就是西域与中原间往来的通道，被称为"羌中道"，只是与河西走廊相比，青海地区自然条件处于劣势，所以"羌中道"在中西交通中的重要性无法与河西走廊相提并论。吐谷浑早期活动的中心区域为今青海省东南部以及甘肃省西南部和四川省西北部地区，东晋末年，也即谯纵据蜀称帝时期，吐谷浑王阿豺进一步向川西北地区拓展疆域："谯纵乱蜀，阿豺遣其从子西强公吐谷浑敕来泥拓土至龙涸、平康。"⑥ 龙涸，即今四川阿坝之松潘，平康在今松潘西南。这样，吐

① 《梁书》卷54《河南传》。
② 《南齐书》卷15《州郡下》，中华书局点校本。
③ 《南史》卷53《萧纪传》。
④ 《宋书》卷81《刘秀之传》。
⑤ 《南齐书》卷15《州郡下》。
⑥ 《宋书》卷96《鲜卑吐谷浑传》。

谷浑疆域与蜀地就基本上连在一起。在此基础上，阿豺又于刘宋少帝景平元年（423 年）正式向南朝遣使纳贡，接受刘宋官爵，为其“藩属”，于是，吐谷浑又在政治上与南朝形成联结，从而为南朝和吐谷浑间的交通往来奠定了基础。而吐谷浑在东南方向与南朝联结的同时，其活动范围又不断向青海中西部拓展，在 5 世纪中期之后，逐渐将势力扩展至塔里木盆地东南缘[①]。《南齐书》明确记载吐谷浑疆域“其界东至叠川，西邻于阗，北接高昌”[②]，而在 5 世纪末，吐谷浑“地兼鄯善、且末”[③]，即进一步占据了地处丝路交通要冲的鄯善和且末两个重镇。北魏神龟元年（518 年），宋云、惠生等经行鄯善时，镇守当地的便是吐谷浑宁西将军。[④] 吐谷浑东南部与南朝接壤，西北部与西域邻接，为其介入东西方商业贸易提供了地利之便，而当河西走廊被北朝控制后，青海地区在西域与江南地区交通中的重要性变得更加突出。“南北朝时对南朝来说却是通向西域的主要道路，它联结了南朝与西域间的政治、经济和文化，曾经起了颇大的作用。”[⑤] 由于这条东西间大通道经行于吐谷浑，所以往往被称为“吐谷浑道”，由于吐谷浑王曾有“河南王”的封号，所领政权被称为“河南国”，因此这条道路也被称为“河南道”。

自 20 世纪 60 年代在今青海省西宁市发现波斯萨珊王朝的银币后，丝路青海道在吐谷浑时代的繁荣，就引起学术界的高度关注和大量研究。吐谷浑道在早期是塞北与南朝交往的最为重要的通道。《南齐书》卷 59《芮芮传》称“芮芮常由河南道而抵益州”，芮芮即柔然，是鲜卑人南迁之后、突厥人崛起之前蒙古高原上最强大的势力。强盛时期，其西境扩张到天山北路和天山东路一带，所以，早期吐谷浑道所联结的区域已经涉及柔然所控制的西域地区。据《资治通鉴》记载，刘宋景明二年（478 年），王洪范出使柔然，

---

① 黄文弼：《古楼兰国历史及其在西域交通上之地位》，载《黄文弼历史考古论集》，文物出版社，1989，第 316～339 页。

② 《南齐书》卷 59《河南传》。

③ 《魏书》卷 110《吐谷浑传》。

④ 杨炫之撰、范祥雍校注《洛阳伽蓝记校注》卷 5，上海古籍出版社，1978，第 252 页。

⑤ 唐长孺：《南北朝期间西域与南朝的陆道交通》，载《魏晋南北朝史论拾遗》，中华书局，1983，第 168～195 页。

即“自蜀出吐谷浑历西域乃得达”[①]；南齐时，江景玄出使丁零，亦由吐谷浑道，“道经鄯善、于阗”[②]，也即经行西域而达。随着吐谷浑在西域的影响不断扩大，其在南朝与西域两大区域的政治、经济与文化关系的联结中发挥着更大的作用。从各种史籍的记载来看，往来于吐谷浑道的人员，主要是东西方的使臣、僧侣和商人。使臣中尤为人们所注意者，便是来自中亚乃至西亚等所谓“西域”诸国遣往南朝者。这些西域国家和地区，据《梁书》等的记载，主要是滑国、波斯、龟兹、于阗等。滑国，即嚈哒，为南北朝时期的中亚大国，政治中心在河中地区，全盛时，“征其旁国波斯、盘盘、罽宾、焉耆、龟兹、疏勒、姑墨、于阗、句盘等，开地千余里”[③]。史载滑国于梁天监十五年（516 年）遣使萧梁“献方物”，“普通元年（520 年），又遣使献黄师子、白貂裘、波斯锦等物。七年（526 年），又奉表贡献”[④]。波斯萨珊王朝于中大通二年（530 年）、中大通五年（533 年）、大同元年（535 年）也遣使至梁。1956 年和 2000 年，考古工作者还在今青海省西宁市和乌兰县发现了波斯萨珊王朝的银币。[⑤] 龟兹遣使见于记载的有天监二年（503 年）、普通二年（521 年）；于阗遣使见于记载的有天监九年（510 年）、天监十三年（514 年）、天监十八年（519 年）、大同七年（541 年）等。[⑥] 另据《南史》记载，除上述较大的国家外，西域还有一些小国诸如周古柯、呵跋檀、胡密丹等也依附嚈哒这样的大国与南朝交往。《南史》卷 79《夷貊下·西域传》载：

> 周古柯国，滑旁小国也。普通元年（520 年），使使随滑来献方物。呵跋檀国亦滑旁小国也。凡滑旁小国，衣服容貌，皆与滑同。普通元年

---

① （宋）司马光：《资治通鉴》卷 135，齐高帝建元元年（479 年）十一月条，中华书局，1956 年点校本。

② 《南齐书》卷 59《芮芮虏传》。

③ 《梁书》卷 54《西北诸戎传》。

④ 同上。

⑤ 参见夏鼐《青海西宁出土的波斯萨珊朝银币》，载《考古学报》1958 年第 1 期；青海省文物考古研究所《青海乌兰县大南湾遗址试掘简报》，《考古》2002 年第 12 期。

⑥ 《梁书》卷 54《西北诸戎传》。

(520 年)，使使随滑使来献方物。胡密丹国亦滑旁小国也。普通元年(520 年)，使使随滑使来献方物。

这些西域的国家和地区在与南朝的交往中，既有政治、文化交往的内容，也有经济贸易的内容，吐谷浑在其中一方面发挥着重要的中介作用，另一方面也是这种东西方贸易交往的参与者。就中介作用而言，《梁书》中记载，嚈哒与南朝的交往，“其言语待河南人译，然后通”[①]。其实，语言通译只是这种中介作用的一个方面，其他的还有为往来人员和物资提供向导、食宿、护卫等。另外，吐谷浑重视城池、桥梁等的建设与修筑，这应该与保障丝路贸易的安全与通畅有着密切的关联。

通过吐谷浑道发挥的中介与桥梁作用，西域与南朝之间形成了密切的经济交流关系，如前所述，与吐谷浑毗近的益州，因为得益于与吐谷浑等的交通贸易而成为与汉之武威、张掖相媲美的商业繁盛之区。这其中，也有来自西域胡商的助力。陈寅恪先生曾说：“六朝、隋唐时代蜀汉亦为西胡行贾区域，其地之有西胡人种往来侨寓，自无足怪也。”[②] 又说：“蜀汉之地当梁时为西域胡人通商及居留之区域。”[③] 而学者们普遍认为这些活跃于蜀汉的西域胡商，大多系经由青海道也即吐谷浑道而进入蜀汉的，其中又多为粟特人。南北朝时期，粟特人也主要是通过吐谷浑道而到达南朝的。李明伟指出：

《宋书》记载中亚粟特国入贡两次，第一次在宋文帝元嘉十八年(441 年)，第二次是“大明中（457～464 年）遣使献生狮子、火浣布、汗血马，道中遇寇，失之”。而早在公元 439 年，北魏即已占领北凉都城姑臧，全部控制河西走廊，粟特使者去江南，河西走廊难以通行，只能是从西域进入吐谷浑境而达到目的。[④]

① 《梁书》卷 54《西北诸戎传》。

② 陈寅恪：《李太白氏族之疑问》，载《金明馆丛稿初编》，上海古籍出版社，1980，第 279 页。

③ 陈寅恪：《隋唐制度渊源略论稿》，中华书局，1963，第 79 页。

④ 李明伟：《丝绸之路贸易研究》，新疆人民出版社，2010，第 103 页。

荣新江也认为：

> 我们知道，由于这一段历史时期中国南北处于分裂的局面，因此西域诸国与东晋、南朝的联系，主要是走“吐谷浑道”，又称“河南道”、“青海路”等，也就是说由西域经吐谷浑控制的青海地区，经松潘南下益都，再顺长江而下。粟特人应当也是利用了这条道路进入南方的。
>
> 经由这条道路进入成都平原的粟特胡人应当为数不少，所以在中心城市如益州或者一些特别的地区如郫县，可能存在着粟特聚落。这些粟特商人促进了西域与蜀汉、长江流域的商业贸易，也把粟特文化和技艺带到中国南方。[①]

而粟特商人通过吐谷浑道经营的商业物资可能“以蜀锦之类的丝绸中转贸易为大宗”[②]。

吐谷浑人在为西域与南朝的商贸关系铺路搭桥、发挥中介作用的同时，也努力促进西域与北方地区的贸易往来。如前所述，吐谷浑与北朝政权一直保持着相当密切的具有商贸内容的通贡关系。前述20世纪50年代末在青海省西宁市发现了76枚波斯萨珊王朝的银币，正好印证了吐谷浑时期丝路青海道在沟通西域与北朝商贸关系中的作用。即使在东西魏分立的情况下，吐谷浑还积极引导西域胡商，假道柔然，开展与东魏和北齐间的商业贸易。西魏废帝二年（553年），吐谷浑王夸吕通使北齐，西魏凉州刺史史宁“觇知其还，率轻骑袭之于州西赤泉，获其仆射乞伏触扳、将将军翟潘密、商胡二百四十人，驼骡六百头，杂彩丝绢以万计”[③]。这条记载清楚地表明，吐谷浑所谓的“通使”“通贡”，确与通商合一，其仆射、将军者，当为使臣身份，与之伴行的则是240人的胡商商队及数以万计的杂彩丝绢。显然，这是吐谷浑和西域胡商合作进行的一次规模可观的远程贸易。这也使我们更清楚地看到，地处东西方通道的吐谷浑，其与中原以及南方各政权之间的所谓

---

① 荣新江：《中古中国与粟特文明》，生活·读书·新知三联书店，2014，第45～49页。

② 霍巍：《粟特人与青海道》，载《西南考古与中华文明》，巴蜀书社，2012，第407页。

③ 《周书》卷50《异域下·吐谷浑传》，中华书局点校本。

“通使”“通贡”“朝献”等，更具实质性的内容和诉求是商业贸易和商业利益。

应该说，吐谷浑参与的是一个中古时代覆盖面非常广的国际商业贸易圈，并以国际贸易中介人的角色为世人所瞩目，也给世人留下了吐谷浑“事惟贾道”的深刻印象。[①] 商业改变了吐谷浑的社会生活风貌，“吐谷浑逐草依泉，擅强塞表，毛衣肉食，取资佃畜。而锦组缯纨，见珍殊俗，徒以商译往来”[②]。而长期对商业贸易积极主动的参与，使吐谷浑获得了巨大的经济利益，也积累了大量的财富，成为南北朝时期“号为强富”的游牧国家。通过商业贸易积蓄的财富宝藏也颇为周邻强敌所觊觎和掳掠。如北魏文帝时，定阳侯曹安就以吐谷浑“多有金银牛马，若击之，可以大获”，建议朝廷讨伐吐谷浑。[③] 西魏恭帝二年（555 年），突厥木杆可汗与史宁联合攻伐吐谷浑，“掳其（夸吕）妻子，大获珍物及杂畜”[④]。而针对吐谷浑长期以来对东西方丝路通道的控制和商贸利益的垄断，隋王朝于大业（605～618年）年间发动了对吐谷浑的大规模战争，从而解决了西域诸国向隋“朝贡不通”的问题。[⑤]

隋唐时期，随着大一统局面的逐步形成，中原王朝与西域的关系越来越密切，东西方国际贸易的通道也更多地为中原王朝所掌控。作为东西方国际贸易中介的吐谷浑国也于公元 663 年为吐蕃王朝所灭，其领地民众也被纳入吐蕃治下。但是在隋唐时期，包括吐蕃统治时期，青海地区作为丝路的通路并没有沉寂，仍然在发挥重要的作用，国际性的贸易往来仍然十分活跃。20 世纪 80～90 年代对青海省都兰吐蕃大墓的考古发掘，出土了多达 130 余种 6 世纪末至 9 世纪前半期主要出自中原，兼有出自中亚、西亚的丝织品，以及大量分属于粟特和唐的金银铜器物、铜钱和漆器、木器等，据此，许新国强调，“这样多的来自东、西两方的文物集中于此，充分地说明这时期青海

① 《宋书》卷 96《鲜卑吐谷浑传》。

② 同上。

③ 《魏书》卷 110《吐谷浑传》。

④ 《周书》卷 50《异域下 · 吐谷浑传》，中华书局点校本。

⑤ 《隋书》卷 67《裴矩传》。

路的地位和作用”，他甚至认为：

> 此时的青海，确已成为交流东、西方物资的中心和融合东西方文化的中心。……出土文物证明，在这一历史时期内，青海丝绸之路是畅通的，即使是在吐蕃控制下的7~8世纪，其与东、西方贸易的规模也是前代所无法比拟的。[①]

对吐蕃控制时代青海路的地位是否可以如此评估，暂且不论；但青海路依旧在东西方贸易中发挥重要作用是毫无疑问的，而这种作用的发挥，自然得益于吐谷浑数百年间参与丝路国际贸易所积累的丰厚的商脉资源。同时，尽管吐谷浑国为吐蕃所灭，但在吐蕃治下，仍有吐谷浑邦国的建制，青海地区仍为吐谷浑人居处，所谓“退（吐）浑种落尽在”[②]，都兰吐蕃大墓即是“吐蕃统治下吐谷浑邦国的遗存”[③]。吐谷浑人有着丰富的从事丝路国际贸易的经验，因此，北朝晚期直到吐蕃统治时期，对于丝路青海道繁荣的持续，吐谷浑人在其中应该仍然扮演着重要角色。

---

① 许新国：《中国青海省都兰吐蕃墓群的发现、发掘与研究》，载中国社会科学院边疆考古研究中心编《前吐蕃与吐蕃时代》，文物出版社，2013，第285页。

② （唐）吕温：《蕃中答退浑词二首》，载《吕和叔文集》卷2，四部丛刊本。

③ 许新国：《中国青海省都兰吐蕃墓群的发现、发掘与研究》，载中国社会科学院边疆考古研究中心编《前吐蕃与吐蕃时代》，第285页。

第三章
隋唐时期

——以吐蕃为中心

隋唐时期，青藏高原社会经济显得比较活跃，各民族在历史的基础上为这里的开发做出了巨大贡献，民族交往与融合更加突出，在青藏高原社会经济史上书写了非常重要的篇章，而吐蕃在这一时期的高原社会经济发展中扮演了主导性角色。

吐蕃，又称“图伯特”，或称“土伯特”“条拜提”“退摆特”等。虽然吐蕃一词始见于唐代汉文史籍，但可以肯定的是，唐代人对吐蕃这个名称的由来已经不是很清楚了。《旧唐书》指出，“其种落莫知所出也，或云南凉秃发利鹿孤之后”，“以秃发为国号，语讹谓之吐蕃”。《新唐书》则认为，“蕃”“发”声音相近，吐蕃为秃发的音转。但是“蕃”古音读作“bo”，藏语则作“bod”，为古代藏族自称。可见新旧《唐书》的说法均不足为信。近代中外学者比较普遍地认为，“蕃”是由古代藏族信奉的原始宗教——“本”（笨）（bon）音转而来；也有人认为，“蕃”意为农业，与“卓”（bro，牧业）相对应。“吐”，多数学者则认为是汉语“大”的音转，系就吐蕃向唐朝自称“大蕃”而音译；也有学者认为“吐”是藏语“lho”（意为山南，吐蕃王室的发祥地）或“Stod”（意为上部、西部）的音转。[①] 因此，对吐蕃名称的研究得出令人信服的结论，无疑还有很大的空间。

吐蕃社会经济的内容非常丰富，下面只是在前贤研究的基础上，将吐蕃

---

① 参见曹大为、商传、王和、赵世瑜总主编，阎守诚、宁欣主编《中国大通史·隋唐五代》上册，学苑出版社，2018，第 511 页。

时期的社会经济按照农业、畜牧业、手工业、交通运输业、商贸活动、财政税收与赋役、人口、直接生产者及饮食业诸方面，逐次进行简要论述。需要说明的是，吐蕃社会经济与文化是一个多元交汇的开放系统，畜牧业经济是其最重要的经济，而其他经济也不可或缺或相互补充，这主要由吐蕃的地理环境及社会传统所决定，实际上吐蕃不仅乐于接受新事物，而且善于改进和创新，在长期的社会实践活动中创造了独具特色的吐蕃经济与文化。

第一节 吐蕃时期的农业

自有人类以来，人的衣食住行及其他各种经济活动均离不开对土地的需求。考古资料表明，在距今 4000 余年前的新石器时期，今拉萨等地区的曲贡先民就已经过着以农耕方式为主、以畜牧为辅的经济生活。[①] 昌都卡若遗址中发掘出粟粒等农作物种子以及大量的石铲、石斧、石锄等生产工具，[②] 青藏高原的原始农业已经比较成熟。实际上，拉萨河古名称“吉曲”，拉萨故称“吉雪沃塘”，是吉曲河下游肥沃坝子的意思，当与这里的灌溉农业直接有关。吐蕃本土内除了畜牧业比较发达外，农业生产也有一定的规模，尤其在雅鲁藏布江及其支流拉萨河谷地，海拔约 3500 米，属于温暖半干旱气候[③]，是水土条件比较好的农业区之一，这里成为吐蕃本土内粮食的主产区。另外，在吐蕃统辖范围内，有相当的土地属于宜农宜牧地区，农业区与牧区犬牙交错，也是其一个显著特点。

农业对于吐蕃来说是非常重要的，如前所述，一些学者认为吐蕃之“蕃”意为农业，与“卓”（bro，牧业）相对应。这符合我国农业起源过程中动物、植物的驯化是同时共域完成的结论。[④] 吐蕃早期就有“以双牛（dor-kha）一日所耕土地面积作为计算耕地面积；……引溪头水而成灌田沟

---

① 中国社会科学院考古研究所：《拉萨曲贡》，中国大百科全书出版社，1999，第 222 页。

② 罗莉等：《西藏自治区经济史·前言》，山西经济出版社，2016，第 1 ~ 2 页。

③ 郑度等：《中国的青藏高原》，科学出版社，1985，第 53 页。

④ 参见赵越云、樊志民《粟·黍·猪：论原始旱作农业类型的形成与发展》，《中国农史》2016 年第 6 期；赵越云、樊志民《殷商时期“畜牧食官”论——兼论殷商农业经济的二元属性》，《中国经济史评论》2018 年第 1 期。

渠；在低处种植水田行于此时”的记载。[①] 这种生产与当时内地普遍盛行的二牛抬杠形式是一致的，其生产水平不可低估，而以二牛抬杠一天的耕地面积作为土地的单位面积，说明吐蕃当时土地资源的丰富程度，这与内地以亩作为单位面积形成强烈对比。

吐蕃时期的主要粮食品种包括青稞、豆类、小麦、荞麦[②]、稻[③]等。这反映出吐蕃时期的农作物品种在不断增加，以及其与内地农业生产的相互交流与影响在不断加强的基本史实。

我们知道，唐代前期继承了北魏以来的均田制[④]，均田制中均田户的土地有口分田和永业田之分，而这也在吐蕃占领区尤其是农耕地区有一定反映：

> ……分后，有权者和有永业田者诸人……，分配去开荒地。一次，将城中住户迁出……。大罗布范围王田之上方地，长满青草（无人耕种），迁出小罗布之住户……[⑤]

作为“小罗布之长官”，其职责是“管辖该地房屋、田地”，根据他自己的讲述，其辖区内居民“董·程岛贡答应给我送三克青稞之‘户税’，命令上盖有印章”[⑥]。由此可以大体断定，吐蕃在占领瓜、沙、河湟等农耕经济已经比较成熟的地区后，依然保留着唐代在这里实行的均田制，而不是实行吐蕃本土的土地分配与耕作制度，这对于我们理解吐蕃占领时期的农业生产状况是非常重要的史料。当然，吐蕃占领瓜、沙、河湟等

---

① （明）巴卧·祖拉陈瓦著，黄颢、周润年译注《贤者喜宴——吐蕃史译注》，中央民族大学出版社，2010，第101~102页。

② 《旧唐书》卷196上《吐蕃传》（上）。

③ 黄布凡、马德：《敦煌藏文吐蕃史文献译注·钦陵赞婆与王孝杰之论战》，甘肃教育出版社，2000，第272页。

④ 参见《魏书》卷110《食货志》；《隋书》卷24《食货志》；《旧唐书》卷48《食货志》（上）；《新唐书》卷51《食货志》（一）。

⑤ 王尧、陈践编著《吐蕃简牍综录·吐蕃简牍综录本文·汉文译文及考释·文书》，文物出版社，1986，第66页。

⑥ 同上书，第67页。

地区后，也使这里的农牧比例发生了一定程度的变化，即农业所占份额减少而畜牧业所占份额相应提高。① 由此可见，吐蕃对于占领区的经济影响是深远而直接的。

与后面将要论述的牧地一样，吐蕃时期的农业生产已经有一套比较完整的土地登记、管理和纳税等制度。比如唐玄宗天宝六年（747 年），“宣布划分农牧区之各项制度”②。同年，“清查农牧区之事结束，现场登记田地”③。在吐蕃辖区，农牧区犬牙交错，划分农业区或牧业区，是吐蕃各级政府协调生产、管理经济生活职能的具体体现。在吐蕃文献中，土地的单位面积是“突”（dor），即作为二牛抬杠耕作方式一农夫一天平均耕地的面积，相当于唐制 5 亩左右。另外，我们从敦煌汉文文书中可以看出，从吐蕃“突”中还派生出一系列与土地有关的语词，其中“突田”，系有关部门丈量并清查登记的土地；“突税”，就是丈量后按照土地数量征收的税赋；“突田仓”，是指专门储运突税的仓廪；“纳突”，是指交纳突税的负担；“突田历”，指清查丈量土地的登记表；“突课”，则是私家奴户所交纳的田课。因为上面指的均是公田，所以经过丈量的突田交付私人耕种后，必须承担交纳各种赋税的义务。④ 这种经营方式，在一定程度上就是在当时内地已经比较流行的租佃关系，而租佃制经营是一种效率比较高的生产形式。

在农作物种植方面，适应了吐蕃地区气候条件的青稞已经成为这里的主要粮食品种，在当时的粮食生产中占有较大比重，其次是小麦和荞麦等。史书记载吐蕃时期“其稼有小麦、青稞麦、荞麦”及豆类等。⑤ 不仅如此，地域辽阔的吐蕃在一些地区还种植稻米。⑥ 与此同时，中原地区的其他粮食品

① 史念海：《黄土高原历史地理研究》，黄河水利出版社，2001，第 573 页。

② 黄布凡、马德：《敦煌藏文吐蕃史文献译注·编年史》，第 54 页。

③ 同上书，第 55 页。

④ 王尧、陈践编著《吐蕃简牍综录·吐蕃简牍综录本文·汉文译文及考释·经济》，第 24～25 页。

⑤ 《新唐书》卷 216 上《吐蕃传》（上）。

⑥ 黄布凡、马德：《敦煌藏文吐蕃史文献译注·钦陵赞婆与王孝杰之论战》，第 272 页。吐蕃在占领河湟陇右地区后，据《全唐文》卷 716 以及刘元鼎《使吐蕃经见记略》（第 4 册）记载，在吐蕃占领的兰州等地就耕种稻米。

种也通过不同途径在吐蕃地区流行，如小米和芥子[①]就在吐蕃地区比较普遍，另外粟米[②]等在吐蕃占领区也多有生产。可见，唐代内地的农作物品种对吐蕃的影响不可小觑。

在吐蕃时期除了农作物作为农业区的基本生产外，在一些被吐蕃占领的地区，也有从事蔬菜生产[③]的历史记载，如“青菜”“腌菜”等成为当时居民的重要副食[④]，以适应当地需求并改变当地的风俗习惯乃至食物结构。特别“腌菜”对于冬季、春季改善生活而言，在西南、西北地区具有非常重要的意义。在敦煌文书中就有“看园”[⑤] 这样的农活，包括蔬菜在内的经济作物，对于改善吐蕃的食物结构产生了比较直接和深远的影响。

吐蕃时期盛行奴隶制生产，且往往将奴隶作为土地的附属物而一同赏赐或转让。著名的《尚囊歌》中就有“划割埃布山岗，封给雅姆作奴户”[⑥]的歌词，反映的当是奴户作为土地附属物而被转让的社会现实。

吐蕃时期的《第穆萨摩崖刻石》记载“奴婢如此之多”，赞普内府官员的职责之一是“广科赋敛”，具体负责“差役”。当时的奴隶主拥有包括“奴隶、土地、牧场”等在内的财富，生产者要被摊派“官府差役”“赋税”“馈遗”等，而贵族则有豁免各种赋税徭役的特权，贵族的土地由奴隶生产“酿酒粮食、青稞、大米”等。[⑦] 刘元鼎于唐穆宗长庆二年（822 年）出使吐蕃时，看到的情况是“兰州地皆粳稻，桃李榆柳岑蔚”[⑧]，而当时的兰州已被吐蕃统治多年，“唐人”将秔稻种植于吐蕃其他适宜种植的地

---

① 参见黄布凡、马德《敦煌藏文吐蕃史文献译注·钦陵赞婆与王孝杰之论战》，第 272 页。其中记载，唐朝王孝杰曾经“捎来一皮囊小米和一皮囊芥子”。

② 王尧、陈践编著《吐蕃简牍综录·吐蕃简牍综录本文·汉文译文及考释·文书》，第 68 页。

③ 同上书，第 66 页。

④ 同上书，第 73 页。

⑤ 唐耕耦、陆宏基编《敦煌社会经济文献真迹释录》第二辑，斯 542 号背《戌年（公元八一八年）六月沙州诸寺丁口车牛役簿》，全国图书馆文献缩微复制中心，1990，第 381 ~ 393 页。按“看园”这样的农活称呼，在今天西北一些地区仍有保留。

⑥ 黄布凡、马德：《敦煌藏文吐蕃史文献译注·囊日伦赞时代的兼并》，第 197 页。

⑦ 参见王尧《吐蕃金石录·第穆萨摩崖刻石·译文》，文物出版社，1986，第 101 页。

⑧ 刘元鼎：《使吐蕃经见记略》，《全唐文》卷 716。

区，如工布地区（今灵芝）的气候有印度暖流的调剂，是今西藏林木最为繁盛的地区之一，可能在吐蕃时期就已经种植了粳稻。总之，这是已知吐蕃史料中最早记载稻米的史例之一，对于我们了解吐蕃当时的农业生产意义重大。

在吐蕃占领的农耕区，依然沿用内地的制度，设有屯田、营田的官吏，即所谓“营田使”或“农田使”等。[①] 在吐蕃占领地区，开垦荒地的记载比较普遍，[②] 这些史实说明吐蕃统治者对于当地的农业生产比较重视，也正因为如此，才保证了占领区社会的相对稳定和对频繁军事行动的经济供给。

另外，在吐蕃占领地区，土地买卖的情况是存在的，契约文书也显得比较规范，且其买卖过程与内地没有多大差别，如《吐蕃未年（八二七?）敦煌安环清卖地契》[③] 所记内容。与此同时，吐蕃在占领区的买卖房基契也比较成熟，如《吐蕃猪年丝绵部落李天昌兄弟卖房基契》[④] 就是一例。

在叙述吐蕃农业生产时，还要对吐蕃在占领河西、陇右地区后实行中原王朝长期行之有效的屯垦进行简单交代。唐高宗咸亨元年（670 年）以后，吐蕃势力逐渐扩展到安西四镇，尤其是安史之乱后，与河西、陇右等广袤地区连成一片。在这 120 年间，吐蕃奴隶主在其占领区广为驻军，设驿站，置巡逻斥候，常驻坐哨，组织当地居民耕种土地，经营农业和畜牧业，派遣尚论、节儿总管、将军等文武官员实施统治。所有这些在出土的居延汉简、流沙坠简以及吐蕃简牍等珍贵的考古文献中均有所反映。

同样，吐蕃在云贵高原占领区内实行历史上中原王朝行之有效的屯垦形式，以解决驻军的粮食、资源及其运输问题，获得了比较明显的经济效益和

① 王尧、陈践编著《吐蕃简牍综录·吐蕃简牍综录本文·汉文译文及考释·经济》，第 24 ~ 25 页、第 29 页。

② 同上书，第 32 页。

③ 中国科学院历史研究所资料室编《敦煌资料》第一辑，中华书局，1961，第 293 ~ 294 页。

④ 张传玺主编《中国历代契约粹编》（上），北京大学出版社，2014，第 210 页。

社会效益。正如《新唐书》卷222上《南蛮上·南诏传》（上）所记载的，“吐蕃盛屯昆明、神川、纳川自守”，当具有一定规模，且经济效益与社会效益均比较明显。

作为奴隶制政权，吐蕃有时对周边地区成熟的庄稼进行武装掠夺，如唐玄宗天宝（742～756年）年间及以前，“吐蕃每至麦熟时，即率部众至积石军获取之，共呼为‘吐蕃麦庄’，前后无敢拒之者”①，就是典型的例子。另外，农耕地区的农业生产，对吐蕃的农业生产产生了直接影响。《资治通鉴》卷238，唐宪宗元和六年（811年）五月庚子条：

> 以金吾大将军李惟简为凤翔节度使。陇州地与吐蕃接，旧常朝夕相伺，更入攻抄，人不得息。惟简以为边将当谨守备，蓄财谷以待寇，不当睹小利，起事盗恩，禁不得妄入其地；益市耕牛，铸农器，以给农之不能自具者，增垦田数十万亩。属岁屡稔，公私有余，贩者流及他方。

在与吐蕃接壤的甘肃地区，李惟简作为集兵权、行政权、司法权于一身的节度使，为了使这里的农业生产比较稳定和直接生产者不至于流离失所，以政府行为购买耕牛、铸造农业生产工具，无偿提供给缺耕牛、少农具的生产者。这些措施获得了良好的经济效益和社会效益，稳定了个体小农业生产，增加了数十万亩耕地面积，实现了粮食的自给有余，且成为当时粮食输出的地区之一。

除此之外，唐代的农业技术对吐蕃的影响也是比较大的，如文成公主从内地带来了先进的农业生产技术、农作物籽种等，以及吐蕃和唐朝使节多次往来于吐蕃，对于吐蕃农业生产技术的改进所起的积极推动作用也是不可低估的。

据专家研究表明，吐蕃占领瓜、沙、河湟地区后，在土地经营的政

① 《旧唐书》卷104《哥舒翰传》。

策原则上维持原有的制度和所有权不变。[①] 在吐蕃占领的河西地区，在一定范围内实行具有租佃关系的生产方式，其中吐蕃简牍中就有如下记载，略云[②]：

> 虎年，佣奴农户脱都……四十四克半，克……青稞四克……，鲁囊交青稞四十克，鲁登秋收青稞……，二十一克，彭布靴钱青稞四克和……，皮张之钱青稞一克。

不仅如此，简牍中还出现了专门从事税收的官吏——“税吏”[③]，有作为劳役地租形式报酬的“差地”[④] 等。在吐蕃统治下，尽管依然实行租佃制中的分成制，但其剥削率却显得相当高。如“论努罗之奴仆已在婼羌……冬季田租之对半分成于兔年”[⑤]，这种冬季田实行的是分成租制，年租率高达 50% 是比较普遍的。另外，从简牍中“属民的年成不好，上等农户一（突）农田只交五克青稞、五克麦子”[⑥] 来看，大概在当时盛行的是分成租，至少可以说分成租是当时在吐蕃及其占领区比较流行的地租形式之一。由于当时吐蕃辖区内土地分成租的剥削率是相当高的，直接生产者的负担过重，所以其赤贫现象比较普遍是毋庸置疑的史实。

但是，也应该看到，吐蕃在占领敦煌地区后采取的行政统治是废除原先的乡建制，实行吐蕃本土盛行的部落制。据对敦煌文书 S. 3287《子年百姓汜履倩等户籍实牒》、P. 3774《丑年十二月僧龙藏牒》的研究，贞元六年（790 年），吐蕃开始在敦煌地区建立部落制。[⑦] 我们在讨论吐蕃占领时期河

---

① 王尧、陈践编著《吐蕃简牍综录·吐蕃简牍综录本文·汉文译文及考释·经济》，第 27 页。

② 同上书，第 33 页。

③ 同上书，第 32 页。

④ 同上书，第 33 页。

⑤ 同上书，第 37 页。

⑥ 同上。

⑦ 参见〔日〕池田温《丑年十二月僧龙藏牒》，载《山本博士还历纪念东洋史论丛》，山川出版社，1972，第 34 页；陈国灿《敦煌所出诸借契年代考》，《敦煌学辑刊》1984 年第 1 期。

西地区的农业生产时，必须注意到这一点。

另外，吐蕃对其统辖的南诏政权，实行特殊的经济政策，据《新唐书》卷222上《南蛮上·南诏传》（上）记载，“吐蕃责赋重敛”，“岁索兵助防”，无疑成为吐蕃统治下南诏的苛政之一。

吐蕃时期农业经济的发展状况，与当时对水利的重视及采取的一系列行之有效的措施分不开，这可以从后文将要论述的宋元时期对吐蕃废弃的水利工程进行疏浚和改进中，得到印证。

第二节　吐蕃时期的畜牧业

吐蕃历史悠久，地域辽阔，畜牧业资源丰富。早在4000年以前的新石器时期，昌都卡若遗址中就出土了包括牛、羊、狐、鹿、獐等的动物骨骼。现在西藏地区畜牧业的主要品种牦牛和藏绵羊等，都属于原始品种，从进化论的角度证实了当时的畜牧业已经从农业中分离出来。[①] 在青藏高原长期活跃的羌族，《说文·羊部》将其解释为“西戎牧羊人也，从羊从人”，可见羌人以擅长畜牧而著称。众所周知，农业生产受到光、热、水、土等条件的严格制约，这些条件以及它们之间的不同组合决定了某一地区农业的资源禀赋。受自然环境的限制，青藏高原人口稀少，土地利用方面以畜牧业为主、农林业次之，部分地区是农业和畜牧业兼而有之，或称之为亦农亦牧。从吐蕃本土来说，大部分地区气候高寒，长冬短夏乃至无夏，无霜期短，昼夜温差大，系适合畜牧业生产的天然牧地，应该说畜牧业是吐蕃的经济基础。牧场是吐蕃社会生产中最重要的生产资料，藏语中称“vbrog”，它与土地“bog”对称，被称为“bog-vbrog”，即农牧业。因此，“bod”作为藏民的自称，可能与农牧业生产的发展演变有关。[②]

---

① 罗莉等：《西藏自治区经济史·前言》，山西经济出版社，2016，第2页。

② 参见王尧《吐蕃金石录·恩兰·达札路恭纪功碑·考释》，第88页。按《吐蕃金石录》的观点，“bod”作为藏民的自称，可能与农业生产的发展演变有关，诚然是没有疑问的，但根据碑文上下文及有关资料，再加上逻辑判断是不全面的，可知其应该与当时的农牧业生产发展有关，甚至畜牧业的比重大于农业才比较符合吐蕃的实际，即使今天的藏区也依然如此。

早在吐蕃早期，“以‘颓’（thul）做计算畜单位”[①]。吐蕃时期对于牧地资源的管理已经比较成熟，除了对辖区内的牧地定期清查外，还有进行重新登记的制度等。吐蕃时期，农业生产已经有了一套比较完整的土地登记、管理制度，这是人人皆知的史实，而牧地与土地清查、登记往往同时进行[②]，因此土地登记和管理往往与牧地登记和管理联系在一起。可见，吐蕃时期的牧地与土地一样，也被视作最重要的资源。

由于畜牧业是吐蕃时期最重要的经济基础，同时也对其军事、交通、商贸、宗教、文化、手工业等影响深远，故吐蕃决策者对于畜牧业非常重视，不遗余力地采取措施发展畜牧业经济。据记载，唐玄宗天宝六年（747 年）“宣布划分农牧区之各项制度”[③]。虽然今天我们已经不能知道其中的具体内容，但宣布农牧区的各项制度本身就是非常重要的经济事件，并将畜牧业纳入当时奴隶制经济的轨道。同时，我们也不清楚吐蕃当时划分农牧区的各项政策的具体内容及落实情况，但是其中的一项内容却是比较明确的，这就是清查农牧区的土地或牧地的具体数量及四至，并进行登记造册，只有这样才能保证奴隶制政权的赋税来源。这就是史书记载的唐玄宗天宝六年（747 年）“清查农牧区之事结束，现场登记田地”[④] 的意义之所在。

吐蕃时期，有七种官吏管理地方事务，其中包括“牧官”——其职责是“管理牦牛、犏牛之放牧部落”[⑤]，可见畜牧业经济在吐蕃社会中举足轻重的地位。牧马官（mchibs-dpon）作为吐蕃时期所设的主要官员之一，除了见于《敦煌本吐蕃历史文书》“大事纪年”篇外，也频见于其他吐蕃简牍

① （明）巴卧·祖拉陈瓦著，黄颢、周润年译注《贤者喜宴——吐蕃史译注》，第 10 ~ 11 页。

② 黄布凡、马德：《敦煌藏文吐蕃史文献译注·编年史》，第 54 ~ 55 页。

③ 同上书，第 54 页。

④ 同上书，第 55 页。

⑤ 黄布凡、马德：《敦煌藏文吐蕃史文献译注》附录四《〈贤者喜宴〉节录及译文》，第 383 页。另据（明）巴卧·祖拉陈瓦著，黄颢、周润年译注《贤者喜宴——吐蕃史译注》，第 34 页记载，当时从事这方面管理的是“七牧者”（rdshi-bdun）。

中。[①] 如蛇年，即唐玄宗开元五年（717 年），“罢尚赤聂年禄牧马官之职，命尚郑赞乞布接任”[②]。牧马官员在吐蕃时期的地位比较高，其任免事项往往作为一件大事而需要吐蕃高规格级别会议的讨论与通过，这也从一个侧面反映出畜牧业经济在吐蕃时期的重要性。

吐蕃时期，畜牧业经济活跃的另外一个重要标志是畜牧的种类比较多，主要包括“犀牛、名马、犬、羆”和骆驼[③]、驴[④]等。特别值得一提的是，牦牛作为第四纪冰期中冰缘环境下保留下来并得到进化的种类，是青藏高原特有的动物[⑤]，因其力气大、耐高寒、足趾宽厚，自古就是青藏高原重要的畜牧种类，是畜牧业经济的基本内容之一，甚至史书上将吐蕃称为“牦牛国”，可见牦牛与吐蕃的社会生活息息相关。因为牛是吐蕃时期不可替代的重要生产工具和生活资料，所以“牛即财富”在当时是深入人心的观念。藏语中的“nor-phyugs”是牲畜的专称，尤其指青藏高原的牦牛、黄牛及这两种牛的杂种——犏牛。“nor”一词的原意是“财富”，又作“牛”，[⑥] 就正好说明了这一点。

吐蕃因地制宜，在发展畜牧业经济的实践中较充分地发挥了当地的自然优势，其中一个很重要的做法就是根据季节逐水草而居。吐蕃时期，虽然已经有“城郭”，“其人或随畜牧而不常厥居”[⑦] 是其最基本的特点，如“每岁盛夏，吐蕃畜牧青海，去塞甚远”[⑧]。逐水草而牧即是吐蕃等游牧民族在长期的生产实践中逐渐认识到合理利用高原上不同季节的水草资源，实际上就是以生物气候的垂直差异为依据的季节牧场的划分和利用。[⑨] 学术

---

① 王尧、陈践编著《吐蕃简牍综录·吐蕃简牍综录本文·汉文译文及考释·军事》，第 50 页。

② 黄布凡、马德：《敦煌藏文吐蕃史文献译注·编年史》，第 49 页。

③ 《新唐书》卷 216 上《吐蕃传》（上）。

④ 王尧、陈践编著《吐蕃简牍综录·吐蕃简牍综录本文·汉文译文及考释·文书》，第 65 页。

⑤ 郑度等：《中国的青藏高原》，第 8 页。

⑥ 参见王尧《吐蕃金石录·恩兰·达札路恭纪功碑·考释》，第 87 ~ 88 页。

⑦ 《新唐书》卷 216 上《吐蕃传》（上）。

⑧ （宋）司马光：《资治通鉴》卷 224，唐代宗大历八年（773 年）十月条。

⑨ 参见郑度等《中国的青藏高原》，第 210 ~ 211 页。

界盛行的一种说法是逐水草而居意味着较农耕经济落后，这实在是对畜牧业生产活动的认知不全面乃至偏见所致，我们在讨论吐蕃社会经济时一定要摒弃这一传统观念，二者是不同自然环境下经过长期社会实践后做出的理性选择。

扩大畜牧业场地，即增加畜牧业资源，是吐蕃决策者自始至终奉行的一项基本国策。吐蕃在金城公主下嫁时，曾经不遗余力地争取黄河九曲地，主要原因在于这里水甘草美，是发展畜牧业的天然场所。吐蕃获得九曲之地后便在这里积极畜养牛、羊、马等，将这里开辟为吐蕃新的畜牧业基地之一。[①] 陇西地区在吐蕃占领的百余年间，虽然还保持着若干农业生产区，但主要部分已经成为牧业地区，农业所占比例较畜牧业要小得多。唐宣宗大中（847～860 年）年间以后随着吐蕃势力的逐渐削弱，这种局面发生了一定的变化，这里变成了半农半牧地区。[②] 这与之前陇西发达的农业经济形成了强烈反差。

吐蕃统治河西地区时，“放羊”“请羊”“放駞”“贴马群”等[③]是这里的基本劳动工种，反映了当时畜牧业经济的繁荣。即使如此，当时河西地区的农业生产依然保持着一定的规模。《资治通鉴》卷 201，唐高宗麟德二年（665 年）正月条记载：

> 吐蕃遣使入见，请复与吐谷浑和亲，仍求赤水地畜牧。上不许。

尽管吐蕃的要求没有得到唐代中央政府的批准，但反映了扩大畜牧场地是吐蕃统治者自始至终奉行的一项基本经济政策。

吐蕃作为奴隶制民族政权，在当时发展畜牧业经济的其他途径便是掠夺。唐太宗贞观十二年（638 年），吐蕃曾经“发兵击吐谷浑。吐谷浑不能

① 《旧唐书》卷 196 上《吐蕃传》（上）。
② 史念海：《黄土高原历史地理研究》，第 573 页。
③ 唐耕耦、陆宏基编《敦煌社会经济文献真迹释录》第二辑，斯 542 号背《戌年（公元八一八年）六月沙州诸寺丁口车牛役簿》，第 381～393 页。

支，遁于青海之北，民、畜多为吐蕃所掠”[①]。唐高宗上元三年（676年），吐蕃“攻鄯、廓、河、芳四州，杀略吏及马、牛万计”[②]。唐玄宗开元二年（714年）八月，“吐蕃将坌达延、乞力徐帅众十万寇临洮，军兰州，至于渭源，掠取牧马。……初，鄯州都督杨矩以九曲之地与吐蕃，其地肥饶，吐蕃就之畜牧，因以为寇”[③]。吐蕃在唐代宗时期曾经“寇银、麟州，略党项杂畜”[④]。唐德宗贞元二年（786年），吐蕃“犯泾、陇、邠、宁，掠人畜，败田稼，内州界闭壁”[⑤]。这样的记载在史书中是比较普遍的。正如《旧唐书》卷196下《吐蕃传》（下）“史臣曰”是如此总结的：

> 西戎之地，吐蕃是强。蚕食邻国，鹰扬汉疆。乍叛乍服，或弛或张。

畜牧业经济不仅是吐蕃的经济支撑，还是吐蕃强大军事力量的保证与运输能力的基础。唐高宗时太学生魏元忠关于吐蕃对策的一席话可谓一语中的，不妨引用在此。唐高宗曾“以吐蕃为忧，悉召侍臣谋之”，大部分建议系老生常谈，诸如“或欲和亲以息民；或欲严设守备，俟公私富实而讨之；或欲亟发兵击之”等。但是太学生魏元忠“言御吐蕃之策”却令人耳目一新：

> ……出师之要，全资马力。臣请开畜马之禁，使百姓皆得畜马，若官军大举，委州县长吏以官钱增价市之，则皆为官有。彼胡虏恃马力以为强，若听人间市而畜之，乃是损彼之强为中国之利也。

---

① （宋）司马光：《资治通鉴》卷195，唐太宗贞观十二年（638年）八月条。

② 参见《新唐书》卷216上《吐蕃传》（上）；《旧唐书》卷196上《吐蕃传》（上）。

③ （宋）司马光：《资治通鉴》卷211，唐玄宗开元二年（714）八月条。对此《新唐书》卷216上《吐蕃传》（上）载：唐玄宗开元二年（714年），吐蕃曾经10万大军寇临洮，“入攻兰、渭，掠监马”。

④ （宋）司马光：《资治通鉴》卷224，唐代宗大历十三年（778年）八月条。

⑤ 《新唐书》卷216下《吐蕃传》（下）。

这是因为：

> 先是，禁百姓畜马，故元忠言之。上善其言，召见，令直中书省，仗内供奉。[①]

马匹是冷兵器时代军队装备最重要的内容之一，往往决定着军队战斗力的强弱，中原王朝在与游牧民族交往时，更是如此。

在发展畜牧业经济的过程中，对于吐蕃来说保持相对安定的环境是非常重要的，在吐蕃和唐政府的共同努力下，唐玄宗开元（713～741年）时期双方在整体上保持着相对和平的关系，从而出现了“吐蕃畜牧被野”[②] 的盛况，至于唐代出现开元盛世更是人人皆知的史实。也正是这一时期，吐蕃辖区的生态环境和畜牧业得到了长足发展。鼠年，即唐玄宗开元十二年（724年）“夏，赞普驻于贝地，后出巡北方，于柯聂都茹猎野牦牛取乐，以绳套捕获野牦牛”[③]。以绳索捕获野牦牛，说明当时这里的自然环境适合这类动物的生存，野牦牛之类成为当时吐蕃居民猎取的食品来源之一，同时也说明吐蕃捕获野牦牛的技术已经相当成熟。

吐蕃的畜牧业经济是一种典型的自然经济，其受自然环境的影响和制约比较明显。如猴年，即唐中宗嗣圣元年（684年），“牛瘟大发，于赤波木清除死于瘟疫之牲畜尸肉”[④]。在自然灾害面前，吐蕃当时的畜牧业经济显得比较脆弱。

畜牧业经济的另一作用在于作为运输工具的功能发挥，“驮畜驮运粮食”[⑤] 就是其所发挥的重要作用之一。正因为如此，在吐蕃时期的简牍中就

① （宋）司马光：《资治通鉴》卷202，唐高宗仪凤三年（678年）九月条。

② （宋）司马光：《资治通鉴》卷214，唐玄宗开元二十五年（737年）二月条。

③ 黄布凡、马德：《敦煌藏文吐蕃史文献译注·编年史》，第50页。

④ 同上书，第43页。

⑤ 王尧、陈践编著《吐蕃简牍综录·吐蕃简牍综录本文·汉文译文及考释·文书》，第63页。

出现了“驮子”[①] 这一专门针对运输物品的牲畜的称呼，或者说是对专门从事牲畜驮运者的称呼[②]。这是我们论述吐蕃畜牧业经济时不可忽略的一个方面。尤其应该强调的是，牦牛是吐蕃时期牧区的重要运输工具，在高原地区的作用可与在沙漠戈壁上的骆驼相媲美，是真正的“高原之舟”，正如《新唐书》卷216上《吐蕃传》上所言，吐蕃的“独峰驼日驰千里”，骆驼与牛一样，是青藏高原最主要的交通运输工具。据记载，唐玄宗时河西节度使哥舒翰被赐为西平郡王，他“每遣使入奏，常乘白橐驼，日驰五百里”[③]。可见，橐驼等是青藏高原最重要的交通工具，虽然“日驰”“五百里”或“千里”有夸大其词的成分，但橐驼作为青藏高原的交通工具，其稳定性与快捷性，是无可替代的，其对于加强该地区与中原王朝及其他地区的联系贡献较大。

另外，吐蕃曾经雄踞西南且管辖着唐代的广袤土地乃至中亚的部分地区，发达的畜牧业为其进行战争提供了充足的武器及较强的运输能力，是不可忽略的因素之一。

至于畜牧业经济中的畜牧加工等内容，我们将在下面的手工业经济部分专门进行论述，此处从略。

第三节　吐蕃时期的手工业

工业无疑系利用自然物质资源，制造生产资料和生活资料，以及对产品、半成品进行加工的生产。相对而言，手工业只是靠手工或比较简单的生产工具从事生产，是人类早期生产活动的基本内容之一。吐蕃时期的手工业，除了具备一般手工业的特点之外，更加凸显了民族地域特色。吐蕃时期手工业经济的内容相当丰富，已经包括手工业生产的方方面面。早在文成公主和亲前，吐蕃使者就曾向唐太宗“请赐”“十八种工艺书籍（gzo-sna-bco-

---

① 王尧、陈践编著《吐蕃简牍综录·吐蕃简牍综录本文·汉文译文及考释·文书》，第63、68页。

② “驮子”这样的称呼，在今天西北的一些地区依然存在。

③ （宋）司马光：《资治通鉴》卷216，唐玄宗天宝十三年（753年）五月条。

brgyad-kyi-dpe)"[1]，这些要求均得到了满足，对当时乃至以后吐蕃的手工业经济影响深远，也是吐蕃手工业受内地手工业影响的最好说明。另外，"求匠"也是吐蕃对唐朝多次提出的要求之一。[2] 这些史料足以说明，吐蕃早期的手工业经济已经达到了相当高的水平，其已经明确了与内地的差异在什么地方，以及根据轻重缓急最想得到内地支援的地方是什么。限于资料，下文只就吐蕃手工业经济中的纺织手工业、金属加工业、城市建筑业等方面的内容略做叙述，以期对吐蕃手工业经济有一个大体的了解。

一　纺织手工业

"衣食"作为居民日常生活中的必需品，历来受到人们的普遍重视。吐蕃本土的纺织业受到当地传统和畜牧业资源的影响和制约，其中毛纺织业是历史最为悠久且最重要的纺织业，但是这种情况也在发生变化，随着吐蕃民族交往范围的不断扩大，尤其是与唐朝内地农耕民族交往的日益深入，其纺织业越来越受到唐代的影响，其中丝织业开始在吐蕃辖区兴起并逐渐发展起来。唐代内地纺织业对吐蕃的影响非一时一人所完成，但其中一个人的贡献却无论如何是无法忽略的，这个人就是为唐朝和吐蕃社会文化和经济交流做出重大贡献的文成公主。

据史书记载，唐太宗时文成公主前去吐蕃与松赞干布和亲时携带了大量物品，其中就包括蚕种。唐高宗时，吐蕃赞普"请蚕种、酒人与碾硙等诸工，诏许"[3]。这些均是具有远见卓识的请求，蚕种的引进对于发展当地的丝织业意义重大。据《旧唐书》卷196上《吐蕃传》（上）记载，唐蕃联姻时松赞干布见到唐朝使者后，"叹大国服饰、礼仪之美，俯仰有愧沮之色"，于是身体力行，"释毡裘，袭纨绮，渐慕华风"。这些记载说明吐蕃是一个开放的民族，在包括服装在内的各个方面，不断汲取外来民族尤其是内地文化的精华。或者说，唐代的服饰、礼仪等对当时的吐蕃产生了直接影响。藏

① （明）巴卧・祖拉陈瓦著，黄颢、周润年译注《贤者喜宴——吐蕃史译注》，第60页。
② 参见卢勋等《隋唐民族史》，四川民族出版社，1996，第502~503页。
③ 《新唐书》卷216上《吐蕃传》（上）。

语中丝为“sil”，绸子为“gru tsi”，均系借助汉语。[①] 另外，据专家考证，在唐代著名画家阎立本所描绘的写实画《步辇图》中，吐蕃内禄东赞所穿的就是唐代流行服装。应该说，松赞干布和文成公主开创了唐蕃文化交流的新局面。松赞干布和文成公主以后，这一方面的交往不管在民间还是官府都一直继续，且不断深化。

唐玄宗开元七年（719 年）六月，吐蕃遣使请和，唐代中央政权对其隆重款待，并且赐予大量财物，其中纺织品包括：

> ……以杂彩二千段赐赞普，五百段赐赞普祖母，四百段赐赞普母，二百段赐可敦，一百五十段赐坌达延，一百三十段赐论乞力徐，一百段赐尚赞咄，及大将军、大首领各有差。皇后亦以一千段赐赞普，五百段赐赞普母，二百段赐可敦。[②]

唐玄宗时期，皇帝、皇后这次对吐蕃赞普及其王室和贵族赏赐的纺织品数额巨大，仅上面列举的数量就多达 5880 匹，如果再加上给大将军、大首领的赏赐，数量就更加可观。开元二十一年（733 年）正月，唐玄宗任命工部尚书李暠出使吐蕃，“以国信物一万匹，私觌物二千匹，皆杂以五彩遣之”[③]。唐中宗时，唐朝政府对吐蕃“赐锦缯别数万，杂伎诸工悉从”[④]。唐代中央政府馈赠吐蕃的不仅仅是锦缯等纺织品，还派遣了大量工匠前去吐蕃从事手工业生产和技术传授，这对于吐蕃包括纺织业在内的手工业生产来说，具有重要的推动作用。相对而言，后者的作用和影响较前者更加重要，其对于改进和发展吐蕃当地的纺织手工业意义重大。

除了唐朝政府给予吐蕃上层数量可观的纺织品赏赐外，民间的纺织品贸

---

① 张云：《唐代吐蕃史与西北民族史研究》，中国藏学出版社，2004，第 150 页。

② （宋）王钦若等：《册府元龟》卷 980《外臣·通好》，中华书局，1985 年影印本。《册府元龟》卷 974《外臣·褒异一》记载的所赐吐蕃内容与前面基本相同，只是关于皇后所赐的内容是如此记载的：“皇后亦以杂綵一千段赐赞普，七百段赐赞普祖母，五百段赐赞普母，二百段赐可敦。”

③ （宋）王钦若等：《册府元龟》卷 980《外臣·通好》。

④ 《新唐书》卷 216 上《吐蕃传》（上）。

易同样比较活跃，吐蕃人素知唐朝长安的商品行情，尤其对于内地生产的绫锦等高级丝织品崇尚不已。[①] 不仅如此，吐蕃对于唐代内地以外的纺织品，也表现出极大的兴趣，相互之间的交流也显得比较活跃。吐蕃统治中心逻些城（今拉萨），曾一度出现了专门经营丝绸的市场，甚至还有克什米尔商人在这里从事转口贸易的记载。[②] 再如著名的“滇藏道”，这是吐蕃与南诏之间以丝绸为主要内容的贸易交通路线。[③] 凡此种种，不一而足。

在吐蕃简牍中有关纺织品记载的内容非常丰富，包括内地生产与吐蕃本地生产的纺织品。记载如下：

> ……交付哲蔑悉腊衣着：汉地织成披风一件、白山羊皮披风一件，羚羊皮短披肩两件，锦缎裘袍一件，羚羊皮上衣一件，美哲缎裙一条，新旧头巾两块，丝带五条……[④]

再如“毛绳”[⑤]“毛线”“褐子”“绢缯”“氆氇”[⑥]“帐篷”[⑦]“毡帽”[⑧]“驼毯”[⑨] 等具有吐蕃民族地域特色的毛纺织品，也多见于吐蕃简牍等文献资料中。毛纺织业是吐蕃最为发达的手工业，毛纺织业的生产内容非常丰富，毛纺织品是当地居民最重要的衣着材料，这与吐蕃畜牧业经济发达的实际情况相一致。氆氇，即今天所称藏毛呢，系一种手工纺织的羊毛织品，具

---

① 参见《全唐文》卷172《鸿胪寺中土（吐）蕃使人素知物情慕此处绫锦及弓箭等物请市未知可否》。

② （元）萨迦·索南坚赞著，陈庆英、仁庆扎西译注《王统世系明鉴》，辽宁人民出版社，1985，第203页。

③ （唐）樊绰著、赵吕甫校释《云南志校释》，中国社会科学出版社，1985，第68、258～259、284页。

④ 王尧、陈践编著《吐蕃简牍综录·吐蕃简牍综录本文·汉文译文及考释·经济》，第41页。

⑤ 同上书，第40页。

⑥ 同上书，第43页。

⑦ 同上书，第42～43页；（明）巴卧·祖拉陈瓦著，黄颢、周润年译注《贤者喜宴——吐蕃史译注》，第35页。

⑧ 王尧、陈践编著《吐蕃简牍综录·吐蕃简牍综录本文·汉文译文及考释·文书》，第68页。

⑨ （唐）段成式：《酉阳杂俎》续集卷7《金刚经鸠异》，中华书局，1981。

有厚实耐用、保暖、防风、防雨、隔雪等特点，非常适合做高原服装、鞋帽、帐篷及其他生活用品的原料。

充分利用当地畜牧业资源来解决居住问题，是吐蕃时期的一个特点。据《新唐书》卷216上《吐蕃传》（上）记载，吐蕃时期毛织帐篷的规模已经比较大，其中赞普“联毳帐以居，号大拂庐，容数百人”。而这种可以容纳数百人的“大拂庐”，也成为吐蕃向唐朝政府进贡的重要物品之一，以展示其毛纺织业的水平。唐高宗永徽五年（654年）八月，“吐蕃使人献马百匹及大拂庐可高五丈，广袤各二十七步”[①]。除了赞普专用的大型帐篷——大拂庐外，“部人处小拂庐”[②]，根据其社会地位来制作规模不一的“拂庐”。吐蕃时期因地制宜，器物中包括以“毡为盘”者[③]，这种毡盘具有轻便、耐用、保温、易于清理、防渗透、原料来源充足等优点。同时，拂庐根据需求不同，其大小差别很大。所有这些足以说明当时吐蕃的纺织业尤其是毛纺织业比较发达。

“皮袄”[④]在吐蕃辖区比较盛行，常识告诉我们，皮袄制作一般需经过皮革清洗、发酵柔软处理和剪裁、缝纫等工序，需要一定的专门技术。另外，皮囊[⑤]也是吐蕃地区重要的装载工具；皮革甲胄[⑥]是吐蕃时期的重要军事装备。吐蕃文书多次提及的生活用品中包括“靴”等[⑦]，说明吐蕃当时的皮革加工业已经比较成熟，且在社会经济生活中占有一定的地位。

唐代内地的纺织品在吐蕃辖区内比较普遍，“属民黔首也普遍获得上好

---

① 《旧唐书》卷4《高宗纪》（上）。这种“大拂庐”，在有些汉籍史料中被记载为“帐”。如（唐）李肇《唐国史补》卷下，上海古籍出版社，1979，第66页记载，常兖“使西蕃，烹茶帐中”。

② 《新唐书》卷216上《吐蕃传》（上）。

③ 同上。

④ 王尧、陈践编著《吐蕃简牍综录·吐蕃简牍综录本文·汉文译文及考释·部落》，第55页。另外该书《文书》中还载有“羊皮袄”。

⑤ 同上书，第68页。

⑥ 黄布凡、马德：《敦煌藏文吐蕃史文献译注·松赞干布与卫氏之盟誓》，第219页。

⑦ 王尧、陈践编著《吐蕃简牍综录·吐蕃简牍综录本文·汉文译文及考释·经济》，第33页。

唐绢"[①]。同时对于抢掠来的唐代内地的纺织工匠而言，只是向吐蕃官府"平岁赋一缣"[②]，这类工匠在吐蕃享受一定的优惠，工匠所担负的岁赋比较轻，这有利于工匠维持正常的生产和生活，对于其改进技术、稳定职业是必不可少的。这也说明手工业工匠在吐蕃地区属于稀缺劳动力资源，受到吐蕃官府的重视。但是，我们也应该看到，在松赞干布时期，有将"贱民（g·yung-po）贬为纺织工"[③] 的记载，故对吐蕃时期纺织工匠之类的地位不宜估计过高，或者说，至少在不同时期其身份待遇有比较明显的差异。

吐蕃统治者在注意保护和发展本地具有特色的纺织业的同时，还不断汲取其他民族的纺织业技术，与此同时，吐蕃的纺织业也影响着其他民族的纺织手工业。吐蕃的手工业生产不断汲取其他民族的营养，使其手工业生产不断发展完善。在日常手工业生产中，唐朝内地对吐蕃的影响比较大。据说松赞干布时，就"尽子婿礼，慕中国衣服、仪卫之美"，松赞干布"自服纨绮"后与文成公主第一次见面。[④] 松赞干布和文成公主时"褫毡罽，袭纨绡，为华风"。[⑤] 这样以吐蕃本土的原料在加工样式上吸收内地风格的做法，正是纺织加工中唐蕃合璧的历史见证。虎年，即唐肃宗宝应元年（762 年），吐蕃王室"以唐廷丝绸贡品分赐于四方'本土'以上（之官员）"[⑥]。说明唐朝的丝绸纺织品对吐蕃居民尤其对其社会上层的影响是非常大的。根据今新疆地区出土的流沙坠简中关于吐蕃占领区纺织手工业及汉族手工业对其影响的记载可知，[⑦] 在吐蕃统治时期，既有吐蕃本土生产的具有民族地方特色的皮制服装，也有在内地盛行的丝绸衣着，可见二者之间的影响是相互和直

---

① 黄布凡、马德：《敦煌藏文吐蕃史文献译注·赤德祖赞征服南诏》，第 285 页。

② 《旧唐书》卷 117《崔宁传》载，大历十四年（779 年）十月，"南蛮大下，与吐蕃三道合进：一出茂州，过文川及灌口；一出扶、文，过方维、白坝；一出黎坝、雅，过邛、郏。戎酋诫其众曰：'吾要蜀川为东府，凡伎巧之工皆送逻娑，平岁赋一缣而已。'"

③ （明）巴卧·祖拉陈瓦著，黄颢、周润年译注《贤者喜宴——吐蕃史译注》，第 51 页。

④ （宋）司马光：《资治通鉴》卷 196，唐太宗贞观十五年（641 年）正月条。

⑤ 《新唐书》卷 216 上《吐蕃传》（上）。

⑥ 黄布凡、马德：《敦煌藏文吐蕃史文献译注·编年史》，第 57 页。

⑦ 转引自王尧《吐蕃金石录》序言。按王尧、陈践编著《吐蕃简牍综录·吐蕃简牍综录本文·汉文译文及考释·经济》记载与此略有出入，可资参考。

接的，而不是单向的。

唐代发生朱泚之乱时，吐蕃曾经出兵帮助唐朝平息战乱，唐代中央政府答应每年以万匹彩绢作为回报。[①] 数额如此之巨的纺织品，对于改变吐蕃地区尤其社会上层的衣装材质意义重大。《旧唐书》卷196上《吐蕃传》（上）记载，唐玄宗时一再强调唐与吐蕃“申以婚姻之好，结为甥舅之国，岁时维复，信使相望，缯绣以益其饶，衣冠以增其崇”。唐代中央政府对吐蕃采取和亲对策，在政治上施以怀柔，在经济上则以吐蕃稀缺的高级纺织品作为朝贡贸易的主要物品。吐蕃占领西北地区后，以文书的形式进行毛纺织品交换，这屡屡见于史书记载，“毛绳之价钱银子二两，请慎重交与列列，此次请捎来给我”[②]，就是一个案例。

唐卡是在松赞干布时期兴起的一种绘画艺术，即用彩缎装裱而成的卷轴画。9世纪以来，伴随着藏传佛教的复兴和传播，青藏高原地区的唐卡制作艺术也随之蓬勃发展。从传世唐卡看，这一时期的唐卡造像较为简单，身段略显呆板，着衣少而单薄，饰物沉重感强。颜色多以暖色的红、黄为主调，蓝、绿色配合点缀，色彩变化小。在绘制上虽有线条勾勒，但并不突出，更多的是以不同色调分清层次轮廓，手法质朴、拘谨，具有原始性。尽管如此，其在吐蕃手工业艺术史上仍具有非常重要的地位，并不断被后世发扬光大，即使今天也没有中断。

总之，吐蕃时期是纺织手工业得到长足发展的重要时期之一，这一时期除了毛纺织业在以前的基础上进一步发展外，还积极学习唐代内地的纺织业技术，丰富了吐蕃纺织业的内容，吐蕃生产的锦彩等高级纺织品，甚至成为唐代皇帝赏赐大臣的珍贵物品[③]。与此同时，吐蕃的毛纺织业产品和技术，对唐代内地也产生了直接和深远的影响，甚至在唐朝出现了以穿戴毛纺织品为时尚的现象。

---

① （唐）陆贽著、刘泽民点校《陆宣公集》卷10《赐吐蕃将书》，浙江古籍出版社，1988，第86～87页。

② 王尧、陈践编著《吐蕃简牍综录·吐蕃简牍综录本文·汉文译文及考释·经济》，第40页。

③ 白居易：《为宰相谢恩赐吐蕃信物银器、锦彩等状》，载《全唐文》卷669。

二　金属制造业

金属制造业是传统社会手工业最重要的内容之一，涉及当时的生活、生产和军事、建筑、交通运输等方方面面。吐蕃时期对于金属制造业比较重视，青藏高原的金属制造业多有称道之处。

吐蕃时期的金属加工业历史悠久。今西藏桑耶寺就保留有吐蕃时期的3口铜钟，制造精美，古朴典雅，具有吐蕃早期的手工业特征[①]。吐蕃早期“将赞普尸体装入铜盒，并钉上铁钉”。[②]“铜盒”和“铁钉”用于赞普棺椁，其加工精美程度是不言而喻的。同时，这一时期也普遍使用“铁钩”等金属制品。[③]可见，吐蕃当时的铜器、铁器加工技术均已比较成熟。松赞干布时期，金、银、铜、铁等金属加工已经初具规模。唐太宗贞观十四年（640年），吐蕃派遣大相禄东赞亲赴长安，曾经献金5000两及其他珍玩数百，再次为松赞干布请婚，就颇能说明问题。当时被吐蕃居民视为“宝”的金属依次是金、银、锡、铜。[④]这些金属除了作为实用工具而被加工外，还作为奢侈品或社会财富而受到当时人们的重视。而在社会生活和生产中，铜、铁等金属则是吐蕃手工业生产的基本原料，吐蕃时期的金属手工制品见于记载的就包括“红铜锅”[⑤]“小铜锅”[⑥]“铜锅”[⑦]“铜缸”[⑧]“铁锅”[⑨]“铁器”[⑩]“斧头”[⑪]等。可见当时的金属首先是作为日常生活用品而被生产和加工的，也有一部分是用于生产工具的。当然能够以

---

① 参见西藏自治区文物管理委员会编《扎囊县文物志》，1986年铅印本，第218页；拉巴平措、陈庆英总主编，张云、林冠群主编《西藏通史·吐蕃卷》（下），第689～690页。

② （明）巴卧·祖拉陈瓦著，黄颢、周润年译注《贤者喜宴——吐蕃史译注》，第8页。

③ 同上书，第15页。

④ 《新唐书》卷216上《吐蕃传》（上）。

⑤ 黄布凡、马德：《敦煌藏文吐蕃史文献译注·止贡赞普与布德拱结之传说》，第163页。

⑥ 同上书，第165页。

⑦ 同上书，第166页。

⑧ 黄布凡、马德：《敦煌藏文吐蕃史文献译注·钦际赞婆与王孝楼下之论战》，第272页。

⑨ 黄布凡、马德：《敦煌藏文吐蕃史文献译注·止贡赞普与布德拱结之传说》，第163页。

⑩ 黄布凡、马德：《敦煌藏文吐蕃史文献译注·囊日伦赞时代的兼并》，第197页。

⑪ 王尧、陈践编著《吐蕃简牍综录·吐蕃简牍综录本文·汉文译文及考释·文书》，第69页。

铜器作为生活用具者，在吐蕃时期非寻常百姓之家，大部分系王室、贵族和官宦及富商之家庭。

吐蕃官府对金、银、铜等金属的加工已经比较正规，加工的部分产品已经相当精致，其中用于“告身”制度且用不同金属制成的臂章，就是一个很好的例证。当时的臂章主要用来显示吐蕃官阶的高低，其中一等是瑟瑟（翡翠），二等为金，三等为金凃银，四等为银，五等为铜。[①] 除此之外，也存在“铁文字告身”[②]。唐德宗贞元十二年（796 年）三月，“韦皋奏收降蛮七千户，得吐蕃所赐金字告身五十五片”[③]。特别值得一提的是，唐太宗时，吐蕃使禄东赞“冶黄金为鹅以献”，“其高七尺，中实酒三斛”[④]。可见，吐蕃的黄金铸造业在那时已达到了一个新的高度，如进贡唐代中原王朝的黄金鹅，做到了规模与艺术的协调统一，系黄金制造中的精品。吐蕃时期黄金及黄金制品普遍地运用于军事、贵族奢侈性消费、丧葬和宗教等方面。[⑤]

8 世纪初，刻改结多惹多囊歌中有“虽利不轻巧，‘垛’铁小斧头”的歌词。[⑥] 据专家推断，刻改结多惹多囊系《编年史》记载的 705 年吐蕃参加叛乱者[⑦]，故大体反映的是 8 世纪初及其以前吐蕃本土的情况。这里的“垛”指达孜垛，即今四川康定，历史上曾经以炼铁及兵器制造而闻名，而“垛铁”的含义是“垛地之铁”。[⑧] 这对于我们理解当时吐蕃铁器及其兵器手工业生产意义重大。

吐蕃的金属产品除了在当地使用外，也往往成为向唐廷奉献的主要贡品之一。吐蕃赞普松赞干布于唐太宗贞观十二年（638 年），曾经派遣使者入

---

① 《新唐书》卷 216 上《吐蕃传》（上）。

② （明）巴卧·祖拉陈瓦著，黄颢、周润年译注《贤者喜宴——吐蕃史译注》，第 36 页。

③ （宋）王钦若等：《册府元龟》卷 987《外臣部·征讨六》。《旧唐书》卷 13《德宗纪》（下）记载，贞元十二年（796 年）三月，“韦皋奏收降蛮七千户，得吐蕃所赐金字告身五十五片”。

④ 《新唐书》卷 216 上《吐蕃传》（上）。

⑤ 拉巴平措、陈庆英总主编，张云、林冠群主编《西藏通史·吐蕃卷》（下），第 692 ~ 693 页。

⑥ 黄布凡、马德：《敦煌藏文吐蕃史文献译注·赤都颂赞干布之事迹》，第 259 页。

⑦ 同上书，第 266 页，《人名、地名、事件笺证》注⑦、⑨。

⑧ 同上书，第 267 页，《人名、地名、事件笺证》注⑨。

唐国都长安“多赍金宝，奉表求婚”，为了达到这一目的，后来仍然“遣使贡金帛”。[①] 其后吐蕃的和亲情况大体一致。吐蕃于唐敬宗长庆四年（824年）十月“贡犀牛，铸成银犀牛、羊、鹿各一”[②]。这至少说明当时吐蕃的银加工技术已比较成熟，银器是作为珍贵的工业品而上贡唐朝的。唐玄宗开元（713～741 年）年间，吐蕃曾经“献怪宝”，后来“上宝器数百具，制冶诡殊，诏置提象门示群臣”。[③] 由此可见，吐蕃的手工业品精良且颇具特色，在唐代朝野曾经受到重视并引起轰动。唐顺宗永贞元年（805 年），“吐蕃使论悉诺来朝贡”，“吐蕃使论乞缕贡助山陵金银衣服”。[④] 同时，“吐蕃赞普公主信物金胡瓶等”也成为皇室赏赐大臣的珍贵物品。[⑤] 作为朝贡物品的吐蕃金银器，因为制作精美，往往成为唐代皇帝赐予宠信大臣的重要物品。[⑥] 相关记载比较多，这些都说明吐蕃的金属加工技术已经相当高，且对唐代的手工业也有一定的影响。。

由上文可知，当时吐蕃的金属加工业已经具有一定的规模，作为进献给唐朝的贡品，其铸造技术也是比较高的。与此关系密切的是，吐蕃时期的象鼻（glang-po-sna）金矿是比较有名的，这里的“金粉”成为修建佛殿等建筑物的重要装饰材料之一。[⑦]

在论述吐蕃金属手工业时，我们有必要在这里就吐蕃兵器手工业的情况予以简要介绍，因为兵器生产最能代表一个时代及其政权的综合实力及科学技术水平。早在唐代，青藏高原地区的吐谷浑、吐蕃等民族就已经掌握了较高的冶铁技术，善造兵器。吐蕃简牍记载了吐蕃部落使用的武器种类繁多，其中包括盾、刀、刀鞘、箭、弓、箭筒、铠甲、腰带、盔甲、唐人矛、[⑧] 皮革甲

① （宋）司马光：《资治通鉴》卷 195，唐太宗贞观十二年（638 年）八月条。

② 《旧唐书》卷 17 上《敬宗纪》。

③ 《新唐书》卷 216 上《吐蕃传》（上）。

④ 《旧唐书》卷 14《顺宗纪》。

⑤ 王维：《为崔常侍谢赐物表》，载《全唐文》卷 324。

⑥ 白居易：《为宰相谢恩赐吐蕃信物银器、锦彩等状》，载《全唐文》卷 669。

⑦ （明）巴卧·祖拉陈瓦著，黄颢、周润年译注《贤者喜宴——吐蕃史译注》，第 141 页。

⑧ 王尧、陈践编著《吐蕃简牍综录·吐蕃简牍综录本文·汉文译文及考释·军事》，第 46～47 页。

胄、宝剑[①]等冷兵器时代的进攻及防御型兵器。其中铠甲就分为一般意义上的“铠甲”，以及大小铠甲（有九眼的）、锁子铠甲（柳叶甲）等类型；箭则包括短箭、系有彩缯众箭等种类；弓包括短箭弓、于阗轻弓[②]等，也有如《新唐书》卷216上《吐蕃传》（上）记载的“七寸金箭”、佩刀，其“铠胄精良”等。唐玄宗时，吐蕃曾经与唐代将军王仙芝战于连云堡，吐蕃“军资器械不可胜数”[③]。另外，吐蕃商人和使者对于唐代长安的兵器，如弓、箭等的功能与制作工艺了如指掌，羡慕有加，[④] 这使吐蕃的兵器加工业不断学习内地的技术成为可能，唐蕃文化相互交融，在当时是毋庸置疑的事实。

吐蕃的这些冷兵器品种齐全，进攻与防御性并重，使其战斗力不断增强，以致其曾经占领了唐代的大片土地，成为当时在亚洲颇具战斗力的民族政权之一。

历史资料表明，铁索桥在吐蕃比较盛行，在荡水、漾水上均建有这样的桥梁，“以通西洱河”，且“筑城以镇之”[⑤]，这是当时吐蕃铁的锻造技术比较先进的说明。

另据记载，松赞干布的遗训文书就是被大臣噶尔书于铜版之上的。[⑥] 吐蕃时期金属雕版术的发展状况，应该引起学术界的重视。

总之，吐蕃时期金属加工业内容丰富，对吐蕃时期的物质文明和精神文明均产生了不可低估的影响。

三　城市建筑业

古代建筑作为一种历史文化，既是当时综合技术的展现，也是当时物质文明和精神文明的集中体现，城市建筑反映了吐蕃手工业技术及其

---

① 黄布凡、马德：《敦煌藏文吐蕃史文献译注·松赞干布与卫氏之盟誓》，第219页。

② 王尧、陈践编著《吐蕃简牍综录·吐蕃简牍综录本文·汉文译文及考释·军事》，第47页。

③ 《旧唐书》卷104《高仙芝传》。

④ 张鷟：《鸿胪寺中土（吐）蕃使人素知物情慕此处绫锦及弓箭等物请市未知可否》，载《全唐文》卷172。

⑤ 参见（唐）刘肃著，许德楠、李鼎霞点校《大唐新语》卷11《褒锡》，第164页；《新唐书》卷216上《吐蕃传》。

⑥ （明）巴卧·祖拉陈瓦著，黄颢、周润年译注《贤者喜宴——吐蕃史译注》，第111页。

相关产业的生产情况，是综合经济实力的体现。松赞干布在社会生产力发展及与邻近诸部落往来增多的形势下，定都逻些城，并正式建立吐蕃王朝。[①] 所有这些为逻些城的建筑奠定了基础。屹立在今拉萨市内红山上的布达拉宫，据说始建于7世纪。下面对以逻些城为代表的吐蕃建筑进行简要介绍。

松赞干布时期“建造赤兹红宫”（pho-brang-khri-rtse-dmar-po）时，被当地人认为“此乃世间所无与伦比者”：

> ……宫为火砖之墙，每边一俱卢舍，墙高三十六版，四面有碉楼牌坊等，小门房屋均有流苏、飞檐，且饰以诸种珍宝，环饰以小银币。单垂及双重宝珞处设有铃网，铃铃奏响，复又庄严以牦牛尾及丝缨之幡。宫内有宫室九百九十九间，连同宫顶，总为红堡一千（mkhar-dmar-stong）。

同时悬挂各种丝绸的流苏，这种城建不仅规模宏大，雄伟壮观，且具备非常健全的防御功能。[②] 吐蕃历史上的大型城市尤其是逻些城的建设，往往与唐朝公主的和亲密切相关，这主要表现在吐蕃不惜耗费庞大的物力、财力和人力，为做好迎娶唐代公主的准备而筑城。贞观十五年（641年），文成公主到达吐蕃时，松赞干布说：

> ……我父祖未有通婚上国者，今我得尚大唐公主，为幸实多。当为公主筑一城，以夸示后代。[③]

基于以上原因，遂“为公主别筑城郭宫室而处之”[④]。应该说，拉萨布达拉宫的修建是吐蕃松赞干布时期最重要的城市建设工程。据藏文资料

---

① 王钟瀚主编《中国民族史》（增订本），中国社会科学出版社，1994，第366页。

② （明）巴卧·祖拉陈瓦著，黄颢、周润年译注《贤者喜宴——吐蕃史译注》，第57～58页。

③ 参见《旧唐书》卷196上《吐蕃传》（上）；《新唐书》卷216《吐蕃传》。

④ （宋）司马光：《资治通鉴》卷196，唐太宗贞观十五年（641年）正月条。

《柱间史》记载，赤尊公主建议松赞干布修建布达拉宫，以防范外敌进犯，于是由砖砌成的四方城围绕着红山，挺拔而起，十分壮观。松赞干布为迎娶唐代公主而筑城“以夸示后代”绝非言过其实，今天布达拉宫依然是藏族人民的骄傲，是中华民族建筑史上的瑰宝。唐中宗景龙元年（707 年）四月，“以上所养雍王守礼女金城公主妻吐蕃赞普”[①]。到唐睿宗景云元年（710 年）二月，金城“公主至吐蕃，赞普为之别筑城以居之”[②]。实际上，早在吐蕃统一之前，“遍布各地之小邦，各据一城堡”，城堡多达十二三座。[③] 吐蕃城市建筑在其手工业经济史上占有非常重要的地位。尤其值得注意的是，文成公主等人到达吐蕃后，在房屋建筑方面也带去了内地的技术，使吐蕃建筑的内地元素更加明显，吐蕃的建筑技术也进一步成熟。

在青藏高原尤其是吐蕃的城市建设中，宗教建筑占有非常重要的地位。本教[④]是青藏高原的原始宗教，在吐蕃王朝建立之前的很长时期内，为这里的居民所普遍信仰。[⑤] 本教建筑在青藏高原长期占有重要地位。松赞干布（？ ~650 年）在位期间，在文成公主和尼泊尔籍赤尊王妃的积极倡导下，佛教逐渐取代本教而成为吐蕃的国教，尽管后来出现了一些反复。为了打击本教、确立佛教的地位，吐蕃在松赞干布时期先后建立嘎曲（ka chu）、冈曲（kam chu）、灵曲（gling chu）等三大寺院，目的是“镇压及确定日月星辰”；建囊卓（snang gro）、灵塘（gling thang）两大寺院，是为了“镇压南方火”；建古朗（gt lang）和兴衮（shing kun）两大寺院，是“为于西方镇压水”；建格日（dge ri）、贝日（dpal ri）两大寺院，则是为了于北方镇压风。[⑥] 镇压土、水、火，实际上是镇压本教的诸自然神。[⑦] 佛教建筑随着佛教在吐蕃正统地位的确立而有了长足的发展。尤其是松赞干布时期社会稳定，经济繁荣，唐蕃关系正常，为佛教寺院建筑的发展创造了条件。据

① （宋）司马光：《资治通鉴》卷 208，唐中宗景龙元年（707 年）四月条。
② （宋）司马光：《资治通鉴》卷 207，唐睿宗景云元年（710 年）二月条。
③ 黄布凡、马德：《敦煌藏文吐蕃史文献译注·西藏古代诸小邦邦主邦臣序列》，第 127 页。
④ “本教”在有些文献翻译中称为“苯教”，在本章论述中，没有刻意进行统一。
⑤ 参见张云《唐代吐蕃史与西北民族史研究》，第 7 页。
⑥ （明）巴卧·祖拉陈瓦著、黄颢译《贤者喜宴》，《西藏民族学院学报》1981 年第 2 期。
⑦ 参见张云《唐代吐蕃史与西北民族史研究》，第 29 页。

《王统世系明鉴》记载，逻些城大昭寺就是在松赞干布时期由尼婆罗公主出资，由文成公主亲自设计修建的佛殿——布达拉宫。其记载略云：

> 在木阴羊年为城墙奠基动工，建成后城墙高三十版，高大而广阔，每一边约长一个江扎（即声音能传播到的距离），城的大门向南，内有红色宫室九百间，连同顶上国王的寝宫共计一千间。一切宫室屋檐，装饰着珍宝，游廊台阁，都有铃铛摇曳发声，显得堂皇富丽。城市宫殿之美，使人观赏无厌。……从坚固方面来说，若是有外敌犯境来攻，有五个人就可以守护。[①]

除此之外，这一时期还修建了多处寺院神殿。

不仅如此，实际上松赞干布的后世也修建了不少寺院，如赤德祖赞（即弃隶蹜赞，704～754年）时，在札玛修建瓜州寺，在琛浦建造神殿，“立三宝之所依处”。赤德松赞时，于札玛修建桑耶寺等寺庙，“中央及四境遍建神殿，立三宝之所依处”。[②] 著名的吐蕃王廷夏宫——温江岛宫，就是建于8世纪初期的重要建筑。据《敦煌本吐蕃历史文书》“大事纪年”篇记载，“及至鼠年（武则天久视元年，即公元700年），……母后墀玛类驻于温江岛宫”，后两年她还“于温江岛宫集会议盟，颁布一切录于木牍上之诏令”。

研究表明，吐蕃时期的宫殿建筑一般系碉堡样式，包括土夯、石砌、木结构等相结合的建筑形式，形成了平顶、高层、厚墙、墙体逐层向上收分的基本建筑风格；军事防御是当时城堡建筑的重要考量，因此宫殿多倚山而造，居高临下，便于防守。[③]

吐蕃时期正是佛教在这里迅速发展的重要时期之一，这样寺院经济尤其

---

① （元）萨迦·索南坚赞著，陈庆英、仁庆扎西译注《王统世系明鉴》，辽宁人民出版社，1985，第77页。

② 参见王尧《吐蕃金石录·噶迥寺建寺碑·译文》，第160页。

③ 拉巴平措、陈庆英总主编，张云、林冠群主编《西藏通史·吐蕃卷》（下），中国藏学出版社，2016，第694页。

是寺院建筑就成为当时手工业的重要内容之一。史称吐蕃“奉佛教为至高无上之教，自中央至边境广建寺庙，立佛法，引众生入慈悲界忆念，从生死中解脱，登上永恒不灭之境”①。在这样的社会背景下，吐蕃的寺院建筑有了长足的发展，《王统世系明鉴》记载：

> 温江岛（又作温香岛）地方，为本尊建无比吉祥增福之殿，乃自于阗国召请善巧工匠，自尼婆罗国召请塑匠、石匠等，建造九级神殿：其下三层皆用石，中三层悉以砖，上三层皆为木也。顶阁凡九层，每顶阁回廊之间乃诸出家沙门讲授、闻听正法之处。神殿金顶，高与山齐，蕃地以此为无与匹敌也。上三层供奉赞普之本尊护法，中三层住一切供应僧伽，下三层住赞普及大臣及其眷属。②

温江岛建筑金碧辉煌，系佛教砖木结构建筑之经典，被誉为鬼斧神工之作。

据记载，墀松德赞为其妃波雍妃洁莫尊（pho-yos-bzav-rgyal-mo-btsun）修建寺院：

> ……其时给每个工匠以十三种食物，于是工匠特建十三种建筑物：该寺上殿，其外无墙；其内无柱，以黄铜为基；玉梁之上，饰以奔驰之金马；金梁之上玉龙盘绕；蓝色屋顶可内外观赏；所有之水汇集之后，经狮子之口流到龟蚨之背后。另有白旃檀之门，该门启闭之后，则可发出小金鼠之鸣声；殿内之诸天众佛像，其顶部各有伞盖一个，并为每尊像特遮伞盖一个。又在廊后处浮雕着十二种佛事；用二十八个星宿天女像支撑神殿之屋顶；在殿内之四角处，有八个金狮子及小羊；在屋顶的流苏上浮现着二十八位供养天女。另有天神童子祈请以大鹏卵中之甘露水沐浴图像等。总之，共十三种特殊建筑，颇为罕见稀有。③

---

① 黄布凡、马德：《敦煌藏文吐蕃史文献译注·赤松德赞时代的扩张》，第295页。

② （元）萨迦·索南坚赞著，陈庆英、仁庆扎西译注《王统世系明鉴》，第94页。

③ （明）巴卧·祖拉陈瓦著，黄颢、周润年译注《贤者喜宴——吐蕃史译注》，第157页。

这种寺院建筑具有非常丰富的文化元素。另外，我们知道在城市建设以及寺院建筑中，油漆是不可或缺的装饰原料，因运输和来源等问题的限制，吐蕃时期的油漆显得非常珍贵，正因为如此，当吐蕃卫·庞多热义擦卜在拉姆恰巴仲木宴请松赞干布，“并将十种油漆”等“礼物献上”时，赞普“乃与之盟誓”。[①] 油漆在当时的珍贵程度由此可见一斑。

为满足长期战争及驻军的需要，吐蕃对城堡的建设也成为一项重要内容。如唐高宗总章元年（668 年），“赞普驻于乍之鹿园，于吉玛阔（大非川）构筑堡垒”[②] 就是这方面的一个典型例子。

在吐蕃时期，如松赞干布“建造寺庙”，是当时建筑业的主要内容之一。其中兴建了大昭寺、小昭寺、昌珠寺、边压寺、再压寺、四压肢寺、九掩口寺等[③]，均是比较有代表性的工程，在当时已经是城建不可或缺的一部分。或者说，吐蕃时期的城建往往有宗教——主要是佛教的烙印。这样，在修建桑耶寺时，“所塑像为天竺风格”，便不难理解。[④] 不过，当时的寺院建筑及其塑像，具有吐蕃本土特色并不断吸收外来成分是基本史实。同时，桑耶寺“在南方之佛塔处，塔之主心木、蓝色和白色之转轮，这些均由泥婆罗木匠、石匠及铁匠所制成”[⑤]。吸收各地风格是当时吐蕃建筑业的一个明显特征。正因为如此，约在 779 年桑耶寺开光后，吐蕃赞普看到三种形制的寺院屋顶后，感觉“不像建造而成，而是如同（自然）生长出来的一般！”[⑥] 这种建筑巧妙地利用了自然条件，系自然景观与人文景观有机结合的艺术杰作。

总之，吐蕃时期的建筑业，尤其与佛教密切相关的建筑业有了长足的发展，成为当时手工业的重要内容之一，带动了与其有关的其他行业的发展，同时也对青藏高原以后的建筑产生了不可估量的影响。受青藏高原地理条件的限制，吐蕃形成了自己独特的建筑文化，随着多年的融合与创新，形成了石木结构、端庄稳固、古朴粗犷、外墙向上收缩、依山而建、内坡垂直、结

---

① 黄布凡、马德：《敦煌藏文吐蕃史文献译注·松赞干布与卫氏之盟誓》，第 219 页。

② 黄布凡、马德：《敦煌藏文吐蕃史文献译注·编年史》，第 41 页。

③ （明）巴卧·祖拉陈瓦著，黄颢、周润年译注《贤者喜宴——吐蕃史译注》，第 63 ~ 74 页。

④ 同上书，第 152 页。

⑤ 同上书，第 156 页。

⑥ 同上书，第 165 页。

构严密的区域民族风格。当然，中原地区的歇山式大屋顶建筑技术、斗拱技术、雀替技术等营造技术，在吐蕃时代已经传入青藏高原，同时在一定程度上还受到尼泊尔、印度建筑风格的影响，最典型的建筑是大昭寺、小昭寺、桑耶寺、布达拉宫、夏鲁寺、萨迦寺等。① 不断吸收其他文化的精华，形成自己独特的风格，是吐蕃时期建筑最明显的民族特色。

第四节　吐蕃时期的交通运输业

交通运输业在社会经济和社会生活中的重要性是不言而喻的，对青藏高原来说尤其如此。地势险峻的青藏高原，到处是高山深谷，交通非常不便，高原上的大多数地方主要依赖畜力运输甚至主要靠人力运输。尽管吐蕃时期交通运输业的内容是比较丰富的，但就整体而言交通运输业是制约其社会经济发展的一个重要因素。

吐蕃的畜牧业经济比较发达，充足的牲畜为这里的交通运输提供了具有地域特色的运载能力。② 尤其是牦牛作为青藏高原的重要交通工具，至今仍然有“高原之舟”的美誉。马作为被人类早已驯化的交通运输工具，在青藏高原发挥了难以替代的作用：

> ……（吐）蕃法刻木为印，每有急事，则使人驰马赴赞普牙帐，日行数百里，使者上马如飞，号为马使。③

另外，牦牛皮可以作为皮船的主要原材料。④ 这就是青藏高原盛行的水上运输工具——牛皮筏子⑤。关于这一方面的记载比较多，此处从略。鉴于

① 拉巴平措、陈庆英总主编，张云、林冠群主编《西藏通史·吐蕃卷》（下），第696~697页。

② 王尧、陈践编著《吐蕃简牍综录·吐蕃简牍综录本文·汉文译文及考释·文书》，第63页、第68页。

③ （唐）赵璘：《因话录》卷4，上海古籍出版社，1979年点校本。

④ 参见张云《唐代吐蕃史与西北民族史研究》，第46~47页。

⑤ 皮筏子一般分为羊皮筏子和牛皮筏子两种，在吐蕃畜牧业经济发达的地区，一般以牛皮筏子为主。

吐蕃时期的交通运输业受高原自然环境的影响非常大，这里只就其交通运输的咽喉——桥梁的情况进行简单论述，以期对吐蕃的交通运输业有一个大体的了解。

桥梁是交通运输的重要载体，吐蕃时期桥梁对于社会经济和日常生活、商贸活动、信息传递以及军事行动等均起着不可替代的作用。在人类发展史上，桥梁的修建因技术含量比较高，往往反映出一个时期的经济发展和科学技术或手工业生产的整体水平，尤其在古代社会，更能够说明当时手工业及科学技术的发展水平。吐蕃时期桥梁建筑的实际情况，虽然受史料的限制，今天已经难以窥其全貌，但我们还是可以从有关史料中看到吐蕃当时桥梁建筑的蛛丝马迹。《大唐新语》卷11《褒锡》记载：

> 唐九征为御史，监灵武诸军。时吐蕃入寇蜀汉，九征率兵出永昌郡千余里讨之，累战皆捷。时吐蕃以铁索跨漾水、濞水为桥，以通西洱河，蛮筑城以镇之。九征尽刊其城垒，焚其二桥，命管记闾丘均勒石于剑川，建铁碑于滇池，以纪功焉。俘其魁帅以还。……开元（713～741年）末与吐蕃赞普书云："波州铁柱，唐九征铸。"即谓此是也。[①]

这里记载的是吐蕃占领今云南地区的情况，吐蕃以铁索桥跨漾水和濞水，其跨度之大是不言而喻的，至少在当时是比较先进的造桥技术，这提升了当时中华民族的造桥技术，对云贵高原的社会经济产生了深远的影响。同时，我们也看到在吐蕃时期，一些政府官员对交通运输比较重视，唐九征就是典型例子，他在任期间修桥补路，得到吐蕃和其他民族的高度评价。唐德宗贞元十年（794年）三月，"南诏异牟寻攻收吐蕃铁桥已东城垒一十六，擒其王五人，降其民众十万口"[②]。铁桥显然成为当时当地的一种标志性建筑。

---

① 另可参见《新唐书》卷216上《吐蕃传》（上）。

② 《旧唐书》卷13《德宗纪》（下）。

除了铁索桥和铁桥外，吐蕃其他类型的造桥技术也有值得称道的地方，如唐睿宗时期曾经应吐蕃请求，将河西九曲之地作为金城公主的汤沐之所，且在黄河上架桥。[①] 如唐玄宗天宝九载（750 年），关西游弈使王难得进攻吐蕃时，就曾经“克五桥”[②]。一次就攻克了 5 座桥，说明吐蕃的桥梁是比较普遍的。如此多的桥梁，对当时吐蕃社会经济的发展和社会生活的正常运转发挥着重要作用。唐德宗贞元十六年（800 年）五月，唐军曾经在关外“灵州破吐蕃于乌兰桥”，而这座桥是架于黄河之上的桥。[③] 后来吐蕃“欲作乌兰桥”，于唐宪宗八年（813 年）“并力成桥，仍筑月城守之”[④]。可见吐蕃对乌兰桥的重视程度，同时用一个月时间就将具有战略意义的乌兰桥重新建成，说明吐蕃当时造桥技术的成熟与造桥工匠技艺的高超。唐宣宗大中四年（850 年），吐蕃论恐热遣僧莽罗蔺真率兵于鸡项关南“造桥”，其主要目的是向尚婢婢发动进攻。[⑤] 桥梁已经成为吐蕃地区军事活动中不可或缺的内容，而前提是具有先进的造桥技术和一定数量的能工巧匠。

除了上述可与唐代中原地区相媲美的桥梁外，吐蕃还因地制宜，创造性地修建了“阔尽一矢”的藤桥[⑥]。这种桥梁的材料来源比较广泛，且非常宽敞，便于人畜通行，大大方便了当地居民的日常生活，利于商品流通和信息传播。《旧唐书》卷 104《高仙芝传》如此记载：

……仙芝至，斩其为吐蕃者五六人。急令元庆斫藤桥，去勃律犹六十里，及暮，才斫了，吐蕃兵马大至，已无及矣。藤桥阔一箭道，修之一年方成。勃律先为吐蕃所诈借路，遂成此桥。至是，仙芝徐自招谕勃

① 《旧唐书》卷 196 上《吐蕃传》（上）。

② （宋）司马光：《资治通鉴》卷 216，唐玄宗天宝九年（750 年）十二月条。另外，《旧唐书》卷 183《王子颜传》记载内容与此略同。

③ （宋）司马光：《资治通鉴》卷 235，唐德宗贞元十六年（800 年）五月条。

④ （宋）司马光：《资治通鉴》卷 239，唐宪宗元和八年（813 年）七月条。

⑤ （宋）司马光：《资治通鉴》卷 249，唐宣宗大中四年（850 年）九月条。

⑥ （宋）司马光：《资治通鉴》卷 215，唐玄宗天宝六年（747 年）十二月条。按《旧唐书》卷 109《李嗣业传》载是唐玄宗天宝七载（748 年）之事，特此注明。

律及公主出降，并平其国。

因这样的藤桥非常宽，再加上跨度大，故修造相当费事，花费一年的时间当在情理之中。另外还有一些比较简陋而便捷的“便桥”，也出现在吐蕃境内。① 便桥的造价成本低，可以因地制宜，随时随地建造，在吐蕃的社会生活和生产中发挥了不可忽略的作用。

所有这些均说明吐蕃的造桥技术比较高，其桥梁包括铁索桥、石桥、藤桥、皮囊桥、简易桥等，因地制宜，满足了不同的需求，有利于社会经济和社会生活的发展，反映了当时吐蕃造桥技术的成熟，以及与此有关的手工业技术水平。唐朝在与吐蕃发生战事时，也往往将夺取吐蕃的桥梁作为首要战略目标②，可见当时桥梁在吐蕃社会经济生活乃至军事活动中占有非常重要的地位。吐蕃的畜牧业、农业、商业、交通和对外交往的不断发展，对桥梁建造提出了客观要求，而当时手工业技术的不断提高，则为这种客观要求的付诸实施创造了条件。如上所述，吐蕃时期的桥梁，不仅数量比较多，而且技术上也多有突破。

吐蕃曾经统辖着云南地区和河湟、陇右地区，其交通网络以逻些城为中心，辐射西南和西北广大地区，其交通网络的政治功能和军事功能以及经济功能是不言而喻的。与此同时，这些交通网络也是人员、商品和各种物资的流通路线。

需要指出的是，吐蕃的道路开凿与唐代和亲的关系不得不让人关注，如金城公主道、文成公主道，对吐蕃与内地的交通改善具有不可忽视的作用。长庆二年（822 年），唐代大臣刘元鼎一行在与吐蕃会盟途中，“度悉结罗岭，凿石通车，逆金城公主道也”③。这无疑对此地的交通运输具有一定的积极作用。

在吐蕃时期的交通运输方面，驿站的设置与利用是一项非常重要的内容，限于篇幅，这里从略。

---

① （宋）司马光：《资治通鉴》卷 223，唐代宗广德元年（763 年）十月条。

② （宋）司马光：《资治通鉴》卷 214，唐玄宗开元二十六年（738 年）七月条。

③ 《新唐书》卷 216 下《吐蕃传》（下）。

第五节　吐蕃时期的商业贸易

虽然吐蕃时期的经济是比较典型的自然经济，但民族贸易却是其社会经济生活的基本内容之一，除了吐蕃本土的贸易以及与其他少数民族之间的贸易外，吐蕃与唐代中央王朝的贸易显得非常重要，而这方面的情况比较复杂，往往与贸易双方的政治、经济和军事、自然条件乃至决策者的选择偏好等有直接关系。吐蕃作为以畜牧业经济为基础的民族政权，与唐朝内地农耕民族及其他民族之间的生产内容不尽相同，这使其生产具有一定的互补性，为其相互之间进行商业贸易提供了客观条件。从经济区位的基本观点来看，具有区位性的产品之间的贸易因依赖度高显得比较频繁，而且交易规模也比较大，同时这种贸易往往会刺激和带动社会经济的发展，对贸易双方或多方均有利可图，系一种共赢的经济行为。

早在吐蕃之前，青藏高原就已经“制造升、斗及秤，以量谷物及酥油。此外，还出现了双方按照意愿进行交易的商业”[①] 行为。度量衡的出现，既是商业出现的前提，也是商业活动正常运行的必要条件。吐蕃和唐朝之间“金玉绮绣，问遣往来，道路相望，欢好不绝”，正是两者之间贸易往来的真实写照，而其前提条件是“息戍罢兵，二境无征战之苦”[②]。即双方和平友好的社会环境，是进行正常商贸活动的前提。史书记载吐蕃时期的内地茶商、突厥玉商、粟特刀商、邓麻帛商、兰地盐商等“五商”[③]，在不同地区的社会分工比较明确，商品特色比较明显，足以体现吐蕃时期商业贸易的繁荣。“五商”所经营的商品主要有以下四类：一是盐这样的生活必需品，二是介于生活必需品与奢侈品之间的帛、茶，三是纯粹的奢侈品玉，四是刀这种兵器。除此之外，泥婆罗（今尼泊尔）商人、克什米尔商人、于阗商人等，也在一定程度上直接或间接参与了吐蕃的对外贸易活

---

① （明）巴卧·祖拉陈瓦著，黄颢、周润年译注《贤者喜宴——吐蕃史译注》，第 14 页。

② 独孤及：《敕与吐蕃赞普书》，载《全唐文》卷 384，第 1727 页。

③ （明）巴卧·祖拉陈瓦：《智者喜宴》，第 189 页。

动①，可见吐蕃的贸易活动具有一定的开放性，其贸易范围比较广泛。

吐蕃时期商业贸易的内容比较丰富，下面我们只就吐蕃与唐的贡赐贸易、吐蕃以马匹输出为主的贸易、吐蕃与唐的互市贸易、吐蕃时期社会生产和生活中的商品经济等方面进行简单叙述。实际上当时很多商贸类型是很难划分清楚的，有的包含两种乃至多种类型，属于混合型商贸形式，这是需要首先说明的。

一　吐蕃与唐朝的贡赐贸易

在我国一定的历史阶段，周边少数民族政权与中原王朝之间的经济贸易，往往以“进贡”和“赏赐”的形式出现，这就是所谓的贡赐贸易。在吐蕃与唐朝的贸易中，贡赐贸易也是非常重要的内容之一。

唐代人对青藏高原地区非常重视，深刻认识到“青海、吐谷浑”乃“国家之要地”②。据汉文献不完全记载，从唐太宗贞观八年（634 年）至唐武宗会昌二年（842 年）的 209 年间，吐蕃入唐朝的使团达百余次之多，而唐朝入吐蕃的使臣也不少于 52 次，平均每 16 个月就有一次使团往来，有的年份竟多达 4 次之多。尽管每次往来的主要任务包括和亲、朝贺、送僧、告哀、修好、吊祭、会盟、封赠、求匠、朝贡等，但是不可否认其带有购买商品或交换商品的任务③，其中有些时候将这种商贸活动贴上“进贡”与“赏赐”的标签，这对于吐蕃商人来说满足了其对中原农耕民族的产品需求，对于中原王朝来说则满足了天朝上国大一统的政治需要④，同时也获得了吐

---

① 张云：《唐代吐蕃史与西北民族史研究》，第 155 页。

② （宋）司马光：《资治通鉴》卷 205，武则天万岁通天元年（696 年）九月条引郭元振语。

③ 参见卢勋等《隋唐民族史》，四川民族出版社，1996，第 502 ~ 503 页。马大正主编《中国边疆经略史》，中州古籍出版社，2000，第 112 页则统计：自唐太宗贞观八年（634 年）始至唐武宗会昌六年（846 年）吐蕃王朝瓦解的 213 年间，双方使臣往来不少于 191 次，其中唐使入吐蕃 66 次，吐蕃使入唐 125 次。其中吐蕃一年中遣使 2 次的凡 14 年，遣使 3 次的凡 6 年，遣使 4 次的凡 3 年。唐朝一年中遣使 2 次的凡 8 年。往来使团的人数多者 50 余人至百余人，少者也有 10 余人。此说可备参考。

④ 白居易：《为宰相谢恩赐吐蕃信物银器、锦彩等状》，载《全唐文》卷 669，第 3013 页：“……遇天下削平之日，当西戎即叙之时，遂使殊方，致兹远物。此皆率由元化，感慕皇风。”

蕃的特殊物品，各得其所。

对吐蕃与唐朝贡赐贸易的记载比较早，至迟在唐代初期就已经见于史书。早在唐太宗贞观八年（634 年），吐蕃赞普弃宗弄赞就“遣使入贡”。这是目前所知的吐蕃向中央王朝进贡的最早记载之一。因为在此之前，史书记载的吐蕃与中原王朝的直接往来还是比较少的：

> 吐蕃在吐谷浑西南，近世浸强，蚕食他国，土宇广大，胜兵数十万，然未尝通中国……四邻畏之。[①]

正因为如此，唐太宗对吐蕃的上贡表现出了极大的热忱，立即“遣使者冯德遐往慰抚之”[②]。唐蕃双方最高决策者均对这种朝贡贸易相当重视，尽管当时这种贸易有浓厚的政治、军事及宗教诸方面的色彩，但我们并不怀疑其经济贸易的实质，或者说这是在政治和军事表象掩饰下的吐蕃与唐朝之间的商贸活动。在这之前，吐蕃和唐朝之间，原来有吐谷浑、党项和白兰诸部相隔，两者直接接触的机会不多，或者说当时唐蕃之间的交往以间接性的民间交往为主。

贞观十二年（638 年）八月，唐太宗派遣冯德遐去吐蕃进行安抚后，吐蕃“遣使随（冯）德遐入朝，多赉金宝，奉表求婚”[③]。这是见于记载的吐蕃第一次向唐朝正式提出和亲的请求。尽管这一次和亲请求没有立即得到唐代中央政府的批准，但是吐蕃对唐朝“多赉金宝”，同样唐朝也给予吐蕃相应的回报，这不啻是一次典型的贡赐贸易。在此基础上，经过吐蕃上层的不懈努力，吐蕃与唐代中原王朝的关系进入了一个新纪元。史称贞观十四年（640 年）十月：

> 吐蕃赞普遣其相禄东赞献金五千两及珍玩数百，以请婚。上许以文

---

① （宋）司马光：《资治通鉴》卷 194，唐太宗贞观九年（635 年）十一月条。

② 同上。

③ （宋）司马光：《资治通鉴》卷 195，唐太宗贞观十二年（638 年）八月条。

成公主妻之。[①]

这就是在吐蕃和唐代历史上均被视作千古美谈的松赞干布与文成公主的和亲事件。文成公主系唐代皇室“宗女也”[②]。从吐蕃这次和亲中向唐朝进贡的数千两黄金和大量珍玩来看，虽然有作为聘礼的因素在内，但唐朝中央政府同样回赠了大量的财宝和物品，当然也有一定的贡赐贸易的成分在内，其在政治上的体现是吐蕃与唐朝“甥舅”关系的正式确立。和亲、会盟不是权宜之计，唐朝决策者将其提高到双方“相恤灾患，永同休戚，使代代子孙为兄弟，甥舅如手足之相卫、唇齿之相依”[③] 的政治高度，尽管吐蕃与唐朝的关系并非一帆风顺，而是多有曲折，但这种甥舅关系的确立，对于唐蕃各自的政治、经济、文化乃至军事诸方面产生了深远影响。唐高宗即位后，封松赞干布为西海郡王、驸马都尉，并“赐物二千段”。松赞干布致书感谢并奉献金银珠宝多达 15 种，而唐高宗又赐其杂彩 3000 段。[④] 唐高宗永徽五年（654 年），“吐蕃使人献马百匹及大拂庐可高五丈，广袤各二十七步”[⑤]，是吐蕃与唐朝之间贡赐贸易的一个典型案例。

同样，武则天长安三年（703 年）四月，“吐蕃遣使献马千匹、金二千两以求婚”[⑥]，也具有贡赐贸易的成分在内。至于唐中宗景龙元年（707 年）三月，“吐蕃遣其大臣悉熏热入贡”[⑦]，更是典型意义上的贡赐贸易。应该说，在吐蕃时期，吐蕃与唐朝的贡赐贸易是比较频繁的，在唐蕃贸易中占有举足轻重的地位。

吐蕃墀松德赞曾经派遣使者赴内地，任命禅臧谢（sbran-gtsang-gsher）为使者长官（pho-nyavi-khang-dpon）、桑希为副官（vog-dpon）、拔赛囊为佛

① （宋）司马光：《资治通鉴》卷 195，唐太宗贞观十四年（640 年）十月条。

② 同上。

③ 独孤及：《敕与吐蕃赞普书》，载《全唐文》卷 384，第 1727 页。

④ 《旧唐书》卷 196《吐蕃传》（上）。

⑤ 《旧唐书》卷 4《高宗纪》（上）。

⑥ （宋）司马光：《资治通鉴》卷 207，唐武则天长安三年（703 年）四月条。

⑦ （宋）司马光：《资治通鉴》卷 208，唐中宗景龙元年（707 年）三月条。

法监察官（chos-kyi-spyan-pa），使者人数多达 30 人。唐朝皇帝给赛囊的物品包括：

> 汉地丘纸（byevu-shog）一百秤；丝绸五百（匹），嵌有颇罗弥的珊瑚及颇罗弥的盘子，各重一百两，每种各一；一度长的珍珠豆十串；彩缎、毛呢、盆（瓶）及纱（hwan）一匹。其余礼品经特别研究亦赐予赞普，所赐的这些礼品同吐蕃赞普文书箱（中所列礼品）相一致。送给赞普的礼品是：丝绸一万匹。嵌有颇罗弥的帽子及一度长的高脚盘。此外，对于其他吐蕃使臣也赐予大量礼品①。

吐蕃当时派往中原王朝的使臣人数众多，其所获得的各种手工制品和工艺品除数量可观外，质地优良也是毋庸置疑的。这些数量可观的工艺品，与其说是唐代皇室的赏赐品，毋宁说是对吐蕃贡品的回报，也即贡赐贸易的主要内容。

唐代宗时期是唐和吐蕃关系比较复杂的重要时期之一，史书是这样记载的：

> 代宗之世，吐蕃数遣使求和，而寇盗不息。代宗悉留其使者，前后八辈，有至老死不得归者；俘获其人，皆配江、岭。上欲以德怀之，乙巳，以随州司马韦伦为太常少卿，使于吐蕃，悉集其俘五百人，各赐袭衣而遣之。②

可见这一时期出使唐朝的吐蕃使者人数比较多，尽管唐朝中央政权扣留了吐蕃八批使者，但吐蕃一直努力要求与内地继续交往。唐穆宗长庆元年（821 年），“吐蕃遣其礼部尚书论纳罗来求盟”。唐朝“以大理卿刘元鼎为吐蕃会盟使”③。这是吐蕃与唐朝历史上非常重要的政治事件，对于两者之

---

① （明）巴卧·祖拉陈瓦著，黄颢、周润年译注《贤者喜宴——吐蕃史译注》，第 138 页。

② （宋）司马光：《资治通鉴》卷 226，唐代宗大历十四年（779 年）八月条。

③ （宋）司马光：《资治通鉴》卷 242，唐穆宗长庆元年（821 年）九月条。

间的经济贸易往来产生了巨大影响，从此唐和吐蕃的关系进入了一个新阶段——“自是比五年虏使来，必报。所贡有玉带、金皿、獭褐、犀牛尾、霞毡、马、羊、橐它”等。[①] 贵金属、玉器和畜牧产品是吐蕃向唐代中央政府所献的主要贡品，而丝织品及其他手工业品，则是唐代向吐蕃回赐的主要物品。

这里需要特别指出的是，吐蕃在与唐王朝进行贡赐贸易的同时，也在占领和管辖的西南和西北地区，接受被占领地区的进贡，尤其是今云南地区民族政权与吐蕃之间，系一种典型的贡赐贸易。从这个意义上来看，吐蕃不同时期贡赐贸易的主体、客体是不尽相同的。

二　吐蕃民族特色鲜明的对外贸易

吐蕃时期的经济基础是前文中一再强调的畜牧业，尽管在其辖区内也存在一定范围的农业及手工业生产，而就历史传统和生产能力来说，农业的地位明显次于畜牧业及手工业。农业经济和畜牧业经济的互补性强是古今中外的一个通例，在吐蕃的经济交往中，畜产及畜牧加工产品与农耕民族的农产品之间的交流贸易是商品交往的基本内容。也就是说，当时的这种经济交往主要是吐蕃的畜牧业经济与内地农耕民族的农业经济的交往，成为其贸易的一大特色。这样的互补型经济是由贸易双方的商品类型和二者的区域差异决定的。

据记载，吐蕃牛年（唐高宗永徽四年，即653年）“赞普驻年噶尔。……与热桑王之相仍达尔夏作大宗农作物交易”[②]。这正是畜牧业产品与农产品之间的贸易，这样的记载在史书中是比较常见的。

处于冷兵器时代的唐朝，“出师之要，全资马力”，即马匹是战争获得胜利的必备条件之一，实际上这也是其他民族的共同需求。唐朝朝野一致认为少数民族尤其是吐蕃“恃马力以为强”[③]，故将马匹提高到国家战略的高度，对于互市中的马匹购买亦非常重视，这造成了当时唐朝官府互市的主要

① 《新唐书》卷216下《吐蕃传》（下）。

② 黄布凡、马德：《敦煌藏文吐蕃史文献译注·编年史》第39页。

③ （宋）司马光：《资治通鉴》卷202，唐高宗仪凤三年（678年）九月条。

商品流向[①]。史称唐玄宗天宝五年（746 年）正月：

> 以王忠嗣为河西、陇右节度使，兼知朔方、河东节度使。忠嗣始在朔方、河东，每互市，高估马价，诸胡闻之，争卖马于唐，忠嗣皆买之。由是胡马少，唐兵益壮。及徙陇右、河西，复请分朔方、河东马九千匹以实之，其军亦壮。忠嗣杖四节，控制万里，天下劲兵重镇，皆在掌握，与吐蕃战于青海、积石，皆大捷。又讨吐谷浑于黑离军，虏其全部而归。[②]

这是唐朝在互市中对马匹重视的原因。尽管这里的民族贸易没有严格按照当时的市场行价进行，但还是遵循了一定的市场供求原则，唐王朝对于马匹的需求量大且比较迫切，其在购买马匹的过程中提高价格，是由马匹这种商品的稀缺性决定的，即主要基于维护政权稳定的考虑与保证战争的供给。不仅唐朝有这一方面的强烈需求，吐蕃同样有与唐朝进行商贸活动的渴望，如“吐蕃请于凤翔交马”[③] 之类的要求，在整个吐蕃时代并非个案。唐宪宗元和五年（810 年），在唐蕃关系比较正常的形势下，吐蕃“自是朝贡岁入。又款陇州塞，丐互市，诏可”[④]。这里的互市主要是吐蕃的马匹及其畜牧加工产品与农耕地区的农产品及纺织品等手工业品之间的贸易，这种互补型贸易对贸易双方有比较强的吸引力。

当时唐蕃之间的这种贸易，除了购买吐蕃大量的马匹外，畜牧加工品也是唐朝购买的主要商品之一。这一方面的记载比较多，这里从略。

三　吐蕃与内地农耕民族的互市贸易

随着唐蕃贸易的不断发展，二者之间逐渐兴起了互市贸易，且发展势头

---

① 参见魏明孔《西北民族贸易研究——以茶马互市为中心》，中国藏学出版社，2003，第 8 页。

② （宋）司马光：《资治通鉴》卷 214，唐玄宗天宝五年（746 年）正月条。

③ 王茂元：《奏吐蕃交马事宜状》，载《全唐文》卷 684。

④ 《新唐书》卷 216 下《吐蕃传》（下）。

迅猛，逐渐成为当时唐蕃民族贸易最重要的内容之一，也是吐蕃与周边兄弟民族进行经贸活动的主要内容。互市在历史上又被称为交市、合市等。在吐蕃与唐朝的商贸交往中，既有数量可观的由官府组织的互市贸易，也有民间根据实际需要而不定期进行的互市贸易。

前文已提及，从唐初到唐武宗会昌二年（842 年），吐蕃入唐的使团达百余次之多，而唐朝入吐蕃的使臣也不少于 50 次，尽管当时其主要任务是和亲、朝贺、送僧、告哀、修好、吊祭、会盟、封赠、求匠、朝贡等，但是也不可否认其带有购买货物的任务，应该说互市是基本目的之一。正因为如此，唐代人在判文中就有关于吐蕃互市的记载①。唐玄宗开元十五年（727 年）九月，史书有如下记载：

> 突厥毗伽可汗遣其大臣梅禄啜入贡。吐蕃之寇瓜州也，遣毗伽书，欲与之俱入寇，毗伽并献其书。上嘉之，听于西受降城为互市，每岁赉缣帛数十万匹就市戎马，以助军旅，且为监牧之种，由是国马益壮焉。②

可见，互市已经成为当时民族交往中必不可少的内容之一，贸易内容均是双方最需要的商品。当时唐朝每年以数十万批纺织品来购买马匹，其互市的规模是比较大的。

在论及吐蕃互市时，《新唐书》记载唐玄宗时的史料非常典型：

> 吐蕃又请交马于赤岭，互市于甘松岭。宰相裴光庭曰："甘松中国阻，不如许赤岭。"乃听以赤岭为界，表以大碑，刻约其上。……明年，上宝器数百具，制冶诡殊，诏置提象门示群臣。③

---

① 参见张鷟《鸿胪寺中吐（土）蕃使人素知物情慕此处绫锦及弓箭等物请市未知可否》："鸿胪寺中吐（土）蕃使人素知物情，慕此处绫锦及弓箭等物，请市，未知可否？"判："——听其市取，实可威于远夷；任以私收，不足损于中国。宜其顺性，勿阻蕃情。"

② （宋）司马光：《资治通鉴》卷 213，唐玄宗开元十五年（727）九月条。

③ 《新唐书》卷 216 上《吐蕃传》（上）。

对此，《资治通鉴》是如此记载的：开元十九年（731 年）九月辛未，“吐蕃遣其相论尚它硉入见，请于赤岭为互市。许之”①。这一次是吐蕃主动要求与唐朝划界互市的，吐蕃提出于赤岭（今青海湖东岸日月山）交马，互市于甘松岭（今四川松潘县）。唐朝中央政府则批准交马和互市的地点均在赤岭。这一时期互市的内容也更加丰富，其中包括吐蕃大量需要而在唐朝生产的茶叶，当时运往青藏高原的茶叶主要来自邻近的今四川和陕西汉中及甘肃陇南地区，这标志着吐蕃与唐朝的茶马互市由此正式开始。② 唐宪宗元和十年（815 年），“吐蕃款陇州塞，请互市，许之”③。与吐蕃接壤地区进行互市，是吐蕃自始至终的愿望，尽管互市有时会因战争而受到影响，但也只是官方的互市受到影响而已，民间的互市却不会因此而中断。马匹对于中原王朝来说是非常重要的军事装备和交通运输工具，而“茶之为物，西戎吐蕃，古今皆仰给之，以其腥肉之食，非茶不消，青稞之热，非茶不解，故不能不赖于此”④。这样的评论是符合吐蕃时期实际情况的，因此互市对于吐蕃和唐朝政府来说，均是具有不可小觑的经济效益和社会效益的商业活动，是一种互惠互利的商业行为。

唐代以丝绸为主要纺织品，是吐蕃民众非常看重的消费品，由内地生产的丝绸等纺织品不但在吐蕃成为畅销商品，而且出现了专门经营丝绸等纺织品的吐蕃商人。与此同时，还出现了以贩运丝绸等纺织品的商道。吐蕃逻些城出现了专门经营丝绸的市场，甚至有克什米尔商人在这里从事转口贸易。⑤ 吐蕃丝绸贸易以唐蕃官方往来的通道和青藏道为主道。同时，吐蕃征服川西地区诸羌部落后，“岁督丝絮”，使川藏道的丝

---

① （宋）司马光：《资治通鉴》卷 213，唐玄宗开元十九年（731）九月条。

② 参见中国大百科全书总编辑委员会《经济学》编辑委员会《中国大百科全书·经济学Ⅰ·茶马互市》，中国大百科全书出版社，1988，第 52 页；魏明孔《西北民族贸易研究——以茶马互市为中心》，第 9 页。

③ （宋）司马光：《资治通鉴》卷 239，唐宪宗元和十年（815 年）十一月条。

④ （明）王廷相：《王氏家藏集》卷 2《严茶（蜀茶）》，载《明经世文编》卷 149。

⑤ （元）萨迦·索南坚赞著，陈庆英、仁庆扎西译注《王统世系明鉴》，第 203 页。

绸贸易更加活跃。同时在这些商道上运输的商品还有茶叶等①。另外，著名的“滇藏道”就是吐蕃与南诏之间以丝绸为主要商品的贸易交通路线。②吐蕃的商业网络也不断扩大，商品内容在逐渐丰富，交换频率与日俱增。当然，这只是一种大的趋势，受战争等因素的制约与影响，吐蕃与内地的商品交换并非一帆风顺，而是多有波折。

四　吐蕃统辖下河湟、河西等地区的商品贸易

随着吐蕃内部的统一，其势力也不断加强，先后占领了西北、西南乃至西域的部分地区，吐蕃在这些占领区的商品贸易与其本土的商品贸易有较大的差异，同时这些地区的商品贸易既受传统的影响，也有吐蕃统治的痕迹，具有鲜明的特色。下面就史书记载并结合考古发现的文书，对吐蕃占领下部分地区的商品贸易情况略予论述。

在吐蕃占领河西时期，沙州汉藏曾经进行商业贸易，其中唐宪宗时城守者“出绫一端募麦一斗，应者甚众”③，虽然属于纺织品与农产品之间的物物交换，却不可否认当时这里的商品经济活动存在一定的环境和条件。吐蕃占领河西等地时物物交换相对盛行的史实，在吐蕃简牍中多有反映。如吐蕃简牍中就有这样的记载：

> 答应交与色达村之羊款：交绮穷二升粮，吉那一升，绮穷又一升，居士二升半。彭列半升，多荣保沙弥一升，粟特人五升。④

这里的羊款交付者多达 8 人次，均交付的是粮食；再从全部的羊款合计一斗三升的数量来看，有可能仅是一只羊而已，甚至可以初步断定这只羊并不肥大。在吐蕃占领了敦煌地区后，比较大型的民间买卖是有文书的，如

---

① 参见张云《唐代吐蕃史与西北民族史研究》，第 151～152 页。

② （唐）樊绰著、赵吕甫校释《云南志校释》，第 68、258～259、284 页。

③ 《新唐书》卷 216 下《吐蕃传》（下）。

④ 王尧、陈践编著《吐蕃简牍综录 · 吐蕃简牍综录本文 · 汉文译文及考释 · 地名》，第 61 页。

伯·4083《唐清奴买牛契》[①] 略云：

丁年正月十一日通颊百姓唐清奴，为缘家中欠少牛畜，遂于同乡百姓杨忽律元面上，买伍岁耕牛壹头，断作价值生绢一匹，长三丈柒尺。其牛价当日交相分讫为定，用（中缺）

时不还者□□

为后凭，其绢□限□□□至　　　　还若

年十月利□□

买牛人唐清奴（押）

买牛人男定山（押）

知见人宋介子（押）

按“通颊”是吐蕃 mthong-Khyab 的音译，“通颊百姓”即吐蕃官员管辖的汉蕃杂处的部落民众。[②] 这份文书之所以非常重要，是因为其说明了吐蕃占领时期的敦煌等地区的商品买卖还在正常进行，诸如购买牛这种大型动产时，买卖双方都比较重视，所写的文书内容包括购买耕牛的原因、耕牛口齿、耕牛的价格、买耕牛绢的规格、双方交货的时间、签协议的时间、买耕牛人和证人的签名画押等。从买卖双方以绢购买耕牛来看，当时这里依然是以农业和家庭副业手工业为基本的生产方式。换言之，在吐蕃占领的敦煌等地，农业和家庭副业手工业仍然比较发达。再从“买牛人”系 2 人而非 1 人的情况来看，在某些时候对于牛这样的大型动产来说，是由一家以上的合伙者共同完成的，农户的经济实力比较弱。从这里也可以看出，在吐蕃占领下河西地区的物物交换是比较普遍的[③]。吐蕃占领时期比较正规的契约文书的格式包括物品名称、数量或重量、借贷双方的姓名、证人姓名等，并且借

① 转引自王尧、陈践编著《吐蕃简牍综录·吐蕃简牍综录本文·汉文译文及考释·经济》，第 25～26 页。

② 同上书，第 26 页。

③ 这一方面的记载比较多，另外如王尧、陈践编著《吐蕃简牍综录·吐蕃简牍综录本文·汉文译文及考释·经济》，第 33、34 页等处也有这样的例子。

贷双方及证人签字画押后方具有法律效应。① 显然当时这里的借贷关系已经比较成熟，反映了商品货币关系的历史继承性。

五　吐蕃时期日常生活、生产中的商品经济

从整体上看，吐蕃尚属于奴隶制社会，但是与其接壤的一些政权已经进入比较成熟的封建社会阶段，后者商品经济比较发达，这对吐蕃本土的社会经济和生活产生了相当大的影响。从吐蕃的历史资料可以看出在吐蕃时期本土的经济生活中，已经存在一定的商品经济的因素。

据记载，松赞干布时期吐蕃就已经形成了八大市场，其中上部大集市 3 个，分别是勃律王土、突厥、泥婆罗；下部大集市 3 个，依次是葛逻禄、绒绒、邓麻；中部集市两处，包括东董（东）等。由于吐蕃特殊的地理环境，这些集市往往位于山口或关隘地带，即山路的交汇点，八大市场也通常被解释为八大山口。其中没庐王赤松杰达囊分管东方丝帛山口，桂赤登帕玛分管南方米和糜子山口，没庐穷萨沃玛分管西部蔗糖和染料山口，琼波布当分管北方盐和犏牛山口。② 在四大山口又各设一个小山口，合为八大山口③。吐蕃时期商品贸易具有一定规模，且形成了一定的网络，由此可见一斑。

从“于阗城备鲜肉银九两”④ 的吐蕃简牍中可以判断，以银作为购买商品的货币，在当时是没有什么疑义的。正因为如此，下面的记载弥足珍贵：

> ……赔偿一头怀孕母驴银四两；一头公驴银三两；一头小驴银二

---

① 王尧、陈践编著《吐蕃简牍综录·吐蕃简牍综录本文·汉文译文及考释·经济》，第 42 页记载吐蕃简牍就是其中典型的格式：“这团毛线已在‘乞力德’前过秤，有十五两多，我按了指印交与‘乞力德’。证人拉乡部落之……等盖章。‘乞力德’也特地按了指印。”

② 弟吴贤者：《广本弟吴宗教源流》，西藏人民出版社，1987，第 164 页。按张云先生考证，中部集市中的“东东”有误，当为东董，参见张云《唐代吐蕃史与西北民族史研究》，第 154 页。

③ 张云：《唐代吐蕃史与西北民族史研究》，第 155 页。按张云先生认为“四大山口又分设四小山口，合为八个山口”之“四个小山口”为“一个小山口”之误。笔者从张云说。

④ 王尧、陈践编著《吐蕃简牍综录·吐蕃简牍综录本文·汉文译文及考释·文书》，第 69 页。

两；雇用一天，付粮食一升，（如不付粮）也可折作户差。江则地方之赔偿费与上相同，雇毛驴钱为半克。[①]

从这枚吐蕃简牍文书可以看出，这是当时官府所支付的赔偿和雇工的费用，而这种情况与唐代内地直接生产者人身依附关系相对减轻情况下的和雇基本一致[②]。在吐蕃简牍中，也存在用银子购买毛绳的记载："毛绳之价钱银子二两。"[③] 同时，"饷银"[④] 的出现，说明在吐蕃占领地区尤其在西域地区，也在一定范围内用银作为货币。特别值得一提的是，在吐蕃占领的地区，买卖牛等动产是有比较规范的契约文书的，如《吐番未年（八〇三?）敦煌尼明相卖牛契》[⑤]《吐番寅年（八二二?）敦煌令狐宠宠卖牛契》[⑥]。另外也有以牲畜进行交换的文书，如《寅年（八二二?）常住易牛契》[⑦] 等。

一定时期内，吐蕃也向其辖区内的居民征收金税。如猴年（唐中宗景龙二年，即 708 年），吐蕃多麦之议事会决定"对平民征收大量金税"[⑧]。

吐蕃时期的"食盐"[⑨]，无疑是人们生活中的必需品。因食盐的生产和运输受到诸多条件的限制，在吐蕃统治区域内，用民族特产换取珍贵的食盐，是当时吐蕃商业贸易的一个基本内容。我们从"尚经商赚盈利，以盐换酥油，挣二……"[⑩] 的记载中可以看出，这是一种有厚利可图的生意。只是这一方面的资料比较少见，具体情况还有待于以后的深

① 王尧、陈践编著《吐蕃简牍综录·吐蕃简牍综录本文·汉文译文及考释·文书》，第 71 页。

② 金宝祥：《唐史探赜》，《西北师院学报》1986 年第 2 期。

③ 王尧、陈践编著《吐蕃简牍综录·吐蕃简牍综录本文·汉文译文及考释·经济》，第 40 页。

④ 同上书，第 68 页。

⑤ 《敦煌资料》第一辑，第 295～296 页。

⑥ 同上书，第 290～291 页。

⑦ 同上书，第 292 页。

⑧ 黄布凡、马德：《敦煌藏文吐蕃史文献译注·编年史》，第 47 页。

⑨ 黄布凡、马德：《敦煌藏文吐蕃史文献译注·钦陵赞婆与王孝杰之论战》，第 272 页。

⑩ 王尧、陈践编著《吐蕃简牍综录·吐蕃简牍综录本文·汉文译文及考释·经济》，第 43 页。

入研究。

作为吐蕃牧区主要御寒的服装之一——皮袄，有时候也被作为商品出售：

> 请售予羊皮袄，要价多少照数献上。[①]

吐蕃占领了河西、陇右地区后，在民间宗教活动中租用马匹之类的交通工具，按规定是要支付一定费用的。[②]

另外，吐蕃简牍中“一百二十二个雇工，每人三满瓢酒”的报酬反映了当时在河西等地存在雇佣关系，有时候雇佣人数还相当可观，吐蕃本土的奴隶制统治没有也不可能在农耕地区通行，这是不以人的意志为转移的客观经济规律。

在吐蕃占领地区，尽管商品交换中比较常见的是物物交换，但是这并不排除当时依然存在货币交换的现象，钱币和贵金属在经济交往中也有一定的市场。吐蕃简牍中的“青稞七十五克，绢缯千匹，白银九百两，金子六百两，酥油……，念之花朵，氆氇”[③] 等记载，说明在军库或地方官库中，金银作为财富贮存还是比较重要的。另外，在宗教活动中，按照信徒相应的职务、地位、摊派物品中名叫噶尔道“金币一枚”[④] 的吐蕃简牍资料可知，河西等地区是通行各种钱币的区域。“河西诸郡，或用西域金银之钱，而官不禁”[⑤]，虽然是南北朝时期的情形，而在吐蕃统治河西地区时期，这里依然保持着国际贸易的特色，这是应该引起我们高度

---

① 王尧、陈践编著《吐蕃简牍综录·吐蕃简牍综录本文·汉文译文及考释·文书》，第 68 页。

② 王尧、陈践编著《吐蕃简牍综录·吐蕃简牍综录本文·汉文译文及考释·宗教》，第 72 页记载：“猴年，祭祀之酒及雇白马费用（指谷物）运至……”

③ 王尧、陈践编著《吐蕃简牍综录·吐蕃简牍综录本文·汉文译文及考释·经济》，第 43 页。

④ 王尧、陈践编著《吐蕃简牍综录·吐蕃简牍综录本文·汉文译文及考释·宗教》，第 73 页。

⑤《隋书》卷 24《食货志》。另参见（宋）司马光《资治通鉴》卷 175，陈宣帝太建十三年（581 年）六月条，胡三省注文。

重视的现象。

另外，吐蕃在与今云南地区南诏之间的商品交换，也是值得注意的。南诏永昌西北的大雪山，“往往有吐蕃至赕货易，云此山有路，去赞普牙帐不远”[①]。“铁桥接吐蕃界，三千、二千口将来博易。”[②] 这说明吐蕃与周边其他地区的贸易活动比较活跃，且相互影响。

借贷这种经济活动，也在吐蕃普遍存在。“按期还债”[③] 是松赞干布时期法律规定的基本内容之一，体现了吐蕃政权从法律的角度保护私有产权即奴隶主贵族财富的实质，当然这有利于经济秩序的维持。吐蕃统治下的河湟、陇右地区，借贷关系比较普遍，从已发现的吐蕃简牍来看，借贷的内容主要包括粮食、生产工具、纺织品和牲畜等实物[④]，货币形式的借贷并不多见。除此之外，当时吐蕃简牍中反映的借贷，一般属于居民内部互通有无来调剂生活和生产的性质，有时有利息，有时则没有利息。即使有利息，利率也不尽相同，这取决于借贷双方的具体约定。但是对于归还日期，借贷双方在文书中规定得比较严格，对过期不还的处罚是相当严厉的。这反映了吐蕃统治下该地区社会经济即商品经济存在而又欠发达的事实。在当时的简牍中，有这样的文书：

> ……所交付之中，优质青稞……克。……青稞一克半，秋季还清。彼时……所给，以记录本上写有文字和盖有印章……秋季还清。青稞……，六个部落。[⑤]

借贷文书上记录着借贷双方具体契约的内容：借贷物（青稞）等级、借贷物数量、归还日期、文书书写者和借贷双方签字画押等。但是从借贷契约内容上看不出借贷青稞的利息。这不是没有利息，而可能是当时当地的借

---

① （唐）樊绰：《蛮书》卷2《山川江源》，中华书局，1985，第8页。

② （唐）樊绰：《蛮书》卷7《云南管内物产》，第35页。

③ （元）萨迦·索南坚赞著，陈庆英、仁庆扎西译注《王统世系明鉴》，第61页。

④ 王尧、陈践编著《吐蕃简牍综录·吐蕃简牍综录本文·汉文译文及考释·经济》，第39～41页。

⑤ 同上书，第40页。

贷利息率是约定俗成的，即使在契约文书上没有注明也不妨碍其具体执行。还有一种可能是，借贷双方对于利息率有另外的约定，用今天的话说就是会有一个补充规定或口头约定。

再如另一简牍上的借贷契约：

> 若不便于办理，可让保人在上面捺指印。寻一借口，你能借多少就借多少，照口粮标准借给。恩穷和卓赞所交之若干赋税粮食，往牧区送七克（粮食），作割草费。余下的（粮食）有小米都换成小米，没有小米，……交与可靠人登记，妥为保存。毛绳之价钱银子二两，请慎重交与列列，此次请捎来给我。①

这一文书的内容除了前面提及者外，还有保人，从前后文内容来看，似乎是在向官府借粮食而非民间借贷，但还是看不出还贷时的利息，而从口粮标准作为贷的数量依据来看，可能主要是考虑到借贷者的偿还能力，同时也有一定的救济因素在内，即将能够基本满足借贷者的最低粮食消费量作为借贷粮食的标准。除此之外，从中也可看出毛绳的价格以银两计，从一个侧面反映了纺织品的商品信息。

下面的这则记载是有利息的：

> 大尚论……一满升……夏达囊青稞……三，每克按四升……。②

因为简牍内容不完整，我们今天已经看不出偿还借贷的具体期限，而这里规定的 4 升/克的利率大概是没有什么疑义的。

在吐蕃简牍反映的借贷文书中，还有租借土地和种子的情况，这是比较典型的租佃关系：

---

① 王尧、陈践编著《吐蕃简牍综录·吐蕃简牍综录本文·汉文译文及考释·经济》，第 40 页。

② 同上。

> ……请求租农田，借种子，信中未允，并说："以去年所借走种子延期归还，作为当年所借。"①

这是一份非常重要的租佃土地的文书，反映了少地者或无地者向地主租佃土地的请求，这种经营方式代表了我国中古社会农业发展的主要方向，在经济发达地区尤其如此，说明在吐蕃占领地区仍然保留着原来比较成熟的生产方式。另外，文书中反映的延期归还借贷，是要经过债权人同意的；而这种"延期归还"的种子，"作为当年所借"是按照"去年"的利率计算的。

第六节 吐蕃时期的税收、赋役和财政

7世纪初，青藏高原西南部即今西藏地区已经完成了向阶级社会的过渡。松赞干布最后平定内争，逐渐统一了分散在青藏高原上的诸多部落，以逻些城为中心，建立了新兴的奴隶制政权——吐蕃王朝。吐蕃在松赞干布时期制定了20部维护奴隶制的法律，松赞干布和大臣都在上面盖印，以表重视。法律对私有财产不遗余力地进行保护，规定"对盗窃的人罚赔八倍，连同原物共为九倍"。对私有财产侵犯者的处罚达到了严酷的程度。吐蕃法律要求债务人必须"按期还债"②，因此可见，吐蕃时期已经有了一系列比较完整、系统的税收、赋役和财政制度。由此也应该看出，吐蕃不同时期的财政、税收和赋役的内容不尽相同，同时吐蕃本土与吐蕃占领西南、西北地区的税收和赋役制度也存在比较大的差异。

一 税收

税收是政府凭借国家政权，为实现其社会职能，满足社会公共需要尤其

---

① 王尧、陈践编著《吐蕃简牍综录·吐蕃简牍综录本文·汉文译文及考释·经济》，第41页。

② （元）萨迦·索南坚赞著，陈庆英、仁庆扎西译注《王统世系明鉴》，第61页。

是统治者需求而参与社会总产品的分配与再分配，以取得财政收入的经济活动与经济关系。税收在阶级社会具有强制性、规范性和周期性的特点[①]，吐蕃时期的税收也同样如此，但是其变通性或随意性比较明显。前引《敦煌本吐蕃历史文书》等史料中有征收农田赋税方面比较详细的记载，可作为讨论吐蕃时期税收的基本史料。

土地税是包括牧区在内的传统社会最基本的税收种类，这在吐蕃时期得到了充分印证。狗年（武则天垂拱二年，即686年）：

冬（会）于扎玛塘召开，定香以下（地区）之田地赋税。[②]

猪年（武则天垂拱三年，即687年）：

冬，定大藏之田地赋税。[③]

虎年（武则天天授元年，即690年）：

噶尔·郑赞藏敦与巴匝卜·结赞通木布二人定夭如之农田赋税。[④]

兔年（武则天天授二年，即691年）：

赞普驻年噶尔。夏会原于色乌修召开，因王赴会，迁至查那，统计田地赋税及断嗣（户数）。[⑤]

田地赋税是吐蕃政府不遗余力所征的重要税种。

① 参见刘树成主编《现代经济辞典》，凤凰出版社、江苏人民出版社，2004，第957页。
② 黄布凡、马德：《敦煌藏文吐蕃史文献译注·编年史》，第43页。
③ 同上书，第43页。
④ 同上书，第43～44页。
⑤ 同上书，第44页。

对吐蕃来说，对牲畜及其产品征税也是比较重要的。牛年（唐高宗永徽四年，即653年），“赞普驻年噶尔。大论东赞于佑地定牛腿税。达延莽布支征收田赋”[①]。当时的税收主要根据畜牧业生产和农业生产而定，从这可以看出畜牧业和农业是当时国民经济中的主要生产部门。有时是根据需要确定税收的重点，如龙年（唐高宗显庆元年，即656年）“赞普驻美尔格，大论东赞于匝木地区之玛尔定大量肉税”[②]。不管“牛腿税”还是“肉税”，实际上均征收的是畜牧业税，系畜牧业税之一种。

马年（唐高宗永淳元年，即682年），“‘仲巴’洛·郑布结松木色于年噶尔奉献醇酒”[③]。实际上这也是向王室上缴的酒税，属于当时税收之一种。

马年（唐玄宗开元六年，即718年），“（议定）征收三‘如’（直属）王室之田地赋税及草料税”[④]。征收的赋税中包括草料税，是吐蕃畜牧业经济在当时占主导地位的体现。羊年（唐玄宗开元七年，即719年），“召集夏会，征收三‘如’（直属）王室之田地赋税及草料税。……招收象雄与玛尔之青壮丁。……定大藏王室田亩之赋税”[⑤]。猴年（唐玄宗开元八年，即720年），“招收大藏王室田地之赋税。……征派马料”[⑥]。狗年（唐玄宗开元二十二年，即734年），“议事会于朵地召开，征集吐谷浑之青壮丁”[⑦]。狗年（唐玄宗天宝五年，即746年），“制定管理四‘如’农牧区之法令，征收已派定之所有奴户之赋税”[⑧]。“草料税”往往是作为土地的附属税种而被征收的，这是牧区特有的税种。

根据实际情况，有时候吐蕃也有“严令减轻黔首平民欠交之赋税”[⑨]的规定，尽管这样的规定在吐蕃史料中是比较少见的，却反映出吐蕃对地方苛

---

① 黄布凡、马德：《敦煌藏文吐蕃史文献译注·编年史》，第39页。

② 同上书，第39～40页。

③ 同上书，第39页。

④ 同上书，第49页。

⑤ 同上。

⑥ 同上。

⑦ 同上书，第52页。

⑧ 同上书，第55页。

⑨ 同上书，第54页。

政一定程度上的限制。

作为当时以军事掠夺为主要手段的强大部族，吐蕃在被征服的广袤地区“对外征派天下其它国王之赋税，收编诸小邦为属民”[①]。吐蕃在征服突厥等部族后“征其赋税”[②]，后来又“夺取六诏之疆土，征白蛮之赋税，收乌蛮为属民”[③]，“招服于阗为属邦”后便对其“征派赋税”[④]。作为征服者，吐蕃对其占领地区的税收一般既保持着吐蕃的特点，又保留着一定的当地传统与习俗。

在吐蕃占领地区，尽管作为统治民族的吐蕃对度量衡是有具体规定的，但是往往与本地传统的度量衡并行使用，如吐蕃简牍文书中所言“我等于阗人之口粮已往阿玛卡去取，该地如无有，请由此捎五汉升青稞来”[⑤]。既然有“汉升”，也就必然有“吐蕃升”，可见当时当地的经济文化对吐蕃等民族是有直接影响的。

有的时候，吐蕃政府还向其居民征收金税：猴年（唐中宗景龙二年，即 708 年），“多麦之议事会于热达之娘木布召开，对平民征收大量金税”[⑥]。无论如何，这样的金税对于绝大多数居民来说都是沉重的负担。

二　赋役

“差科”在唐代有多种含义，且前后期的变化比较大。[⑦] 而吐蕃统辖时期敦煌文书中多次出现的“差科”，据姜伯勤先生的研究表明，主要是指官府的徭役。[⑧]

---

① 黄布凡、马德：《敦煌藏文吐蕃史文献译注·赤松德赞时代的扩张》，第 294 页。

② 黄布凡、马德：《敦煌藏文吐蕃史文献译注·赤都颂赞干布之事迹》，第 255 页。

③ 同上书，第 255 页。

④ 黄布凡、马德：《敦煌藏文吐蕃史文献译注·赤松德赞时代的扩张》，第 294 页。

⑤ 王尧、陈践编著《吐蕃简牍综录·吐蕃简牍综录本文·汉文译文及考释·文书》，第 67 页。

⑥ 黄布凡、马德：《敦煌藏文吐蕃史文献译注·编年史》，第 47 页。

⑦ 参见金宝祥《唐代封建经济的发展及其矛盾》，《历史教学》1954 年第 5、6 期；王永兴《敦煌唐代差科簿考释》，《历史研究》1957 年第 12 期；陈仲安《试论唐代后期农民的赋役负担》，《武汉大学学报》1979 年第 2 期。

⑧ 姜伯勤：《唐五代敦煌寺户制度》，中华书局，1987，第 84 页。

龙年（武则天长寿元年，即 692 年），吐蕃“定红证征牌册”[①]。猴年（武则天万岁通天元年，即 696 年），“赞蒙芒姆杰招收许多夫役”[②]。羊年（唐玄宗天宝二年，即 743 年），“颁发青壮丁之牌证。冬，行宫驻扎玛尔。于吉·那本招收大批充当‘果’（武士）与‘庸’（军役）之青壮丁”[③]。兵役和力役是吐蕃时期直接生产者的沉重负担之一。

《旧唐书》记载，郭元振曾经上书武则天，“臣揣吐蕃百姓倦徭戍久矣”，非常渴望与唐代“早和”。武则天对此给予了充分肯定。“自是数年间，吐蕃君臣果相猜贰，因诛大将论钦陵。”[④] 吐蕃在当时处于奴隶制阶段，赋税徭役繁重，这是已处于封建经济高度发展的唐代君臣的共同看法。

吐蕃长期进行掠夺性战争，使当地的赋税徭役比较繁重，如曾经来过吐蕃的郭元振就指出“吐蕃百姓疲于徭戍”[⑤]，当是有根据的。尤其在被吐蕃征服的民族地区，更为明显。其中吐蕃管辖下的云南地区就是一个例子：

> 云南有众数十万，吐蕃每入寇，常以云南为前锋，赋敛重数，又夺其险要，立城堡，岁征兵助防，云南苦之。[⑥]

唐德宗时宰相李泌就对皇帝讲过吐蕃与云南的关系：

> 云南自汉以来臣属中国，杨国忠无故扰之使叛，臣于吐蕃，苦于吐蕃赋役重，未尝一日不思复为唐臣也。[⑦]

可见赋役繁重是吐蕃统治下云南广大民众与吐蕃矛盾的关键所在。

松赞干布时期“平民黔首贵贱平等，轻徭薄赋，安居乐业，逸度春

---

① 黄布凡、马德：《敦煌藏文吐蕃史文献译注·编年史》，第 44 页。
② 同上书，第 45 页。
③ 同上书，第 53 ~ 54 页。
④ 《旧唐书》卷 97《郭元振传》。
⑤ （宋）司马光：《资治通鉴》卷 205，武则天万岁通天元年（696 年）九月条。
⑥ （宋）司马光：《资治通鉴》卷 232，唐德宗贞元三年（787 年）正月条。
⑦ 同上书，唐德宗贞元三年（787 年）八月条。

秋”，成为吐蕃后世向往的理想社会，[①] 这也从一个角度说明了吐蕃时期百姓的赋役负担是相当繁重的。

三　财政

财政收支是一个政权的职能体现与正常运转的基本前提之一，是维持正常社会秩序的必要条件，而财政收支官吏在其中扮演着重要角色，系政府财政收支的具体执行者和落实者。吐蕃统治时期的财政度支官员是“岸奔”，即藏文“mngan-pon”。这主要见于《唐蕃会盟碑》，同时，这样的财政度支官号也散见于《敦煌本吐蕃历史文书》《敦煌简牍综录》[②] 等史料。

保证正常生产活动的进行以及各种配套措施，是吐蕃获得赋税徭役的必要条件，吐蕃政府自始至终就对此比较重视。如吐蕃狗年（唐玄宗天宝五年，即746年）就有如下规定：

> 制定治理四“如”农牧区之法令。赞普下令，对“东岱”（千部）中垦荒之赋民，另行对待，大论以下（官员）均起誓，严令减轻黔首平民欠交之赋税。[③]

吐蕃对于农牧区的赋税征收有一定的规定，而“减轻”平民欠交的赋税，也从一个侧面说明了当时的赋税负担是相当沉重的。猴年（唐玄宗天宝三年，即744年）：

> 制定管理四“如之法令”。[④]

兔年（唐代宗广德元年，即763年）：

---

① 黄布凡、马德：《敦煌藏文吐蕃史文献译注·颂赞干布灭象雄》，第231页。

② 王尧：《吐蕃金石录·唐蕃会盟碑·考释》，第52页。

③ 黄布凡、马德：《敦煌藏文吐蕃史文献译注·编年史》，第54页。

④ 同上。

> 严木久与达炯蒋（桑）自赞普行宫往瓜州城时，与自该城前往甘州之唐人博高德相遇，谈话如下：吐蕃派军在此驻扎以往有约，今后虽履约亦有不宣处，对吐蕃人马差役今后应制订供食之法。[①]

这就保证了在吐蕃占领时期，凡为吐蕃贵族和军事服务的各族服役者，需由吐蕃统治者为其提供必要的食品等生活必需品，使应役者在服役期间的生活有了一定保障，同时也提高了应役者的工作效率。

吐蕃作为奴隶制政权，王室的正常开支是财政支出的基本内容，尽管其生产力比较低下，但相对而言，王室消费是具有充分保证的有效需求。这样，王室的开支就成为当时一年一度的财政统计的主要内容之一。如狗年（唐玄宗开元十年，即722年）：

> 冬会由大论赤松杰于卡扎召开，统计王室之收支盈亏。[②]

再如虎年（唐玄宗开元二十六年，即738年）：

> 赞普行宫夏季驻于准地，没收资财。冬，行宫驻扎玛尔。冬会于扎之禽园与九廓之德乌城堡召开，统计资财，收复玛次宫堡。[③]

这样的记载是比较多的，仅从上面列举的材料中可以看出，王室收支对于吐蕃奴隶制政权来说显得相当重要。吐蕃“统计王室收支”“统计资财”等重大经济活动，一般是在“冬会”上进行的。有时“统计各‘岸’之户数’”也是冬会的主要内容之一。[④] 冬会对于吐蕃来说是非常重要的经济会议，并确定财政收支、户口统计情况等重大经济活动，每年在冬季举行一次。在冬季举行吐蕃王室的经济会议，主要是由两个基本原因决定

① 黄布凡、马德：《敦煌藏文吐蕃史文献译注·编年史》，第57~58页。
② 同上书，第50页。
③ 同上书，第53页。
④ 同上书，第49页。

的：一是冬天正是农牧业经济的休闲时节，对于各级管理者来说可以有比较集中的时间来总结、核算当年的经济状况并安排来年的生产；二是冬天对于以农牧业经济收入为主的吐蕃来说，一年的收支已经成为定数，这样便于分配。

吐蕃王室的收支取决于其辖区的经济收入状况，因此吐蕃政府对于整个区域的经济收支状况是非常重视的。猴年（唐肃宗至德元年，即756年），“结算朗氏与末氏之财产”[①]。狗年（唐肃宗乾元元年，即758年），“统计各地物资。……清点物资”[②]。而这些正是吐蕃王室及其地方政府编制支出的前提条件。

第七节　吐蕃时期的人口

青藏高原人口稀少，即使今天的人口密度也只相当于全国平均水平的1/25左右，劳动力奇缺是吐蕃时期的基本社会问题之一。吐蕃时期对于人口的控制非常严格，其主要表现为：一是采取一系列的户籍管理政策，严格控制劳动力，将其固定在土地、牧地和其他统治者需要的地方；二是采取军事行动，强迫占领区的劳动力成为其劳动力的一部分，或对其他民族的劳动力进行掠夺，以增加人口尤其是劳动力。

大量文献显示，吐蕃时期对于户籍的控制是相当严格的，在政府的有关管理机构中，“大会计官”，即藏文中的“rtsis-pa-chen-po”，是专司账册簿籍的官吏[③]。对人口尤其是劳动人手的统计，是吐蕃赋税徭役征取的基本依据，尤其在地广人稀的情况下，劳动力资源稀缺与土地资源不能充分利用是难以克服的矛盾，故吐蕃各级统治者对其十分重视。在一般情况下，户口统计和国库或王室收入及支出的计划、核算等均在冬天进行；又因属于吐蕃最重要的经济决策，故往往是在吐蕃的最高统治者赞普的亲自主持下进行。另外，由于吐蕃本地劳动力奇缺，再加上吐蕃最高统治者不断通过军事行动扩

① 黄布凡、马德：《敦煌藏文吐蕃史文献译注·编年史》，第55页。

② 同上书，第56页。

③ 王尧：《吐蕃金石录·唐蕃会盟碑·考释》，第52页。

大统辖范围，使服力役和兵役的人手进一步短缺，因而掠夺劳动力成为其发动战争的主要原因之一。

虎年（唐高宗永徽五年，即654年）：

> 赞普驻美尔格。大论东赞于蒙布赛宗召集议事会。区分果（武士）与庸（奴隶）。为大调集首次清查（户口）。[①]

“庸”作为当时最重要的劳动力，“果”作为维持奴隶制政权运行和不断进行掠夺战争的工具，对之区分并认真清查是吐蕃最高决策会议的重要议程。兔年（武则天天授二年，即691年）：

> 赞普驻年噶尔。……冬，于吉之扎玛塘召集（议事会），征集红证军兵丁。[②]

兔年（武则天天授二年，即691年）：

> 赞普驻年噶尔。夏会原于色乌修召开，因王赴会，迁至查那，统计田地赋税及断嗣（户数）。[③]

蛇年（唐玄宗开元五年，即717年）：

> 大论乞力徐于日雅木昔噶尔召集多麦之冬会，统计各“岸”之户数。[④]

鸡年（唐玄宗开元九年，即721年）：

---

① 黄布凡、马德：《敦煌藏文吐蕃史文献译注·编年史》，第42页。
② 同上书，第44页。
③ 同上。
④ 同上书，第49页。

论赤松木杰于卡扎召集议事会，立各岸及大河上下流域之人丁户籍大木牍。[①]

虎年（唐玄宗开元十四年，即726年）：

……动，赞普行宫驻于扎玛尔，发布将八对（十六）“岸”改为四对（八）之合编制度。[②]

龙年（唐玄宗开元十六年，即728年）：

大论炯桑于加尔岭园召集冬会，立八大“岸”合并为四“岸”之人丁户籍木牍。[③]

马年（唐玄宗天宝元年，即742年）：

建立人丁户籍木牍。[④]

每年或隔年举行冬会以统计人口、完善户籍制度，区分奴隶户籍与武士户籍等，是吐蕃最高决策层的重要经济活动之一。

吐蕃时期对于绝嗣户也是比较重视的，因为这关系到户口统计和赋税徭役的征获。吐蕃时期将绝嗣户称为“断嗣户”。这样就有了如前文所引征的兔年（武则天天授二年，即691年），由赞普亲自主持“夏会”，重要议题之一便是“统计”“断嗣”户数。再如鸡年（唐玄宗开元二十一年，即733年），“大论炯桑于来岗园召集（议事会），统计四‘如’之断

① 黄布凡、马德：《敦煌藏文吐蕃史文献译注·编年史》，第49页。
② 同上书，第50～51页。
③ 同上书，第51页。
④ 同上书，第53页。

嗣户数”[①] 的做法。这样的记载还有不少，吐蕃之所以对断嗣户很重视，实际上是因为对劳动力的重视，并及时注销断嗣户，以保持在籍人口数量的准确。

吐蕃时期“定红证征牌册”[②]，虽然主要是为了征收赋税徭役和兵役，但也以户籍为基本依据，能够反映当时人口的基本状况。有时吐蕃最高统治者还命令把红牌证转录在黄纸册上，如猴年（唐玄宗天宝三年，即744 年），“清点各地兵丁之白证。……赞普下令，将红牌证转录于黄纸册上”[③]。可见红牌证对于吐蕃政府来说是非常重要的，是当时政府统计户口和各地居民、士兵的基本依据，故吐蕃政府对此十分重视。

而在吐蕃管辖沙州时期，户籍制度随乡里体制的变化而变化，即户籍已经按照“部落（千户）—将”的体制编制，当时户主对户口变动情况的申请，相当于唐代的“手实”。尽管在吐蕃的管辖之下，沙州地方政府仍然有一系列严密的户籍管理制度[④]。这对于我们理解吐蕃在占领区的户籍管理，很有启发意义。

据史籍记载，在唐玄宗天宝（742～756 年）年间，鄯州及下辖的湟水、龙支、鄯城三县，只有 5389 户[⑤]。若以每户 5 口计算，合计 26000 余人。这对于我们了解吐蕃时期青藏高原的人口及社会经济状况具有重要意义。地广人稀、劳动力奇缺是这里的基本情况。

唐代宗时，吐蕃“入大震关，陷兰、廓、河、鄯、洮、岷、秦、成、渭等州，尽取河西、陇右之地”[⑥]，在一度占领关中地区时，“既立广武王承宏，欲掠城中士、女、百工，整众归国”[⑦]，说明吐蕃对唐朝的知识分子、手工业工匠是有着迫切需求的，同时也说明吐蕃本土的劳动力尤其具有一定技艺的工匠是比较缺乏的。吐蕃时期劳动力奇缺是当时一个非常严峻的问

① 黄布凡、马德：《敦煌藏文吐蕃史文献译注·编年史》，第 52 页。

② 同上书，第 44 页。

③ 同上书，第 54 页。

④ 姜伯勤：《唐五代敦煌寺户制度》，第 44 页。

⑤ （宋）乐史撰、王文楚等点校《太平寰宇记》卷 151，中华书局，2007。

⑥ （宋）司马光：《资治通鉴》卷 223，唐代宗广德元年（763 年）七月条。

⑦ 同上书，唐代宗广德元年（763 年）十月条。

题，因此从唐境内掠夺劳动力便时常发生，如唐代宗永泰元年（765 年），就曾经在内地“大掠男女数万而去，所过焚庐舍，蹂禾稼殆尽”①。不遗余力地增加劳动人手，是吐蕃时期的一项基本对策，其中包括对所征服的其他少数民族的征集和对中原地区劳动力的掠夺。如唐代宗大历八年（773 年）十月，吐蕃与唐军发生冲突，结果唐军大败，“士卒死者什七八，居民为吐蕃所掠千余人”②。吐蕃掠夺的千余唐代居民，主要是为了补充其劳动力，以解决劳动力资源稀缺的问题。像这样的情况时有发生，如大历十年（775 年）吐蕃曾经进扰陇州和普润，“大掠人畜而去，百官往往遣家属出城窜匿”③。唐德宗建中三年（782 年）四月，“吐蕃归向驫日所俘掠兵民八百人”。而据胡三省考证，“自吐蕃陷河、陇，入京师，俘掠唐人，可以数计邪！德宗先归所俘者以怀之，其归向日所俘者，八百人而已”④。吐蕃将俘获的唐人作为劳动力并尽量限制其返回。唐德宗贞元二年（786 年）八月，“吐蕃尚结赞大举寇泾、陇、邠、宁，掠人畜，芟禾稼，西鄙骚然，州县各城守”⑤。唐德宗贞元三年（787 年）八月，攻陷华亭及连云堡后，“吐蕃驱二城之民数千人及邠、泾人畜万计而去，置之弹筝峡西”⑥。贞元四年（788 年）四月，“吐蕃三万余骑寇泾、邠、宁、庆、鄜等州，……吐蕃俘掠人畜万计而去”⑦。贞元八年（792 年）六月，“吐蕃千余骑寇泾州，掠田军千余人而去”⑧。贞元十七年（801 年）七月，“吐蕃陷麟州，杀刺史郭锋，夷其城郭，掠居人及党项部落而去”⑨。如此记载，不胜枚举。

史称在吐蕃占领时期：

---

①（宋）司马光：《资治通鉴》卷 223，唐代宗永泰元年（765 年）九月条。

②（宋）司马光：《资治通鉴》卷 224，唐代宗大历八年（773 年）十月条。

③（宋）司马光：《资治通鉴》卷 225，唐代宗大历十年（775 年）九月条。

④（宋）司马光：《资治通鉴》卷 227，唐德宗建中三年（782 年）二月条。

⑤（宋）司马光：《资治通鉴》卷 232，唐德宗贞元二年（786 年）八月条。

⑥（宋）司马光：《资治通鉴》卷 233，唐德宗贞元三年（787 年）八月条。

⑦ 同上书，唐德宗贞元四年（788 年）四月条。

⑧（宋）司马光：《资治通鉴》卷 234，唐德宗贞元八年（792 年）六月条。按胡三省注曰：“田军，屯田之军也。”

⑨（宋）司马光：《资治通鉴》卷 236，唐德宗贞元十七年（801 年）七月条。

> 自轮瀚海已东，神鸟、敦煌、张掖、酒泉，东至于金城、会宁，东南至于上邽、清水，凡五十郡、六镇、十五军，皆唐人子孙，生为戎奴婢，……近百年。①

生活在这些土地上的唐代的直接生产者及其家属，受到了吐蕃的严格控制，具有了民族奴婢的性质。

不断掠夺劳动力，既有奴隶制政权的一般特征，也有吐蕃境内劳动力奇缺的特殊原因。因此，吐蕃时期的物质文明和精神文明，是包括内地及其他民族在内的多民族共同创造的。

第八节　吐蕃时期的直接生产者

吐蕃时期的直接生产者如果从其所从事的职业类型着眼，一般可分为手工业者、牧民和农民等；若从身份上看，则可分为奴隶和平民两种。吐蕃时期的直接生产者在本土和其占领的西北、云南等地区的差别是比较大的，在其统治本土，生产者主要以奴隶为主，而在西北等占领地区，则基本上维持着当地原来的生产方式。下面只就直接生产者的劳动种类略予叙述。需要指出的是，在吐蕃史料中，要完全区分直接生产者是一件比较困难的事，往往是农业、牧业笼统记载，奴隶生产和平民生产混淆在一起，手工业者、牧民、农民的地位有时不易区分。

一　农牧民

吐蕃时期盛行奴隶制生产，且往往将奴隶作为土地的附属物而一同被赏赐或转让，著名的尚囊歌中就有“划割埃布山岗，封给雅姆作奴户”② 的歌词，正是这种情形的文学反映。

吐蕃统治时期，在河西地区有从事农业生产的佃奴。吐蕃简牍中有

---

① （唐）沈亚之著，肖占鹏、李勃洋校注《沈下贤集校注》卷10《策问并对·贤良方正能直言极谏长庆元年》，南开大学出版社，2003，第223页。

② 黄布凡、马德：《敦煌藏文吐蕃史文献译注·囊日伦赞时代的兼并》，第197页。

“那松之农田佣奴三人，……（领受）农田三突”的记载。据学者王尧和陈践先生考证，“农田佣奴”（Chun-pa），可能就是专门从事农田生产的“佣奴”[①]，这是颇有见地的。如果根据我国传统的土地生产方式，以“佃奴”称呼似乎更加准确，或者说这是俗定约成的。

在吐蕃时期，有将犯有禁令者罚作“佣奴”[②] 的情况。狗年（唐玄宗天宝五年，即746年），“制定管理四‘如’农牧区之法令”，其中有“征收已派定之所有奴户之赋税”[③] 的规定。可见，奴隶从事农业和畜牧业在吐蕃时期是比较普遍的，甚至可以说吐蕃时期不管农业生产还是牧业生产，都以奴隶生产为基本内容。

在吐蕃文献中将社会等级划分为“桂”（rgod）“庸”（g. yung）等。“桂”虽然也是奴隶阶级中的武士阶层，在崇尚武功和英雄的吐蕃时代，武士的地位明显较从事生产和用于贵族家务劳动的奴隶——“庸”的地位高。“区分桂、庸”多次见于《贤者喜宴》《敦煌本吐蕃历史文书·大事纪年》等文献。正因为如此，每当吐蕃发兵时，武士及富室往往有众多的奴仆跟随。[④] 吐蕃社会的奴隶制性质由此可见一斑。

奴隶是吐蕃经济生活中的基本生产者。奴隶在藏语中称为“khol”，这是专门从事农牧业生产的男性奴隶，女性奴隶则称为“khol-mo”。吐蕃时期从事农牧业生产的奴隶，与当时依附于采邑并从事家庭劳动和手工业生产的“bran”是有所差异的。“bran”专门在贵族家中服务，因此又被称为“g·yog”，即听差者或跟班者。吐蕃时期的奴隶，主要来自战争中的俘虏、被征服的部落以及失去生活依靠的自由民等。在《敦煌本吐蕃历史文书》“传记”篇第4节中，就有吐蕃赞普分封勋臣时赏赐奴隶的详细记载。如：

① 王尧、陈践编著《吐蕃简牍综录·吐蕃简牍综录本文·汉文译文及考释·经济》，第29、32、33页。

② 王尧、陈践编著《吐蕃简牍综录·吐蕃简牍综录本文·汉文译文及考释·文书》，第64页。

③ 黄布凡、马德：《敦煌藏文吐蕃史文献译注·编年史》，第55页。

④ 王尧、陈践编著《吐蕃简牍综录·吐蕃简牍综录本文·汉文译文及考释·文书》，第65页。

……后，南木日伦赞亲自分赐勋臣：赏赐娘·曾古者为念·几松之堡寨布瓦及其奴隶一千五百户。赏赐韦·义策者为线氏撒格之土地及墨竹地方奴隶一千五百户。赏赐农·准保者为其长兄农氏一千五百户。赏赐蔡邦·纳森者为温地方孟氏堡寨、奴隶三百户。

据专家研究，这些奴隶是“种族奴隶”或“农业奴隶”，他们有自己的家庭或帐篷，平时也有自己经营的小块土地。[①]

作为有功或被宠信的大臣，其部落可以“世袭承传”，其“子孙后代之奴隶、牧场、草料、园林等项，无论何时，设或断绝后嗣，或因罪置狱，王廷亦不没收，亦不转赐他人”[②]。从这里可以看出，吐蕃时期的奴隶身份世代保持，非特殊情况不得改变。

吐蕃统治时期，在其统辖区内实行奴隶制制度，奴隶主贵族占有“奴隶、土地、牧场、草料、园林”等生产要素。[③]

吐蕃对于俘虏的处置，也能够反映其社会性质。吐蕃王朝晚期，为了解决春夏时节唐蕃边境瘟疫流行，无人愿意戍边的实际问题，“乃是得唐俘，多厚给产，质其孥，故盛夏入边”[④]，即在以唐代俘虏家属为人质的前提下，向充当奴隶的唐朝俘虏提供一定的生产资料，使其在戍守边地时不致逃亡。上述这些做法，使许多奴户或奴隶开始拥有了土地等少量私产，其身份开始具有了农牧的成分，封建农奴制的因素开始在吐蕃社会萌芽。这一点在论述吐蕃社会经济时是非常重要的。

在河西地区还有“专种蔬菜”的佃奴。[⑤] 这在其他吐蕃文献中很少见到，说明吐蕃在占领区保留着原来的生产方式和社会习俗，也说明当时进行了比较明确的农业生产分工。

综上所述，在吐蕃时期土地的直接生产者中既有农业生产者，也有畜

---

① 参见王尧《吐蕃金石录·恩兰·达札路恭纪功碑·考释》，第 87 页。

② 参见王尧《吐蕃金石录·谐拉康碑甲·译文》，第 116 页。

③ 王尧：《吐蕃金石录·恩兰·达札路恭纪功碑·正面译文》，第 83 页。

④ 《新唐书》卷 216《吐蕃传》。

⑤ 王尧、陈践编著《吐蕃简牍综录·吐蕃简牍综录本文·汉文译文及考释·经济》，第 32 页。

牧业生产者，他们是当时吐蕃最重要的生产者。而就从事农牧业生产的直接生产者来说，他们中既有平民，也有数量庞大的奴隶。另外，当时也有诸如从事蔬菜生产的佃农等，所有这些都使吐蕃从事农牧业的生产者类型呈现出多样化的特点。

二　手工业工匠

工匠作为吐蕃时期手工业生产的基本承担者，以其辛勤劳作为吐蕃的物质文明和精神文明做出了积极贡献，同时也丰富了中华民族手工业生产的内容。吐蕃时期工匠的种类比较齐全，仅见于吐蕃简牍和有关敦煌、吐蕃的卷子中的就有塑匠①、木匠②或木工③、石匠④、泥匠⑤、皮匠⑥、车匠（头）⑦、纸匠⑧、酒户⑨、毡匠⑩等。实际上当时吐蕃的手工业工匠远不止这些，而是包括各个行业的方方面面。

据吐蕃简牍文书记载，有时候要给工匠准备一定的酥油、酒等作为其工作报酬，如：

> ……之信。近日，于阗王总管节儿下紧急令：将酥油取来，准备把小堡之木工找来。给阿玛卡之悉诺心儿留下酒与斧头。⑪

---

① 王尧、陈践编著《吐蕃简牍综录·吐蕃简牍综录本文·汉文译文及考释·部落》，第46～47页有“下宗木部落，塑匠俄奈”数语。

② 王尧、陈践编著《吐蕃简牍综录·吐蕃简牍综录本文·汉文译文及考释·文书》，第66页。

③ 同上书，第69页；唐耕耦、陆宏基编《敦煌社会经济文献真迹释录》第二辑，斯542号背《戌年（公元八一八年）六月沙州诸寺丁口车牛役簿》，第382页。

④ （元）萨迦·索南坚赞著，陈庆英、仁庆扎西译注《王统世系明鉴》，第94页。

⑤ 唐耕耦、陆宏基编《敦煌社会经济文献真迹释录》第二辑，斯542号背《戌年（公元八一八年）六月沙州诸寺丁口车牛役簿》，第381页。

⑥ 同上书，第383页。

⑦ 同上。

⑧ 同上书，第388页。

⑨ 同上书，第389页。

⑩ 同上书，第391页。

⑪ 王尧、陈践编著《吐蕃简牍综录·吐蕃简牍综录本文·汉文译文及考释·文书》，第69页。

可见当时有一定手艺的工匠，在吐蕃境内数值有限。工匠在进行生产时，业主会为其提供酒食和必要的生产工具，当然这只是作为其报酬外的额外招待。正因为当时的工匠比较匮乏，才有吐蕃从内地引进工匠，包括酿酒师、碾硙等工匠的记载[①]。不仅如此，吐蕃也不乏向唐代地区掠夺手工业人手的情况，据《旧唐书·崔宁传》记载，吐蕃“戎酋诫其众曰：‘吾要蜀川为东府，凡伎巧之工皆送逻娑，平岁赋一缣而已。’”[②] 另外，《因话录》卷4[③]、《酉阳杂俎·续集》卷7“金刚经鸠异”条等，均记载了吐蕃掠夺劳动力的情况，其中包括大量的手工业生产者。

吐蕃不仅通过各种途径获取唐代内地的工匠，还瞄准了西域等地的工匠。据记载，吐蕃“为本尊建无比吉祥增福之殿，乃自于阗国召请善巧工匠，自尼婆罗国召请塑匠、石匠等”[④]。据《汉藏史集》记载，吐蕃赤都松赞普时期，唐朝曾经派遣能工巧匠在吐蕃生产出连内地也罕见的茶碗[⑤]。

吐蕃时期从内地请来的技艺高超的工匠，对吐蕃手工业水平的提高做出了重要贡献。据《旧唐书》卷196上《吐蕃传》（上）记载，唐高宗即位时（650年），吐蕃“请蚕种及造酒、碾、硙、纸、墨之匠”，这样的请求得到了唐代中央政府的批准。吐蕃从内地得到了包括酿酒师、碾硙石匠和纸匠、墨匠等在内的工匠，他们支援了吐蕃的手工业生产，可见内地工匠对吐蕃手工业经济的影响是相当大的。

就吐蕃时期手工业工匠的身份来说，一般情况下较贵族和官府的畜牧奴隶地位要高一些，但是手工业工匠的身份是比较复杂的，其中有些工种是由奴隶完成的，有些工匠是有一定自由度的平民。因此，对于吐蕃时期手工业工匠的身份不可一概而论。

---

① 《新唐书》卷216上《吐蕃传》（上）。

② 《旧唐书》卷117《崔宁传》。

③ （唐）赵璘：《因话录》卷4，上海古籍出版社，1979年点校本，第96页。

④ （元）萨迦·索南坚赞著，陈庆英、仁庆扎西译注《王统世系明鉴》，第94页。另参见（明）巴卧·祖拉陈瓦著，黄颢、周润年译注《贤者喜宴——吐蕃史译注》，第68页。

⑤ 参见才让《吐蕃社会的手工业》，《西北民族学院学报》1990年第3期。

第九节　吐蕃时期的饮食业

吐蕃时期的饮食业种类非常丰富，既有一般意义上的饮食业，也有独具地方与民族特色的饮食业。下面只就其中对吐蕃居民生活影响颇大的茶饮业、饮酒业、乳制品等食品加工业及制盐业有关方面的情况略做论述。

一　茶饮业

我国具有饮茶的悠久历史。茶树属于亚热带植物，适宜在气候温暖湿润且土地肥沃的地区生长。因受自然条件尤其是气温和地理条件的影响，我国的茶叶生产主要分布于秦岭以及淮河以南的华中、华南和西南地区。中原地区广泛饮用茶叶是在唐代中后期以后①。吐蕃的食物结构以肉类和动物油为主，再加上高原地区天寒不易消化等原因，这里的居民对于茶叶具有消食功能认识得比较清楚，当唐代开始盛行饮茶时，在吐蕃地区也几乎同时兴起饮茶之风。唐代人将茶叶作为饮料已经到了“溺之甚，穷日尽夜，殆成风俗”② 的程度，茶叶已经成为当时人们日常生活中的必需品，与柴米油盐一样不可缺少：“茶为食物，无异米盐，于人所资，远近同俗。既祛竭乏，难舍斯须，田闾之间，嗜好尤切。”③ 这种饮茶风尚不断由内地向周边少数民族地区蔓延④，其中对吐蕃地区的影响颇大。唐玄宗开元（713～741 年）年间，吐蕃与唐在赤岭、陇州等处互市，双方交换的商品主要是马匹、茶叶和绢帛等。《汉藏史集》中有一章专门讲述了茶叶和碗在吐蕃出现的生动故事⑤。陈楠先生认为，撇开故事中小鸟衔神奇树叶为国王治病的美丽传说

---

① 《旧唐书》卷 49《食货志》（下）；《新唐书》卷 54《食货志》四。

② （唐）封演著、赵贞信校注《封氏闻见记校注》卷 6《饮茶》，中华书局，2005。

③ 《旧唐书》卷 173《李珏传》。

④ （唐）封演著、赵贞信校注《封氏闻见记校注》卷 6《饮茶》，唐代饮茶风俗“始自中地，流于塞外”。

⑤ （明）达仓宗巴・班觉桑布：《汉藏史集》，陈庆英译，四川人民出版社，1986，第 172～177 页。

外，可以推想，正是松芒布杰时期征服了诸蛮部才得知茶叶及饮用方法。藏语称茶为“ja”，正符合四川一带古时称茶为“槚”的发音。不仅如此，陈楠先生还认为最早传入吐蕃的茶叶来自今天云南丽江地区。时至今日，在现代藏语中仍然有一个专门词汇“Ijang-ja”，即“绛槚”，意为“纳西茶”①。这对于我们了解吐蕃时期茶叶的传播颇有价值。

唐代中后期，饮茶在吐蕃上层已经比较盛行，他们对茶叶的知识已经掌握得比较全面。唐德宗建中（780～783年）年间，唐朝使臣到达吐蕃后，据唐代人李肇在《唐国史补》卷下记载：

> 常鲁公（常兖）使西蕃，烹茶帐中。赞普问曰：“此为何物？”鲁公曰：“涤烦疗渴，所谓茶也。”赞普曰：“我此亦有。”遂命出之，以指曰：“此寿州者，此舒州者，此顾渚者，此蕲门者，此昌明者，此㴩湖者。”

赞普对茶叶的认识，不比唐代官吏逊色多少，他已经能够道出内地茶叶的具体产地，而且其储存的茶叶基本包括了内地的各种茶叶尤其是名优茶叶。吐蕃上层饮茶之风，由此可见一斑。另外，我们能够从这段记载中看出，流入吐蕃的相当部分的茶叶不是通过官方互市或贡赐贸易获得的，而主要是通过民间交往之途径，因为如果当时官方茶叶互市畅通，赞普也就没有必要在唐代官员面前炫耀自己储存的产于内地的茶叶了。吐蕃时期茶叶首先通过民间途径而非官方途径流通，正与一般的商品流通方向相一致。② 在饮茶方面，唐蕃的友好使者文成公主对吐蕃饮茶所起的积极作用是无法取代的。据《西藏政教鉴·附录》记载，内地首批茶叶是随文成公主进入吐蕃地区的。这虽然与一些记载有所出入，却也说明了文成公主对吐蕃地区茶叶普及贡献巨大。从这一记载中可以看出，茶叶由内地传入吐蕃，是通过多种途径而非一种途径。唐代人陈陶在《陇西行》诗

① 陈楠：《唐、吐蕃与南诏关系研究》，载《民族史研究》第3辑，民族出版社，2002，第60～98页。

② 参见魏明孔《西北民族贸易研究——以茶马互市为中心》，第172页。

中写道：

> 自从贵主和亲后，一半胡风似汉家。①

唐蕃之间的影响一定包括茶叶在内。随着茶叶购买和贩运范围的不断扩大，茶叶终于由奢侈品逐渐演变为日常生活必需品，吐蕃平民“庸”或“坑”中，就包括“汉茶商贩等五官商”②。或曰“经营汉地之茶的茶商（rgya-ja-tshong-pa）等等是为‘五商贾’（tshong-pa-lnga）”③，这很能说明问题。尽管如此，茶叶对于吐蕃地区来说并不容易获得，这里长期流传着“茶贵如银”④ 的说法，这主要是由吐蕃地处青藏高原，交通运输不便造成的。

吐蕃地区盛行饮茶，还与当地奉行佛教有关，因为佛教坐禅者需要饮茶驱困。

随着饮茶之风在吐蕃地区的盛行，茶叶由奢侈品逐渐成为生活必需品，与此相应，人们对于茶具的需求也日益迫切且不断讲究。据《汉藏史集》记载，吐蕃赤都松赞普为了获得饮茶的器具，曾经派遣专门使者向唐朝请求赐予茶碗等。唐朝皇帝当时没有直接满足赞普的具体要求，而是派去了一位能工巧匠。这位工匠到达吐蕃后，利用赞普从内库取出的陶土等原料，因地制宜，制作出连内地也罕见的茶碗。这种茶碗具有口宽、质薄、足短、光滑、精细、有蓝色光泽等特点，系碗中之精品。这位从内地来的工匠制作出的第一口茶碗上绘有吐蕃关于茶叶来源的美好传说，其他的碗则绘有各种动物图案。上等碗上绘有“鸟衔树枝”的图案，中等碗上绘有“鱼戏水”的图案，下等碗上则绘有“鹿在草山”的图案。据说唐朝工匠用不同原料制作出六种不同的瓷器，其中有按赞普要求制作的夏

---

① 陈陶：《陇西行》，载《全唐诗》卷 746。

② 黄布凡、马德：《敦煌藏文吐蕃史文献译注》附录 4《〈贤者喜宴〉节录及译文》，第 382 页。

③（明）巴卧·祖拉陈瓦著，黄颢、周润年译注《贤者喜宴——吐蕃史译注》，第 35 页。

④ 郑度：《中国的青藏高原》，第 236 页。

布瓷（shab tshe）、兰瓷（lan tshe）、祥瓷（zhang tshe）等三种；其他的泰克瓷（theg tshe）、额瓷（nges tshe）和朵瓷（brdo tshe）等属于普通瓷，供赞普以下的达官贵族及富商使用，应该说普通民众还无缘使用这种茶碗。赞普对唐代工匠制作的茶碗非常满意，亲自为每个茶碗起名①。由此可见，藏文中的“tshe”系借助汉语中的“瓷”，随同瓷器及制瓷技术一同传入吐蕃的。吐蕃上层对于茶碗质地的要求，正是其饮茶追求的表现。同时，这也说明吐蕃时期饮茶之风的兴起带动了包括手工业在内的有关产业的发展，其对吐蕃社会经济的影响不可小觑。后来，宝瓶、杯等用具，反而成为吐蕃向唐代朝廷进贡的手工业品②。可见，吐蕃与内地手工业方面的相互影响是一个不争的史实，或者说民族交往中的文化倒流是一种普遍现象。

据专家考证，内地茶叶传入吐蕃，主要经由青藏道和川藏道，后者尤为重要。③ 另外，甘肃等地也是内地茶叶进入吐蕃的途径之一。

二　酿酒业

我国饮酒历史悠久，各民族均有酿酒和饮酒的历史，青藏高原也不例外。早在隋唐时，吐蕃人“实羹酪并食之，手捧酒浆以饮”④，党项人也“求大麦于他界，酝以为酒”⑤，这说明吐蕃人和党项人已经比较娴熟地掌握了酿酒技术。吐蕃在松赞干布时期就制定了有关酿酒及饮酒的法律，其中规定“酒食有节”⑥，从一个侧面说明了其饮酒的盛况。再如吐蕃鄯州节度使婢婢就曾经“遣使以金、帛、牛、酒犒师”⑦。吐蕃在河西地区驻军时“马、麦、酒录入木牍中，……有北路驿传马匹”⑧，同样说明酒在军队中是比较

① 参见才让《吐蕃社会的手工业》，《西北民族学院学报》1990年第3期；张云《唐代吐蕃史与西北民族史研究》，中国藏学出版社，2004，第151页。

② 《新唐书》卷216上《吐蕃传》（上）。

③ 张云：《唐代吐蕃史与西北民族史研究》，第152页。

④ 《新唐书》卷216上《吐蕃传》（上）。

⑤ （唐）杜佑：《通典》卷190《边防·党项》。

⑥ （元）萨迦·索南坚赞著，陈庆英、仁庆扎西译注《王统世系明鉴》，第61页。

⑦ （宋）司马光：《资治通鉴》卷247，唐武宗会昌三年（843年）六月条。

⑧ 王尧、陈践编著《吐蕃简牍综录·吐蕃简牍综录本文·汉文译文及考释·经济》，第43页。

盛行的。从吐蕃给中原王朝进贡的高7尺“实酒三斛”的金鹅器[①]可以看出，社会上层对饮酒器的要求很高。同时，吐蕃因地制宜，一般的饮酒器“屈木而韦底，或毡为盘，凝麨为碗”[②]。这些从不同侧面反映了当时吐蕃饮酒业的发展情况。

据记载，吐蕃人计算蒸煮酒浆量的单位是“土”，1土约等于30瓢，或者相当于半克粮食所酿造的酒的数量。[③] 吐蕃卫·庞多热义擦卜曾经在拉姆恰巴仲木“酿半炉青稞酒，备宴”招待松赞干布，“并将十种油漆、皮革甲胄和董卓木的宝剑、王冠二份礼物献上”，赞普“乃与之盟誓”。[④] 可见至迟在7世纪前期，吐蕃地区就已经自己酿造青稞酒，同时也可以看出当时的青稞酒是奢侈品。

在吐蕃占领的河西地区，占领者所崇尚的青稞酒也成为当地酒的基本种类之一。[⑤] 当然饮酒也不仅仅限于上层，即使在社会下层也有饮酒的情况。[⑥] 在吐蕃占领瓜、沙及广大河湟地区后，酒也是当地居民生活中的奢侈品，简牍中就有“过新年用面粉及酒”[⑦] 的内容，可以看出饮酒在当时并不十分普及但非常重要。当时吐蕃所饮酒的品种是值得讨论的。吐蕃地区盛行的是黄酒，即吐蕃所讲的“Chang”，这与唐代其他地区的情况大体相同。[⑧]《敦煌本吐蕃历史文书·大事纪年》篇记载：

> 及至马年（唐高宗永淳元年，即公元682年），赞普驻于辗噶

① 《新唐书》卷216上《吐蕃传》（上）。

② 同上。

③ 王尧、陈践编著《吐蕃简牍综录·吐蕃简牍综录本文·汉文译文及考释·宗教》注文，第72页。“克”是当时吐蕃的重量单位，而非今天的公制重量单位“g”。

④ 黄布凡、马德：《敦煌藏文吐蕃史文献译注·松赞干布与卫氏之盟誓》，第219页。

⑤ 王尧、陈践编著《吐蕃简牍综录·吐蕃简牍综录本文·汉文译文及考释·宗教》，第72页。

⑥ 黄布凡、马德：《敦煌藏文吐蕃史文献译注》附录四《〈贤者喜宴〉节录及译文》，第379页。

⑦ 王尧、陈践编著《吐蕃简牍综录·吐蕃简牍综录本文·汉文译文及考释·经济》，第36页。

⑧ 参见魏明孔主编《中国手工业经济通史·魏晋南北朝隋唐五代卷》，福建人民出版社，2004，第478页。

尔……仲巴洛·没陵波，野松色至辗噶尔贡奉酒浆，是为一年。[①]

这里虽然没有注明进贡的是什么酒，但专家根据当时的条件推断是黄酒，即吐蕃语中的“Chang”,[②] 笔者认为这是能够站得住脚的结论。

随着社会经济的发展尤其是对外交往的不断扩大，吐蕃地区酒的种类也在不断增加，其中葡萄酒的传入就是一个典型的例子。葡萄酒通过丝绸之路至迟在唐太宗时传入长安地区并风靡一时,[③] 而吐蕃至迟在热巴巾（815～836年）在位时就已经有了葡萄酒。据《贤者喜宴》《王统世系明鉴》等文献记载，热巴巾本人就是因饮葡萄酒过度，而被大臣达那金等人弑杀的。

论及吐蕃时期的酿酒，不得不谈到中原王朝对其之影响。唐高宗时曾经批准吐蕃赞普“请”酿酒师的要求,[④] 而民间酿造技术对吐蕃的影响就更直接与普遍了，应该说内地对于吐蕃酿造业的影响是不容忽视的。

在吐蕃占领了瓜、沙、河湟地区后，因该地区盛行酒的酿造与饮用，故在吐蕃简牍文书中多有反映[⑤]。这里的酒分为“头遍酒”[⑥]“二遍酒”“三遍酒”[⑦]。河西地区有专门从事酒生产的“酒户”[⑧]。尤其值得一提的是，吐蕃等民族还因地制宜、就近取材，创造性地生产了由“马乳发酵的乳酒”[⑨]，进一步丰富了酒的种类。这无疑丰富了我国的酒文化，改善了居民的饮食结构。

---

① 黄布凡、马德著《敦煌藏文吐蕃史文献译注·编年史》，第39页对此是如此记载的：马年（唐高宗永淳元年，即682年）“仲巴洛·郑布结松木色于年噶尔奉献醇酒”。

② 王尧、陈践编著《吐蕃简牍综录·吐蕃简牍综录本文·汉文译文及考释·经济》，第37页。

③ （宋）钱易撰、黄寿成点校《南部新书》卷丙，中华书局，2002，第32页。

④ 《新唐书》卷216上《吐蕃传》（上）。

⑤ 王尧、陈践编著《吐蕃简牍综录·吐蕃简牍综录本文·汉文译文及考释·文书》，第69页。

⑥ 王尧、陈践编著《吐蕃简牍综录·吐蕃简牍综录本文·汉文译文及考释·宗教》，第72页。

⑦ 同上书，第73页。

⑧ 唐耕耦、陆宏基编《敦煌社会经济文献真迹释录》第二辑，斯542号背《戍年（公元八一八年）六月沙州诸寺丁口车牛役簿》，第389页。

⑨ 〔美〕谢弗：《唐代的外来文明》，吴玉贵译，中国社会科学出版社，1995，第309页。

在吐蕃时期，由于宗教尤其是佛教的盛行，酒在宗教的法事活动和祭祀活动中使用比较普遍。我们知道，吐蕃前期，当地的本教和佛教是最重要的宗教，本教在宗教活动中多有用酒的记录。吐蕃简牍中就有这样的记录：

苯教徒七人及苯教主二人，共九人，分坐两排，伙食相同，吃完晚饭前，每人一天供应十满瓢头遍酒，共计酒三土。①

二十一名僧人每人平均酒三土半，放置中间。酒浆……罗给二十四名年轻（青）服侍人，每人平均头遍酒十满瓢，合计一百土……。②

再如：

二十七名（苯教徒）每人平均五瓢酒，二遍酒四瓢半，一百二十二个雇工每人三满瓢酒，合计三遍酒十一土半。③

这些酒不一定都是当天的饮用量，可能包括本教徒从事法事活动的报酬。在寺院进行宗教法事活动时往往以酒作为供品，同时也供参与者饮用。另一枚吐蕃简牍是这样记载的：

……按习俗做一对替身物——多玛供品，然后献降神酒。午后，连续献上迎宾青稞酒三瓢，置一盛酒大碗，顺序饮酒，苯教主讲述昔历史。④

而有时“祭神用良种公山羊一只，饮用酒一扁壶，摆设酒一扁壶，糌

① 王尧、陈践编著《吐蕃简牍综录·吐蕃简牍综录本文·汉文译文及考释·宗教》，第72页。

② 同上书，第73页。

③ 同上。

④ 王尧、陈践编著《吐蕃简牍综录·吐蕃简牍综录本文·汉文译文及考释·宗教》，第72页。

粑一升，酥油一两，煨桑树枝一根，带彩缯之箭一支”①。这样的记载是比较普遍的，这正是酒在吐蕃宗教祭祀中扮演重要角色的说明，这不仅是吐蕃民族的特例，而且是中华民族的通例。

由于酒是特殊的饮料，在吐蕃时期往往将其视作奢侈品，酒也因此成为部落向王室进奉的重要贡品之一，如马年（唐高宗永淳元年，即 682 年）“‘仲巴’洛·郑布结松木色于年噶尔奉献醇酒”②。

吐蕃已经认识到饮酒过度的种种弊端，故有“饮酒节制法”颁布。③ 而吐蕃“饮酒节制法”的颁布，从一个侧面说明了酒在当地的饮用已经比较普遍，以及当时对饮酒的管理已比较正规。

三　乳制品等食品加工业

随着农业经济的发展，吐蕃时期的粮食加工机械也有了一定的规模④。唐高宗时，吐蕃赞普曾经向唐朝“请”碾、硙诸工匠，这种请求得到了唐廷的批准。⑤ 吐蕃对于中原地区的粮食加工机械表现出极大的热情。从这些事实中我们可以看出，吐蕃时期粮食加工水平的提高，当与中原农耕地区粮食加工机械和工匠的引进有直接的关系。同时吐蕃粮食加工技术的改进，无疑提高了当地居民的生活水平，同时对于改善吐蕃居民的食物结构也有一定的推动作用。

在吐蕃占领河西地区时，碾硙是这里包括寺院在内的粮食加工的基本设施⑥，这无疑提高了粮食加工的效率，同时也提高了粮食的利用率。吐蕃在河西、河湟等占领区的主食也显得丰富多彩：

---

① 王尧、陈践编著《吐蕃简牍综录·吐蕃简牍综录本文·汉文译文及考释·宗教》，第 72 页。

② 黄布凡、马德：《敦煌藏文吐蕃史文献译注·编年史》，第 39 页。

③ 黄布凡、马德：《敦煌藏文吐蕃史文献译注》附录四《〈贤者喜宴〉节录及译文》，第 385 页。

④ 黄布凡、马德：《敦煌藏文吐蕃史文献译注·钦陵赞婆与王孝杰之论战》，第 273 页引噶尔·钦陵回答王孝杰时说道：“青稞、稻米虽然长满平坝，一盘推磨即可碾碎。”

⑤ 《新唐书》卷 216 上《吐蕃传》（上）。

⑥ 唐耕耦、陆宏基编《敦煌社会经济文献真迹释录》第二辑，斯 542 号背《戌年（公元八一八年）六月沙州诸寺丁口车牛役簿》，第 381 页。

（每组）油炸薄饼和果子各十五个，饼和发面饼各二十五份，杏干、葡萄干各三捧，切玛（用酥油、奶渣、酸奶揉成的糌粑）各三两，酸奶一勺，上好糌粑五升半。[①]

这样的主食，使内地民族的饮食与吐蕃当地的饮食相得益彰。另外还有诸如“圆饼”“醃菜”等记载。[②] 这无疑是非常珍贵的食物单，包括今天在藏区及西北等地区依然盛行的油饼、油果子之类的食品。饼就包括非发面饼和发面饼两种，杏干、葡萄干以及酸奶、糌粑等，即使在今天也是上等食品，深受各族人民的喜爱，而在千余年前的吐蕃时代就有如此丰富的食品，说明当时的食品加工技术已经相当发达，我国源远流长的饮食文化是包括藏族人民在内的各族人民共同创造的。

吐蕃地区的牛奶、羊奶资源比较丰富，而将鲜奶进行较长时间的保存在当时是一个非常棘手的问题，吐蕃民众创造性地从牛乳、羊乳中提出脂肪——酥油。将牛奶或羊奶煮沸，经过搅动冷却后凝结在上面的一层就是酥油。在吐蕃时期，酥油是居民生活中的必需品，[③] 可以加入茶水和糌粑食用，也可以用作照明的燃料等，即使今天依然在藏、蒙等地区广为盛行。据《本草纲目》卷50《兽部一・酥》李时珍集解引《臞仙神隐》的酥油造法：“以乳入锅，煎二三沸，倾入盆内，冷定，待面结皮，取皮再煎，油出去渣，入在锅内，即成酥油。”吐蕃等民族还创造性地生产了由“马乳发酵的乳酒”[④]，扩大了乳制品的用途，同时也扩大了乳制品的原料来源。另外，在吐蕃盛行酥油时，将其与内地的茶叶结合在一起，创造性地发明了酥油茶，成为青藏高原独具特色的民族食物或饮料。吐蕃民族的食物结构决定了这里的奶品是居民的基本食物之一，因而在吐蕃统治

---

① 王尧、陈践编著《吐蕃简牍综录・吐蕃简牍综录本文・汉文译文及考释・宗教》，第72页。

② 同上书，第73页。

③ 王尧、陈践编著《吐蕃简牍综录・吐蕃简牍综录本文・汉文译文及考释・经济》，第42页。

④ 〔美〕谢弗：《唐代的外来文明》，吴玉贵译，第309页。

区域内有专门的“奶牛”，牧民对其照料是比较尽心的。[①] 早在隋唐时，吐蕃人“实羹酪并食之，手捧酒浆以饮”[②]，党项人也“求大麦于他界，酝以为酒”[③]。众所周知，在今天仍然非常流行的酥油[④]，在吐蕃占领地区早已是比较普遍的食品。

吐蕃的肉制品对当时唐代的社会影响比较大，乳制品酥酪成为内地的时尚食品，也成为诗人讴歌的对象，如杜牧就有“忍用烹酥酪，从将玩玉盘”[⑤] 的著名诗句。韩愈“天街小雨润如酥，草色遥看近却无”[⑥] 的诗句，至今仍脍炙人口。而酥油灯也成为唐代军民的共同享用品，如“十万军城百万灯，酥油香暖夜如蒸”[⑦]。乳制品作为一种营养丰富的食品，不但满足了吐蕃地区的生活需要，而且在唐代内地也逐渐流行起来，深受农耕民族的欢迎。吐蕃民族地区乳汁加工技术的提高，对于提高内地居民的生活水平意义重大。尤其是吐蕃等地的乳制品及其加工技术传入内地以后，对于丰富内地居民的食品种类，改善其食物结构具有不可忽略的推动作用。不仅如此，乳制品加工技术的引进，还对促进内地的牲畜、家禽食品深加工产生了深远影响。

另外，吐蕃时期还是较早流行“发面饼”[⑧] 的民族地区之一，值得引起重视。

四　制盐业

青藏高原的制盐业因资料所限，故今天难以窥其全貌，而食盐作为居民的

---

① 王尧、陈践编著《吐蕃简牍综录·吐蕃简牍综录本文·汉文译文及考释·文书》，第 68 页。

② 《新唐书》卷 216《吐蕃传》（上）。

③ （唐）杜佑：《通典》卷 190《边防·党项》。

④ 王尧、陈践编著《吐蕃简牍综录·吐蕃简牍综录本文·汉文译文及考释·文书》，第 69 页。

⑤ 杜牧：《和裴杰秀才新樱桃》，载《全唐诗》卷 524。

⑥ 《韩昌黎诗系年集释》卷 12《早春呈水部张十八员外》，上海古籍出版社，1984，第 1257 页。

⑦ 薛能：《影灯夜》，载《全唐诗》卷 561。

⑧ 王尧、陈践编著《吐蕃简牍综录·吐蕃简牍综录本文·汉文译文及考释·宗教》，第 73 页。

生活必需品，吐蕃对食盐的生产、运输、流通和消费一直比较重视。

青藏高原对食盐开采与营销的历史悠久，据史书记载至迟在隋代，阿里北部的池盐已开始向印度一带出口："女国在葱岭之南，其国代以女为王。……尤多盐，恒将盐向天竺兴贩，其利数倍。"① 阿里北部池盐向今印度的出口，获得了巨大的经济效益。

吐蕃时期在井盐生产中仍然采用传统的井旁置灶以柴火燃烧直接煎煮的方法。其中嶲州昆明县具有"出盐铁"的传统，唐代这里的盐池井是"取盐先积柴烧之，以水洒土，即成黑盐"②。这种生产井盐的方法，正是当时吐蕃所使用的比较普遍的方法："比陷吐蕃，蕃中不解煮法，以咸池水沃柴上，以火焚柴成炭，即与炭上掠取盐也。"③ 而在中唐以后，中原地区的置灶煎煮方式，已经传入吐蕃等西南地区④，成为当地制盐的重要方法之一。因为吐蕃时期的食盐是比较稀少的，故其价格显得非常昂贵，长期以来在青藏高原就有"盐贵似金"⑤ 的说法。唐代，廓州在唐玄宗开元时期的贡品中就有"戎盐"⑥，可见青藏高原的部分食盐流向了内地。

总之，吐蕃时期的饮食业随着社会经济的发展和对外交流的不断扩大而有了长足的进步。这集中表现在两个方面，一是吐蕃境内的饮食习惯受内地影响有了一定的改变，如唐穆宗长庆元年（821 年）唐朝大臣刘元鼎出使吐蕃时⑦，亲眼看到吐蕃"饭举酒行，与华制略等"⑧；二是吐蕃的饮食对唐朝中原地区的影响也是深远的，奶酪食品和奶酒作为保健品成为朝野颇为青睐的时尚食品。吐蕃时期，青藏高原与内地在饮食业方面是双向影响的。

---

① 《隋书》卷 33《女国传》。

② （唐）李吉甫撰、贺次君点校《元和郡县图志》卷三二《剑南道》中《嶲州 · 昆明县》，中华书局，1983，第 824 ~ 825 页。

③ （唐）樊绰：《蛮书》卷 7《云南管内物产 · 盐》，第 32 页。

④ 参见郭正忠主编《中国盐业史（古代编）》，人民出版社，1997，第 114 页。

⑤ 郑度：《中国的青藏高原》，第 236 页。

⑥ （唐）李吉甫撰、贺次君点校《元和郡县图志》卷 39《陇右道》上《廓州》，第 993 页。

⑦ 《新唐书》卷 216 下《吐蕃传》（下）。按：刘元鼎作为盟会使，系唐穆宗长庆元年（821 年）的事。

⑧ 刘元鼎：《使吐蕃经见纪略》，载《全唐文》卷 716。

第四章
宋元时期

10 世纪中叶到 14 世纪中叶，青藏高原地区在政治上经历了从分散割据到被完全纳入中央王朝管理的特殊时期，经济发展也大致经历了由奴隶制到封建农奴制的缓慢转化过程。吐蕃王朝的统治分崩离析后，青藏高原地区旧有的奴隶制生产方式逐步瓦解，以封建农牧制为基础的封建庄园经济，经过长期的孕育发展不断完善成熟，成为青藏高原地区最主要的经济生产方式。受生产关系变革的推动，这一时期青藏高原地区的农业、畜牧业、手工业、商贸互市、交通邮驿、建筑业等经济生产部门，均有不同程度的发展，推动了青藏高原地区社会经济的持续发展。尤其是元代，青藏高原地区被完全纳入中央政府的直接管理之后，随着交通邮驿的不断完善，青藏高原地区与内地的经济交流不断加强，不仅促进了青藏高原地区经济的全面发展，而且为青藏高原地区与内地日益密切的政治文化交流奠定了物质基础，强化了青藏高原地区与内地的政治文化关系。此外，随着藏传佛教的复兴和传扬，宗教逐渐渗入这一地区社会生活的方方面面，对该地区的经济发展产生了深刻影响，使青藏高原地区经济生产的重心开始转向为宗教发展服务，经济发展速度明显降低甚至逐渐处于停滞不前的状态。此外，这一时期青藏高原地区的主要居民虽是名号众多的吐蕃诸部，但由于各地社会经济发展条件和社会发展程度不同，各地的经济发展进程和水平也不尽相同，相关的土地制度、赋役制度千差万别，表现出明显的多元化趋势。

第一节　农业

宋元时期，青藏高原地区的农业生产主要分布在气候较为温暖的河谷地带。受益于当时日趋稳定的社会局势，农业生产技术和水平较以前有了一定程度的提高。但受自然条件、政府政策等因素的制约，总体上来说，这一时期青藏高原地区农业生产的分布范围和规模较隋唐时期仍有一定程度的萎缩。

一　农业生产水平和农耕技术

吐蕃王朝崩溃后，西藏地区长期处于分裂割据状态，战争频仍，吐蕃时期发展起来的农业经济出现了不同程度的停滞和凋敝，甚至出现了倒退的趋势。

从10世纪中后期开始，随着战乱的减少，西藏地区的社会局势逐渐稳定，经济也开始逐步复苏。特别是奴隶制解体后，各地封建农奴制因素的产生和成长，有力地促进了农业生产的发展。在卫、藏、阿里、藏北等地的农业区，出现了大量的自耕农，不仅使原有的居民点不断扩大，而且在适宜农耕的河谷地带，还出现了许多新的居民点，耕地面积也逐渐增加。在农耕技术方面，已普遍采用内地的铁制农具和“二牛抬杠”式的犁耕，农业生产工具主要有犁、镰、轭、锨及手斧等。牦牛、犏牛和马等多用于农耕，薅草积肥等精耕细作技术已广泛应用。在生产经营上，多采取亲族邻里之间相互支持劳力的互助方式。有的村落每到秋收还组织村民持械巡逻，以防强盗的袭击和抢夺。[①] 据《汉藏史集》记载，当时，吐蕃王室后裔中人称“三则”的兄弟三人将年楚河流域分割统治，其中长兄穹则占据上游，二哥哲则管辖中游，幼弟杰则统治下游“藏春堆古尔莫”一带。三兄弟所占领地内都有不少牧场、耕地，农牧业生产比较发达。后来，三兄弟有兴有衰，于是整个年楚河流域都归杰则管辖。《汉藏史集》有如下记载：

> 在此之前，年楚河上游地区河谷的农田仅靠融雪和泉水灌溉，杰则聪明而且富有，设法安定这一地区，在年楚河上游北部草地的杰噶、南部草甸的沃噶、年楚河下游北部的巴曹噶莫且、南部的那噶钦等山下各

---

① 陈庆英、高淑芬主编《西藏通史》，中州古籍出版社，2003，第156页。

开垦能种下一万克种子的农田，并在这四个地方各立一根天柱。为保障这四个地方的安全，又修建了两座驻兵防守的土城，……这四柱两城直到现在还存在，他们使这一地区安定康乐。①

可见，这一时期年楚河流域的农业生产在当地新兴领主的管理下得到了比较大的发展。

青海河湟地区的农业生产，在吐蕃占领以后的二三百年间呈现出萎缩和下滑趋势，大量耕地逐渐变为牧场。但到唃厮啰政权统治时期，湟水谷地、黄河两岸宜农地区的农业生产在当地吐蕃人的经营下，仍然保持着一定的规模和水平。特别是青唐、宗哥、邈川及廓州等地，由于濒临大河，气候温暖，土地肥沃，既是唃厮啰最主要的几个农业区，也是唃厮啰辖区内“部族繁庶”、人口集中的富庶之地。宋哲宗元符（1098~1100年）年间，随宋军将领王赡出征河湟地区的李远，在其所撰《青唐录》中谈及唃厮啰的农业生产状况。当李远在炳灵寺（今甘肃永靖县）渡黄河进入湟水流域后，“自墨城西，下坡十余里始得平川，皆沃壤，中有流水，羌多相依水筑屋而居，激流而硙”。当他来到宗哥川时，见到的景象是“川长百里，宗河行其中，夹岸皆羌人居，间以松篁，宛如荆楚”。② 这表明当时湟水谷地的许多唃厮啰人都以农耕为生，农业生产水平比较高，以致在当时较为偏远的河湟区还能看到“宛如”长江流域的农村田园风光。宋熙河兰湟路转运使洪中孚曾说，这一地区“青稞亩收五石，粒当大麦之三”③。说明当地粮食产量随着农业生产水平的提高而有所增加。另据《续资治通鉴长编》载：

辖正尝语人曰：“吾畜积甚多，若汉兵至，可支一万人十年之储。”④

① （明）达仓宗巴·班觉桑布：《汉藏史集》，陈庆英译，第230页。

② （宋）李远撰、马忠辑注《青唐录》，载《青海地方旧志五种》，青海人民出版社，1989，第9~10页。

③ 《宋史》卷175《食货志》，中华书局点校本。

④ （宋）李焘：《续资治通鉴长编》卷515，元符二年（1099年）九月己卯条，中华书局，1979。

按常人食量，一人一年需要4~5石粮食，1万军队10年之用则需40万~50万石粮食，其粮食储蓄数量可观。《续资治通鉴长编》还载青唐"仓储初以百万计"①。辖正蓄积的粮食多至40万~50万石，青唐城储粮达百万石是不会有问题的，可见当时唃厮啰境内的农业生产水平已经不低，当时人们认为其可与内地发达地区媲美并非夸张之辞。此外，崇宁（1102~1106年）年间统兵进军河湟的宋军将领王厚，在奏疏中曾提到招纳到湟州管下部族二十一族，户口约10万人。② 赵隆知西宁州时，也说该地区有"十二种户三万六千"之多③。而据史籍记载，在唐玄宗天宝（742~756年）年间，鄯州及下辖的湟水、龙支、鄯城三县，才5389户。④ 若以每户5口计算，合计26000余人。这些数字虽不能准确反映当时的实际人口，但在一定程度上反映出河湟地区经吐蕃人长期的辛勤开发，与唐时相比人口数量有了较大增加。

北宋统治河湟地区时，曾在这里招募弓箭手大兴屯田，应募的弓箭手中来自陕西五路的汉族农民占了一定比例。另外，随各级军政官员来此地定居的官军家属、亲友等也为数不少。他们将宋代中原地区较先进的生产工具、农业生产技术带到了河湟地区。1979年，考古工作者在今青海省互助县泽林发现了一批窖藏宋代文物，其中有铁犁铧一件：

> ……其形与今口所使用的铁犁铧酷似，左右双叶的外侧均有刃，背部成銎状，双叶于前端汇成一尖锋，器身正面和背均隆起。器身背而隆起处凸出两脊。高34、后端宽28、犁口宽9、刃部0.3厘米。⑤

同时出土的还有铁镰等。地下考古发现的材料印证了文献的记载，这足以说明北宋时期河湟地区的农业生产已经达到了一定的水平。

---

① （宋）李焘：《续资治通鉴长编》卷515，元符二年（1099年）九月己卯条。

② （宋）杨仲良编撰《通鉴长编纪事本末》卷139，黑龙江人民出版社，2006。

③ 《宋史》卷350《赵隆传》。

④ （宋）乐史：《太平寰宇记》卷193。

⑤ 许新国：《青海互助土族自治县发现宋代窖藏》，载《文物资料丛刊》第8辑，文物出版社，1983，第131~133页。

此外，居于四川西北部的吐蕃部落，农业生产水平也比较高，史书中有“弥望田苗，几彻蕃界”[①] 的记载。

12 世纪后期，西藏与内地及邻近地区的频繁交往，使新的农业生产技术不断传入，对西藏农业的生产发展产生了积极的促进作用。当时的拉萨、山南、日喀则、阿里、西康等自然条件较好的河谷地带，出现了新的村落和牧场，这些地方的农牧业等都呈现出活跃的景象。

据《米拉日巴传》记载，米拉日巴在山洞、荒野修行时，经常“到山下的牧场去乞讨点奶油奶酪”，“往坝上的田庄去募化些食粮”。[②] 他在道歌中唱道：“在同心合意的这犋耕畜上，套上方便和智慧之犁，由无邪念的士夫，专心一致地把犁头扶住，奋发不息地加以鞭策”，“真诚不二地中耕除草”，使“美好的解脱之果实刈割。运用巧善教授所获之果，装满没有定准的粮库”。[③] 虽是赞美之词，但在一定程度上反映了当时西藏地区农业生产得到长足发展的实际状况。西藏被纳入元朝版图后，由于封建农奴制度的完全确立和社会的相对稳定，西藏的农业生产有了较快的发展。在这期间，徭役相对较轻，农奴主鼓励开垦荒地，植树造林，扩大收益，使西藏地区的农业生产有了明显的发展。特别是元末兴起于山南雅隆河谷的帕木竹巴，在首任万户长多吉贝任内，在其主寺丹萨替的领地上，先后修建了春堆扎喀、颇章岗、乃东、纳木、哈拉岗、塘波且、林麦、却豁卡、内嘎扎西东、嘉塘、甲孜直古、曲登林、切嘎尔等一批溪卡，把分散的农奴组织起来在庄园内进行生产劳动，实行轻徭役、重生产的政策。由于改进了溪卡的生产管理，不仅使帕竹辖区的农业生产得到较快发展，而且增强了帕竹万户的经济实力，为其后期的势力扩张奠定了基础。

金、夏时期及元代有关青海地区农业生产方面的资料比较少，因此对这一地区农业生产状况很难做出较为详细的描述。但这一时期青海地区的社会政治局势大体保持平稳，农业生产大致保持着宋代的水平。这一时期青海东部地区的作物品种主要有小麦、大麦、青稞、荞麦、糜、谷、豌豆等，蔬菜

① （清）徐松辑《宋会要辑稿》兵之 29，上海古籍出版社，2014。

② （明）桑杰坚赞：《米拉日巴传》，刘立千译，四川民族出版社，1985，第 134 页。

③ 同上书，第 140 页。

品种主要有芥菜、香菜、大白菜、萝卜、葱、蒜、韭菜等。[①] 从粮食作物品种齐全和蔬菜种类的增加上，可以大体断定当时的农业生产还是比较稳定的。

二　水利灌溉

分裂割据时期的西藏地区，随着各地农业生产的逐步恢复和发展，许多地区的水利建设受到人们的重视，为农业发展提供了坚实的基础。据《汉藏史集》记载，管辖年楚河流域的新兴封建领主杰则，带领属民在适宜农耕的河谷开垦农田的同时，为解决娘堆平川一带的干旱问题，新修了能灌溉1万克地左右的大水渠4条，并建起土屋，派人守护水渠[②]，为当时年楚河流域农业生产的发展做出了巨大贡献。另据《青史》记载，10世纪时，孟加拉国僧人阿底峡在卫藏期间，为了众生利益，建造了一座堤坝，后人称之为神尊坝。[③] 这是有关西藏堤坝的最早记载。拉萨城东的吉曲河岸有一道叫觉卧若的河堤，相传为了避免大昭寺和拉萨城遭受水灾，宁玛派僧人娘·阿玛沃色（1136～1204年）借“神力”将堤石赶到河边，建成该堤。此后，细波堆孜曾先后维修过4次。[④] 此外，在拉萨大昭寺的强巴（弥勒菩萨）佛殿中供奉有藏族名医拉杰格瓦奔的塑像，对于此像之由来有这样一种说法，以前的拉萨河在夏季时常常暴涨泛滥，冲毁田地，冲塌民房，危及拉萨及大昭寺的安全，给人民的生命财产带来严重危害，拉杰格瓦奔为了修建挡洪堤坝，将自己毕生诊病所得的财物尽数捐出，作为修建防洪堤坝的资金，后世的人们为了纪念他无私的胸襟和一切为众生的高尚情操，就将他的塑像安放在大昭寺内供世人瞻仰和缅怀。[⑤] 可见当时的民众对水利设施的重视，以及对于为水利工程做出重要贡献者的尊重。

唃厮啰政权时期，青海河湟地区的农业生产虽保持着一定的规模和水

---

① 崔永红：《青海经济史（古代卷）》，第144页。

② （明）达仓宗巴·班觉桑布著、陈庆英译《汉藏史集》，第230页。

③ （明）管·宣奴贝著，王启龙、还克加译，王启龙校注《青史》，中国社会科学出版社，2012，第239页。

④ 陈崇凯：《西藏地方经济史》，第222页。

⑤ 本考：《行医济世的藏族名医拉杰格瓦奔》，《中国民族民间医药杂志》1999年总37期。

平，但水利建设较之唐代有所落后，从北宋主政河湟的许多官员大规模疏浚、修葺汉唐故渠的行动来判断，许多汉唐旧渠因弃置不用而废坏壅塞。北宋控制河湟地区后，为了发展当地的农业生产，曾大规模疏浚、修葺汉唐故渠。何灌在知乐州时，曾“引邈川水溉闲田千顷，湟人号广利渠”①。政和五年（1115 年），提举熙河兰湟路弓箭手的何灌奏称：

> 熙河新边一带土地荒芜太久，开垦甚难，又人贫力少，种粮倍贵，故弓箭手旋募旋散。今虽厚借贷以广招募，亦宜委曲措画，以成地利。如前日湟州东原近千顷，亦以荒旷太久，人悉置而不问，因得汉唐引水故渠，修葺引水，不一月间，其田悉为膏腴，人之占射者溢数。今西宁、湟、廓一带可入水之地甚多，又汉唐故渠间亦依稀可考，今欲乞于本路近里弓箭手步人内轮差三五百人，每月一替，开渠引水，以变荒旷难辟之田，以劝富强难募之民。又地之所入可数倍于旱田，庶得新边立见富强。并从之。②

在何灌的主持下，差派兰州、河州等地汉蕃弓箭手轮番来河湟地区修葺汉唐故渠，经过半年的努力，得善田 2.6 万顷左右，招募弓箭手 7400 人，成效显著。③ 政和五年（1115 年），“知西宁州赵隆，请引宗河水灌溉本州城东至青石峡一带川地数百顷，从之”④。这些水利设施的建设，极大改善了河湟地区的农业生产条件。

在青海河湟地区修葺汉唐旧渠的同时，北宋政府曾在包括今甘肃甘南藏族自治州在内的洮水流域进行了较大规模的水利建设。熙宁八年（1075 年），宋朝派遣京西、江南两路的水利工匠，前往熙河地区指导当地汉蕃军民修建渠堰，并“于熙州南关以南开渠堰，引洮水并山东直北通流下至北

---

① 《宋史》卷 357《何灌传》。

② （清）徐松辑《宋会要辑稿》兵 4 之 22。

③ 《宋史》卷 357《何灌传》。

④ （清）徐松辑《宋会要辑稿》食货 63 之 82。

关，并自通远军熟羊寨导渭河至军溉田”[①]。

总之，宋代河湟地区水利建设的成就，一是开展新的水利设施建设，二是对于汉、唐时期废弃的水利工程进行疏浚和改进，均取得了比较明显的经济效益和社会效益。

元代，随着西藏各地农业生产的进一步发展，水利建设普遍得到封建领主们的重视，并取得了显著成效。如萨迦地方政权的首府萨迦，土多水少，所以水在当地十分珍贵。达钦之祖瞻林且古降都之时，在萨迦河 3 条支流上修建了 3 个蓄水池，通过水闸分别从 3 条支流中引水，灌溉周围的农田。这个灌溉系统专门由两名官员负责，称作措本[②]，由萨迦政府任命。两名措本协同工作，经常巡视水渠，保持其清洁（甚至不准孩子在渠内洗澡）、清理碎片，确定何处需要修补，听取意见后，做出何处应灌溉的决定。措本要负责调解提交人的一切争端，例如两田间的小水渠被过路人或牲畜毁坏及用水纠纷等。[③] 可见，当时萨迦不仅有比较发达的水利灌溉系统，还有比较完善的管理体制。此外，还设有管辖拉萨河流域的蔡巴万户，在历任万户长的努力下，组织力量建设和加强拉萨河堤，疏通市区水道，开展了许多城市水利工程，推动了拉萨这座古城的发展，促进了拉萨地区农业经济的发展。

由于史籍阙载，元代时期青海河湟地区在农田水利建设方面是否有新的建树，我们无法详知，但北宋时期新修或疏浚过的水渠估计大部分得以沿用，而一些地区由于地方官吏的重视，水利有了一定程度的发展也是史实。

三　屯田

宋神宗熙宁元年（1068 年）以来，北宋在改革派的推动下，展开了持续不断的开边行动，用武力夺取了被吐蕃长期占领的河、湟、洮、岷等州。为了巩固对这一地区的统治，北宋除设置州、军等加强行政控制外，为缓解财政拮据的窘境，还曾招募蕃、汉弓箭手开展过短暂的屯田活动。

---

① （宋）李焘：《续资治通鉴长编》卷 263，熙宁八年（1075 年）四月壬寅条。

② “措本”，西藏地区一种行政聚落单位的负责人。

③ 陈崇凯：《西藏地方经济史》，第 223 页。

宋代招募弓箭手进行屯垦、戍守，与两汉、隋、唐有较多不同，既区别于典型的军屯，又不同于一般的民屯。宋代的弓箭手属于乡兵的一种，不隶军籍，基本上不脱离农牧业生产。应募弓箭手的条件是：不是奸细，不是两地供输蕃部，有家业二人担保，年龄在 17 ~ 40 岁，“堪披带，射七斗弓者”，同等条件下“拣武艺高强人充”。[①] 应募的弓箭手首先须“涅臂”，即刺黥手背，刺的字是弓箭手编组的番号。蕃族弓箭手则刺左耳。所以招募弓箭手又叫“招刺”。招募的弓箭手由朝廷授予一份国有土地作为“身份地”，其数额在整个北宋时期一直比较稳定，即汉族弓箭手每人两顷即 200 亩地，出战马 1 匹者另加 50 亩；已归顺的少数民族即蕃弓箭手每人给地 1 顷。[②] 弓箭手得到的身份地一般由其家人耕种，并由政府专门置籍管理，“具佃人姓名顷亩，一送经略司，一留本城寨开收”[③]。弓箭手本人则需自备鞍马器械，到边地巡防，称作“上番”“应役”。边地有警则全上番，无事时两番，即将全体弓箭手分为两批，轮换值班，与邻国交好时则三四番。初刺的弓箭手如果得到的是现耕熟地，一般可免 1 年上番，得新荒地者免 2 年，得生荒地者免 3 年。上番时按一定的军事建制编组，不上番时可在家务农。一旦被刺为弓箭手，就不得随便逃亡。如果逃亡超过 1 个月，又无子弟顶替者，则将土地纳官，另外招人。逃走 3 个月以上又被捉到者，除“决杖”十数下外，“依旧收官差使”[④]。弓箭手年老患疾，可由儿孙弟侄承袭。宋廷规定，不得抽差弓箭手应官役，也不得搜役弓箭手家人。陕西沿边弓箭手因上番频繁，一般豁免租赋。充刺弓箭手者多系乡村中四、五等户，或无田又侨寓无定居的客户及流民等，他们生活贫困，为得到一份土地养家活口，不得不投充弓箭手。

北宋在河、宕、岷、洮、叠等州开展屯田，始于熙宁（1068 ~ 1077 年）年间，其范围包括今甘肃甘南藏族自治州的一部分地区。熙宁六年（1073 年），龙图待制熙州知州王韶以武力攻取吐蕃长期居住之地——河、宕（今

---

① （清）徐松辑《宋会要辑稿》兵 4 之 16。

② 参见《宋史》卷 190《兵志》4；（清）徐松辑《宋会要辑稿》兵 4 之 11、14。

③ （清）徐松辑《宋会要辑稿》兵 4 之 12。

④ （清）徐松辑《宋会要辑稿》兵 4 之 3。

甘肃宕昌）、岷、叠（今甘肃迭部县）、洮 5 州，拓地 1200 里，招降 30 余万口，募勇士 900 余人，耕田 100 倾，开展屯田。[①] 熙宁七年（1074 年）正月，带御器械王中正至熙河路，以田土招募弓箭手。“所募人毋拘路分远近，不依常格，差官召募，仍亲提举。”[②] 同年三月，王韶招募蕃汉弓箭手屯田在近河州城的河川地，招汉人弓箭手；在山坡地招蕃民弓箭手，“人给地一顷，大蕃官三顷。仍募汉弓箭手等为甲头，候招及人数，补节级人员，与蕃官同管勾”[③]。熙宁九年（1076 年），河州知州鲜于师中“请以河州未招募弓箭手地百顷为屯田，从之”[④]。

北宋在青海河湟地区屯田，始于崇宁（1102～1106 年）年间收复西宁等州后。但由于当时的政治局势尚不稳定，应募者极少，或“旋募旋散”。但宋廷仍“全力讲求”，毫不懈怠。为了解决屯田和招募弓箭手所需的大量田土问题，提高土地对应募弓箭手的吸引力，宋廷除了通过没收抗击宋军的“心黑之人”的土地入官、出钱出物易买吐蕃部民私有土地、清查丈量汉置蕃田等非法所得土地等手段[⑤]，征集了大量的已垦熟田外，还积极开辟荒土，疏浚渠道，将自唐代屯田废弃后大量抛荒的农田开辟出来。同时，由于河湟地区“地高气晚，间岁种收”[⑥]，因此在西宁州清平寨（约今湟中县丹麻乡一带），积石军怀和寨（今贵德县尕让乡一带）招募的弓箭手每人多给田 50 亩。政和五年，何灌、赵隆等分别在今民和县境、平安县境一带主持修葺或开辟渠道。至政和七年前后，“甫半岁，得善田二万六千顷，募士七千四百人，为他路最”[⑦]，使上万亩荒旷难耕之地变为灌溉便利的肥沃良田，一改过去应者无几的局面，人们争相应募弓箭手，以致在熙、河、兰、湟路征集、开辟的国有土地面积以及招刺到的弓箭手人数，在陕西沿边诸路中是最多的。

① 《宋史》卷 328《王韶传》；《宋史》卷 190《兵志》四。

② 《宋史》卷 190《兵志》四。

③ 同上。

④ （元）马端临：《文献通考》7《田赋考》，中华书局，1987。

⑤ 参见崔永红《青海经济史（古代卷）》，第 106～107 页。

⑥ （清）徐松：《宋会要辑稿》兵 4 之 2。

⑦ 《宋史》卷 357《何灌传》。

当然，《宋史》卷357《何灌传》中所记的26000顷土地很有可能不全在今河湟地区。崔永红先生认为，当时招募的弓箭手为74000人，按当时的制度，每人给田2顷，自备马者加50亩，即使全部弓箭手都按250亩计也只能用去土地18000余顷。考虑到一些弓箭手备不起马，还有些蕃弓箭手按例只能得一半的身份地，所以2万很可能是1万之误。即便不是书写之误，26000顷“善田”中，用于招刺弓箭手的也可能只是其中的一部分（约16000顷），而且这部分土地分布在熙、河、兰、会、洮、岷、西宁、鄯、廓、积石等州。今青海地区弓箭手屯垦的面积在史书中未有确切记载，估计恢复到盛唐时这个地区屯田面积的水平，即已达到五六千顷的规模或略多一些，但超过万顷的可能性不大。[①] 但崔先生的计算有误，若弓箭手有74000人，每人获田250亩（包括马田50亩），则总共18500000亩，即185000顷。这个数字似乎是当时弓箭手获田的总数，而非指一地屯田的规模。

金代，曾沿袭北宋的做法在西北一带招募弓箭手屯田，其中一些弓箭手屯田点分布在今甘肃甘南等地。如金在临洮府（今甘肃临洮县）、德顺州、秦州、巩州，“各置弓手四千人”[②]。他们平时生产，战时打仗。再如凤翔临洮的蕃汉弓箭手，常年“散居边陲”[③]，与金朝正军一道，共同担负着屯垦戍边的任务。

宋、金时期在青海河湟、甘肃甘南等地招刺弓箭手屯田的措施，是宋、金两朝在西北开展屯田活动的重要组成部分，虽然持续的时间较短，分布的范围也不是很广，但对于巩固宋、金两朝在这一地区的统治，促进当地经济发展起到了一定的积极作用。

元代在全国范围内实行屯田，屯田的规模超过以往各代，从上都到边疆地区“皆立屯田，以资军饷”，“由是天下无不可屯之兵，无不可耕之地矣”。[④] 同时，元朝在青藏高原各地驻扎有大量的军队，按元制，镇戍军

① 崔永红:《青海经济史（古代卷）》，第108页。

② 《金史》卷98《完颜匡传》，中华书局点校本。

③ 同上。

④ 《元史》卷100《兵志》三，中华书局点校本。

“上马则备战斗，下马则屯聚牧养”①。据此似乎可以推定，元代在今青藏高原地区开展过屯田活动。但翻检史籍，记载元代屯田的地点很多，唯独不见今青藏高原地区。依据一些间接的史料分析，元代在西藏地区虽有驻军，但数量较少，且主要负责管理驿站事务，开展屯田的可能性似乎很小。唯有在今青海境内的河湟地区，不仅长年驻有大量的蒙古军队，而且镇西武靖王率重兵长期驻守甘、青一带，也曾在驻地附近择可耕之地兴办屯田。因此，在今青海地区开展屯田的可能性比较大。

崔永红先生依据史料推测，元代很有可能在西宁州、捏贡川及柴达木盆地诺木洪一带开展过屯田活动。他认为，西宁州虽为章吉驸马封地，但州境的荒闲土地需要兴办屯田以养赡地方驻军（封主即驻军首领）时，封主与朝廷之间并不存在矛盾。西北地区是探马赤军的主要分布区之一，军中回族兵士所占比重很大。至元十年（1273 年）后，元朝令探马赤军随地入社，与编民等。甘肃、陕西两行省成为回族农垦的主要地区。至元十六年（1279 年）正月戊辰，“立河西屯田，给耕具，遣官领之”②。至元二十五年（1288 年），世祖命回族“忽撒马丁为管领甘肃、陕西等处屯田等户达鲁花赤”③。河湟地区正处在屯田范围之中，故以往研究回族史的学者多认为元代西宁地区曾存在过屯田，是有一定道理的。而位于今青海省同仁县东甘青交界处的捏贡川，就是元代诸屯田地点中之一处。据清乾隆（1736 ~ 1795 年）年间循化营游击胡琏等实地勘察，捏贡川有“可垦之田数千顷，闻唐宋元明俱经屯种，内有大河三道，引水渠迹宛在”④。元时屯田遗迹至今尚存。此外，蒙古军队曾驻扎在柴达木盆地，1958 年在诺木洪农场第二作业站发掘出一具蒙古武将干尸⑤，就证明了这一点。该地区自商周以来就有农业，所以这里在元代存在小规模的军屯也是完全可能的。⑥

---

① 《元史》卷 98《兵志》一。
② 《元史》卷 10《世祖纪》七。
③ 《元史》卷 15《世祖纪》十二。
④ （清）龚景瀚编、李本源校《循化志》，青海人民出版社，1981，第 63 页。
⑤ 赵生琛、谢端琚、赵信：《青海古代文化》，青海人民出版社，1986，第 154 页。
⑥ 参见崔永红《青海经济史（古代卷）》，第 110 ~ 111 页。

四　土地买卖

9世纪中叶至12世纪末叶，是青藏高原地区从奴隶制社会向封建农奴制社会过渡的时期。尤其是西藏地区，随着土地赞普所有制解体和大量私有土地的出现，不仅土地买卖频繁出现，而且土地所有者对土地享有一定的自由处置权，像商品所有者处理自己的商品一样去处理土地，可以将自己的土地以陪嫁、馈赠、出卖等手段转让他人，也可以以珠宝、黄金、现金等购得土地。

如《米拉日巴传》中记载，米拉日巴的祖父米拉多吉僧格经商致富后，于11世纪初，用黄金和其他商品在娘昂附近买过一个名叫倭玛的本地人的“一块肥沃的三角形地”，连同此田旁边的“一幢破旧房子”一起买了过来。[①] 米拉日巴的母亲有块陪嫁田名叫“哲白登穷”[②]，为了给米拉日巴筹集学咒术的费用，她将哲白登穷的田卖出去一半，买回松耳石、白马、染料和皮革，以作旅费和学费之用。后来，米拉日巴的母亲又把哲白登穷剩下的那一半田产卖出，得了七两黄金，并托人带给他作生活费用。[③]

再如11世纪昆氏家族在萨迦建立新寺时，就“向地主交涉以摩尼珠鬘等作代价”，购得本波山边一块“白色油润”的土地，修建了萨迦寺。[④]

又如藏传佛教噶举派濯浦支系的创始人贾擦（今日喀则附近夏卜地方人），于1171年以后购买了向尊温穷在濯浦的一块地基，建立佛殿和僧舍，创造了濯浦噶举教派。

青海地区在吐蕃政权崩溃至唃厮啰政权建立期间，土地领主制在吐蕃诸部中基本确立。尤其在东部农业区，存在各种形式的私有土地，土地买卖现象也较为常见。北宋攻占河湟地区后，为了筹得招募弓箭手之地，曾通过各种方式购买当地蕃民的土地。政和七年（1117年）三月，宋徽宗下诏：

---

① （明）桑结坚赞：《米拉日巴传》，刘立千译，第23页。

② 同上书，第28页。

③ 同上书，第42页。

④ （清）第五世达赖喇嘛：《西藏王臣记》，郭和卿译，民族出版社，1983，第90页。

熙、河、鄯、廓自开拓以来，疆土虽广而地利悉归属羌。官兵吏禄仰给县官，不可为后计。仰本路帅臣相度，以钱、粮、茶、彩或以羌人所嗜之物，与之贸易田土。田土既多，即招置弓箭手，入耕出战，以固边圉。①

这足以证明当时河湟地区土地买卖的现象比较普遍，交易不只限于蕃民之间，也在官府与蕃民之间进行。

北宋占领了河湟地区后，境内所有的山川河流荒土虽皆为国有，但政府真正掌握的土地并不多，为了征集更多熟田、招募弓箭手，宋廷还采取多种措施扩大国有土地。首先是没收一部分土地入官。宋军将领王厚在给枢密院的报告中指出，崇宁三年（1104 年）进军河湟地区后，将凡参与抗击宋军的“心黑之人”的土地全部没收入官，另外“元系西蕃王子董毡、瞎征、温溪心等田土顷亩不少，已指挥逐州尽行拘收入官”。② 即首先将原唃厮啰王室的土地全部收为国有。其次是出钱出物易买吐蕃部民私有的土地。再次是“打量汉置蕃田”，即没收非法的“汉置蕃田”。崇宁（1102 ~ 1106 年）中宋廷收复湟、鄯以来，各级官吏收受贿赂后将无主“蕃地”给予汉族“闲民”，这类非法所得的土地即被列为“打量”的对象。政和五年十一月十日边防司奏：

提举熙河兰湟路弓箭手何灌申：本路边远，土地至重，……深宜宝惟。今在弓箭手虽已不容侵冒，而汉置蕃田尚甚泛滥。近缘打量，其人亦不自安，首陈已及一千余顷。若招弓箭手即可得五百人，若纳租税，每亩三斗五升，草二束，一岁之间亦可得米三万五千硕，草二十万束。今相度欲乞汉人置到蕃部土田，愿为弓箭手者，两顷以上刺一名，四顷以上刺二名。如不愿者，依条所定租税输纳。③

---

① 《宋史》卷 190《兵志》四。

② （宋）李焘：《通鉴长编纪事本末》卷 140，崇宁三年（1104 年）五月己酉条。

③ （清）徐松辑《宋会要辑稿》兵 4 之 25。

边防司的奏文得到朝廷的准许。

13 世纪初叶，随着西藏农奴制度的全面确立，土地几乎成了农牧主的领地，土地买卖被禁止，史籍中也少有土地买卖的记载。

五　庄园经济

青藏高原的庄园，藏文叫“溪卡”，是西藏农奴制产生、发展过程中形成的一种土地经营形式。吐蕃王朝崩溃以后，先是吐蕃王室内部为争夺正统地位发生内乱与争斗，爆发了“伍约之战”，9 世纪后期又爆发了奴隶平民大起义，逐渐摧毁了奴隶制的统治秩序，使旧有的奴隶制生产方式逐步瓦解。大致从 10 世纪初开始，随着个体农户和领主庄园的出现，新的生产方式开始诞生。当时，由于大批奴隶主的死亡和逃逸，出现了大量无主土地，一批自耕农应运而生。自耕农直接占有小块土地，以家庭为单位进行个体经营。而原来的一部分奴隶主也变成了自耕农民，另一部分则侥幸地保存了一些实力，在占有的土地上以“溪卡”为形式从事农业经营，逐渐变成了割据一方的新兴领主，即农奴主。此外，随着奴隶制的瓦解和农奴制的诞生，西藏地区出现了土地自由买卖的现象，而且随着藏传佛教的再度传扬，新兴的地方封建势力开始与不同的佛教派别紧密结合在一起，以僧俗一体、政教不分的组织形式出现，成为青藏高原地区向农奴制度转化进程中比较显著的特点。新的农奴制生产方式的出现，在一定程度上满足了当时生产力发展的需要，使劳动者的生产积极性大大提高，推动了青藏高原地区社会生产力的发展。

随着私有制的发展和土地交换的频繁，原吐蕃王朝的一些旧贵族、各宗教派系首领及部分拥有经济实力的自耕农、商人等，通过购买和兼并，逐渐拥有了大量的土地，成为新兴的农奴主。他们为了发展生产以充实经济实力，保存自己并扩大势力范围，在奴役农奴、村民的基础上，建立起各自的庄园，庄园数量可观。10 世纪后期，阿里地区古格的首领拉德，把辖区内布让一带的协尔等三个地方，作为“却溪”（供养庄园）封赐给翻译佛教经典有功的仁钦桑布译师。这是迄今所见到的关于封建领主溪卡的最早记载。11 世纪藏传佛教噶举派创始人的庄园颇具典型性。藏传佛教噶举派创始人玛尔巴·却吉罗追（1012～1079年），本名却吉罗朱，意译“法慧”，出生于山南地区的一个自耕农家庭，家中既有耕地，又有牧场。他15岁开始到印度学习密法，曾先后三次去印度，四次到尼泊尔。回藏后，持家经营庄园，既从事农牧业生产，又经常到尼泊尔、印度等地贩卖黄金和其他土特产。同时，他又收徒传教，当这些信徒向他学习噶举教派教法时，则需要敬献大量牲畜或其他财产作为报酬，有时还要替他种地、盖房、服劳役等，成为事实上的农奴。后来，玛尔巴·却吉罗追成为当时藏南地区既从事宗教又经营农牧业和商业的大农奴主兼宗教领袖。

到12世纪末、13世纪初，领主庄园制的土地经营形式已在西藏大部分地区普遍形成。据《续藏史鉴》《萨迦世系》《噶当教史》等史籍的记载，西藏的阿里、卫藏、塔布、工布等地区普遍确立了农奴制度，领主庄园制的土地经营也基本上取代了在此之前曾普遍存在的土地自耕形式。个体自耕农除极少数上升为封建领主之外，绝大部分变成了各地农奴主的农奴。农奴被固定在一定的庄园内，依附于农奴主，以繁重的劳役换取一小块份地。如12世纪末，噶举派达垅支系的创始人扎希贝（1142～1210年），用“调节争端”的手段，把达尔域和绒两个地方置于自己的统辖之下，两地民众均变成其属民。到13世纪初，扎希贝之侄仁钦衮（1191～1236年）做了这一教派的住持后，又用订立契约的方式，将卫地区一些地方的农民变成了他的属民，为之服劳役。在很短的时间内，仁钦衮的属民由原来的82户增加到5000人之多。又如昆氏家族在修建了萨迦寺之后，建立了一批叫溪卡的庄园，并从事庄园的土地经营。类似昆氏家族所建立起来的这种溪卡，当时已遍布西藏的许多地区。曾经广泛存在的个体自耕农民，除少数上升为封建领主外，大多数变成了各地封建领主的农奴，西藏大部分地区的土地也几乎被集中到封建领主手中，个体自耕农民几乎不复存在，土地自由买卖再次遭到禁止。

13世纪中叶，西藏被纳入中央王朝版图后，元朝政府颁布法律使封建庄园得到进一步的确立。当时西藏地区的庄园大致分为两类。一是贵族所属庄园，叫“格溪”或“桂溪”，由“桂本”或“格本”管理，属民称“弥德”。在“格溪”中从事生产的农奴，虽对贵族和元朝政府有纳贡应驿的义务，但其权益也受到元朝政府一定程度的保护。二是寺院所属庄园，叫“衮溪”或“却溪”。寺院的属民由寺院领主管理，如果万户长为教派领袖，则集政教大权于一身，也兼管贵族庄园。寺院溪卡受到元朝政府的特别保护，元代的许多藏汉文圣旨、法旨均多次申明了对寺院的优待政策，即其财产不得侵犯，不征收和调派赋税、兵差、粮食、乌拉等。溪卡的寺户不仅从事农业、牧业，而且也从事商业贸易，是元代吐蕃经济很重要的一部分。此外，元廷还赐给帝师一定数量的庄园土地。据《汉藏史集》记载：

> 在河州的热布卡地方，有属于囊索管辖的庄园，在城墙根有叫做拉哇城的，再往下有叫典康豁的庄园，这些是按照圣旨奉献给上师八思巴的份地，不负担府库及驿站等汉地、吐蕃的任何税赋差役，不在编籍之内。据说有可下五百蒙古克种籽的土地。①

在帝师之下，乌思藏宣慰使司及下辖的诸万户、千户，吐蕃等处宣慰使司都元帅府、吐蕃等路宣慰使司都元帅府及安抚司、招讨司、元帅府的长、使等各级官员，也因拥有一定数量的庄园而成为大小不等的农奴主。

14 世纪中叶，帕木竹巴政权取代了萨迦政权在西藏的统治地位。帕竹地方政权在建立和完善宗溪行政组织系统的同时，积极健全和推广溪卡庄园制度，使之既成为地方经济组织，又具有行政管理职能。此外，帕竹地方政权还允许农奴得到一块数量不等的“份地”，这无疑促进了农业生产，增强了帕竹地方政权的经济实力与社会基础。

六　赋役制度

唃厮啰时期，青海河湟地区的赋役状况不同于吐蕃王朝时代。宋崇宁五年（1106 年）三月，宋右相赵挺之在上奏中言：

> 盖鄯、湟乃西蕃之二小国，湟州谓之邈川，鄯州谓之青唐，与河南

① （明）达仓宗巴·班觉桑布：《汉藏史集》，陈庆英译，第 170 页。

本为三国，其地滨河，多沃壤。昔三国分据时，民之供输于其国厚，而又每族各有酋长以统领之，皆衣食赡足，取于所属之民。

……若蕃兵，则其旧俗既输纳供亿之物，出战又人皆为兵，非弓箭手之比。①

据此可知，唃厮啰时期，吐蕃部落属民既要向国家交纳较高的赋税，供给实物，保证大小首领“衣食赡足”，还要随时应征出战服兵役和劳役，即“出战又人皆为兵”，当时向统治者输纳供役的负担是比较沉重的。

北宋统治河湟地区初期，因新拓边地民心未固，对归附宋朝的原唃厮啰“蕃民”是免税的。崇宁五年三月，宋右相赵挺之在上文述及的奏折中提出，“湟、鄯之复，岁费朝廷供亿一千五百余万，……若以昔输于三国者百分之一入于县官，即湟州资费有余矣”。主张向蕃民征税，徽宗“深然之”，后因朝臣以新拓边地民心未固，反对向蕃民征税而作罢。大观二年（1108年），宋廷采纳陕西转运副使孙琦之言，“宜召诸首领与族长开谕，令量立租课，责期限并委族长使之催谕”②。并命童贯根据实际情况实施。但河湟地区吐蕃人反抗宋朝统治的斗争此起彼伏，在吐蕃人中课税的想法至北宋灭亡也未能付诸实行。但为了解决经营河湟地区所需的庞大财政支出，北宋利用手中掌握的大量国有土地，招募弓箭手入耕出战，闲暇时与其家属垦殖农田自养，代正兵戍守地方，以固边圉。除了招募弓箭手外，北宋还在湟、鄯、廓三州招佃民“耕垦出课”。政和五年定例，每亩纳租税 3 斗 5 升，草 2 束。

总之，北宋直接统治河湟地区期间，蕃、汉民户的赋役负担与唃厮啰时期相比要轻一些。

据藏文史料记载，元初，忽必烈曾多次派人到藏区清查户口，确定各领主应纳贡赋的品种和数量。八思巴在建立藏区行政管理体制的过程中，曾实施了一项重要措施，即划分俗人民户和寺属民户，也即《汉藏史集》

---

① 《宋史》卷 190《兵志》四。

② （清）徐松：《宋会要辑稿》食货 63 之 50。

中所说的“米德”和“拉德”。“米德”是世俗领主所拥有的农奴，他们不仅向自己的领主承担劳役和贡赋等义务，还要向元朝政府和萨迦地方政府交纳少量赋税，承担驿站等劳役。“拉德”是藏传佛教寺院和宗教领袖所拥有的农奴，他们在寺院附近居住，世代向寺院和上层僧侣承担封建义务，基本上不承担国家的差役和赋税。据《汉藏史集》记载，当时西藏地区的米德大体上占总人户的40%，拉德占60%左右。可见，当时为元代提供赋役及赋税的主要是俗人民户，同时也说明寺院经济对社会经济影响深远。青海藏区的赋役状况与西藏不尽相同，但主要方面是大致相同的。

元代，青海东部河湟地区的赋税征收基本和内地一样，赋税种类主要有税粮、附加税、科差、税课等。至元初年（1264年），元朝政府开始在原西夏之地（含河湟地区一部分）清查户口。至元八年（1271年），“又定西夏中兴路、西宁州、兀剌海三处之税，其数与前僧道同”①。据此可知，西宁州的民户、商贾等户从至元八年起就已开始上纳税粮。元制，纳税粮还有附加税，每石带纳鼠耗3升，分例4升。纳粮人距官仓所在地有远有近，纳远仓者每粟1石折纳轻赍钞2两。一般是富户输远仓，下户输近仓②。西宁州在至元八年开征税粮之时，附加税也应是同时征收的。除税粮、附加税外，民户、匠户、商贾户、猎户等还要纳科差，主要包括丝料和包银两项。窝阔台时规定，原金、夏统治区居民每2户出丝1斤输于官，每5户出丝1斤输于本投下。忽必烈即位后，改为每2户出丝2斤输于官，每5户出丝2斤输于本投下。合计每户每年出丝1斤6两4钱，称为“二五户丝”。凡不曾分拨与各投下的居民，也要交1斤6两4钱丝，全部由官府收受。不产丝之地许折纳银钞。青海东部地区旧属金、西夏统治区，早在窝阔台时即可能承受纳丝料的负担。至元二十三年（1286年），“立西宁州等处拘榷课程所”③，负责征收西宁地区的税粮、科差和各种税课。

元代时，青海西部牧业区的居民主要是吐蕃部落即藏族，由吐蕃等处宣

① 《元史》卷93《食货志》一。

② 同上。

③ 《元史》卷60《地理志》三。

慰使司都元帅府管辖。但当时元朝诸边远地区“今皆赋役之，比于内地”①，因此，按照元朝的规定，今青海西部广大牧区的少数民族部落人户也承担着封建国家的赋税徭役。青海藏区向元廷缴纳赋税的具体情况在史书中少有记载，只有反映驿站劳役的一些零星记载。元代甘青一带藏区有 7 个大驿站，驿务由当地站户负担，主要包括支应马匹、车辆，供应往来官员、使臣等的食宿。

第二节　畜牧业

宋元时期，与吐蕃统治时期一样，畜牧业是青藏高原地区分布最广泛且居于主导地位的经济生产部门，也是发展最为显著的一个行业。这一时期，青藏高原地区的牲畜品种和数量有了明显增加，在私营畜牧业兴盛的同时官营畜牧业也不断发展，牧业经营方式较以前有了一定程度的改善，畜产品加工也具有相当高的水平。畜牧业生产的发展，不仅较大地提高了青藏高原地区各民族的物质生活水平，而且推动了这一地区手工业、商业等经济生产活动的发展，为青藏高原地区的经济社会发展做出了积极贡献。

一　宋朝

分裂割据时期，青藏地区虽然动荡不定，但奴隶制的解体和封建土地关系的确立，以及牧场的私人占有，都在一定程度上刺激了新兴封建领主和牧业生产者的生产积极性，使青藏地区的畜牧业得到了一定的发展。

据《汉藏史集》记载，吐蕃王室后裔中被称为“三则”的兄弟三人将年楚河流域分割统治。长兄穹则占据上游：

> 在这片地方中，山谷中有三个大牧业部落，叫做甘如、江如、年如，……这片地区山谷中的牧业多，河谷中的农业少，肉多粮少，牛羊肉整腔买卖。

① 《元史》卷 58《地理志》一。

二哥哲则管辖中游：

> 这片地方也是由一条东北走向的指向萨拉哇伍的山谷和一条西南走向的指向格恰噶的河谷交汇组成。山谷中有三个大牧业部落，即是江卡、杰卡、玛额。……这片地方山谷中的牧业和河谷中的农业数量相对，因此牛羊肉半腔出售。

幼弟杰则统治下游：

> 这片地方的山谷中有三个大的牧业部落，即卓、甲、热三部落。……当地山谷中的牧业少，河谷中的农业多，肉少粮多，所以牛羊肉切开四条腿出售。①

可见，穹则、哲则、杰则三兄弟的领地上均非单一产业，而是兼有农业和牧业，其中农业分布在河谷，牧业分布在山谷。再从牛羊肉出售的情况看，年楚河流域的牧业生产已经达到了一定规模和水平，同时也可以看出，当时这里的畜牧业与农业相得益彰。

这一时期青藏地区的牲畜品种主要有牦牛、犏牛、黄牛、马、绵羊、骡、驴、山羊、骆驼、猪和狗等。其中犏牛系牦牛与黄牛杂交所产，不仅耐寒，且产奶量高，是耕地、运输、取奶兼用的优良品种。这一时期的牧业经营方式较之以前也有了很大进步，从群牧发展为牛、羊、马等分群，并按牲畜习性进行放牧。据《西藏东北民间文学》载："当时在一般草原上放牧羊群，森林地带放牧山羊，沼泽地区放牧马匹，一般田野放牧犏牛，岩洞之内饲养猪。"在长期的生产实践中不断总结经验，畜牧业经营已经做到了因地制宜。此外，在放牧方式上已实现春、夏两季逐水草而居，秋、冬两季有固定牧场，不再是单纯的游牧，并且"建立畜圈"，"储备冬草"。随着畜牧业生产的发展，相关畜产品也逐渐增多，主要有皮革、毛类、肉类、酥油、奶

---

① （明）达仓宗巴·班觉桑布：《汉藏史集》，陈庆英译，第229页。

类和牦牛尾等。上文述及的年楚河流域穹则、哲则、杰则三兄弟的领地，就产有不同的农畜产品。如穹则管辖的地方出产帽子、氆氇、围裙，哲则管辖的地方出产牛尾、绳子、花毯子，杰则管辖的地方出产藏地哔叽、绸腰带、斧头。[①] 这些大都与畜牧业生产紧密相关，说明当时的畜产品加工具有相当高的水平，同时也有明显的生产分工，有利于提高生产效率与进行商品交换。

从现有的史料记载看，宋代分布于今甘肃、青海地区的众多吐蕃部落大多经营畜牧业，但因所在地地理条件的不同，其畜牧业经营形式也有所差异。河、湟、洮、岷流域的吐蕃诸部，大多是以家庭为单位定居的半农半牧、农牧兼营的形式。洮水以南、积石山以北、青海湖以西的广大地区，“海西地皆平衍，无垄断，其人逐善水草，以牧放射猎为生，多不粒食”[②]，这是以部落为单位的不定居的游牧。吐蕃牧民以饲养羊、马、牦牛为主，也饲养骆驼、驴、骡、猪等。他们具有经营畜牧业的丰富经验，并且善于培育优良品种，其饲养的良马驰名中原。宋神宗时，王安石在一次讨论养马利害得失时说，朝廷派专人开辟军马场牧马不合算，养成一匹马要花费 500 余贯，如果让洮河一带的蕃部养马，“所费必不至如此之多，兼得好马”。[③] 因此，北宋以茶、丝织品等物易买甘肃、青海地区吐蕃诸部的良马。北宋绍圣（1094～1098 年）中，熙河市岁得马两万匹。[④] 而马匹不仅成为唃厮啰政权与宋进行贸易的大宗商品，还是向宋朝中央政府进献的主要贡品之一。如大中祥符九年（1016 年），河湟吐蕃唃厮啰、李立遵等 4 部向宋朝贡马 582 匹[⑤]；元丰元年（1079 年），董毡派大首领景青宜党令支向宋进贡方物，其中包括马 463 匹[⑥]；元祐六年（1091 年），阿里骨向宋贡马 179 匹。[⑦] 除马外，邈川大首领温溪心于元祐元年（1086 年）向北宋进贡犏牛，这不仅说明犏牛在当时是比较珍贵的，而且表明唃厮啰人已掌握了通过杂交选育优良牲畜品种的技术。

---

① （明）达仓宗巴·班觉桑布：《汉藏史集》，陈庆英译，第 229 页。

② （宋）李远撰、马忠辑注《青唐录》，载《青海地方旧志五种》，第 10 页。

③ （宋）杨仲良：《通鉴长编纪事本末》卷 15《马政》。

④ 《宋史》卷 198《兵志·马政》。

⑤ 《宋史》卷 492《吐蕃传》。

⑥ （宋）李焘：《续资治通鉴长编》卷 297，元丰二年（1079 年）三月癸未。

⑦ （宋）李焘：《续资治通鉴长编》卷 460，元祐六年（1091 年）六月甲寅。

二 元朝

元代，尽管农业在青藏高原地方经济中的比重不断增加，但畜牧业经济在总体上仍然居于主导地位。元朝肇兴于蒙古草原，本身就十分重视畜牧业的发展，特别是在忽必烈时期曾采取了一系列有利于畜牧业发展的措施。如在牧区按“人口验多寡，分三等九甲为差”[①]。将人户分等，使赋役负担大体合理；禁宰幼畜、母畜，以利牲畜繁衍；推广畜牧业生产技术，如《农桑辑要》一书有“孳畜”专章；用法律保护畜牧业产权，对盗驼、马、牛、驴、骡等牲畜者，处以重罚、杖责；建立畜产品市场，制定畜产品价格，通过减轻商税、优惠商人的办法吸引内地商人到牧区收购牧业产品，并转销内地其他产品；组织政府与牧民间的官民贸易，以提高畜产品的商品率。如此等等，不一而足。

元朝政府在鼓励发展私营畜牧业的同时，还兴办国营牧场，实行官私牧羊并举的政策。据《元史》记载，忽必烈于“中统四年（1263年）设群牧所，隶太府监，寻升尚牧监，又升太仆院，改卫尉院，院废后立太仆寺，属宣徽院，后隶中书省”。太仆寺所辖官营牧地“东越耽罗，北逾火里秃麻，西至甘肃，南暨云南等地，凡一十四处”。“周围万里，无非牧地。”[②] 官营牧场在管理上实行分群制、分种股烙制、逐水草而牧制、有误则罚的责任制等，牧养的马匹实行分群，“或千百，或三五十”，凡官马皆分种烙印于股，俗称“大印子马”。放牧人员“父子相承任事”，夏、秋逐水草放牧，冬季返本处饲养。每年官马数及孳生额用蒙、藏、汉三种文字造册并统计上报太仆寺，太仆寺也常派员巡察。所养官马若出现死亡，由牧养者赔偿马值的一部分。[③] 青海东部和柴达木盆地西部在元代俱属甘肃行省所辖，其间宜牧不宜农之地正在官牧场范围之内，元廷曾封宗室卜烟帖木儿为宁王，镇守柴达木西部草原，应与这一带属官营牧场有一定关系。

---

① 《通制条格》卷17《赋役·科差》，浙江古籍出版社，1986。

② 《元史》卷100《兵志》三《马政》。

③ 同上。

第三节　手工业

宋、元时期，青藏高原地区的手工业有了长足的发展，不仅手工业的品类与制作工艺有了明显增加和提高，而且分工越来越细，手工业部门主要有采矿、金属加工、皮毛加工与纺织、采盐、酿酒、陶瓷制造、雕刻、唐卡制作等。但由于社会经济发展仍处在自给自足的自然经济时代，这时的手工业生产尚未从农牧业中脱离出来而成为独立的经济部门，所以手工业生产基本上都是紧密围绕着农业和畜牧业生产进行的。

一　采矿业

（一）金矿开采

藏传佛教“后弘期”，青藏高原地区对黄金的使用十分普遍。当时，各个教派求法、传法时都要供奉大量黄金，尤其是印度的高僧传法都要向求法者索取大量黄金，当时认为没有黄金作贽礼进献的人是得不到真传的，因此，人们称这种法为“黄金法”。古格王益西沃崇信佛教，将王位传给弟弟后出家为僧。为了求取佛法，益西沃先后派使者携带着数量可观的黄金外出求法。后来，为了邀请印度超岩寺主持、孟加拉国高僧阿底峡大师来主持托林寺，而需要大量黄金，求高僧心切的益西沃与噶洛王开战，最后却战败被俘。益西沃之子绛曲沃为了满足噶洛王让其用等身重量的黄金来为父赎身的要求，不得不向所有臣民征集黄金。益西沃得知后拒赎而死，绛曲沃遂用筹集到的金子迎请阿底峡大师到古格传法。阿底峡在托林寺收徒传法时，绛曲沃献上 600 两黄金作为请他宣讲一年佛法的献礼，而阿底峡在古格住了三年，故绛曲沃花费的黄金不少于 1800 两。

藏传佛教的弘传使佛教徒对黄金的需求大增，这直接刺激了金矿的开采，在青藏高原兴起了一次采金高潮。据史书记载，当时阿里的古格、北部的洛丁，金矿的开采量大，黄金储量多。这一时期黄金开采的规模和数量，还可从同时期由西藏到印度学习佛教的僧侣所携带黄金的数量得到印证。据学者统计，分裂时期前往印度学习佛法的译师总计 153 人，他们一般要自己携带学费和生活费，每人每年至少需要携带黄金 80～100 两。学习时间最短为 7 年，有的甚至长达 20 年，按每人平均在国外 9 年，每人每年开支黄金 80 两计算，则 9 年所需黄金共计 110160 两。[①]

位于甘肃、青海的吐蕃地区，由于金矿蕴藏量极为丰富，且种类众多，有沙金、块金、水金、旱金之分，因此金矿开采颇具规模，许多吐蕃部落中也出现了一些采金的坑冶大户。《宋史·食货志》载："湟州界蕃官结彪地内金坑千余，收生熟金四等，凡百三十四两有奇。"[②]《宋史·五行志》也载："湟州丁羊谷金坑仅千余眼得矿，成金共四等，计一百三十四两有奇。"[③] 元丰元年（1078 年），北宋"诸坑冶金总收万七百一十两"[④]。而湟州结彪丁羊谷金坑产金量，就占宋朝全国年产量的 1.1%～1.2%。1 吨沙金才能淘出 1 两金，可见湟州蕃官结彪的坑冶采集工场规模较大。唃厮啰由于产金较多，故每次进贡及市场交易多以金为商品或贡品。

（二）盐矿开采

历史上青藏高原地区的盐藏资源丰富，开采形式多种多样。西藏地区的盐大致可分为池盐、井盐和岩盐等三种。

池盐以今班戈、当雄两县间的纳木错湖（蒙语名腾格里海）所产最为丰富，分布于今阿里地区北部及那曲地区西部的公努木盐池、里牙尔盐池、尔布盐池、雅根盐池、必老盐池、那木盐池、马里盐池、苦公盐池、那木鄂岳尔盐池均生产池盐。至迟在隋代，阿里北部的池盐已开始向印度一带出口。据《隋书》记载：

> 女国在葱岭之南，其国代以女为王。……尤多盐，恒将盐向天竺兴贩，其利数倍。[⑤]

---

① 东嘎·洛桑赤列：《论西藏政教合一的制度》，陈庆英译，第 33、34 页。

② 《宋史》卷 185《食货志》（下）七。

③ 《宋史》卷 66《五行志》四。

④ 《宋史》卷 185《食货志》（下）七。

⑤ 《隋书》卷 83《西域·女国传》。

井盐以今盐井县最为著名，盐井多分布在澜沧江两岸。

岩盐以后藏乌兰达布逊山所产紫色石盐最为特别，其他的山原岩野，均有一定数量的蕴藏。关于制盐方法，大抵井盐系晒制，池盐、岩盐则出自天然，不假人力。宋元时期关于西藏地区盐矿开采的文献记载虽然很少，但上述盐矿资源应该得到了当地居民的开采利用。

青海地区的食盐资源也比较丰富，见于记载的开采不迟于秦汉时期。唐代，廓州开元贡品中就有“戎盐”[①]。宋元时期，青海茶卡等盐湖的盐仍在开采利用。《青唐录》载：

……海广数百里，其水咸不可食，自凝为盐，其色青。[②]

《政和证类本草》也载：

……青盐从西羌来者，形状方棱，明莹而青黑色最奇。[③]

当时，这种产自茶卡等盐湖的大青盐已进入中原，并被人们视为名贵的药材。此外，廓州还出产了一种阴土盐，据《政和证类本草》记载：

沙州名为秃登盐，廓州名为阴土盐，生河岸山阪之阴土石间，块大小不常，坚白似石。[④]

这种土盐的制作方法即取用水泡卤土，将水入锅，熬煮成盐。直到近现代，青海河湟地区的一些贫苦居民仍用此法煮盐。

除此之外，今甘肃西南、四川西部也有许多盐井，出产井盐。宋代通远

① （唐）李吉甫：《元和郡县图志》卷39《陇右道上·廓州》。

② （宋）李远撰、马忠辑注《青唐录》，载《青海地方旧志五种》，第10页。

③ （宋）唐慎微：《政和证类本草》卷4《玉石部》。

④ 同上。

军盐川寨的盐井，起初是由吐蕃首领临占讷芝经营，“日获利可市马八匹”。[①] 后来这个盐井被青唐族强占，改由其首领包顺、包诚兄弟经营，产量有较大提高，日产盐800斤左右，每日可获利约1万缗。以致宋政府想用高价收买，“旧日收十千，今日与十五千扑买”。[②] 今四川岷江流域以西，以南的甘孜、阿坝以及大渡河两岸，也有许多吐蕃盐井。北宋政府筑城寨，设监亭，对盐井进行严格管理，城寨监亭所辖盐井由官府经营，其余小井则由蕃民自营自销，但课以重税，并限制其销售地界。

二　金属加工业

（一）兵器制造

早在唐代，青藏高原地区的吐蕃、吐谷浑等就已经掌握了较高的冶铁技术，善造兵器等器物。及至宋代，兵器制造仍是甘、青地区吐蕃人十分重要的手工业生产部门之一，其兵器制造技术在继承的基础上有了进一步的发展，形成了诸如冷锻等独特的冶铁工艺，技术精湛，名闻中原。

当时吐蕃人制造的兵器种类主要有枪、剑、矛、弓箭、甲胄、头盔等，其中青唐族制造的“瘊子甲”最负盛名。宋代著名科学家沈括在其名著《梦溪笔谈》中对青唐族的“瘊子甲”有详细的描述：

> 青堂（唐）羌善锻甲，铁色青黑，莹彻可鉴毛发。以麝皮绳旅之，柔薄而韧。镇戎军有一铠甲，椟藏之，相传以为宝器。韩魏公帅泾、原，曾取试之。去之五十步，强弩射之不能入。尝有一矢贯札，乃是中其钻空。为钻空所刮，铁皆反卷，其坚如此。凡锻甲之法，其始甚厚，不用火，冷锻之，比原厚三分减二乃成。其末留筋头许不锻，隐然如瘊子，欲以验未锻时厚薄，如浚河留土笋也，谓之“瘊子甲”[③]。

这种采用冷锻技术制造的“瘊子甲”，将锻造比设为“比原厚三分减

① （宋）李焘：《续资治通鉴长编》卷175，皇祐五年（1054年）七月己丑条。

② （宋）李焘：《续资治通鉴长编》卷245，熙宁六年（1073年）六月乙未条。

③ （宋）沈括：《梦溪笔谈》卷19《器用》，安徽科学技术出版社，1979。

二”，不仅符合用冷变形提高金属硬度和韧性的科学原理，也反映出吐蕃工匠已经掌握了金属的冶炼、切削、冷锻硬化、磨钻及柔化处理等一系列技术，拥有精湛的金属冶炼和加工技术，其兵器制作水平丝毫不逊色于中原地区，且在某些方面高于中原水平。这种精良的铁甲常作为贡品向宋王朝奉献，熙宁六年（1073 年）九月，吐蕃首领辖乌察及本琳沁向王韶贡献“甲五十领”。[①] 由此可以推断，吐蕃地区设有较大的金属锻造手工作坊，其冷锻甲数量较多。

除锻甲闻名遐迩外，甘、青地区的吐蕃人制造的枪、矛、刀、剑、镞等武器也很精良。李远在其《青唐录》一书中载：

> 又青唐之南有泸戎，汉呼为芦甘子，其人物与青唐羌相类，所造铠甲刀剑尤良。[②]

而吐蕃人制造的蕃枪，细而长，坚而韧，其质地和锋利程度并不亚于宋人所造，宋军也常习练之。宋绍圣三年（1096 年），宋哲宗曾下诏“在京府界、诸路马军枪手并改充弓箭手，兼习蕃枪”[③]，就是对吐蕃兵器的肯定。

此外，在西藏阿里札达县的古格王国遗址中，还发掘出大量的古代武士服饰和武器，服饰种类有钢盔、铠甲、马甲等，武器有盾牌、箭杆、弓等。铠甲多为钢片甲，用细皮条串联而成。盾牌以藤条编织为圆形，直径 80 厘米左右，正面镶有铜质加固件，铜件上雕刻有细密的纹饰，背面有 4 个铜环，环间用皮件相连，作为握柄之用。这些武士服饰和武器在制作上虽受到中原地区的影响，但反映出这一时期西藏地区兵器制造技术的特征，在继承吐蕃技术的基础上有了进一步的完善和发展。

直到元代，甘青地区吐蕃人的兵器制造仍保持着比较高的水平，“西蕃铠甲”在当时十分有名，以致作为贡品进献给元廷。[④] 其他如弓箭、刀枪等

---

① （宋）李焘：《续资治通鉴长编》卷 274，熙宁六年（1073 年）九月壬辰条。

② （宋）李远撰、马忠辑注《青唐录》，载《青海地方旧志五种》，第 11 页。

③ 《宋史》卷 190《兵志》四。

④ 《元史》卷 177《吴元珪传》。

也由专门作坊来制作。

（二）佛像、佛塔和金顶的加工

宋代以来，随着藏传佛教在青藏高原地区的复兴和传扬，大量的藏传佛教寺院在各地兴建起来。在寺院建设的过程中，大量的金、银、铜等金属被用来制作佛像、佛塔和金顶等，促进了佛像、金顶加工技术的发展。12～13世纪，西藏粗朴寺、邓萨梯寺、止贡寺、竹拉笼寺以及蔡公堂等地寺庙的藏文典籍，均记载了一些铸铜师的名字。而在佛像的造型风格上，西藏的许多寺院与印度的帕拉王朝有着密切关系，因此帕拉王朝的佛教造像艺术不断传入西藏，与西藏传统造像艺术相结合而形成帕藏风格，即佛像头饰螺发，肉髻上有火焰宝珠，造型挺拔，结构均匀。菩萨多戴三叶冠或三花冠，顶部有柱状的高发髻，婀娜多姿，美丽动人，形成独特的风格。

这一时期，西藏阿里地区的藏传佛教在古格王朝上层统治阶级的极力扶持下得到快速发展，兴建了诸多寺院，佛像、佛塔及金顶的加工技术有了长足的发展。据《汉藏史集》记载：

> （古格王）扎西德的儿子为扎赞德，他用十七锭黄金建造了文殊菩萨像，又以二十四锭黄金建造了佛塔，用五百锭白银建造金刚圣母及俱生母像，还以白银一万二千两建造了弥勒佛像，还写造了许多经典。……扎赞德的儿子为阿索德……阿索德的儿子是则达梅和阿南梅二人。则达梅建造了铸银喜金刚九尊像，阿南梅修复了金刚座寺，用金汁书写了《甘珠尔》。阿南梅的儿子为热乌梅，……用白银四十锭建造了药师佛八尊像，并为拉萨大昭寺觉阿佛像奉献了一座金顶。……则达梅的儿子为阿吉梅，他用十一升金银建造了度母像。……阿吉梅的在杨孜出生的儿子斯底梅及其大臣贝丹扎巴为萨迦的大法座及大昭寺的十一面观音菩萨像奉献了金顶。①

在当时兴建寺院和大造佛像的影响下，在古格还出现了专门制造金银器

① （明）达仓宗巴·班觉桑布：《汉藏史集》，陈庆英译，第133页。

的场所“鲁克”，即“冶炼场所”，以及专门的工匠艺人“鲁巴”，即“冶炼人”。古格王国时期以托林寺为主寺的下属24座寺院的金属佛像与法器，都由“鲁克”铸造。传说“鲁克”铸造的佛像用金、银、铜等不同的原料合炼而成，工艺精湛，通体全无接缝，如自然形成，其价值甚至超过了纯金佛像。其中被称为“古格银眼”的铜像，只有古格才能制作，更是被视为佛像中的精品。长久以来，无人知晓其为何物。直到1997年夏季，西藏自治区文管会组织的考察队在皮央遗址杜康大殿的考古发掘中，出土了一件精美的铜像。这尊佛像头戴化佛宝冠，四臂各执法器，结跏趺坐于兽座莲台，头生三眼，额上正中眼为纵目。三只眼的眼球都用镀银的技法做成，在金黄色的铜像映衬之下银光闪闪，晶莹锃亮，终于揭开了“古格银眼”之谜。由此可见，古格王国时期的金属制造业已经达到相当高的水平。

河湟地区的青唐城，在唃厮啰统治时期不仅兴建了许多佛寺，还建造了许多规模很大的佛像。据《青唐录》记载，在被唃厮啰人称为“禁围”的国主议事大殿旁边，“傍设金冶佛像，高数十尺，饰以真珠，覆以羽盖”。“城之西有青唐水注宗河，水西平远，建佛祠，广五六里，缭以冈垣，屋至千余楹，为大象以黄金涂其身，又为浮屠三十级以护之。阿里骨敛民作是像，民始离。”① 唃厮啰人建造了如此巨大的佛像，反映出当时河湟地区的佛像制作水平同样高超。

进入元代以后，西藏的金属加工技艺也获得了较大发展，尤其是在佛像的制作上，探索出一整套的加工、装饰工艺，形成了独特的“模具法”、“失蜡法”和“水镀研金”等造像技术。《巴思巴画传》所载之图画中，右上角是已经安装好的乌则殿的金顶，顶高3米以上。图右中部是建造银塔殿和银塔的场面，银塔高4～5米，和金顶一样都是用铜板锻打的。图右下部为铸造“增本里耶夏”佛像的情形，佛像高约4米。能够铸造这样大的佛像和银塔，足见当时西藏地区佛像制作技艺的高超。此外，尼泊尔著名工匠阿尼哥，应元朝帝师八思巴之请从尼泊尔来为萨迦建金塔。后被八思巴举荐到元朝宫廷，深受元朝皇室厚爱，先后为仁宗皇帝画像，并主持过大都的一

① （宋）李远撰、马忠辑注《青唐录》，载《青海地方旧志五种》，第10页。

些佛像的立塑工作。阿尼哥将其技艺传给其子阿参哥和刘元等人，在中原内地形成了一股尼泊尔风格的造像艺术流，对后来明、清的宫廷造像艺术和西藏藏传佛教的造像艺术都产生了重要影响。

佛像、佛塔和金顶的加工是一个综合工程，其对于矿藏开采、金属加工、运输和工匠的流动等具有毋庸置疑的推动作用，同时对当时的社会经济发展影响深远。

（三）生活用品加工

宋元时期，甘、青地区吐蕃上层及佛教僧人的生活器皿多用金、银、铜、锡、铁等制成，其日常生活用品有金佛像、金瓶、金镜匣、银枪、银装交椅、铜印、铁衔、铁镫等，所以金属日用品的加工制造比较发达。

据《曾公遗录》记载，宋元符二年（1099 年）十月壬子，宋人从青唐获“西蕃印四十二面”，其中吐蕃传国之印为银制，其他蕃印大多为“钢印”[①]。

自元代开始，随着宗教对世俗生活的影响日益加深，青藏高原地区的金属加工逐渐为佛教文化服务，开始以寺院装饰用品为主，加工工艺趋于装饰性的精雕细刻，材质也多选用金、银、铜、铁等。这一时期的金银器物有首饰品、服饰品、镶嵌饰品及宗教用品等，将吉祥纹饰铭刻于器皿成为风尚。在一些实用器具的制作上，还讲究不同色泽的金属镶嵌。如源于西藏萨迦地区的一件铁制熏炉，造型为内地传统风格，在炉腹一周的花蕊上，镶饰有淡黄色金属，别具一格。[②] 这反映出青藏高原生活用品的加工技术对内地技术的吸收，同样也对内地产生了不可低估的影响。

三　皮毛加工

宋元时期，由于吐蕃畜牧业的发展为皮毛加工提供了大量的原料，加之吐蕃人“衣皮毛”“衣率毡韦”，所以皮毛加工在更广阔的范围内得到了发

---

① （宋）曾布：《曾公遗录》卷 8，中华书局，2016。

② 马建设：《青藏民族工艺美术》，青海人民出版社，1999，第 106 页。

展，成为青藏高原地区吐蕃人最重要的家庭手工业内容。

毛纺织以兽毛为主要原料，其产品主要有褐、毡、罽毯（氆氇）等。褐是用牲畜的毛或粗麻制成的，褐有毛、麻两种，其中用牛、羊、驼等毛捻线粗织而成即为毛褐，一般用来做衣服，品种有茸褐、驼褐、三雅褐等。毡是一种用牛、羊等牲畜的毛经湿、热、挤压等制成的片状材料，具有良好的保温、隔潮等功能，既可用作靴和帽，又可用作帐幕，也可作为居住时的铺垫物品。《宋史·吐蕃传》谓“富姓以毡为幕”①，富者所居帐幕号“大拂庐”，可容数百人，一般部民则处小拂庐，上述帐篷多用毡制作。罽毯又称氆氇，也是吐蕃传统的毛纺织产品，产量很大。这些毛纺织品不仅是吐蕃人制作帐幕、衣服、被单、鞋帽等的原料，同时也是他们对外贸易和进贡的重要物资。《宋史·吐蕃传》载，吐蕃人在商业交易中以实物代替钱币，这些实物除五谷、马、牛、乳香、硇砂外，还有罽毯等。宋神宗时期，河湟地区的吐蕃商人拿到熙河市场上交易的商品中毛织品占有较大比例，毛织品的品种也比较多，主要有茸褐、驼褐、三雅褐、花蕊布等。② 宋军攻占熙河后，毛毲成为这一地区主要的进贡品。在西藏地区，随着各地商业的发展，氆氇等毛纺织品大量进入市场被用来交换。

在毛纺织技术得到发展的同时，青藏高原地区的皮革加工技术也得到快速发展，出现了专门从事鞣皮、制皮的工匠。经过专门处理的皮革柔韧性好，柔和耐用，适合穿戴，在服装服饰上常用皮毛扮装，如皮帽、皮衣、皮裤、皮坎肩、皮靴履等。《宋史·吐蕃传》谓吐蕃人“贵虎豹皮，用缘饰衣裘。妇人衣锦，服绯紫青绿”③。毛滂在《恢复河湟赋》中也称吐蕃人“荷毡而被毳”。④ 元符三年（1100年），陇拶、边厮结、瞎征及其家属、首领、僧尼等一行人朝觐宋徽宗时，所穿“皆蕃服”。⑤ “蕃服”系指毡帽、皮帽、毡靴、皮裘、裘衣等。青唐吐蕃首领“冠紫罗毡冠”⑥，穿金线花袍、黄金

① 《宋史》卷492《吐蕃传》。

② （宋）李焘：《续资治通鉴长编》卷299，元丰二年（1079年）七月庚辰条。

③ 《宋史》卷492《吐蕃传》。

④ （宋）毛滂：《东堂集》卷1，影印文渊阁四库全书本。

⑤ （宋）曾布：《曾公遗录》卷9，中华书局，2016。

⑥ 《宋史》卷492《吐蕃传》。

带、丝履大都是由吐蕃人自己制作的，当然这明显地学习、借鉴了内地的纺织技术。

四 木石雕刻与印刷

（一）木雕

宋元时期，青藏高原地区的木雕主要用于寺庙建筑、宗教器具及生产生活等方面，大致可以分为宗教木雕制品和生产、生活木雕制品两大类。其中宗教木雕制品多出自僧人之手，大件配于建筑装饰，小件则用于室内装饰或供奉饰品。木雕内容除了天神、佛陀、菩萨、度母、勇士空行、信徒、妖女外，还有佛塔、法器、兵器、花草鸟兽等，种类繁多。木雕的生活用具主要有木质碗、勺、桶等，生产用具有木锨、盾牌鞍具等。其中木制马鞍在青藏高原地区既是实用工具又是马背饰具，无论是日常游牧或骑马征战，都离不开马鞍，鞍具的加工生产成为当时的一项专门手艺，其造型、规格、用料都十分考究，并有不同的雕刻手法和嵌饰形式。

今西藏日喀则市昂仁县达居乡邦玉寺的观音菩萨像，具有较明显的南亚雕塑风格，是十二三世纪吐蕃木刻的代表作。该雕像用紫色檀香木整雕而成，高约 45 厘米，宽约 20 厘米。主像高约 20 厘米，头戴饰有火焰宝珠的塔式高冠，有桃形的头光，耳佩大环，有颈饰、项饰，戴臂别。上体赤袒，跺脚，左手结施无畏印，右手结降魔印。轮王坐于莲台之上，腰肢略向右折，头微垂，双目微闭，神态安详。主像正上方为一释迦小像，双手结定印，结跏趺坐于莲台之上，身边环绕菩提树枝与连珠纹饰，两侧各有一小猴攀缘于枝叶上，形态生动活泼，与佛像的安详神情形成鲜明的对比。在主像两侧及莲座下方均有蔓草环绕，蔓草中央又雕刻出供养女、护法神等小像，或站或跪于莲台上，呈愤怒或寂静相。这尊檀香木雕像精雕细刻，刀法娴熟洗练，人物造型生动，具有很高的艺术价值。

萨迦寺（北寺）的度母木雕、忿怒神木雕、帕当巴桑杰圆雕均是这一时期具有代表性的木雕作品。这些木雕均系红檀香木质，造型生动，雕工细腻。今日喀则市康马县乃宁乡的乃宁曲德寺保存的两件莲瓣纹三佛木雕，均为压经板，长约 70 厘米，宽约 25 厘米，厚约 4 厘米。除雕刻有释迦牟尼佛像、小佛、护法神、夜叉等神像外，佛座和佛像周围还雕刻有卷叶纹、双重覆莲瓣及大象、摩羯鱼等图案。雕刻精致繁缛，具有印度雕刻中的洛可可艺术风格，其雕刻年代大约为14世纪。1998年，考古工作者在古格王国“离宫别馆”的皮央遗址中发掘出一些木雕佛像。这些木雕佛像多是在一块手掌大小的木板上用雕、刻、磨、刨、镂空、镶嵌等技术，塑造出佛、菩萨、飞天、大鹏鸟、摩羯鱼、童子骑象、宝马、狮子等一系列佛教天国中的形象，其中形态最小的仅有4.5毫米。方寸之中，竟可容纳数十尊不同的神灵，其体态、神情也刻画得栩栩如生，足见当时木雕技艺的高超和精湛。

（二）石雕

宋元时期，青藏高原地区的石雕艺术得到长足发展，形成了独特的风格。不仅如此，这时的石雕工艺也逐渐转向为宗教文化服务，多以自然的石洞、石壁或巨石为雕刻材料，有石窟雕像、摩崖雕像和寺院石雕三类，其中石窟雕像现存的并不多，而摩崖雕像和寺院石雕保存的较多。

这一时期的摩崖雕像主要分布在拉萨的尼塘哲朴、曲桑等地，造像高大典雅，气势恢宏。如哲朴摩崖雕像位于拉萨堆龙德庆县的尼塘哲朴山下，共有7尊雕像。其中的释迦牟尼佛雕像被称为“聂塘大佛”，为佛祖在菩提树下降魔成道的坐像，通高9.83米，宽7.9米，座高1.3米，手长1.4米，脚长1.9米，系高浮雕。佛祖头饰高宝髻，桃形顶髻；大耳垂肩，秀眉凤眼，棱鼻方正，朱唇微启，唇角上翘，额方颐丰，颈饰两道蚕节纹；袒右肩，身披红色袈裟，左手持钵，右手施降魔印，结跏趺坐于仰莲座上。释迦牟尼佛雕像面目神态自若，雍容大度，一丝永恒的微笑耐人寻味。该雕像造型比例匀称，气势雄浑，被誉为“西藏石雕之最”。此外，芒康县宗西乡的多拉日追的石刻群，有八十一大成就者和十六罗汉等高浮雕石刻，也系宋元时期的摩崖雕像之精品。

寺院石雕造型丰富，题材也比较广泛。在桑耶寺千手千眼观音菩萨殿内，还保存有部分石刻造像，其题材主要是西藏历史上的著名人物，例如莲花生、阿底峡、米拉日巴、唐东杰布等的造像，此外还有绿度母像和塔。造像皆为高浮雕，造型逼真，栩栩如生。这些石刻造像缺乏直接证据来确定其始刻年代，从造像题材、内容、风格看，“乌孜”殿内围墙回廊南面两间房里的“千佛像”（即释迦佛像）时代较早，大约是十一二世纪时所雕刻的。

（三）印刷术

西藏地区的印刷术是13世纪由内地传入的。据《西藏佛教史略》记述，13世纪，蔡巴·葛德贡布前后7次赶赴内地，带回汉族的能工巧匠，兴建佛堂，雕塑佛像，同时也将印刷术传到西藏。在印刷术传入的同时，西藏地区的造纸技术也有了一定发展，纸张在当时虽然比较珍贵，但已在日常生活中得到使用。

据《玛尔巴译师传》记载，大译师玛尔巴第一次去印度前，其父母给他准备的学费中有“纸张两驮，黄金一两，银瓢一把，良马一匹并紫檀木质鞍子、织锦缎一匹等”。后来，玛尔巴为了从卓弥手中借阅《行空母金刚帐本续》一书，只得“将两驮纸张并驴牛贡献给卓弥”。① 可见当时青藏高原地区的纸张在印度等地也颇受欢迎，这无疑会对印度等地的造纸业产生不可忽略的影响。

随着印刷术和造纸技术的不断成熟，西藏的雕版印刷也得到发展，并在佛经印刷方面发挥了十分重要的作用。噶丹派著名寺院那塘寺自第四任堪布迥丹日贝惹迟起，即积极搜求、整理流传于各地的藏文经论。第六任堪布俄桑格恰（1244～1253年）在任时，编辑出完整的《甘珠尔》与《丹珠尔》，并将其藏于纳塘寺。后来由僧伽嘉央按照甘、丹目录抄编了一套完整的《大藏经》，存放于纳塘寺，后人称之为“纳塘古版”，是最早、最完整的一套《大藏经》。那塘寺第十一任堪巴喜饶（1316～1327年）在任时，完成第一部雕印藏文藏经，是为那塘古版大藏。众多藏文史籍都认为纳塘古版是后世《甘珠尔》各种印版之范本，为后世学者和广大僧众所推崇。元代后期，蔡巴·贡嘎多杰重金聘请布敦仁钦珠主持校审了纳塘《甘珠尔》，并补充遗著，雕刻成版，称为蔡巴版《甘珠尔》（此印版已失传）。1334年，后藏地区的夏鲁古尚贡噶顿珠担任施主，由布敦仁钦珠主持，以纳塘寺的

---

① （明）桑结坚赞：《玛尔巴译师传》，张天锁等译，西藏人民出版社，1989。

《丹珠尔》为基础写了一部完整的《丹珠尔》，将以前纳塘本《丹珠尔》未收入的1000多篇论著增补进去，并编写了目录，这部《丹珠尔》后来通称为夏鲁《丹珠尔》。

五　酿酒

青藏高原地区酿酒的历史比较悠久。早在隋唐时，吐蕃人“实羹酪并食之，手捧酒浆以饮”[①]，党项人也“求大麦于他界，酝以为酒”[②]，说明吐蕃人和党项人已掌握了酿酒技术。宋代，青藏高原地区的酿酒业随着本地区农业生产的进步而得到了长足发展，酒也成为吐蕃人生活中一种很重要的消费品。

《宋史·吐蕃传》载，唃厮啰人“嗜酒及茶”[③]。崇宁三年（1104年），王厚前往湟州招纳蕃族时，“廓州蕃僧欲侯大军早到献酒”。[④] 收复湟州后，宋人毛滂在《恢复河湟赋》中有“亦得昭景而饮醴”[⑤] 之句。此后，北宋在河湟蕃族区域设务造酒，以增加税收，同时严禁蕃族买扑造酒。20世纪80年代，青海湟中县出土的一批宋代文物中，有六耳、四耳瓷壶、陶壶等7件，形体硕大，一般通高为50～67厘米，报道者推测这些壶为酿酒器，说明酒在当时吐蕃人的日常生活中具有非常重要的地位。

由于酒的需求量大，酿酒利润多，易销售，熙、河、洮、岷一带的吐蕃酋豪多愿开设酒场、酒坊。熙宁五年（1072年），王韶上疏指出河湟地区有酒场30余处。熙宁六年（1073年），吐蕃在“熙州新堡寨合置酒场”，熙河安抚司也只好听任“蕃部自募人”[⑥] 而无法干预。熙宁八年（1075年），首领木征要求“管勾熙河蕃部”，而其妻包氏则“乞安乡城开酒场”。[⑦] 到元丰六年（1083年），宋廷规定：蕃官诸将合用酒，许于驻州军奇造，让沿

---

① 《新唐书》卷216《吐蕃传》（上）。

② （唐）杜佑：《通典》卷190《边防·党项》。

③ 《宋史》卷492《吐蕃传》。

④ （宋）杨仲良：《通鉴长编纪事本末》卷140《收复鄯廓州》。

⑤ （宋）毛滂：《东堂集》卷1。

⑥ （宋）杨仲良：《续资治通鉴长编》卷242，熙宁六年（1073年）二月己卯条。

⑦ （宋）杨仲良：《续资治通鉴长编》卷265，熙宁八年（1075年）六月丁未条。

边的驻军造酒，士兵食用和犒赏士兵，官员及庆贺等用酒自产自销，以此达到减少军费开支的目的。熙州（治所今甘肃临洮）新筑堡寨，由吐蕃人置酒场，官方课以酒税。宋王朝依吐蕃人嗜酒之俗，常用酒坊来奖励立有战功的蕃官，允许其自酿自沽。

吐蕃酿酒时因地制宜，就近取材，酿酒的主要原料为大麦、青稞，所酿酒的品种比较多。宋代笔记小说《鸡肋编》记载了安多地区酿造的“畜酒”：

> 关右塞上有黄羊无角，色类獐鹿，人取其皮以为衾，又夷人造畜酒，以荻管吸于瓶中。老杜送从弟亚赴河西判官诗云：“黄羊饫不膻，芦酒多还醉。”盖谓此也。[①]

这种畜酒很可能是一种低度酒，故谓多饮才醉。

六　陶瓷制造

宋元时期，随着青藏高原地区与周边地区经济文化交流的不断拓展，内地陶瓷技术通过各种渠道传入这一地区，与本地传统的陶瓷技术相融合，逐渐形成了具有本地和本民族特色的陶瓷制造技艺。

在西藏地区，由于藏传佛教的兴盛和寺院的大量兴建，对釉陶工艺产品的需求量越来越大，釉陶技术得到普遍推广。围绕寺院建筑生产的釉陶工艺产品，不仅数量较多，而且造型精美，富有浓郁的宗教色彩。当时，釉陶生产在前藏的山南和后藏的萨迦等地形成了一定规模。前藏山南地区的扎囊县出产的釉陶被称为“扎嘎尔”，后藏萨迦出产的叫“萨嘎尔”。约 14 世纪中叶，重建夏鲁寺（夏鲁拉康）时，寺院表面的建筑均由玻璃砖瓦修饰，东配殿的女儿墙和山头墙上，均装镶了一圈琉璃浮雕花砖，镶饰的釉陶狮兽人物，造型非常生动。元代时，帝师八思巴还从内地给西藏派来制造瓷碗的工匠，在萨迦附近名叫噶热的山谷中两次建窑烧制西藏的瓷碗。《汉藏

---

① （宋）庄绰：《鸡肋编》卷上《关右》，载《唐宋史料笔记丛刊》，中华书局，1983。

史集》载：

> ……还有一种被称为萨则的碗，是作为给吉祥萨迦派的礼品而制造的，这种碗的中心处都必定有一个“萨”字。[①]

青海地区的陶器制造，明显受到内地陶器制作技艺的影响。该地区出土的两宋时期的瓷器种类包括高足碗、斜壁碗、高足灯、浅盘、扁壶、四系或六系坛、瓮、罐、变形经瓶（俗称牛腿瓶）等。胎质多为浅黄色，釉色有白、黑、酱等色。装饰花纹以剔釉露地植物纹为主[②]。另外，青海地区所出的典型的西夏瓷器，具有器壁较厚、体形矮胖、花叶硕厚的特点。其中受西夏瓷器影响的扁水壶，器型便于游牧或行军作战时携带，在造型上明显具有游牧民族的文化特征。20 世纪 80 年代以来，青海海东地区和海南州、黄南州各县发现了不少唃厮啰时代的瓷器。这些瓷器以黑色、酱色釉为主，瓷罐以体形粗矮、器壁厚拙为特点，以剔花叶形宏厚等为特征，尤其以多耳瓷器为代表，如多耳瓷壶。这种多耳瓷器在宋境和西夏其他地区均较为罕见，显然是继承了青海地区自卡约文化以来制作的陶（瓷）器的风格。

除此之外，在今甘肃省甘南州合作市曾出土了一批宋代具有吐蕃风格的陶器，包括陶瓶、陶鼎等器物，其中鼎足为璞状，反映了宋代时当地的吐蕃部落能生产陶制品。

陶器制作技术的不断发展和陶器产品的日益丰富，极大便利了青藏高原各民族的生产生活，同时也促进了建筑等相关经济部门的发展，是青藏高原地区经济发展水平提高的一个重要标志。

七　唐卡制作

唐卡是在松赞干布时期兴起的一种新颖的绘画艺术，即用彩缎装裱而成的卷轴画。9 世纪以来，随着藏传佛教的复兴和传扬，青藏高原地区的唐卡

---

① （明）达仓宗巴·班觉桑布：《汉藏史集》，陈庆英译，第 152 页。

② 李智信：《浅谈青海宋代时期瓷器的文化归属》，《青海文物》（内部刊物）1990 年第 5 期。

制作艺术也随之蓬勃发展。从传世唐卡看，这一时期的唐卡明显受到尼泊尔艺术风格的影响，唐卡大都近于方形，画面中央的主尊占有很突出的地位，护法诸尊安排在四周整齐的小方格内，造像较为简单，身段略显僵硬，着衣少而单薄，饰物沉重感强。颜色多以暖色的红、黄为主调，蓝、绿色配合点缀，色彩变化小。在绘制上虽有线条勾勒，但并不突出，更多的是以不同色调分清它的层次轮廓，手法质朴、拘谨，甚至有些笨拙。

目前已知存世的宋元时期的唐卡，在布达拉宫有四幅，其中两幅是在内地定做的缂丝唐卡。其中一幅唐卡上绘制的帕玛顿月珠巴像的下方有藏文题款，大意是说江村扎定做了这幅唐卡并赠送给其师扎巴坚赞。扎巴坚赞是萨迦五祖的第三祖师，宋淳熙九年（1182 年）继任萨迦达钦。另有一幅是贡塘喇嘛像，贡塘喇嘛生于宋宣和五年（1123 年），卒于绍熙五年（1194 年），描绘他的这幅缂丝唐卡，也属宋末的作品。还有一幅《米拉日巴传记唐卡》，主要描绘米拉日巴苦修的情节，构图朴实而简括，据专家鉴定，系宋代的一幅绘画唐卡。此外，色结寺色结哇珍藏有十分珍贵的《措东竟护法神刺绣唐卡》，长 72 厘米，宽 51 厘米，系本教唐卡。主尊三头六臂，全裸，体饰蓝色，黄发上指似火焰，头戴骷髅冠，面生三眼，环眼欲裂，剑眉上竖，八字胡须。饰耳珠、臂钏、手镯、脚镯。怀拥一妃，赤色裸体，面贴主尊仰视。胸前双手执长戟、弓箭，两侧手持魔棒、钺、套索、箭，颈系黄蛇两条，腰系虎皮裙及一串人头。六足呈弓箭步踏两魔，下接覆莲座，身后有圆形头光和火焰形背光，上下有祥云和西杰玛等本教神祇。

宋元时期的这些唐卡是对松赞干布时期唐卡的继承和发展，是藏族先民留给我们的重要文化遗产，反映了当时手工业技术包括用料方面的情况，对于后世唐卡的制作技艺及艺术发展方向产生了巨大影响。

第四节　商贸与互市

宋元时期，青藏高原地区农牧业和手工业的持续发展，促进了这一地区商业贸易的发展。在商品种类日益丰富、商业集市不断增加的同时，出现了一大批专职商人，商品有了比较固定的度量衡单位及比价，商品交换范围也进一步扩大。与此同时，唃厮啰的过境商业贸易活动空前繁荣，各地的民间贸易持续活跃，青藏高原地区与内地的茶马贸易不断发展并逐渐完善，政治上以“贡赐”形式频繁开展贡赐贸易且规模庞大，政府管理下的榷场贸易、和市贸易亦十分活跃，青藏高原地区各种类型的商业贸易活动均得到了较快的发展，对推动本地经济文化发展、沟通内地与青藏高原地区的经济文化交流做出了积极贡献。

一　唃厮啰政权的商贸活动

唃厮啰政权时期，由于农牧业经济和手工业生产的发展，加之充分利用了地处中西贸易通道的有利位置，采取扶持和保护商业贸易活动的政策，使境内的商业贸易活动有了一定程度的繁荣，为沟通东西方及中原与青藏高原地区的经济文化交流，推动本地经济文化发展做出了积极贡献。

（一）与西域的商贸活动

有宋一代，我国中原地区与西域各地仍然通过古老的丝绸之路保持着频繁的经济文化交流。但自 11 世纪西夏政权在西北崛起以后，青藏高原的商贸形势发生了巨大变化。

西夏政权控制了西域贡使和商人们必经的灵州、泾原道，对过往的贡使、商人十分苛刻。史称：

> 夏国将吏率十中取一，择其上品，贾人苦之。后以物美恶，杂贮毛连中，然所征亦不赀。[①]

更有甚者，夏人还经常劫掠过往的商旅，无故扣押和勒索从西域到北宋的贡使和僧人，使过往的商旅蒙受了巨大损失。为了安全起见，往来于西域与宋朝的贡使和商人被迫另辟道路，从甘州（今甘肃张掖）南下湟水流域，

① （清）吴广成撰、龚世俊等校正《西夏书事》卷 15，甘肃文化出版社，1995，第 175 页。

由宗哥族护送经邈川、熙州、秦州到达汴梁。北宋景祐三年（1036年），西夏控制了整个河西地区，西域商人多取道柴达木盆地，经青唐城（今西宁）东去中原。据《宋史》载，宋神宗元丰四年（1081年）：

神宗尝问其使去国岁月，所经何国及有无钞略。对曰："去国四年，道涂居其半，历黄头回纥（居今柴达木盆地北——引者注）、青唐，惟惧契丹钞略耳。"①

又同年十月：

拂菻国贡方物……又东至西大石及于阗王所居至新福州，次至旧于阗。次至约昌城，乃于阗界。次东至黄头回纥，又东至鞑靼。次至种温。又至董毡所居，次至林擒城，又东至青唐，乃至中国界。②

西域各地贡使、商旅改行青唐道，为唃厮啰商业贸易的发展提供了有利时机。

与西夏竭泽而渔的做法相反，唃厮啰政权的上层统治者则充分利用这一有利条件，积极为过往商旅提供便利。凡过境的商旅，唃厮啰统治者令族人予以友好相待，提供吃住方便，商人只付相应的费用或货物即可。对那些朝贡宋朝由此过境的各国使者以及他们所携带的大批货物，则派人保护，送出"蕃境"：

甘州（回鹘）数与夏州（西夏）接战，（可汗）夜落纥贡奉多为夏州钞夺。及宗哥族感悦朝廷恩化，乃遣人援送其使，故频年得至京师。③

① 《宋史》卷490《于阗国传》。
② （清）徐松辑《宋会要辑稿》蕃夷4之19。
③ 《宋史》卷490《回鹘传》。

于阗使者也曾称其国使者经“董毡使导至熙州，译其辞以闻”[1]，方才达于宋朝。此外，唃厮啰政权还为商贾提供食宿方便，允许商人在青唐城内建造房舍、货栈，长期经商。由于唃厮啰采取了一系列有利于发展商业贸易的措施，故西域各国的商旅多云集于此，开展商业贸易。这时的青唐城也成为吐蕃人与西域商人进行贸易的中心，同时也是沟通东西方贸易的中转站。据李远《青唐录》载，青唐城之东城为商业区，那里有“四统往来贾贩之人数百家”[2]。《宋史·吐蕃传》也说：“厮啰居鄯州，西有临谷城通青海，高昌诸国商人皆趋鄯州贸易，以故富强。”[3] 随着经济交往的密切，唃厮啰政权与西域各地的政治文化关系也得到加强。唃厮啰政权中“回鹘公主”“龟兹公主”的出现，表明了唃厮啰政权与这些地区的密切关系。

（二）与宋朝的商贸活动

在唃厮啰政权与宋朝建立政治从属关系的同时，双方积极开展经济交流，民间的贸易活动也比较活跃。宋朝自熙宁（1068～1077 年）开边，财用匮乏，有着与西北吐蕃诸部开展贸易的需求与愿望。

熙宁五年（1072 年）三月，宋秦凤路安抚使王韶奏云：

> 沿边州郡，惟秦凤一路与西蕃诸国连接，蕃中货物四流，而归于我者岁不知几百千万，而商旅之利尽归民间。欲于本路置市易司，借官钱为本，稍笼商贾之利，即一岁之入亦不下一二十万贯。[4]

宋廷听从了王韶的建议，在秦凤路置一市易司。宋军进占熙、河后，又分别在熙州、河州、岷州一带设“市易务”，招募汉蕃商人经营贸易。据元丰二年（1079 年）经制熙河路边防财用李宪称，当时前来熙州、河州等市易务贸易的各地蕃商很多，主要是河湟地区的蕃部，此外还有较远的卢干、

① 《宋史》卷 490《于阗国传》。
② 李远撰、马忠辑注《青唐录》，载《青海地方旧志五种》，第 10 页。
③ 《宋史》卷 492《吐蕃传》。
④ （清）徐松辑《宋会要辑稿》食货 27 之 14。

丁吴、于阗等地的商人。他们交易的商品主要是麝香、牛黄、各种毛织品等土特产和手工制品。[①] 是年，宋神宗接见了唃厮啰国主董毡派来进贡方物的使团，并让他们回去告知董毡："今已许汝纳款，此后可数遣人来，任便交易。"[②] 徽宗崇宁（1102～1106年）中宋军进占河湟地区后，在西宁州、湟州（后称乐州）、廓州、积石军等地也设置市易务，在民间广泛开展贸易。

除上述经常性的民间贸易外，双方上层以"贡赐"的形式开展的贡赐贸易也十分活跃，成为宋代唃厮啰各部与内地经济贸易关系的重要环节。唃厮啰政权及其大小首领不断把以马匹为主的各种畜产品以"贡品"形式输入内地，而宋朝政府除按值给价外，还额外给予丰厚的回赐。据祝启源先生统计，从唃厮啰本人第一次（1015年）向宋朝贡，到其政权崩溃（1104年）的90年间，唃厮啰政权及属下河湟吐蕃首领向宋朝进贡45次，而宋朝对他们的回赐则有150余次。[③] 即唃厮啰平均每两年向宋朝进贡不少于一次，而宋朝每年向唃厮啰政权的回赐多达1.7次。唃厮啰政权向宋进贡的方物主要是马，其次有牛、羊、骆驼、皮毛、毡褐、金银器玩、铠甲等，以及同西域商人贸易得来的珍珠、象牙、玉石、硇砂、香料等。宋朝回赐的则主要包括丝绸、茶叶、钱币、衣着什物等。回赐前，先要对贡物估值，以便决定赐予的品种、数量等。宋朝一般按贡物价值再增二分回赐，以示优待。如大中祥符九年（1016年），唃厮啰和李立遵向宋朝贡马582匹，宋廷"诏赐器币总二万二千答之"[④]。熙宁十年（1077年）十二月，董毡向宋进贡珍珠、乳香、象牙、玉石、马匹等，宋朝对其贡物"依例估价"回赐，"仍赐对衣、金腰带、银器、衣着、茶等。……除旧请外，岁添赐大彩四百匹，角茶二百、散茶二百斤"[⑤]。元丰二年（1079年），董毡贡马463匹，宋廷赐给价钱11200缗，银绢各千，还有对衣、金带、银器、衣着等[⑥]。元祐六年

---

① （宋）李焘：《续资治通鉴长编》卷299，元丰二年（1079年）七月庚辰条。

② （清）徐松辑《宋会要辑稿》食货38之33。

③ 祝启源：《唃厮啰——宋代藏族政权》，青海人民出版社，1988，第228页。

④ 《宋史》卷492《吐蕃传》。

⑤ （清）徐松辑《宋会要辑稿》蕃夷6之13。

⑥ （宋）李焘：《续资治通鉴长编》卷297，元丰二年（1079年）三月癸未条。

（1091年），阿里骨进马179匹，宋“逐匹估价，于都数内增二分赐之”[①]。当然，唃厮啰及属下首领要派贡使至宋地或赴阙朝见，都要经过附近的宋朝边臣的审定，报朝廷核准方可，有一套完备的手续。唃厮啰的贡使先是经秦州，由秦州解发。宋取熙河后，其贡使即取道熙州，由熙州解发。熙宁（1078～1085年）年间，宋对熙河用兵，唃厮啰政权与宋的贡赐活动几乎停止。

出于支持唃厮啰政权抗击西夏的需要，北宋朝廷还以给其大小首领“岁赐”“月赐”等形式直接提供大量的物资援助，其中包括茶叶、布帛、药品乃至一些通常被禁止出边的物资。如宝元元年（1038年），宋朝定例岁给唃厮啰彩绢1000匹、角茶1000斤、散茶1500斤。宝元二年（1039年），又赐给唃厮啰帛2万匹[②]。元丰五年（1082年），赐给董毡金束带一、银器2000两，色绢丝3000匹，岁赐增大彩500匹，角茶500斤[③]。元祐六年（1091年），宋赐给阿里骨熟铜千斤[④]，而铜正是宋朝禁止出边的物资，可见宋朝与唃厮啰的关系非常特殊。唃厮啰贡使在京师受到优厚的待遇，宋朝皇帝亲自召见，并尽量满足他们的要求，对其封赐礼物，也多派使臣押赐前往。唃厮啰诸部往来宋地的商人、贡使也受到宋朝边官的热情接待，并被提供吃住方便。秦州应当地蕃官军主策拉等人的请求，在来远寨置佛寺，“以馆往来市马人”[⑤]，后来，唃厮啰的贡使和蕃商均取道秦州入关中至京师，所以人们把陕西州县为此置的驿站称作“唃家位”。时人邵伯温评论云：

> 土蕃在唐最盛，至本朝始衰，……独唃厮啰一族最盛，虽西夏亦畏之，朝廷封西平王，用为藩翰。陕西州县特置驿，谓之“唃家位”，岁贡奉不绝。[⑥]

---

① （宋）李焘：《续资治通鉴长编》卷460，元祐六年（1091）六月甲寅条。
② （宋）李焘：《续资治通鉴长编》卷123，宝元二年（1039年）六月丙寅条。
③ （宋）李焘：《续资治通鉴长编》卷323，元丰五年（1082年）二月癸酉条。
④ （宋）李焘：《续资治通鉴长编》卷457，元祐六年（1091年）四月癸巳条。
⑤ （宋）李焘：《续资治通鉴长编》卷103，天圣三年（1025年）十月庚申条。
⑥ （宋）邵伯温：《河南邵氏闻见录》卷13，中华书局，1983年点校本。

唃厮啰各部通过与宋朝内地的经济贸易，不仅得到内地的经济补给，推动了当地经济社会的发展，而且唃厮啰政权和上层统治者从中积累了可观的财富。宋人张舜民在其所著《画墁录》中称，仅青唐城中：

> 积六十年宝货不赀，唯真珠、翡翠以柜，金、玉、犀、象埋之土中。元丰（1078～1085年）末年，官军下青唐，皆为兵将所有，县官十不一二。王赡以马驮真珠，每线六尺，象、犀辈为粗重，弃之不取。①

足见当时青唐城的富庶程度，而这与商品贸易的开展密切相关。

金、西夏取代北宋共同统治河湟地区后，相互开展商业贸易。金皇统元年（1141年）正月，夏请求设置榷场贸易，金主许在兰州、保安、绥德3处置榷场。② 此外，金沿袭宋制，在榷场进行大宗货物贸易。榷场有固定的场址，有稽查出入、征收商税的管理人员，还有牙人评定货色等级，兜揽成交。到1172年，金主以为“夏国以珠玉易我丝帛，是以无用易有用也”。于是停罢兰州、保安两处榷场。后经西夏多次请求，兰州等榷场于1197年得以复置。西夏与金贸易的商品除了珠玉之类，马、牛、羊、毡褐以及土特产甘草、蜜、麛羚角、柴胡、大黄、红花、翎毛等，所占比重也是比较大的。

二　吐蕃与宋朝的茶马互市

茶马互市是我国中原地区和西部少数民族地区进行经济交流的一种形式，始自唐代，活跃于宋代。宋代，因与辽、西夏常有战事，马匹消耗较多，故重视茶马市易并将解决马源的希望寄托于西北吐蕃诸部。而世居青藏高原的吐蕃诸部食肉饮乳，需要便于消化的饮料，茶遂成为他们不可或缺的

---

① （宋）张舜民：《画墁录》，影印文渊阁四库全书本。
② 《金史》卷60《交聘表》。

生活用品。于是茶马市易成为青藏高原地区各民族与内地进行贸易的一种重要形式。

宋初，市茶与市马由两个机构分别掌管。其中茶叶在宋初实行禁榷法，即商人经营茶叶买卖，要到京师榷货务交茶钱，然后持榷货务所发的“券”到指定的务、场提取，不得私自购买。由于政府控制过严，不能满足西北沿边少数民族的需求，商贾乘机收茶运到边地转卖，私茶泛滥，官茶专营受到严重冲击。而宋初从周边少数民族地区招买马匹的事务，主要由设于沿边各处的招马处负责。北宋真宗时（998～1022 年），宋朝在甘肃、陕西、四川等地设置了不少马场，购买沿边吐蕃等族的战马。招马的具体做法是政府“每岁皆给以空名敕书，委沿边长吏牙校入蕃招马，给路券送至京师，至则估马司定其价”①。当时除用茶叶支付马价外，也用绢帛、铜钱支付马价。但是，采用这种办法所招收的马匹经长途跋涉至京师后，病患之余，皆形销骨立，且大批收购时未严格挑选，许多马不符合作战马的要求，弊病不少。因此，嘉祐五年（1060 年）以后，这种大批收购马匹的方式停止实行。

熙宁（1068～1077 年）以来，由于宋、西夏间战事不断，战场上消耗的马匹也越来越多，宋朝不得不把解决马源的希望寄托在西北吐蕃诸部身上，而“西人颇以善马至边，其所嗜唯茶”②。因此，主持开边事宜的王韶建议朝廷运蜀茶到熙河地区卖茶买马。熙宁七年（1074 年），在秦州正式设置都大提举熙河路买马司，专门负责在熙河地区榷茶买马。熙宁八年（1075 年），提举茶场李杞提出：“卖茶买马，固为一事。乞同提举买马。”③这得到朝廷批准，李杞遂兼马政。但其后又分合不一，未成常制。元丰四年（1081 年），群牧判官郭茂恂上奏，“卖茶买马，事实相须，令提举买马官通管茶场。并以雅州、名山茶，专用于熙河博马”④。元丰六年（1083 年），郭茂恂再次建议宋廷：“茶司既不兼买马，遂立法以害马政，恐误国事，乞并茶场买马为一司。”宋廷也深感茶马分属不同机构管辖不仅于马政无益，

---

① （清）徐松辑《宋会要辑稿》兵 24 之马政。

② 《宋史》卷 167《职官》七。

③ 《宋史》卷 198《兵》十二《马政》。

④ （宋）李焘：《续资治通鉴长编》卷 314，元丰四年（1081 年）七月己丑条。

且有时贻误国事，因此采纳了郭茂恂的建议，设立了“都大提举茶马司”。茶马司的职能是“掌榷茶之利，以佑邦用”。当时的规定是：

> 凡市马于四夷，率以茶易之。应产茶及市马之处，官属许自辟置，视其数之登耗，以诏赏罚①。

尔后，茶马司虽有更迭，但持续时间很短，终复为一。由朝廷统一经营茶马市易遂成定制，赵宋以后，及元、明、清诸朝，皆因循不改。

茶马司统一管理茶马贸易后，改变了以往市马与市茶由两个机构管辖的状况，进一步促进了内地与吐蕃诸部间的茶马贸易。据《宋会要·食货》统计，宋神宗熙宁、元丰（1078～1085年）时期，在秦州、泾州、熙州、原州、阶州、通远军等地共设置50多个卖茶场，将从四川等地区运来的茶叶，按官价出售，筹集买马经费。后又在秦州、熙州、通远军、岷州、河州、德顺军、湟州等地设置了买马场，进行茶马贸易。宋朝每年从四川等地运到熙河地区的茶叶达4万余驮②，即400万斤以上。其中，从熙河地区易买马匹的数量也比较多。

> 其后，熙河市马岁增至万五千。绍圣（1094～1098年）中，又增至二万匹，岁费五十万缗。……崇宁四年（1105年），提举程之邵、孙鳌抃以额外市战马及二万匹，……大观元年（1107年），庞寅孙等又以买御前良马及三万。③

所买之马大都来自唃厮啰部，保证了战马来源。有宋一代在西北吐蕃各部向宋朝输出的马匹总数中，唃厮啰政权所属各部占有最大份额，“国家买

---

① 《宋史》卷167《职官》七。

② （宋）李焘：《续资通鉴长编》卷289，元丰元年（1078年）五月壬辰条。

③ 《宋史》卷198《兵志·马政》。

马岁二万匹，而青唐十居七八”。[①]

宋朝除在西北地区博马外，还在黎州、茂州、叙州和南平军等处也设有榷场，专门同当地吐蕃、彝、苗等族贸易。其中黎州也是北宋博马的重要地点之一，仅次于秦、熙诸州，虽然马匹质量不好，却须用名山茶 350 斤，银 66 两，绢 6 匹，絮 6 张，青布 1 匹。折合黎州的马价要比秦州马价高 4 倍左右，一般年额为 2000 匹左右。宋政府之所以不惜重金，主要是试图通过贸易在经济上安抚少数民族，保持边境安宁：

> 祖宗设互市之法，本以羁縻远人，初不借马之为用，故驽骀下乘，一切许之入中。[②]

熙宁七年（1074 年）宋朝在成都设置都大提举成都府路茶场，在秦州设置都大提举熙河路买马司，办理榷茶买马事宜。茶马司的具体职责就是榷茶，在熙、秦和四川买马。如北宋崇宁三年（1104 年），四川提举官孙鳌柞言：“黎州南蛮及吐蕃部落惟仰卖马为生。”[③] 少数民族丰富的畜产品在正常的贸易关系条件下，源源不断地输入中原地区。

茶马市易除官办的榷场外，民间私市也很盛行。当时一些蕃贾与牙侩私市，其货物都从不为官府控制的山间小路出入，以避关卡抽税、盘剥。元丰二年，经制熙河路边防财用李宪申奏朝廷，要求下令禁止私市，如有私市，许人纠告，赏倍所告之数，使茶马互市受到一定限制。但无论是官办榷场的举办还是民间私市的盛行，在很大程度上都满足了宋朝战马和运输及耕作牲畜的需要，也满足了吐蕃人民饮茶的需要，同时还促进了其他土特产品的交换，弥补了青藏高原地区和内地经济上存在的不足，对促进双方经济发展的积极作用值得肯定。

---

① （宋）任伯雨：《论湟鄯》，载（明）黄淮、杨士奇编《历代名臣奏议》卷 333，上海古籍出版社，1989。

② （清）徐松辑《宋会要辑稿》兵 23 之 3。

③ （清）徐松辑《宋会要辑稿》职官 43 之 4、职官 43 之 59。

三 宋代西藏地区的商贸活动

宋代，西藏地区虽然处于分裂割据之中，但随着封建所有制的逐步确立和农业、畜牧业、手工业生产的发展，各地的商业贸易也逐渐活跃起来，不仅在西藏各地出现了不少商业集市，而且出现了专门从事贸易的商人，西藏地区的商贸活动进入一个新的阶段。这一时期，在定日、聂拉木、拉孜等地形成了商业集市，在古格和藏北洛丁开采金矿比较盛行，在山南和昂仁等地推广了彩陶技术，土地、牲畜可以自由买卖，金银、青稞、酥油、药材等有了度量衡单位和交换比价，商品交换的社会环境初步具备，社会经济呈现出缓慢发展的态势。

据前引《汉藏史集》记载，吐蕃王室后裔中人称“三则”的兄弟三人分割统治年楚河流域，他们管辖的区域内均有一个规模较大的商市，分别叫色玛春堆、突古春堆、藏春堆古尔莫，并出产帽子、氆氇、围裙、牛尾、绳子、花毯子、藏地哔叽、绸腰带等商品和特产，除此之外，牛羊肉作为商品也在市场上出售。[①] 不仅如此，在西部阿里的定曰、聂朗、拉萨、日喀则的一些地区或者著名的寺院附近，也形成了具有一定规模的商业集市。而噶举派创始人玛尔巴·却古罗追，不仅是一个著名的宗教信奉者，也是一个非常活跃的商人，他最终通过经商致富而获得地方权势。玛尔巴的弟子郭勒也是一个牧主兼营商业的富豪，常年往来于藏北与藏南之间。这种情况在宋代青藏高原并非个别案例。

在商业集市和专职商人出现的同时，西藏各地商品种类日益丰富，商业交换范围也进一步扩大。各地出产的丰富的农牧土特产品，几乎都成为这一时期商业交换的对象。藏北马、工布骡、阿里牛、卫藏的氆氇与粮食等农牧产品，成为市场上知名度较高的商品。而且，随着商业的发展，金银、青稞、酥油、药材等有了固定的度量衡单位和交换比价。史载：

计量粮食和藏药的单位是：大、中、小各两粒总共六粒青稞的重量

① （明）达仓宗巴·班觉桑布：《汉藏史集》，陈庆英译，第229页。

为一个康丑，六个康丑为一个达浦，六个达浦为一个甲贡，六个甲贡为一个卡浦，六个卡浦为一升，二十升为一克。

计量藏药和酥油的重量单位是：大、中、小各两粒总共六粒青稞的重量为一个色哇，二十个色哇为一钱，十钱为一两，又叫一波尔四两或四个波尔为一个涅噶，五涅噶为一勺，二十个涅噶为一克。①

商品有了比较固定的度量衡单位及比价，意味着当时的商品交换已经比较频繁、规范，且相对成熟。在西藏各地商业贸易兴盛的同时，西藏各地和中原地区的经济联系却并未中断，相互之间的贸易交往依旧十分频繁。当时，双方的商品交换和贸易往来，主要通过以下三种渠道进行。一是通过卫藏各地方割据首领遣使向宋王朝进贡和宋朝赏赐使臣的渠道进行。通过进贡和回赐，宋可得蕃马、珠玉及青藏高原地区的土特产品等，西藏各地则可得到内地生产的茶叶和布帛、丝绸、纸张及其各种工艺品等。西藏各地往来中原的商人、部落头人、贡使，都受到宋朝官员的热情接待，交通线沿途都为其提供吃住方便。二是通过民间的茶马互市来进行。当时民间的贸易交往十分活跃，汉藏等族的商人成群结队，来往于内地与卫藏等地，通过民间贸易，卫藏各地的大量商品如麝香、皮张、马匹、牛、羊、牦牛尾及黄金等，源源不断地输往内地，内地大量的生产、生活用品也被带入卫藏，人们互通有无，各取所需。三是通过宋朝政府设置的专门机构来进行。熙宁以来，宋朝陆续在西部沿边州、军设置了许多市易务，负责募博买牙人引致蕃货赴市易务中卖。在贸易交往中，卫藏入宋的商品主要是马、牛、羊、肉类、酥油、乳类、麝香、牦牛尾、食盐、硼砂、药材、玉石、白银、金砂和各种手工业品，宋地入蕃的商品主要有丝绸、纸张、墨、茶叶、瓷器等各种工艺品。

这一时期，西藏与今甘肃、青海和四川地区之间的商贸活动也十分频繁，经常有大量商人往来于各地，从事商业贸易。据《布顿佛教史》记载，佛教后弘期，洛敦·多杰旺秋为鲁梅·崔臣喜饶的两个弟弟受戒后：

---

① 东噶·洛桑赤烈：《论西藏政教合一制度》，陈庆英译，第33、34页。

> 洛敦道："汝二人暂住此地，我与这些商人结伴往卫藏，看在那里能否弘法，……"说毕，与丹麻地方的商队结伴启程。商人们后欲在松昌地方经商，打算返回，洛敦劝道："尔等别在那里经商，应往后藏，在后藏谷摩热喀地方有位叫洛乃祖那的人，尔之子应于此师尊前出家，然后让他到前藏弘法。"商人听从此说，送走儿子，经商获得利润。以此因缘，至今谷摩地方形成大集市，皆是洛敦之恩德。①

可见，当地商人的足迹，已经遍及青藏高原各地，为各民族间的经济交往做出了积极贡献。而今青海省玉树市结古镇，因地理位置特殊，在宋代时就已发展为青藏高原地区的一个重要贸易集散地和沟通藏区与中原的经济文化联系的中转站。

四　元代的商贸活动

元代，统治者奉行鼓励通商的政策，东西南北物资交流畅通无阻，商业贸易繁荣。良好的外部环境，以及青藏高原地区农牧业的发展、手工业的进步为商业的繁荣提供了良好条件，青藏高原地区的商业贸易继续得到了发展。

在西藏地区，各教派和封建领主的庄园中，形成了大大小小的贸易网点，后藏的古穆、定日、聂拉木等地也建立了多处商贸市场。这些贸易网点和集市大多以寺院为中心，有些集市甚至归寺院管理，一些宗教节日或年节成为开展商业活动的大好时节。如依托当时的宗教中心萨迦发展起来的曲赤平坝集市，在当时就非常繁荣。元末明初，江孜白居寺白居拉让就管理着加日郊市场。当时，全社会经商的风气比较浓厚，商人的足迹遍及西藏各地。如噶举派著名高僧米拉日巴的父亲，经常走南闯北经营商业，"做大买卖时，冬天去南方的尼泊尔，夏天到北方的大牧场；做小买卖时，只在芒域和贡塘之间活动"②。而米拉日巴在苦修时，有猎人劝他，要么去经商，要么

---

① （元）布顿·仁钦珠：《布顿佛教史》，蒲文成译，甘肃民族出版社，2007，第123页。

② （明）桑杰坚赞：《米拉日巴传》，刘立千译，第23页。

去给人做奴仆。商业交换的物品主要是农牧产品及土特产品、加工物，包括丝毛制品、刀剑、金银首饰等佩戴物。除了上述民间贸易外，由于西藏与元朝中央建立了政治隶属关系，大批藏族僧侣和官员陆续前往内地朝贡，把元朝统治者的大量赏赐和自己采购的货物，经由驿道运回藏区，许多人借此经商营利。从元代的有关史料来看，西藏地区进贡给元廷的物品主要有金、银、象牙、大粒珍珠、银砂、蕃红、木香、牛黄、虎皮、豹皮、水獭皮、蕃呢、上等氆氇等，元廷回赐的物品包括有无孔白珍珠、用黄金制造的须弥山，以及骏马、骆驼、骡子、黄金、白银、绸缎、袈裟、法帽、金伞、金床、茶叶等。而前往西藏的一些元朝官员，每每“附带碧甸子、铜器、碗碟、靴履衣装、驮铺，以营市利”。[①] 在西藏与内地间贸易不断发展的同时，元朝政府印行的纸币也大量流入西藏。1959 年，在后藏萨迦寺发现的两张元代纸币——“至元通行宝钞”和“中统元宝宝钞”，说明元代纸币在当时的西藏也是交换的重要媒介，内地对西藏地区影响巨大。

在甘、青地区，元朝官府常常在包括青海、甘肃甘南在内的西北各地组织“和市”，在一定程度上促进了这些地区商业贸易的发展。元代回族经商相当活跃，青海东部也有许多色目人，其中不乏善经商者，尤以回族商人为代表。当时的西宁州城，集聚了一大批各民族手工业工匠和商人，他们或在西宁建立硝毛皮的作坊，制作皮毛、鞍具，或往来于西宁与内地之间贩卖各种商品。《马可波罗游记》中就有西宁许多少数民族善于经商，并依靠经商生活的记载。此外，元代甘、青地区的商业交往中开始广泛使用货币。1955 年柴达木盆地格尔木农场第一作业站平土造田时，发现元代纸币一包，计 400 余张，纸币外部用毛毡包裹，保存完好。这批纸币系用桑皮纸印制而成，面值有“壹贯”“贰贯”“伍佰文”三种，先后印行于元代中统（1260～1264 年）、至元（1264～1294 年）、至正（1341～1368 年）时期。[②] 这些珍贵文物的出土，从一个侧面反映出当时青海地区商业贸易较兴盛、内地货币在青海广为流通的事实。

---

① 《永乐大典》卷 19421《站赤》六。

② 青海省文物管理处、青海省考古研究所编著《青海文物》，文物出版社，1994，第 14 页。

元朝统一中国以后，蒙古人系游牧民族，本身就有优良的战马，不必求于藏区，因此到了元朝，由政府控制的茶马互市较前代减少。但是，由于藏族对茶叶的需求非常旺盛，为了税收和对藏族进行羁縻，元朝并没有放弃对茶叶买卖的控制。早在窝阔台时代，元朝就开始征收茶课。灭南宋以后，茶课制度趋于完善。至元五年（1268 年），元朝开始在成都征茶税，并于京兆、巩昌（甘肃陇西）置局发卖。次年又在四川设西蜀监榷茶场使司，管理茶叶的税收。至元十三年（1276 年），恢复了南宋的茶引制，且分“长引”和“短引”两种。[①] 但与宋朝榷茶之制不同的是，茶商先向茶司缴纳茶税，领取公据，然后到产茶地区，按载明的数量向茶户买茶，再回到茶司缴回公据，换取茶引，凭茶引发卖茶货。但由于茶价过高，引起当地少数民族的不满。成都府路总管张廷瑞乃变更茶法，政府停止经营，由藏人按引纳二缗付券，自行购运，汉藏之间，听其民间自由互市。由内地销往藏区的专供茶，或谓“西番茶”“乌茶”“马茶”等，民间最普遍的叫法为“藏茶”。当时，松、潘、黎、雅地区吐蕃所需的茶叶已单独形成一个品种——“西番茶”，以别于内地所流行的各种川茶。

元代，青藏高原地区与内地之间的榷场贸易仍有一定规模。至元十四年(1277 年)，元朝置榷场于碉门、黎州，与吐蕃开展贸易。[②] 通过榷场贸易输入藏区的商品主要有茶叶、布匹、各种丝织品、瓷器、铜器及各种日用品等，藏区内销的货物除马、牛、羊外，还有农畜产品、毛织品、皮货及作为颜料和药材之用的各种土特产。榷场贸易的开展，更好地满足了青藏高原地区农牧业生产和各族居民的生活需要，推动了青藏高原地区经济的发展，加强了青藏高原与内地的联系。

第五节　交通运输业

宋元时期，青藏高原地区的交通业较之前代有了长足的发展，主要体现

---

① （明）王圻：《续文献通考》卷 22《征榷考·榷茶》，浙江古籍出版社，2000 年影印版。

② 《元史》卷 9《世祖本纪》。

在：曾在魏晋南北朝时期沟通东西方交通的青海道在唃厮啰时期重新被开辟和利用，成为当时东西方经济文化交流的重要通道；桥梁建设取得长足进步；政府管理下的邮驿机构得以重建，特别是元代，在青藏高原地区建立了众多的驿站，并建立了较为完善的管理制度，使驿路保持畅通。但由于受地理条件和生产力发展水平的制约，青藏高原地区的交通状况相比内地仍然比较滞后。

一　丝绸之路青唐道

宋初，河湟地区唃厮啰政权势力逐渐强大起来，其都城青唐城（今西宁）成为青藏高原吐蕃诸族的政治、经济、文化、宗教中心。由于唃厮啰采取保护过往商旅和贡使的政策，加之西夏对河西道的阻遏，西域商使纷纷取道青海道与北宋交往。青海道继南北朝之后再次复兴，在近百年间发挥着东西方交通主干道的作用。由于青唐城在青海道处于枢纽地位，发挥着十分重要的作用，人们又将这条道路称为“青唐道”。北宋末年，随着海上交通的发展，青唐道上陆路商业的运输规模日渐缩小。金代、西夏统治河湟地区后，在中西交通史上发挥过重要作用的青唐道逐渐衰落。

青唐道的具体路线，随着西夏人势力的推进而改变。宋咸平六年（1003 年）以前，甘州回鹘贡使经凉州入青海东部的邈川或宗哥至宋。大中祥符元年（1008 年），西夏出兵甘州，此后甘州回鹘的贡使和西域商人遂从甘州南下，越祁连山到青唐。他们在青唐稍事休息后，即经邈川出河州、熙州、秦州至宋京师。天圣六年（1028 年），西夏元昊连占甘、凉二州；天圣八年（1030 年），又取瓜、沙二州。从此，西域各国和地区的商旅、贡使多改走青唐道。青唐道以青唐城为中心，青唐往东即走湟州（邈川）入宋故道，青唐以西是沿祁连山南麓穿越柴达木盆地到今新疆的诸羌，以诸羌为基地补充给养后，根据各自的需要分南北二路继续前进，往南的即至于阗、出葱岭，往北的则到高昌，沿今新疆天山南北奔赴目的地。宋代史籍对当时西域各国使节走青唐道的情形多有记载。如《续资治通鉴长编》载：

> 于阗贡方物，见于延和殿。上问曰：“离本国几何时？”曰：“四年。”

“在道几何时？”曰：“二年。”“经涉何国？”曰：“道由黄头回纥、草头鞑靼、董戬等国。”又问：“留董戬几何时？”曰：“一年。”①

《宋会要辑稿》也载，神宗元丰四年十月六日：

拂菻国贡方物，大首领你厮都令厮孟判言：“其国……又东至西大石及于阗王所居新福州，次至旧于阗。次至约昌城，乃于阗界。次东至黄头回纥，又东至鞑靼。次至种榅。又至董毡所居，次至林擒城，又东至青唐，乃至中国界。”②

上述记载表明，西夏人控制河西走廊后，青唐道已经成为西域各地贡使、商旅往来的必经之路，青唐城（今西宁）成为重要的交通枢纽和民族贸易的中心。这对于促进河湟地区贸易的繁荣、经济的发展起到了积极的作用。

二　邮驿设置

宋代，唃厮啰政权在采取诸多措施促使中西方贸易发展的同时，对境内交通邮驿的建设也比较重视。据《续资治通鉴长编》记载，吐蕃大首领温纳支郢成管勾28族，居地在河州以北的邈川地区，“所居至河州四驿”。③据此可知，在唃厮啰辖区也有驿传的设置。当时，唃厮啰境内的陆路交通工具主要是车，但牛、马、驼等牲畜驮运仍然占有较大比重，有时肩负、手拎也是不可或缺的。

曾任陕西转运判官的秦希甫在一次奏疏中说：

从河州至湟州二百四十五里，道路险厄，不通车乘，惟是头口驮载，人夫担负，斡楚峡中，多遇寇掠，道无宿顿，人无饮食，畜无刍

① （宋）李焘：《续资治通鉴长编》卷335，元丰六年（1083年）五月丙子条。

② （清）徐松辑《宋会要辑稿》蕃夷4之19。

③ （宋）李焘：《续资治通鉴长编》卷247，熙宁六年（1073年）十月丁亥条。

> 秣，雇到头驮及管押之人，如赴死地。①

这反映了唃厮啰境内的交通条件比较艰难的一面，同时也说明了当时民族贸易的困难程度。

北宋占领河湟地区后，随着州、军、县等行政建置的陆续设立，青海东部的交通也相应有了新的发展。出于军政联系、军需物资运输的需要，河湟地区的邮驿机构得以重建。宋代的驿递制度沿袭唐代并略有变化。西夏统治时，所辖西宁、乐、廓、积石州（祈安城）之间的联系较多，河湟与河西地区、西夏都城（今宁夏银川地区）的驿道均是畅通的。

元代，疆域辽阔，邮驿制度也最为发达。“元有天下，薄海内外，人迹所及，皆置驿站，使驿往来；如行国中。”② 尤其随着西藏被正式纳入元朝版图，由内地通往西藏的驿站体系也随之建立起来，基本上覆盖了整个青藏高原地区，使青藏高原地区的交通状况比之前代有较大改观。

据《经世大典·站赤》记载，元朝政府为了“通达边情，布宣号令”，在乌思藏、朵甘思、朵思麻三道共设置了大站28处、小站7处。因吐蕃地区地广人稀，故每站“驿程近者不下三、五百里”。另据《汉藏史集》记载，元中统（1260～1264年）年间忽必烈派遣答失蛮在吐蕃管理籍户时，就按照户口的多寡、地方出产的贫富、道路的险易，仿照内地驿站制度，从汉藏交界处起，直到萨迦，共设立了27个大驿站：

> 若分别叙述，由朵思麻站户（支应的）七个大站，在朵甘思设立了九个大站，在乌斯藏设置了十一个大站。乌斯藏的大站中由乌斯地方（前藏）人支应的大站有索、夏克、孜巴、夏颇、贡、官萨、甲哇等七个。由藏地方（后藏）之人支应的大驿站有达、春堆、达尔垅、仲达等四个，并规定了各个万户支应驿站的办法。③

---

① （宋）李焘：《续资治通鉴长编》卷520，元符三年（1100年）正月壬辰条。

② 《元史》卷63《地理志》六。

③ （明）达仓宗巴·班觉桑布：《汉藏史集》，陈庆英译，第168～169页。

元朝在青藏高原地区设置的这些驿站，以陕西行省的临洮（今属甘肃省）为枢纽，同内地驿站相连接，向东直通大都，向西一直延伸到玛旁雍错湖和阿里的古格，形成一条长达数千里的交通干线，将青藏高原地区与内地紧密联系起来。

元朝对青藏高原地区驿站的管理自成体系。藏区的所有驿站归宣政院管理，藏区各宣慰使司也是本辖区驿站的直接管理者。有关驿站事宜，各宣慰司须禀报宣政院，再会同中书省议定处理办法。被遣往吐蕃地区公干的元朝官员，往往将“治邮传”作为一项要务。在一些重要的驿站设有脱脱禾孙（检察官），专职稽查过往官员、使臣和物品，即便藏区僧侣进京亦将照章行事。入藏驿站设有脱脱禾孙者包括：贵德州（青海）、积石州（甘肃）、宁河驿（甘肃）、朵甘思境的答剌答（昌都附近）、哈里（地址不详）、乌思藏的担里（当雄）。元朝对乘驿管理十分严格，乘驿必须持有凭证圆牌、铺马圣旨和劄子。凭证圆牌上铸有海冬青图像，因称海冬青圆牌。后改换牌面，改铸蒙古新字，牌面文字汉译为“长生天乞力里皇帝圣旨，违者治罪”，显示了其绝对权威性。

为了保证驿站的正常运转，元朝实行驿站站户制度，签发所经地区的人户承担站役。入藏沿途驿站的站役由沿途的各万户按人口多少分段负责，除提供运畜、人丁和器具外，要按站传送文书，并负责供给过站官员所需马匹和食宿，此役称为乌拉，作为制度在青藏高原地区推行。至元五年（1268年），元朝在吐蕃籍户时进一步确定万户支应驿站劳务的民户数目，大体上每万户须以3000多户供应驿站。从《汉藏史集》的记载看，元朝政府对藏区某个万户供应某个驿站做了详细的规定。如规定藏区地方的人户和纳里速的人户，支应四大驿站，每站有100人。其中，拉堆洛、拉堆绛和纳里速的人户，支应萨迦大站。拉堆洛万户还要支应玛尔拉塘地方的一个小站，纳里速的民户还要支应夏喀地力的一个小站、江仁地方的一个小站、蚌兰地方的兵站。玛法木地方的小站由普兰人支应，古格南北两路的小站由梅朵色如人支应。曲弥万户的3003户人家，支应达尔垅的大站；夏鲁万户的3892户，再加上甲若仓的人户中除去832户后剩下的3060户，负责支应春堆大站；羊卓万户的16个达果和甲若仓的28个达果，以及襄万户在江边的11个达果，负责支应达克大站。在雅鲁藏布江河阴，有一个小站，由羊卓万户的人支应。而乌斯地方的人户支应驿站的办法是，由止贡万户的3000户人家支应果白驿站。嘉玉万户的2650户人家，再加上蔡巴万户轮值的350户，共计3000户人家支应噶热驿站。甲玛万户的2650户人家，加上蔡巴万户拨出的350户，共计3000户人家支应索地方的驿站。帕竹万户的2438户人家，加上被称为萨达的达垅万户的500户人家、拉巴的600户人家，共计3538户人家支应孜巴驿站。朱固岗、喀热、主巴等地的民户以及扎玛塘地方的200户、沃卡地方的400户和总称为拉达的人户，共计600户人家支应夏颇驿站。拉达以上的达垅万户的人户，被称为萨达，加在藏区地方的人户中。雅桑万户的3000户人家支应贡地方的驿站。①

卫藏七站均设在藏北草地一线，来自卫藏的驿户连续驻站支应，十分艰苦，乌斯地方的人又不适应藏北的气候条件，故一再逃亡。大臣桑哥对此并未采取高压政策，而是命令部分蒙古军队留驻藏北，由卫藏各地万户以达果（或称“马头”，50家）为单位，提供所需马匹、驮畜、乳肉、青稞，以及帐篷、坐垫、卧具等，由蒙古人承担驿站事务。②

由于相当部分的藏区地瘠民贫，驿站负担过重，直接影响了接待和供应。元朝对驿站极为关注，每当遇有灾乱，致使“站赤消乏”时，会立即予以赈济、扶持、补助。如至元二十九年（1292年）九月，“乌思藏宣慰司言：‘由必里公反后，驿站遂绝，民贫无可供亿。’命给乌思藏五驿各马百、牛二百，羊五百，皆以银，军七百三十六户，户银百五十两。”同年十二月“敕中书省用乌斯藏站例，给合里、忽必二站马牛羊，凡银九千五百两”。③元贞二年（1296年），“以钞十一万八千锭治西蕃诸驿”。④大德元年（1297年）六月，“赐诸王也里干等从者钞二万锭，朵思麻一十三站贫民五千余锭……冬十月……以朵甘思十九站贫乏，赐马牛羊有差”。⑤延祐元年

---

① （明）达仓宗巴·班觉桑布：《汉藏史集》，陈庆英译，第187～188页。
② 同上书，第181页。
③ 《元史》卷17《世祖本纪》。
④ 《元史》卷19《成宗本纪》。
⑤ 同上。

(1314 年)，“西番诸驿贫乏，给钞万锭”。[①] 延祐六年（1319 年），宣政院使奏请赈济乌思藏的撒思迦、答笼、宋都思、亦思答在后藏的四站，“奉上命，每站与马一百二十匹，准支价钱”[②]。

元代，云南迪庆的中甸称“旦当”，直接受西藏管辖。当时，由于地处川藏、滇藏通道的要冲，加之经济的发展，迪庆地区有了驿路，并设立了驿站。《经世大典·站赤篇》载：

> 至元六年（1269 年）九月二十八日，大理、善阐、金齿等处宣慰司呈，察罕章分到站户五百户，已于西番小当当地起立马站毕。[③]

这是元朝在迪庆地区设立驿站的最早记录。《元史》记载，至元二十三年（1286 年）四月庚子，纳速剌言及“罢丹当站，赋民金为饮食之费”。[④]“丹当”为“旦当”的异写，可见是时旦当就已设置征赋。在设立马站的同时，这一地区开始出现了专门从事驿站劳务运输的“马户”，他们是领有份地、固定承担运输劳役的农奴。[⑤]

元代青藏高原地区众多驿站的建立，对于沟通内地同青藏高原地区的联系起了重要的作用。当时，持有驿券圆符的使臣、僧侣、官吏在这条驿道上往来不绝。由于有了比较完善的驿传系统，往来于青藏高原地区与内地的人员，“止则有馆舍，顿则有供帐，饥渴则有饮食”[⑥]。其便利程度是前代所不可比拟的。完善畅通的驿站系统，使内地和青藏高原地区紧密地联系起来，对巩固元朝政治的统一，促进青藏高原地区与内地经济文化的交流，都有着十分积极的意义。从这个意义上讲，元代在青藏高原设置的诸多驿站，不啻是这里与内地开展商贸活动的网络。

---

① 《元史》卷 25《仁宗本纪》。

② 《永乐大典》卷 19421《站赤》六。

③ 《永乐大典》卷 19417《站赤》二。

④ 《元史》卷 9《世祖本纪》。

⑤ 王恒杰：《迪庆藏族社会史》，中国藏学出版社，1995，第 47 页。

⑥ 《元史》卷 101《兵志》四。

三　桥梁修建

宋代，唃厮啰境内河流溪涧纵横交错，黄河、湟水、洮河、大通河等大河穿流其间。为了满足经济和军事需要，唃厮啰人在汹涌咆哮的黄河和其他河流上架设各种桥梁，以便通行。

元祐二年（1087 年）四月，阿里骨联夏抗宋，遣鬼章攻下洮州，在洮水南北分筑城池据守，中间架“飞桥”（又写作“飞梁”“浮梁”）沟通南北。七月，阿里骨与西夏约定共同出兵攻宋，并计划派兵由讲朱城过“飞桥”围河州。但宋军在游师雄的指挥下，出兵捣毁讲朱城，遣人焚河桥，使阿里骨援兵至桥不得渡。这座讲朱城附近的“飞桥”，又称嘉木卓城桥，位于今青海化隆县古什群峡。在廓州至安乡关地段的黄河上，也设有桥梁相通，称为永通桥。此外，唃厮啰在黄河上建过溪哥桥，位于今尖扎县李家峡附近。宋代还在浮酪河（今大通河）中游建过通济桥，位于今甘肃省永登县连城境。湟州、鄯州附近的湟水上也有桥。在没有架设桥梁的江河地段，横渡江河的交通工具主要是船只和皮筏。木船制造粗糙，尚停留在刳木为舟的状态，“安乡城，鄯、廓通道也，滨河戎人尝刳木以济行者，艰滞既甚”[①]。皮筏则是以羊（牛）皮为囊，吹气实之，浮于水，连接多个皮囊，上置木板，用绳索捆绑以成，如同木船一般。[②] 直至新中国成立前，皮筏仍是西北地区各族群众横渡江河、沿河运输的主要交通工具之一。

金代、西夏在黄河要津都设有多处渡口。西夏光定十一年（1221 年）攻打金大通城（即宋时的讲朱城）时，曾用许多船连成浮桥过兵。[③] 这些船平时如果分散到各个渡口，足以满足济渡需求。大通城附近黄河上的飞桥，也被称为大通桥。除了木船外，大小河流上多用充气的皮囊（皮筏子）、独木舟作为渡河工具。元初，黄河上游水浅处，“土人抱革囊，骑过之。聚落纠木干象舟，傅髦革以济，仅容两人”[④]。这说的正是用皮袋和独木舟渡河

① （宋）李焘：《续资治通鉴长编》卷 247，熙宁六年（1073）九月壬申条。

② （宋）王明清：《挥麈录前录》卷 4，中华书局，1961。

③ （清）吴广成撰、龚世俊等校正《西夏书事》卷 41。

④ 《元史》卷 63《地理志》六《河源附录》。

的情景。

青藏高原地区高山峡谷连绵不断，江河沟壑纵横密布，宋元时期在这里也修建有不少桥梁，最为常见的有木桥、铁索桥、石桥、藤桥以及便桥等。郎钦贡噶帕的长子热丹贡桑帕巴，“二十六岁时，在年楚河上修建了一座设计优良的桥梁，桥上建有栏杆”①。这系当时青藏高原桥梁中的精品。

总之，宋元时期，青藏高原地区的桥梁建设较以前有了长足进步，对于加强青藏高原地区与内地及周边地区的政治、经济、文化联系，扩大商品贸易的范围，推动地区经济发展，均有非常重要的意义。

第六节　建筑业

宋元时期青藏高原地区的建筑业发展比较快，其中藏传佛教迅猛发展所带动的寺院建筑进入黄金时代。另外，这一时期青藏高原地区的宫殿建筑、城镇建筑以及溪卡庄园建筑等，也有一定程度的发展。

一　寺庙建筑

10 世纪末随着佛教的再度复兴和统治者的大力倡行，青藏高原各封建割据势力和与之结合的各教派在各地先后修建了数量可观的寺庙。其中比较著名的寺庙有：11 世纪初古格国王意希沃修建的托林寺；北宋至和三年（1056 年）由噶当派创始人仲敦·嘉瓦迥乃修建的热振寺；熙宁六年由噶当派著名译师勒贝喜饶兴建的桑朴寺和由萨迦派始祖昆·官却杰布建立的萨迦北寺；元祐二年（1087 年）由夏鲁派始祖杰喜饶迥乃建立的夏鲁寺；宣和三年（1121 年）由塔布噶举派创始人塔布杰建立的岗波寺；绍兴二十三年（1153 年）由噶当派僧人董敦·罗哲扎巴兴建的纳塘寺；绍兴二十八年（1158 年）由帕竹噶举派建立的丹萨替寺；淳熙二年（1175 年）由蔡巴噶举派建立的蔡巴寺；淳熙六年（1179 年）由止贡派建立的止贡替寺；淳熙七年（1180 年）由达垅派建立的达垅寺；淳熙十四年（1187 年）由噶玛噶

① （明）达仓宗巴·班觉桑布：《汉藏史集》，陈庆英译，第 238 页。

举派德松钦巴主持兴建的楚布寺等。12 世纪以来，青藏高原地区寺院林立，各教派寺庙都集建筑、力学、美学、雕塑、绘画之精华于一身，或小巧玲珑，或气势磅礴。其寺庙建筑样式，多为藏式墙体，汉藏结合的屋顶即歇山顶和平屋顶，反映了较高的建筑艺术水平。

其中，位于今阿里地区札达县西北部象雄河南岸的托林寺，是宋代西藏寺庙建筑的典型代表。该寺的规模和形制均仿照前藏的桑耶寺，其建筑中心为须弥山，四端有四大八小十二洲、日月二轮，外有墙围绕，四角建 4 座舍利塔，四门立四碑等，完全为中轴对称式的建筑形制。主要建筑包括朗巴朗则拉康、拉康嘎波、杜康 3 座大殿，巴尔祖拉康、乃举拉康、玛尼拉康和贡康等 10 座中小殿，以及堪布私邸、僧舍、经堂、大小佛塔等建筑。其中朗巴朗则拉康（意为“遍知如来殿”）又名迦萨殿，是托林寺主殿，也是三大殿中年代最早、形制最为奇特的建筑。其整体布局似“亞”字形，由象征须弥山的中央大殿、象征四大部洲的 4 小殿、代表护法四大天王的 4 小塔组成，外圈则由 4 大殿、14 小殿组成。朗巴朗则拉康外围南、西、北三大殿均有转经道环绕一周，中心组殿和周围殿堂之间也形成一个大的转经道，是典型的吐蕃时期的佛殿结构。同时，这种建筑结构也受到内地建筑的一定影响，如中轴对称式的建筑形制就是一个例子。

位于今山南地区扎囊县的扎塘寺，由扎囊十三贤之一、噶当派僧人扎巴·恩协巴于北宋庆历二年（1042 年）创建，初属稀解派，13 世纪中期改宗萨迦派。扎塘寺原名阿丹扎塘寺，阿丹，意为“五有”。“五有”是相对桑耶寺而言，其中“一有”指该寺主殿底层转经回廊比桑耶寺宽 0.9 米，“二有”指中层转经回廊绘有千佛壁画，“三有”指底层象征龙王卓思坚，“四有”指中层象征南王丹杰钦，“五有”指上层象征药王热瓦拉。整个寺院的建筑布局按佛教坛城的形式建造，与桑耶寺建筑风格大体相同，同时又受到内地和印度建筑风格的影响。斗拱、砖瓦具有典型的汉式风格，壁画具有明显的印度风格，壁画技艺高超，生动形象，繁而不杂，独具风格，其题材、内容除在同期的夏鲁寺残存外，在西藏的其他寺庙尚未发现。

昌都地区的嘎玛寺修建于北宋淳熙十二年（1185 年），寺内的大佛殿不仅代表着当时昌都建筑艺术的最高水准，而且在藏传佛教建筑艺术史上也有很高的地位。大佛殿最突出的是其屋檐和屋顶，佛殿屋檐正中是藏族工匠设计建造的狮爪形飞檐，左边为汉族工匠设计建造的龙须形飞檐，右边为纳西族工匠设计建造的象鼻形飞檐。飞檐上面为汉式单檐歇山式琉璃瓦，屋顶中间饰一表示吉祥的铜质镀金宝幢。屋檐既有着鲜明的藏、汉、纳西族特征，又非常和谐地统一在汉式屋顶之下，是藏、汉、纳西等族工匠们高超建筑艺术的集中体现。

宋代，青海地区的唃厮啰政权重视佛教，“有大事必集僧决之”，当时的青唐城“水西平原，建佛祠，广五六里”；“城中之屋，佛舍居半”。[①] 可以想见当时青唐城中的佛寺建筑规模很大。西藏佛教后弘期的11世纪，宁玛、噶丹、萨迎、噶举、觉囊诸派相继形成，藏传佛教进入空前活跃期，西藏各派系的许多创始人及其传法弟子前来安多、玉树传教，青海随之出现了一大批藏传佛寺。特别是玉树地区因毗邻西藏、川康，传教建寺活动尤为突出，并以噶举派各支系为主。如噶玛噶举派创始人都松钦巴·却吉扎巴（1110～1193年）曾来今玉树市结古镇一带活动，于西航村所在的禅古山腰建成禅古寺；都松钦巴的传法弟子巴洒当丁于今结古镇东5公里处的扎曲河对岸建楞主寺（元初移建，此即现在的当卡寺）；直贡噶举派创始人仁钦贝（1143～1217年）于12世纪60年代在今玉树市巴塘乡建成卓玛邦杂寺；仁钦贝的弟子康觉多杰宁保在今玉树市仲达乡建成让娘寺、嘎拉寺等；藏巴甲热·益希多杰（1161～1211年）的弟子于12世纪末在玉树上拉秀地区建成周巴寺、安云寺和察柔寺等；巴绒噶举派创始人达玛旺秋的弟子直希热巴在囊谦千户直哇阿洛的支持下，建成今香达乡的杂毛寺、着晓乡的毕日拉庆寺（后改宗萨迎派），其弟子热嘎岗巴建根蚌寺，巴若多杰建让直寺，释迩多杰建邦囊寺；帕摩竹巴弟子桑结叶巴·伊西则于北宋乾道七年（1171年）在喀木建成叶巴寺，淳熙十五年（1188年）改建今囊谦县吉尼赛乡的一座本教寺院为达那寺。

今甘肃甘南地区在宋代也修建了许多佛寺。北宋熙宁年间（1068～1077年），随王韶前往熙河地区招纳吐蕃部众的汴梁相国寺僧人智缘，曾在熙州

① （宋）李远撰、马忠辑注《青唐录》，载《青海地方旧志五种》第10页。

建一寺，在岷州建广仁禅院，于熙宁七年（1074 年）由宋神宗赐名“广仁禅院”。阿底峡大师的弟子太赛仓彦，于南宋绍兴年间（1131～1162 年）在今临潭地区建成侯家寺。今夏河县王格尔滩乡的德尔隆寺，由止贡派僧人娘拉杰保于南宋嘉定十五年（1222 年）修建，最初还建有一座经堂。今甘肃张掖肃南县的马蹄寺，据说也是由萨迦班智达·贡噶坚赞于南宋淳祐八年（1248 年）路过马蹄石窟千佛洞时在石崖前修建的。

藏传佛教宁玛派在今四川省甘孜地区有着比较悠久的历史，其传播始于 8 世纪毗卢遮那大师被流放至康区传教收徒。南宋绍兴三十年（1160 年），噶当巴格西（1122～1192 年）到今甘孜白玉县建立了第一座宁玛派寺院噶陀寺，后来寺院规模不断扩大，属噶陀寺传承的子寺就有 140 余座。

宋代，随着藏传佛教的弘传，青藏高原地区的藏传佛教寺院建筑不仅在数量上激增，而且在建筑风格上既有藏传佛教和藏区的浓厚特色，又吸收了内地和尼泊尔等地的技艺，独具一格。

元代，在中央政府的大力支持下，青藏高原尤其西藏地区又陆续新建了许多寺院，如萨迦第一任本钦释迦桑布奉八思巴之命于南宋咸淳四年、蒙古至元五年（1268 年）始建萨迦南寺，绛曲坚赞于元代至正十一年（1351 年）修建泽当寺，绛森喜饶桑波在昌都兴建昌都寺等。大昭寺、小昭寺、楚布寺、蔡巴寺、昂仁却德寺等一大批旧有的寺院也得到不同程度的扩建或整修。

受当时政教势力不断结合的影响，寺院修建中“宫寺合一”“宫寺一体”的殿堂建筑比较多。最为典型的是始建于元代的萨迦南寺。由于萨迦地方政权一直由萨迦教派的昆氏家族僧人掌握，故在萨迦南寺中修建了许多“颇章”和“拉章”。一般来讲，萨迦本钦（长官）的居住地称为“颇章”，囊钦（下一级官员）的居住地称“拉章”。萨迦南寺中建有古绒森吉嘎尔布颇章、森康宁巴（旧宫，又名拉章霞）、曲美增卡典曲颇章和德曲颇章等宫室建筑。此外，还有细脱拉拉章、都却拉章、仁钦岗拉章、甘丹拉章、苏康拉章、格白拉章、仲琼拉章、札木拉拉康拉章等。众多的颇章和拉章融为一体，与寺内的“拉康”“贡康”及其他建筑物共同构成这个“政教合一”“宫寺合一”的殿堂，寺中有宫，宫内有殿，开始形成“宫寺一体”的建筑形制，并对后来扎什伦布寺、哲蚌寺、布达拉宫等宫殿建筑产生了重大影响。此外，萨迦南寺最大的施主是元世祖忽必烈，所以该寺在布局上受内地城池建筑格局的影响较大，是一座城堡式的瑰丽建筑群，四周修有坚固的围墙，全部用灰土版筑而成，围墙以外修有低矮的土城——羊马城。羊马城以外还有石砌的一道堑壕。围墙之上修有 4 个角楼，顶端的女墙开有垛口。这些都是当时内地城堡建筑形式在萨迦南寺的具体应用。特别是南寺大门修建得非常坚固，城门上有高大的敌楼，门洞内有闸门，门道狭窄呈丁字形，在城门孔道的顶部开有数处坠洞，可以从中投下灰、石等物，这是为了抵御敌人迫近城门的防卫设施①。

较之于萨迦寺，夏鲁寺的建筑系元朝宫廷式建筑影响下的藏传佛教寺院建筑，吸收了内地的歇山琉璃式样和元宫式结构，为典型的藏汉合璧式建筑。在夏鲁拉康大殿，二层布局为 4 座汉式殿堂，分前殿、正殿、左配殿、右配殿。以中轴线对称的“凸”字形大殿的殿顶为歇山顶，上饰琉璃瓦，檐下斗拱内的雕刻、绘制均非常精细，具有浓郁的元代风格。此外，夏鲁寺的壁画保存比较完整，主要集中在大经堂回廊、二楼般若佛母殿及回廊中，特别是大经堂回廊的 100 幅本生故事和二楼回廊的《须摩提女请佛》等大型壁画系夏鲁寺壁画中的杰作。这些壁画构图巨大，题材丰富，色调强调对比与协调，局部描绘工整精细，在人物和纹样方面分别留有尼泊尔和中原内地绘画艺术的痕迹。夏鲁寺中的坛城壁画主要集中在三层各殿堂和大经堂二楼般若佛母殿。般若佛母殿单尊坛城中的诸佛、菩萨、人物的描绘极为精彩，注重人物形神的塑造和内心世界的刻画，十分传神，开始形成一种独特的艺术风格，其中的弥勒佛和文殊菩萨单尊壁画几乎达到了完美的艺术境界。这种风格对明代的白居寺壁画单尊佛像的创作产生了极为重要的影响。

在元朝中央政府的强有力支持下，蔡巴万户长对拉萨的寺院进行了维修。嘎德任蔡巴万户长时，先后 7 次赴大都谒见元朝皇帝，得到元朝皇帝的支持，并请来内地的能工巧匠，整修扩建了贡塘寺、蔡寺、大昭寺、小昭寺

---

① 西藏文管会编《萨迦寺》，文物出版社，1985，第 2 页。

等寺院，并修建了一批房舍。嘎德还在中洲寺内兴建密宗院。在嘎德等人的努力下，拉萨的寺庙得到整修，金光闪耀，街道房舍整齐划一。嘎德次子默朗多杰继任万户长的14年中，修建了拉萨的巴阁（八角街），建成了拉萨查拉鲁布神殿汉式屋顶，在释迦牟尼和观音菩萨二佛像头顶上建造了金顶，还整修了光明神变殿堂等。作为蔡巴噶举供养者的古格亚泽王日乌梅，于元至大三年（1310年）在觉卧佛像头上造了金顶，又为十一面观音建造了小金顶。此后，亚泽王布涅梅又建造了大金顶。蔡巴末期，桑杰约珠四世孙、《红史》的作者贡噶多吉，于元至元六年（1340年）前后在紫檀大门楼阁上建尊者堂，修建了中心佛殿外的围墙，并在中心佛殿上层安装了多座金顶和四周屋檐。

青海地区现存寺院中始建年代可以追溯到元代并基本上可以认定的寺院超过40座，其中以萨迦派为主，当然也包括其他教派的。① 萨迦派寺院的增加与萨迦班智达·贡噶坚赞、八思巴等萨迦派高僧在青海的一系列政教活动密切相关。今贵德县河东乡的珍珠寺，系萨迦班智达·贡噶坚赞去贵德朝拜包纳塔时，以蒙古宗王阔端所赠的一驮珍珠建寺，故名珍珠寺。今称多县北侧的东程寺，亦系智文措吉多杰奉八思巴之命而建，后来发展成玉树地区仅次于孕藏寺的萨迦派大寺。今玉树称多县的多干寺、下赛巴寺等，也在八思巴等高僧的影响下先后改宗萨迦派。今玉树藏族自治州的玉树市及囊谦、称多等县有许多当地僧人从萨迎等地学成后回乡建立的寺院，如玉树市仲达乡的唐隆寺、小苏莽乡的东从寺、囊谦县吉曲乡的宗达寺、称多县朵朵乡的邦夏寺等。除新建或改他派而成的萨迎派寺院，元代青海地区也有许多其他教派的新建寺院。如由曲结敦珠仁钦（1309～1385年）所建的同仁县年都乎乡的夏卜浪寺、尖扎县的昂拉赛康、化隆县查甫乡的夏琼寺等，早期均属于噶丹派寺院。今果洛州班玛县江日堂乡的阿什姜寺，是果洛历史最悠久的觉囊派寺院，由赤列南杰建于元至正二十七年（1367年）。而宁玛派寺院有今海南州共和县的当家寺、尖扎县坎布拉乡的南宗尼姑寺、同仁县曲库乎乡的古德寺、称多县珍秦乡的竹节寺（后改宗直贡噶举派）等，直贡噶举派

① 蒲文成：《青海藏传佛教寺院概述》，《青海社会科学》1990年第5期。

寺院有玉树市仲达乡的嘎拉寺和让娘寺、安冲乡的邦郭寺等，巴绒噶举派寺院有囊谦县觉拉乡的觉让寺和杂多县吉多乡的更那寺等。其中更那寺于1673 年改宗噶玛噶举派。

今甘肃甘南地区在元代也新建或改建了数量不少的藏传佛教寺院，其中许多萨迦派寺院的兴建与萨迦班智达·贡噶坚赞、八思巴等萨迦派高僧在这一地区的政教活动密切相关。今卓尼县卡车乡的知知寺、肃南县祁丰区的前山文殊寺，均是萨迦班智达·贡噶坚赞在该地传法时所建。今迭部县电尕乡的电尕寺、碌曲县双岔乡的多松多寺，系由八思巴的跋喜绕巴、娘·贡保罗哲于 13 世纪中叶和南宋景炎二年（1277 年）奉师命所建。今卓尼县的禅定寺，系八思巴弟子萨迦格西喜饶益西遵照八思巴谕旨于元元贞元年（1295 年）兴建。据二世嘉木样活佛所著《卓尼丹珠尔目录》记载，大寺建成后，佛殿内塑有密集、六臂护法等佛像，经典陈列于佛殿，佛塔林立。今甘肃天祝县天堂乡的天堂寺，最初由萨迦派僧人在原有的阳庄寺基础上建了一座萨迦派寺院；元至正二十年（1360 年），噶玛噶举黑帽系第四世活佛噶玛若贝多杰进京途经此地时，于寺前建造镇龙塔 108 座，使之改宗噶举派。

元代，在今云南迪庆地区传播发展的主要是宁玛派和噶举派，建有众多寺院。这些寺院的建筑基本上继承了藏传佛教的传统建筑风格，但在建筑布局上与后期格鲁派寺院有所不同。如宁玛派寺院主殿一般不位于寺院的中心位置，并加以院墙护围，僧舍等附属建筑于主殿附近另成一体，形成主殿与僧舍相对分离的格局。同时，受周围白族、纳西族建筑艺术的影响，在寺院木结构的加工制作和雕刻彩绘方面，明显具有白族和纳西族的建筑艺术特点。噶举派寺院建筑中多有与当地民居相仿的“干打垒”式建筑、传统的“碉房式”大殿建筑、轮廓鲜明的立方体外形等，表现出浓厚的地方特色。

总之，宋元时期青藏高原地区随着佛教势力的发展，佛教寺院建筑日新月异，其建筑技术不断提高，集建筑、宗教、艺术、坚固于一体。同时，青藏高原地区的宗教寺院建筑不断吸收内地及其他少数民族乃至尼泊尔等的建筑元素，形成了自己独特的风格，并对后世青藏高原地区的佛教寺院建筑影响深远。

二　宫殿城堡建筑

宋元时期，随着西藏地区社会经济的不断发展，地方政教势力上层出于居住和统治的需要，在各地修建了许多规模不一的宫殿和城堡，进一步推动了青藏高原宫殿城堡建筑技术的发展。

吐蕃王朝崩溃后，俄松之子贝科赞晚年移居仲巴拉孜，在其地的岩石上修筑城堡，以度余生。贝科赞次子赤德尼玛衮退居阿里地区，于藏历木马年（后唐应顺元年，即 934 年）兴建了热拉卡玛宫，次年又修建孜托甲日宫，此后以武力征服了古格，复又发兵芒域，占据该地区后兴建了尼松寝宫，举行了寝宫竣工庆典，在阿里建立起具有完善法规和完整城堡的政权。赤德尼玛衮三子德祖衮后来成为古格王，在今札达县兴建了古格王城，在依山而建的古格王城顶部修建了宫室，由于史料阙如，具体宫名不详。

17 世纪初，该城毁于拉达克人的入侵。根据考古发掘，古格王城遗址的宫殿建筑群坐落在今札达县札布让象泉河畔的土山上，从地面到山顶约 300 米，依山叠砌，房屋洞窟布满全山，并修筑了地道和地下宫殿。建筑遗址总面积为 30 万平方米左右，划分为 7 个区。据不完全统计，有房屋遗址 388 座、窑洞 823 孔、碉堡 51 座、暗道 12 条、各类佛塔 22 座，其中白庙、红庙、轮回庙、王宫殿和议事集会殿等 5 座佛殿建筑遗址较为完整，以白庙、红庙规模最大。古城残存的窑洞不仅数量众多，而且建筑风格较为独特：

> ……多选择不同台地的较高崖面掏挖，门前稍加修整，形成面积不大的平台或过往道路。往往数个或数十个窑洞成组排列在同一崖面上，上下错落数排，呈阶梯状。门向不定，随崖面弯曲回转而变化。窑洞类型较为复杂，以窑洞的室数多寡，有单室、双室、三室、四室、五室之分；以窑洞的平面形状，有正方形、长方形、刀把形、圆形、椭圆形、不规则形之分；以窑洞的用途，有王居室、民居、仓库、作坊、议事厅、供佛洞、地牢之分。[1]

---

① 西藏文管会编《古格古城》（上），文物出版社，1991，第 104 ~ 106 页。

这个庞大雄伟的建筑群，既体现了藏族古代依山而建的建筑传统，又在此基础上有所创新和发展，并开创了政教合一的建筑群即宫殿与佛殿相结合之先河。

贝科赞长子扎西则巴贝则在贡塘地区建立了贡塘小王朝，在今吉隆县修建了贡塘王城，在王城内建成“扎西琼宗嘎波”宫室。据藏文文献所记，分散割据时期阿里的贡塘王城也称为“阿里麦贡塘”“芒域贡塘”等，这座城位于吉隆县城东南角，现存面积约15.5万平方米，城垣系夯土与石块混砌，现存共4段，构成了一个不甚规则的四方形，城墙上建有中央碉楼、角楼，并在上面开孔，具有浓郁的军事防御色彩。城内的卓玛拉康遗址，保存有大量雕刻精美的作品，具有相当高的艺术水平。另据藏文史料记载，贡唐世系的赤·崩德衮建造嘎栋朗穷宗堡，以镇古格布容；建造甲孜朗杰他尔巴堡，以镇棋卓敏香等部；建造尼日雅宗白堡，以镇与错相近的洛堆；建造鸡冠形之藏容堡，以镇珞俄四部错；建造罗麦穆昆罗刹堡，以镇达芒色门等；建造朵布门六字（指观音六字真言）城堡，以镇朵布门；建造拉茹改宗白堡，以镇拉堆之北部；建造昆错改城堡，以镇拉堆之南部；在吉隆果希建土堡；狮子堡建于吉隆中央；朗卡之地建有多层明亮堡；建造白布宗红碉堡，以镇印（印度、尼泊尔）人侵扰；在崩次建造天柱堡，以镇尼雄绒；在追地建黑岩碉堡，以镇边建怒日；在恰巴亚希险要处，建曲嘎欢笑堡。①

拉加里在山南地区曲松县下江乡建立政权后，兴建了王宫建筑。其建筑遗存大致分为三期：旧宫，为早期建筑，主要建于13～14世纪，名扎西群宗；新宫，为中期建筑，主体部分主要建于15～18世纪，名甘丹拉孜，又称拉加里颇章；夏宫，为晚期建筑，建于18世纪末。拉加里王宫现存的部分建筑为现代所改建，但建筑基本保持了原有的平面布局和建筑结构，融合了内地古建筑风格，在西藏宫殿建筑中别具特色，是西藏为数不多的王宫建筑中的重要代表。

绛曲坚赞时期，西藏地区的建筑业也有了较大的发展。当时在贡噶、扎

---

① 嘎托·仁增次旺罗布：《贡唐赞普世系》（手写本），第8页，转引自陈崇凯《西藏地方经济史》，第250页。

喀、内邬、沃喀达孜、桑珠孜、伦珠孜、仁蚌等乌思藏的紧要地方建立了13座大城堡。

宋元时期青藏高原地区的宫殿建筑风格独特，既受内地宫殿建筑风格的影响，也受藏传佛教建筑的影响，形成了颇具特色的建筑风格，在我国宫殿建筑史上具有重要的地位。

三　溪卡庄园建筑

庄园，藏语称“溪卡”，出现于10世纪后半期。庄园建筑既是贵族住宅，又是全庄园的管理中心，大都建在风景优美、良田广阔的平地上，其规模一般根据庄园主的权力、官职大小及经济实力而有所不同。庄园的建筑形式和建筑格局大同小异，多为藏式平顶建筑，木石结构，平面呈方形或“凸”字形，大门建有斗拱门檐，门面上有彩绘，门廊内有木梯。庄园建筑一般高二三层，也有四五层的。底层多为库房，二楼除用人居住、酿酒和做饭外，部分房间用作小库房，正厅是会客室或经堂，三楼一般是庄园主的住房和管家的住房。二楼、三楼的柱梁均有彩绘、雕刻等装饰，图案以莲花为主。

西藏地区现存的元代庄园有格西溪卡遗址，建于13世纪后，位于今山南地区隆子县三安曲林乡。该建筑占地面积约600平方米，高3层，顶部已塌陷，四面墙体尚存。墙体由石砌成，残高约10米。东、西、北三面墙体遗有呈三角形的射孔或瞭望孔。楼层、开间及门窗均用木质梁枋建成，每层高3~4米，第3层西南拐角处设有角廊。

溪卡庄园建筑是10世纪后半叶出现的贵族住宅建筑，在青藏高原尤其西藏地区建筑史上别具一格，是这一地区建筑业发展过程中不可忽略的重要内容之一。

四　城镇建设

宋元时期，随着社会经济的发展和文化交流的不断加强，青藏高原地区涌现出大量各种类型的城镇，有些是在原有城镇的基础上加以扩建，有些则系新建而成。这些城镇规模不一，用途也呈多样性。

青海河湟地区的青唐城是唃厮啰政权的首府，是其政治、经济、文化、宗教的中心。青唐原为鄯州，唐肃宗上元（760～761 年）年间陷于吐蕃，遂号青唐。青唐地势险要，是理想的军事重地。史称：

> 万山环抱，三硖重围，红崖峙其左，青海潴于右。首岭昆仑，背倚黄河。其隘则水包西北，其险则山阻东南。①

唃厮啰定都青唐后，随着商业贸易的发展，经济日趋繁荣，并开始着手建设青唐城，历董毡、阿里骨两代，整个青唐城已初具规模。李远《青唐录》载：

> 城枕湟水之南，广二十里，旁开八门，中有隔城，伪主居西城。门设谯机二重，谯楼后设中门，后设仪门。门之东，契丹公主所居也；西为绝及夏国公主所居也，过仪门北二百余步为大殿，北楹柱绘黄龙，基高八九尺，去座丈余矣。碧琉璃砖环之，羌呼“禁围”。……旁设金冶佛像，高数十尺，饰以真珠，覆以羽盖。国相厅事，处其西，国王亲属厅事，处其东。直南大衢之西有坛三级，纵广亩余，每三岁，冕祭天于其上。
>
> 东城惟陷羌人及陷人之子孙。夏国降于阗，四统往来贾贩之人数百家。
>
> 城之西有青唐水注宗河，水西平远，建佛祠，广五六里；缭以冈垣，屋至千余楹。……城中之屋，佛舍居半。惟国主殿及佛舍以瓦，余虽主之宫室，亦土覆之。②

上述记载表明，青唐城以隔城分为东、西二城，似有严格的功能区分。唃厮啰“国主”和王族及亲属居于西城，城上建有两重谯楼（城门上的瞭

① （清）苏铣纂修，王昱、马忠校注《西宁志》卷 1《地理志》，青海人民出版社，1993，第 124 页。

② （宋）李远撰、马忠辑注《青唐录》，载《青海地方旧志五种》，第 10 页。

望楼），后设中门、仪门，防卫极严。在仪门北二百余步的唃厮啰“国主”听政的大殿旁，设有数十尺高的金佛像，而且“城中之屋，佛舍居半”，佛寺建筑占有重要的地位，显示出浓厚的民族文化特色。可见，西城是青唐城的重心所在。东城则居住着在战争中降俘或流散于此地的羌人以及从西域各国来此地做买卖的商贩数百户，颇为繁荣，应该是青唐城民众的居住区和商贸区。这种城市布局既具有内地城池的特色，又有河湟地区的民族地方特色。根据史书记载推测，当时之青唐城人口连同僧人在内，当有数万人之多。

除青唐城外，河湟地区规模较大的城镇还有邈川、宗哥诸城。邈川城，其城周七里，东倚高山，北临宗河桥，其地“东北控夏国右厢甘凉一带，西接宗哥、青唐”，“部族繁庶，形势险要”。[①] 宗哥城“城分东西二垒，广八里，北依山，南枕湟水，比诸城最高”。[②] 这两座城镇是青唐通往宋地的必经之路，分别是宗哥族大首领李立遵、邈川族大首领温逋奇的发迹之地，也是当时的青唐道上两个比较重要的商业贸易中心。

元祐二年（1087 年），吐蕃大酋鬼章率兵攻克洮州后，“分筑洮州为两城以居。北城周四里，楼橹十七，南城周七百步，楼橹七，跨洮水为正桥”[③]。这座新筑的洮州城，不仅跨洮水分筑南北二城，中间用浮桥连接起来，而且城内建有楼橹等建筑。吐蕃人在不长的时间内就能建造出来这样一座规模较大的城池，反映出这一时期安多吐蕃人的建筑技术是不可小觑的。

西藏拉萨河流域的拉萨城，原为吐蕃王朝的政治中心。吐蕃王朝崩溃后，拉萨城的发展一度受到影响。元代，拉萨处在蔡巴万户辖区，历代蔡巴万户和蔡巴噶举派创始人向·尊珠及其门徒，对拉萨城市的建设与发展做出了积极贡献。嘎德任蔡巴万户长时，从内地请来汉族能工巧匠，整修扩建了贡塘寺、蔡寺、大昭寺、小昭寺等寺院，并修建了一批房舍。在嘎德万户的努力下，拉萨的寺庙得到整修，变得金碧辉煌，街道房舍整齐。嘎德次子默朗多杰继任万户长的 14 年中，不仅整修或新建了许多佛殿，而且还动员和

---

① （宋）李焘：《续资治通鉴长编》卷 514，元符八年（1105 年）八月己卯条。

② （宋）李焘：《续资治通鉴长编》卷 233，熙宁五年（1072 年）五月辛卯条。

③ （宋）李焘：《续资治通鉴长编》卷 400，元祐二年（1087 年）五月癸丑条。

组织力量疏通拉萨市区水道，加固拉萨河堤，修建民房，使拉萨呈现出一派繁荣发展的景象。默朗多杰的长子贡嘎多杰任蔡巴万户长期间，对蔡贡塘寺、大昭寺、布达拉宫等加以妥善保护，并进行修缮。蔡巴万户上述举措不仅巩固了其政治、经济、军事、文化等方面的地位，也促进了拉萨的政治、经济、文化、宗教和军事诸方面的繁荣。

宋元时期，青藏高原地区的城镇建筑发展迅猛，其中以西藏地区的拉萨城和唃厮啰政权的首府青唐城的建筑最具特色，其建筑既有民族特色，也充分吸收内地等民族建筑成分，使其建筑达到了较高水平。

第五章
明　代

有明一代，青藏高原社会经济大致保持平稳发展的局面。畜牧业方面，明朝的大量需求促使青藏地区养马业呈现繁荣发展的势头，大量马匹输入内地。农业方面，土地垦殖进一步扩大，特别是河湟洮岷及川西松潘一带，明朝所设军卫开展屯田，促进了这些地区农业的发展。商业贸易方面，茶马贸易进入历史上最为繁盛的时期，同时，以朝贡方式进行的贸易无论规模和频率都远远超过以往的历史时期，反映了青藏地区与内地间形成了密不可分的经济联系。不过，关于明代青藏高原经济发展的史料中，有关西藏地区的记载比较有限，所以，我们的叙述也仍然侧重于青藏高原东部区域。

第一节　农业

明代史料记载青藏高原的物产，除金、银、铜、锡等金属，牛、马、羊、驼等畜产品之外，尚有青稞、麦、莞豆等[①]，所谓“食酪衣毡，居毳帐，务耕牧”[②]，反映了明代青藏高原以牧为主、农牧兼营的基本经济结构。而从农业的地域分布上看，西藏一江两河流域及高原东部边缘区域仍为主要农区。一江两河流域作为西藏文明的核心区域，农业开发有着悠久的历史。史籍中记载明代乌思藏地区“所食皆麦菽”[③]，反映出以青稞种植为主的农业是该区域社会经济生产与生活的重要支柱之一。元末，西藏地区在帕木竹巴首领、大司徒绛曲坚赞的极力推动下，普遍确立了以溪卡即庄园为单位的

① （明）严从简：《殊域周咨录》卷12，中华书局，1993。

② （清）查继佐撰，倪志云、刘天路点校《明书·列传》卷33《西蕃》，齐鲁书社，2014。

③ 冯君豪：《袁宏道游记笺评》，绛树出版社，2014，第259页。

生产组织和属民管理方式。到明代，溪卡庄园经济得到进一步发展，大大小小的溪卡布满了一江两河流域，历任帕竹政权的首脑第悉也会时常巡视属下各地的溪卡，对农业生产起到了一定的敦促作用。

在青藏高原东部地区，许多地区或部落长期保持着半农半牧、农牧兼营的经济形态。其中，明代西宁十三族，如上所述皆为“以马为赋”的游牧部落，但也有相当一部分部落或多或少地兼营农业。如申中族，“有城廓庐室，田畜为业”；西纳、卜咂、隆奔、申藏、革咂、章咂、巴哇等部落也都兼事农业。《明英宗实录》就有宣德十年（1435 年）掌西宁卫都指挥佥事穆肃从官仓中向遭遇荒歉而影响春播的上述部落提供 300 石种子的记载。① 明代川西高原也多为农牧交错之区，如松潘地区，松潘及周边地区的藏羌部落除游牧外，也有不少“日耕野谷，夜宿碉房，多种青稞、圆根，好用膻羊麦粉”②。洪武（1368～1398 年）中，明朝还向部分土司属民征收粮赋。“明初设立八郎、麻儿匝、芒鬼者、阿角寨，仍立酋长一人为土官，以世掌之，土官以下每寨又有牌头、寨首之名，使于各卫所，认纳青稞差役。”③ 而威州卫属的杂谷安抚司也同样“岁输薄粮于维州番仓”④，表明其经济亦以农耕为主。像长河西、鱼通以及天全六番、宁番诸处，农业在当地经济中更是占有主导地位。洪武二十一年（1388 年），礼部主事高惟善自长河西等处返京，奏称：“鱼通、九枝蛮民所种水陆之田，递年无征。若令岁输租米，并令军士开垦大渡河两岸荒田，亦可供给戍守官军。”⑤ 可见鱼通一带也有不少水田。天全六番“男不习工艺，妇不事纺绩，惟以农耕为业。番汉淆居，碉房绝岭”⑥。宁番卫所属西番人“食以青稞磨面作饼，酥油茶为饭（饮）”⑦，大致是以农业主，兼营畜牧业。

---

① 《明英宗实录》卷 3，宣德十年（1435 年）三月丁酉条。
② （嘉靖）《四川总志》卷 16《经略》，书目文献出版社，北京图书馆古籍珍本丛刊。
③ 同上。
④ （明）曹学佺：《蜀中广记》卷 31《边防记》二，影印文渊阁四库全书本。
⑤ 《明太祖实录》卷 188，洪武二十一年（1388 年）二月壬戌条。
⑥ （明）曹学佺：《蜀中广记》卷 35《边防记》五。
⑦ 同上。

另外，在游牧区气候适宜的地方，也零零散散分布着一些小块的农田。如在青藏高原北部游牧的撒里畏吾儿人，就垦殖有少量的农田并从事农业生产。正统七年（1442 年），安定卫安定王亦攀丹奏："臣前有胜额儿葛等处田地八处及家人七户，俱被达民火儿丁等拘占，乞与追还。"①

明代青藏高原农业经济最引人注目的是都司卫所的军事屯田。

"屯田之法，始于汉氏。盖取空闲之地，课人以耕，而因以战守，于足粮饷而省转输。养兵实塞之要，足国安民之计，莫先于此。"② 明太祖起兵以来，即留心屯政，"立民兵万户府，寓兵于农，其法最善。又令诸将屯兵龙江诸处，惟康茂才绩最，乃下令褒之，因以申饬将士"③。明代建立后，更令天下广兴屯田，有军屯、民屯、商屯等，"而军屯则领之卫所。边地三分守城，七分屯种。内地，二分守城，八分屯种。每军受田五十亩为一分，给耕牛、农具，教树植，复租赋，遣官劝输，诛侵暴之吏"。朱元璋洪武"三十五年（1402 年）定科则：军田一分，正粮十二石，贮屯仓，听本军自支，余粮为本卫所官军俸粮。永乐（1403～1424 年）初，定屯田官军赏罚例：岁食米十二石外余六石为率，多者赏钞，缺者罚俸。又以田肥瘠不同，法宜有别，命官军各种样田，以其岁收之数相考较"④。在高原东部地区、陕西都司、陕西行都司，以及四川都司属下，自北迄南，布设西宁、河州、岷州、洮州、松潘、茂州、威州等一系列卫所，都因地制宜，开展屯田生产，成为推动青藏高原农业发展的重要力量。

从现有资料来看，在上述卫所中，陕西都司所属河州卫的军屯规模是最大的。据武沐教授的研究，明初河州卫"有军士 9888 名，可参与屯田的有近 7000 人，屯田 3452 顷，平均每户屯地约 50 亩，这与全国军屯授田数基本相符。而此时河州民田亩数为 3558.84 顷，略较军屯为多，但明代河州镇屯粮征收为 29875 石，其中河州卫屯粮征收为 26509 石，嘉靖（1522～1566

① 《明英宗实录》卷 98，正统七年（1442 年）十一月庚辰条。

② （明）林希元：《应诏陈言屯田疏》，载《明经世文编》卷 163《林次崖文集》二，中华书局，1962 年影印本。

③ 《明史》卷 77《食货志》一。

④ 同上。

年）以前为 20692 石，而此时民粮征收仅为 18237 石，相差 2000 余石；此时军屯人口约 5 万，而民户高达 9 万余人，相比之下军屯的贡献远远超出民户"[①]。河州卫所属的归德守御千户所更设于远距河州卫 1200 里的"番地"，其屯田堡寨分布于今青海省贵德县、尖扎县及同仁县内黄河及其支流隆务河河谷地区，也就是汉代大小榆谷的中心区域。汉唐时期对于羌、浑诸族之农垦以及汉唐诸王朝屯田来说，这里都是重点区域。经过明代屯军的垦殖后，归于地方。由于屯军的垦殖和生产，同属陕西都司的岷州卫和洮州卫也开展屯田生产，只是规模较河州卫要小一些。岷州卫设卫之初，指挥使马烨即组织军士开展屯田生产，"立屯所三处，辟荒八千余亩，布种万石"[②]。据方志记载，岷州卫"原额屯地 1782 顷"[③]；洮州卫明时有军屯地 747 顷[④]。属陕西行都司的西宁卫也于洪武中开展屯田，洪武末年军屯生产成效已十分显著，"累岁丰熟"，且有余粮调剂其他卫所。[⑤] 西宁卫的屯田可能一直保持着较好的生产状态，所以弘治（1488～1505 年）时，有官员奏称该卫"田土肥饶，人力颇盛，刍粟无转输之难"[⑥]。根据方志等资料的记载，永乐（1403～1424 年）时西宁卫有屯地 202552 亩，而至万历（1573～1620 年）时增加到 400218 亩。[⑦] 属于四川都司所属川西北一带的松潘、茂州等卫所，地处山险谷深的高寒之地，交通不便，粮运艰难。

尽管土地贫瘠，但各卫所都努力组织屯田生产，以解决军食问题。如松潘卫，"洪武十一年（1378 年），王师始下潘州。人与编民赋役无殊，乃于其地建置屯堡，使士卒且耕且守，数累十年，足兵足食，边人安堵"。（罗绮漳腊新记）洪武二十年（1387 年），诏令"以松州、茂州小路崎岖，民

① 武沐：《明代河岷洮三卫戍边屯田研究》，载马明达、纪宗安主编《暨南史学》第九辑，2014。

② （明）《岷州建城碑》，载吴景山《安多藏族地区金石录》，甘肃文化出版社，2014，第 47 页。

③ 岷县志编纂委员会办公室：《岷州志校注》，1988 年印行本，第 10 页。

④ （光绪）《洮州厅志》卷 4《赋役》，（台湾）成文出版有限公司，中国地方志丛书版。

⑤ 《明太祖实录》卷 249，洪武三十年（1397 年）正月丁卯条。

⑥ 《明孝宗实录》卷 151，弘治十二年（1499 年）六月癸卯条。

⑦ 崔永红：《青海经济史（古代卷）》，第 169 页。

间输运艰苦，逋逃者多，令本卫军士，三分守御，七分屯种”[①]。至明中叶，“松潘卫、小河所，三路新旧屯田二千八百五十九顷七十亩有零”。从事卫所屯田的，除了军士之外，还有为数甚多的“军余”，也即屯军家属。如西宁卫，宣德三年（1428 年）时，因为在卫军士“各有差遣，不暇屯种”，“征进屯军家属自愿力田者七百七十余人，乞令如旧耕种，依例收其子粒”[②]。宣德六年（1431 年），镇守西宁都督史昭又奏请让更多的余丁下屯：“西宁地临极边，控制番夷，先以拨军三千人屯种。近侍郎罗汝敬视有闲田，再拨军余一千一百五十人下屯。”[③]

明代卫所屯田虽然经历了由盛而衰的过程，但大量屯军及其家属成为推动青藏高原农业经济发展的重要力量。军屯后来虽然衰落，但相当数量的屯军及其家属落籍戍地，成为土著。所谓“戍卒获利，则愿耕者众，既因田致富，则不思归，及戍期将满，下令有愿留者，即以所开田为永业”[④]。屯军及其家属落籍戍地后，无疑成为当时乃至以后该地区从事农业生产的重要力量，为当地的经济开发做出了巨大贡献。

卫所屯田之外，明代还有为数不少的汉族农民进入青藏高原地区，从事农业生产。永宣（1403～1435 年）时期，西宁卫土官李英就曾“招逋逃七百余户，置庄垦田”[⑤]；至弘治（1488～1505 年）时期，西宁地区已有“各处流民久住成业”[⑥]。明代中后期，明朝政府针对军事屯田衰败的状况，在边疆地区采取优惠政策鼓励军民开展农业垦殖与生产，“不拘军民僧道流寓土著人等，悉听尽力开耕，给与执照，世为己业，永不起科”[⑦]。应该说，这些措施发挥了一定的社会成效。

---

① 《明太祖实录》卷 216，洪武二十五年（1392 年）二月庚辰条。

② 《明宣宗实录》卷 42，宣德三年（1428 年）闰四月丙戌条。

③ 《明宣宗实录》卷 80，宣德六年（1431 年）六月辛酉条。

④ （明）张炼：《屯田议》，载（清）杨应琚《西宁府新志》卷 37《艺文》，青海人民出版社，1988。

⑤ 《明史》卷 156《李英传》。

⑥ 《明孝宗实录》卷 151，弘治十二年（1499 年）六月癸卯条。

⑦ （明）庞尚鹏：《清理甘肃屯田疏》，载《明经世文编》卷 360《庞中丞摘稿》四。

第二节　畜牧业

明代，畜牧业仍然是青藏高原经济中占主导地位的生产部门。明前期，明代军队在高原地区常有一些针对藏族或其他民族部落的军事活动，其战利品基本上都是以马、牛、羊、驼等为主的畜产品。

如洪武十年（1377 年），位于河州西南部的川藏部落劫杀乌思藏使臣，“征西将军邓愈兵至吐蕃，攻败川藏之众，追至昆仑山，斩首甚众，获马、牛、羊十余万”。[①] 洪武十二年（1379 年），“洮州十八族番首三副使汪舒朵儿、瘿嗉子、乌都儿、阿卜商等叛，据纳邻七站之地，命征西将军沐英移兵讨之”。平叛过程中同样获得大量牲畜，“所获牛羊，分给将士，亦足两年军食”。[②] 不久，明太祖又敕令沐英等将所获马匹，“宜乘此青草之时牧养壮盛，悉送京师。犏牛则于巩昌、平凉、兰州、洮河之地牧之”。[③] 敕令特别提到将所获犏牛分置四个地方牧养，则犏牛的数量应该不少。是年九月，沐英等再率军大败三副使瘿嗉子之众，“杀获数万人，获马二万，牛、羊十余万”。[④] 明时，青海湖以西直至柴达木盆地，系撒里畏吾儿人游牧之区，“居无城廓，以毡帐为庐舍，产多驼、马、牛、羊”。[⑤] 所在地虽然多荒漠戈壁，但所畜驼马牛羊的数量仍然相当可观。宣德五年（1430 年），镇守西宁总兵官都督金事史昭等奉命讨曲先卫，“昭等兵至曲先，……纵兵击之，杀伤甚众，获答答不花及男女三百四十余人，马、驼、牛、羊三十二万有奇”。曲先与安定、罕东、阿端并为明初设于撒里畏吾儿地区的“塞外四卫”，一次军事袭击所获牲畜即多达 30 余万头（只），由此可见当地畜牧经济的规模之大。洪熙元年（1425 年），明军又因安定、曲先部众劫掠朝廷遣往乌思藏的使臣而出兵讨伐，“与安定寇党锁南等战，败之……获驼、马、牛、羊十四万有奇”。[⑥]

---

① 《明太祖实录》卷 112，洪武十年（1377 年）五月癸卯条。

② 《明史》卷 330《西域传》二。

③ 《明太祖实录》卷 123，洪武十二年（1379 年）三月丙申条。

④ 《明太祖实录》卷 126，洪武十二年（1379 年）九月乙亥条。

⑤ 《明太祖实录》卷 90，洪武七年（1374 年）六月壬戌条。

⑥ 《明仁宗实录》卷 7，洪熙元年（1425 年）八月戊辰条。

在畜牧业经济中，养马业依然占有特别突出的地位。一方面，凡青藏高原各地政教首领入贡者，马匹几乎都是必献的方物，此类记载在《明实录》及其他史料中处处可见。另一方面，明朝也将青藏高原视作所需马匹的主要来源地之一。明太祖洪武时期，派人到河州、洮州等藏族部落中购买马匹。洪武十九年（1386 年），遣行人冀忠赴陕西市马，“得马二千八百七十匹”①；洪武二十五年（1392 年），遣太监而聂赴河州市马，必里等地藏族部落“争出马以献，于是得马万三百四十余匹，以茶三十万斤给之，诸族大悦”②。而明朝为了确保国家有较为固定的马匹来源，并切实体现青藏高原地区游牧民对明朝的“臣民”义务，洪武年间又推行“差发马赋”制度，向游牧部族征收马赋。洪武十八年（1385 年），松州卫指挥佥事耿忠向明朝廷提出“西番之民归附已久，而未尝责其贡赋，闻其地多马，宜计其地之多寡以出赋。如三千户则三户共出一马，四千户则四户共出一马，定为土赋”③。这个建议得到朝廷采纳。到洪武二十六年（1393 年），颁金牌（铜）信符给诸纳马部族。《明太祖实录》卷 225 洪武二十六年（1393 年）二月癸未条载：

> 遣使往西凉、永昌、甘肃、山丹、西宁、临洮、河州、岷州、巩昌缘边诸番，颁给金铜信符。敕谕各族落曰：“往者朝廷或有所需于尔，必以茶货酬之，未尝暴有征也。近闻边将无状，多假朝命扰害尔等，使不获宁居，今特制金铜信符，族颁一符，遇有使者征发，比对相合，始许承命。否者，械之京师，罪之。”

《明史》卷 80《食货志》四载：

> ……又制金铜信符，命曹国公李景隆赍入番，与诸番要约，篆文上曰“皇帝圣旨”，左曰“合当差发”，右曰“不信者斩”。凡四十一面：

① 《明太祖实录》卷 179，洪武十九年（1386 年）九月癸亥条。

② 《明太祖实录》卷 217，洪武二十五年（1392 年）五月甲辰条。

③ 《明太祖实录》卷 151，洪武十六年（1383 年）正月辛酉条。

洮州火把藏、思囊日等族，牌四面，纳马三千五十匹；河州必里卫西番二十九族，牌二十一面，纳马七千七百五匹；西宁曲先、阿端、罕东、安定四卫，巴哇、申中、申藏等族，牌十六面，纳马三千五十匹。下号金牌降诸番，上号藏内府以为契。三岁一遣官合符。其通道有二：一出河州，一出碉门，运茶五十万余斤，获马万三千八百匹。

马赋之征每三年一次，“每三年遣廷臣纳差发马一万四千五十一匹”①。

由于青藏高原适宜畜牧，除了游牧民畜养大量马匹之外，明朝政府也在高原东北部河湟地区设置了规模可观的官营牧场，畜养军马。早在洪武二十三年（1390 年），明太祖诏令将北征时所获马牛羊等牲畜近两万头（只）移交西宁卫，“给诸军牧养”②。洪武三十一年（1398 年），设北平、辽东、山西、陕西、甘肃行太仆寺，“定牧马草场”，③ 督理河西、河湟地区十五卫、所的马政事务④。永乐时期，设陕西、甘肃两苑马寺，下设监、苑，两寺最终形成十二监四十八苑的庞大规模。其中，甘肃苑马寺所属六监二十四苑具体名称如下。甘泉监：广牧苑、麒麟苑、温泉苑、红崖苑。祁连监：西宁苑、大通苑、古城苑、永安苑。武威监：和宁苑、大川苑、宁番苑、洪水苑。安定监：武胜苑、永宁苑、青山苑、大山苑。监川监：暖川苑、盆水苑、巴川苑、大海苑。宗水监：清水苑、美都苑、永川苑、黑城苑。⑤ 除武威监和安定监所属八苑之外，其余的基本都在河湟地区⑥。明制：

苑视其地广狭为上、中、下三等，上苑牧马万匹，中苑七千匹、下

---

① （清）《噶达洪题折衷额定马数事本》（顺治十年正月二十五日），载中国第一历史档案馆编《清代档案史料丛编》（第十辑），中华书局，1984，第 35 页。

② 《明太祖实录》卷 202，洪武二十三年（1390 年）六月辛未条。

③ 《明史》卷 92《兵志》四。

④ （明）赵廷瑞修《陕西通志》卷 39《政事》四，三秦出版社，2006。

⑤ 同上。

⑥ 参见崔永红、张生寅《明代以来黄河上游生态环境与社会变迁史研究》，青海人民出版社，2008，第 96 页。

苑四千匹。[①]

若均以中苑规模估计，则上述甘肃苑马寺所属河湟地区四监十六苑的牧马数量当在11.2万匹左右。

自明正德（1506～1521年）以后，东蒙古部落陆续迁入青海，环青海湖及黄河河曲地带成为蒙古游牧之区。环湖地区“水草丰美。番人环居之，专务畜牧，日益繁滋，素号乐土。正德四年（1509年），蒙古部酋亦不剌、阿尔秃厮获罪其主，拥众西奔。瞰知青海饶富，袭而据之，大肆焚掠。番人失其地，多远徙。其留者不能自存，反为所役属”[②]。嘉靖（1522～1566年）末年，土默特部领袖俺答汗“又羡青海富饶，三十八年（1559年）携子宾兔、丙兔等数万众，袭据其地”[③]。至万历八年（1580年），俺答汗在青海仰华寺唔拜西藏第三世达赖喇嘛，自己东归后，“留永邵卜别部把尔户及丙兔、火落赤守之，俱牧海上”[④]。蒙古部落游牧于青海，对原先游牧于这一地区的撒里畏吾儿及各藏族部落进行武装掠夺或奴役驱使，一方面造成相当大的社会动荡，另一方面也对当地民族的社会经济造成严重的破坏，不少部落因“北虏屡次抢掠，牛马殆尽”[⑤]，在经济上限于窘境。

在明代青藏高原的游牧经济中，狩猎业仍然是不可或缺的经济补充形式。《蜀中广记》就记载川西北一带藏羌诸族“日务射猎，夜宿碉房”；西宁卫所属“诸蕃族皆野居散聚，射猎为食”[⑥]。史载该卫所属申中部落“饮食恒牛羊、戎饼，重茗酪，间猎黄牛、黄鼠、獐鹿、野牛、马、雉、兔食之，岁以麝香、犏牛、羱尾、马尾、土豹、狐皮出市”[⑦]。西宁卫所属其他部落的情况大致也是如此，这从一个侧面反映出狩猎业一方面可以补充日常

① 《明太宗实录》卷59，永乐四年（1406年）九月壬戌条。

② 《明史》卷330《西域传》二。

③ 同上。

④ 《明史》卷222《郑洛传》。

⑤ （明）褚铁：《目击番虏情状疏》，载《明经世文编》卷386《褚司农文集》。

⑥ 《明太祖实录》卷220，洪武二十五年（1392年）八月戊午条。

⑦ （清）杨应琚：《西宁府新志》卷19《武备·番族》。

衣食所需，另一方面可以提供用于对外交易的物品。一些猎品诸如猞猁、羚羊角、沙狐皮等，还可作为贡品输入宫廷。

第三节 手工业

一 毛织业

明代青藏高原在农业、畜牧业经济有了长足发展的同时，手工业经济也相应有了进步。与生产生活关系最为密切的毛织业，在明代青藏高原手工业生产中仍然占有重要的地位。毛织品是藏区家庭手工业的主要产品。毛布（褐）、毛毡、毛毯等既是青藏高原上农牧民衣着、住居不可或缺的物资，也是对外交换的重要产品。明何宇度《益部谈资》谓：

> 西番与蜀相近……食牛羊肉而饮酒。番物名不一，志载唯足力麻、铁力麻、氆氇三种，而自蜀人言者，有曰细毯、工布氎、毯绒、边工毯、姜纳大货、贴里绵，唯凭粗细颜色定价值。①

这反映了明代青藏高原毛织品的品类和色彩都相当丰富。工布、边工、姜纳应该都是乌思藏地名，不同地区的毛织品有属于自己的优势和特色。其中，足力麻、铁力麻又被译作足哩麻、铁哩麻。“铁力麻，即乌思藏各色布也”，学者考证“明代汉文文献中所谓‘铁力麻/铁哩麻’，是一种细软的毛哔叽”。② 足力麻，“应与氆氇、铁力麻为同类，是西藏生产的一种毛织物”③。足力麻、铁力麻、氆氇都属于毛织品中品质上乘者，因为其也是青藏高原僧俗上层给明朝贡品中最为常见的物品：

---

① （明）何宇度：《益部谈资》卷上，中华书局，1985，第 7 页。

② 杨清凡：《藏族服饰史》，青海人民出版社，2003，第 186 页。

③ 王宝红：《清代内府抄本〈理藩院则例〉点校注释举误》，载四川大学中国俗文化研究所、四川大学汉语史研究所编《汉语史研究集刊》第十五辑，巴蜀书社，2012，第 276 页。

……其贡，在乌思藏则画佛、铜佛、铜塔、刀剑为独异，外贡狳猁、各色足力麻、各色铁力麻（汉俗云“铁里汉”）、各色氆氇、珊瑚、犀牛角、左髻、毛缨、明盔、明甲之类。各番大抵相同。

其中，毛缨、左髻都是毛织品。《明会典》也详细罗列了青藏高原各地贡物的名称[①]。如乌思藏地区贡物为：画佛、铜佛、铜塔、舍利、各色足力麻、各色铁力麻、各色氆氇、珊瑚、犀角、左髻、毛缨、酥油、明盔、明甲、刀、剑。朵甘思地区的贡物为：各色足力麻、各色铁力麻、各色氆氇、左髻、明盔、长刀。董卜韩胡宣慰司等处的贡物为：各色氆氇、各色足力麻、各色铁力麻、珊瑚、明盔、铁甲、遮甲麻衣、白毛缨、红毛缨、黑毛缨、黄左髻。

足力麻、铁力麻及氆氇等之颜色，主要为红、黑、白、紫等色。明《西番馆来文》中有一份西藏大宝法王哈立麻给明廷进贡的表文，所列贡物即为各色氆氇和铁力麻。其中有红氆氇 100 副、紫氆氇 50 副、黄氆氇 50 副、红铁哩麻 50 副、白铁哩麻 50 副。[②] 另见朵甘地方土官进贡的氆氇中有白氆氇的记载。[③]

由此可见，明代青藏高原牧区的毛纺织业特色鲜明，毛纺织品品种繁多，质量上乘，成为向中原王朝进贡的主要物品之一。

二　寺院及庄园城堡的修建

明代手工业的发展还表现在寺院及城堡的修建上，至今仍矗立在青藏高原上的许多宏伟的寺庙、庄园城堡、佛塔或其遗迹，均系明代的建筑物。

明代青藏高原上修建的宗教寺院，以佛教寺院为多。其中规模较大的有帕竹噶举派的泽当寺（1351 年），格鲁派的甘丹寺（1409 年）、哲蚌寺

① （万历）《明会典》卷 108《朝贡》四，万有文库本。

② 转引自黄奋生《藏族史略》，民族出版社，1989，第 203 页。

③ 任小波：《〈西番馆来文〉研究释例》，载达力扎布主编《中国边疆民族研究》第一辑，中央民族大学出版社，2008，第 200 页。

(1417)、色拉寺（1420 年）、扎什伦布寺（1447 年），宁玛派的多吉札寺（16 世纪末），噶玛派红帽系的羊八井寺（1490 年），觉囊派的达丹彭错林寺（1614 年），以及白居寺、拉萨上下密院等。在寺庙造像方面，除了绰浦译师所造的绰浦弥勒大佛像和 20 世纪初九世班禅大师新造的扎什伦布寺的弥勒大佛像以外，西藏其他著名的弥勒大佛像，如昂仁弥勒大佛像、绒弥勒大佛像、扎什伦布寺大经堂弥勒殿中的弥勒大佛像、哲蚌寺的弥勒像见者解脱等，都是 15 世纪中叶建造的。上述这几尊用金、铜等材料建造的佛像，虽然大小有别，但总的来说，在世界范围内也算得上是用金、铜材料建造的大佛像中的代表。此外，昂仁县迥仁波且的大佛塔，拉孜县姜地方的大佛塔，萨迦县绰浦寺的大佛塔，江孜县白居寺的大佛塔等，也都显示了藏民族手工艺术的鲜明特点。①

明朝修建的甘丹寺、哲蚌寺、色拉寺与日喀则扎什伦布寺并称西藏格鲁教派四大寺。甘丹寺建于永乐七年（1409 年），是格鲁教派修建最早的寺院。《土观宗派源流》记载了此寺兴建的具体年代："宗喀巴大师己丑年（明永乐七年，即 1409 年）……依如来授记建修卓日伍齐山的甘丹高胜州寺。"② 从周加巷《至尊宗喀巴大师传》的记述中可以看到甘丹寺修建之精巧与神奇：

> 大师年届五十九岁时，于木羊年（永乐十三年，即 1415 年）夏季，作好漾巴金（拉萨甘丹寺的一殿名）的奠基诸事……此后，也就渐次建起了七十二柱的漾巴金殿堂和走廊、后殿等。于火猴年（丙申）（永乐十四年，即 1416 年）妥善完工。继后于火鸡年（永乐十五年，即 1417 年）三月召集了许多极善工巧的工艺师，开始建造殊胜的诸像。在中后殿内建造释迦佛像，较拉萨大昭寺内的释迦像，略为高大，即著名的释迦戒香像（像身上放出如梅檀般的戒香），在上后殿中建造了三十二尊密集金刚立体曼荼罗（坛城）以及六十二尊鲁哼巴师传胜乐轮曼荼罗和金刚界立体大曼荼罗等，纯以诸宝制造而成。其中无量宫殿及

① 次旺俊美：《西藏宗教与社会发展关系研究》，西藏人民出版社，2001，第 351 页。

② （清）土观·罗桑却吉尼玛著、刘立千译注《土观宗派源流》，西藏人民出版社，1984，第 155 页。

侍眷诸尊的身像，系用红铜鎏金，诸主尊及各方如来身像和主要瑜伽母诸尊身像，系用纯银制造。主尊和佛母诸身像，每一尊用汉银大方宝（又名升子宝）两颗多，金刚界的主尊身像，用大方宝约两颗，十二侍眷身像，每一尊用大银宝一颗半。所有诸尊像上，都以上品璁玉（即最好松耳石）等价值昂贵的无量珍宝而作嵌饰以为庄严。此外，还有至尊文殊、无量寿佛、至尊弥勒、薄伽梵能怖金刚头手俱全身像等鎏金像，每尊高约一箭杆。还有薄伽梵尊胜佛母和顶髻白伞盖两尊鎏金像，每尊高一肘。特别是用上品绸缎捣烂成泥，拌入加持物品及各种珍宝粉末和药物，塑造出薄伽梵能怖金刚全身像（九面三十二手），高有十七卡（拇指尖和中指尖伸出长度为盒工一卡）。所有诸尊身像的划线和量度都不是依一般凡俗杜撰的书册绘制的，而是根据舍利子和梵天唉扎天子所著的度量经，以及胜乐轮戒视续第一晶中关于诸尊佛像的详细尺度，经蒄达那蒄肯达详细抉择的典籍，红、黑阎曼德迦两密续中所指示的量度即依佛所说的量度妥善安排而塑造出的。而且塑造诸像时，还须加持材料，塑工须观生起所塑佛尊像。另外加持工具等都是依律而作的，毫不沾染草率敷衍，揣测臆断之恶习。至于至尊宗喀巴大师的悲心和无量加持之力，据诸塑工说，以前铸造佛像时，从未有过这样的方便和稀有的瑞征。所造一切佛像，仅一见之下，即能使人生起悦意，全都美妙无比。尤其是铸造三栋无量宫殿时，事先铸出的铸新（即第一次新样）中，现起勇士肯扎嗄巴那的虹彩。身像用料，虽是红铜，但从坩埚中铸出后，没有些许的铜色，一切像都如五色光幕笼罩着。蓝色诸尊，其身色都是上品靛青那样的光彩，红色诸尊，其身色都成为胜过银朱七倍的鲜艳，赤黄诸尊，其身色成为如纯金般的黄色。此外，还有白色、绿色、茶红等彩色争艳，犹如虚空彩虹交织着诸尊身像，光辉闪耀，目难尽睹。所铸诸佛像，不加丝毫琢磨之工，已是极为光滑、洁净，令人悦意。①

① 周加仓：《至尊宗喀巴大师传》，郭和卿译，青海人民出版社，1988，第318～320页。

哲蚌寺建于永乐十五年（1417 年），永乐十八年（1420 年）色拉寺建成。正统十二年（1447 年），宗喀巴弟子根敦主巴兴建了扎什伦布寺。该寺庙从动工到竣工，历时 20 年，占地约 15 万平方米，总建筑面积 30 万平方米左右，是格鲁教派在后藏地区最大的寺院。整个寺院建筑均面南偏东，有 4 个扎仓、64 个康村、56 座经堂、236 间殿堂，围墙周长 5000 多米。寺院依山而建，主要建筑有措钦大殿（大经堂）、强巴佛殿、甲那拉康（汉佛殿）、曲康夏、班禅东陵扎什南捷、释颂南捷、晒佛台等。措钦大殿即大经堂位于寺院中心，始建于正统十二年，天顺三年（1459 年）落成，高 3 层，面阔 9 间，进深 7 间。经堂中央有班禅宝座，堂后中央是释迦牟尼殿，西侧是弥勒殿，供奉的弥勒佛像高 11 米左右，东为度母殿。措钦大殿东面由回廊围成约 500 平方米的天井式院落。甲那拉康意为“内地佛殿”，是西藏寺院中唯一的一座。

在青藏高原东部的青海地区，结古寺于洪武三十一年（1398 年）建成。建文四年（1402 年），东宗·喜饶坚赞正式修建了今循化县的文都寺；绛喇嘛却吉加保曾为明朝国师，长期活动于甘青藏区，在青海曾建成今民和县甘沟乡的卡地喀寺、杏儿乡的才旦寺等 5 座寺院。[①] 据《明实录》《西宁志》《西宁府新志》所载，永乐十年（1412 年）到正统七年（1442 年）的短短 30 年中，仅河湟地区修建的主要寺院就有 10 座以上，如弘通寺、永兴寺、弘觉寺、宁番寺、瞿昙寺、华藏寺、大乘寺、崇法寺、觉化寺、弘化寺、隆务寺等，其中，最有代表性的当数乐都瞿昙寺。昙瞿寺在总体布局上，强调中轴线，门殿序列居中，两侧配殿对称，由于明朝皇帝历次敕建该寺，因此又植入了明代宫廷的建筑形式，成了一座宫殿式的佛寺，主要建筑皆是大屋顶、高台基、木结构的汉式建筑形式。中线上为山门、金刚殿、瞿昙殿、宝光殿、隆国殿，两侧为钟鼓楼、数座配殿及回廊。瞿昙殿于洪武二十四年（1391 年）秋竣工，宝光殿竣工于永乐十六年（1418 年），隆国殿于宣德二年（1427 年）建成。由起建瞿昙殿，续建宝光殿，到隆国殿的落成经历了

① 蒲文成：《青海藏传佛教寺院概述》，《青海社会科学》1990 年第 5 期。

36 年，虽然是迭次扩建成的，但未显冲突和矛盾，表现出很强的整体性。[①]

万历十五年（1587 年），塔尔寺初具规模，并在三世达赖喇嘛的支持下，规模逐渐扩大。

甘肃岷州卫的大崇教寺，在明初是一座规模宏大、名扬全藏及明京师等地的藏传佛教大寺院。它既是政教合一的典型，又是发展藏族文化的中心。大崇教寺由大国师、大智法王班丹扎释所创建。永乐十五年（1417 年），班丹扎释在岷州城东修建了曲德寺。宣德元年（1426 年）为了褒奖他在乌思藏的功绩，宣德帝特颁圣旨，花费大量的人力和物力，专派官员，扩建了该寺。《安多政教史》记载：扩建大崇教寺时计征派地方大小官员 100 多名、部落大小土官 200 多名、各种技术人员 110 名、军人乌拉 2005 名来参与这项浩大的工程。这次扩建共修大小佛殿 10 余座，廊房 6 列，佛堂 60 间，钟鼓楼、碑亭以及僧舍 200 间，并派 50 名官军守卫，成化（1465～1487 年）年间虽因火灾烧毁一半，但所余仍有 10 名官军守卫。寺院扩建之后，宣德帝题赐寺额曰"大崇教寺"[②]。

明代青藏高原不仅兴建了诸多寺院，而且对前代的大昭寺、桑耶寺、昌珠寺等吐蕃王朝时期兴建的珍贵建筑中年久失修或遭到破坏者，进行了广泛的修复。如洪武九年（1376 年）所撰《教法史》后记对大昭寺的修复做了记载："（释迎担钦德）为济利众生，大事培修总供施处拉萨大招寺……"明永乐五年（1407 年），内邬宗宗本又重新修缮大昭寺寺宇。是年秋，大昭寺焕然一新。[③]

在上述宗教寺院里，还有大量的宗教塑像、佛塔及灵塔。明代青藏高原地区所建的所有寺院的殿堂及寺内建筑全都庄严雄伟，反映了藏区劳动人民的智慧和才能。

除宗教寺院外，明代藏区的庄园也极具特色。庄园规模有大有小，大型庄园常常要管辖或隶属几个乃至十多个小型庄园。有关资料表明，大型庄园

---

① 张保玺：《明初瞿昙寺藏传佛教壁画及其历史地位》，载俄军主编《甘肃省博物馆学术论文集》，三秦出版社，2005，第 182 页。

② 丹曲、谢建华：《甘肃藏族史》，民族出版社，2003，第 202～203 页。

③ 转引自宿白《藏传佛教寺院考古》，第 14 页。

的建筑如同城堡，其建筑物有主楼、附楼、牲畜棚、围墙、碉楼、打场及林卡等，中心建筑自然是供庄园主享用的主楼。例如墨竹工卡最大的贵族庄园甲马赤康庄园，主楼为一幢宽敞、别致的四层高大建筑。扎囊县的朗色林贵族庄园是最具代表性的，该庄园相传初始为帕竹地方政权时期那曲杰所建。有名的五世班禅罗桑益西（1663～1737 年）即出自此家族。庄园的主体建筑是建于该园中心的一座七层藏式高楼。底层圈牲畜，第二层为库房，第三、四层有库房、经堂。第五层设佛堂。第六层中间为通道，左侧为朗色林主人住房，房内南设凭栏。东北隅列佛厨，西侧为佛堂，南亦设凭栏。第七层前后为平台。① 整个庄园除打麦场和林卡外，有内外两层围墙，外墙呈长方形，以石块为基，上部用土夯成墙，墙窄而矮。内墙的下部亦垒石为基，墙基宽约 4.5 米，上部以夯土为墙，夯墙隔层夹有石板，收分较大，墙顶宽约 2 米，墙总高 10 米左右。在四角上，还分别建有极为简单的碉楼。在庄园围墙外南侧，有一座风景秀丽的花果园，其面积不亚于庄园围墙内的面积。领主住宅的高楼脚下，东、西、北三面围墙的内壁下，有依墙建筑的矮屋和马厩、奶牛圈、耕牛圈，墙外有驴圈。矮屋是囊生（家奴）的住所和炒青稞间、磨坊、染色间、鸡舍和部分粮仓。大楼走廊上还有织布机房等。②

实际上，上述寺院和庄园建筑都反映的是综合手工业技术，包括木工、瓦工、油漆工、金属工等，同时也包括工程设计、施工、验收和维修等。从明代青藏高原寺院和庄园建筑中可以看出，这里的建筑技术已经达到了一个相当高的水平。

三　桥梁建设及其他

史籍记载 14～15 世纪中期，青藏高原地区架设了多座大型铁索桥③。

---

① 宿白：《藏传佛教寺院考古》，第 71～72 页。

② 杨嘉铭等：《西藏建筑的历史文化》，青海人民出版社，2003，第 151～152 页。

③ 实际上，早在唐代吐蕃时期，修建铁索桥就已经见诸史书记载。参见魏明孔《唐代吐蕃手工业经济述论》，载《庆祝宁可先生八十华诞论文集》，中国社会科学出版社，2008，第 341 页。

据说明代藏区的铁索桥是由香巴噶举派僧人汤东杰布（1385～1464年）主持修建的。

汤东杰布，本名尊追桑布，俗称甲桑朱古，意为铁桥活佛，出身贫苦，幼年出家为僧，在云游修行过程中，他深深体会到百姓跋涉大江急流的艰苦和危险，遂立志在江上修建铁索桥，造福人民。据《汤东杰布传》载：

> 当汤东杰布返回拉萨到达拉萨河叽久渡口时，有许多人在此候船待渡。他不声不响地登上了牛皮船，这下可把船夫气坏了，船夫气呼呼地骂道："谁让你上船的，如果船上的上等人掉进水里你吃罪得起吗?"船夫骂着便举起浆照汤东杰布的头猛击了三下，接着把他丢进了冰冷刺骨的河里。汤东杰布上岸后，对船夫们说："你们欺人太甚了，我是获得了行走自如的珈瑜，渡河对于我来说，乃轻而易举之事。"说完，他坐到河边的一张狗皮上，祈祷之后，狗皮载着他平平稳稳地渡过了河。渡达对岸后，汤东杰布想：这些船夫趋炎附势，欺软怕硬，真是可恶。岸边那么多人等着渡河，船夫们却熟视无睹，置之不理，候船的人们太可怜了。想到这，他使出法术，直接来到了大昭寺"觉"面前，祈祷说："望赐我法力，使我能调伏野蛮人，能架起宝贝的铁桥，解救众生。"①

杰布昂仁的日吾其铁索桥、堆龙的铁索桥、曲水渡口的铁索桥等，都是在汤东杰布主持下修建的。据藏文史书记载，汤东杰布聚集了愿意追随他的弟子，前往杂日等地云游，打开了杂日山铁矿，采集、冶炼兴建铁桥所需要的铁，设立了打制铁桥铁链的作坊。此后他四处诵经化缘，一面编演藏戏募集资金，收集废铁，制造铁镀；一面组织民间的艺人和工匠，建桥造船。据记载，当时发明了数种架设桥的方法：

> 第一种通常用于两山壁立、水势汹涌的峡谷上。先在一例岸边的主

① 久米德庆：《汤东杰布传》，德庆卓嘎、张学仁译，西藏人民出版社，1987，第58页。

> 索上系上一根长牛毛绳，再用弓箭带上细绳，射向对岸。由对岸之人将主索拖带过河，固定在石砌塔碉内或木塔柱（又名将军柱）上，并连接在木轮箍上，以便绞紧主索。在悬崖深谷之岸，则往往凿以石洞，缆索穿洞后再锚固。主索（铁链或藤索）固定后，再用牛皮条或细藤条缠绕主索，最后铺上木板或纺织藤网作桥面即成。第二种一般用于水流湍急的江河。先是由两岸各一人同时向上游河心抛掷引缆绳，绳头系有石头或金属锤。当两条缆绳在河心绞接后，由于水流翻该拧绞成一条，然后再利用缆绳将铁链或藤索引过江，最后照第一种方法固定后铺上桥面即成。第三种方法是用牛皮棍或木船（汤东杰布曾发明了马头木船），将铁索盘于船上，边驶向对岸边徐放铁索。但因铁索沉重，船筏往往被惊祷骇浪吞没。后来，从溜锁攀附渡河得到启示，先用细绳下悬铁锤甩过河，再用它把粗麻绳拉过河，通过粗麻绳将粗竹索牵引到对岸。竹索上套有十多个绳圈或短竹筒，再把铁索系在绳圈或短竹筒上，用人力在对岸拉动长绳，将铁索牵拽过河。①

汤东杰布历尽千辛万苦，“在西藏各地波涛滚滚的江河上，前后共修建了五十八座铁索桥，给西藏众人献上了一份不可多得的厚礼”。有诗赞道：

> 波涛滚滚的江河上，
> 块块石头堆砌的桥墩好比小山，
> 这座座“小山”比得上须弥山；
> 铁环环环相扣排成一条链，
> 整齐漂亮又壮观；
> 众人不分贵与贱，
> 来回过桥顺利又平安，
> 穷人更是感恩德；
> 慈善无比的汤东杰布啊，

① 陈崇凯：《西藏地方经济史》，第301～302页。

为众人办了大好事。
过去那些修行者，
不乏身怀绝技者，
也都想为众生行善业，
可又有谁能比汤东杰布，
像乳母一般待众生的？
他们纷纷成佛而去，
难道是因有愧而躲避众生？①

汤东杰布修建的第一座铁索桥日吾其铁索桥至今仍屹立于雅鲁藏布江上。这座桥建于洪武二十三年（1390 年）前后，桥长 120 余米，由 3 个桥墩和 4 条长 40 余米的铁链组成。该桥稳固实用，结构简洁，但载重量很小，一次仅容一人通过。但是，早在 600 多年前，在我国如此边远的藏区，就能因地制宜地建造这种桥梁，可谓一种伟大的创举，同时也反映了当时的藏区已有相当高的生产技术、冶炼技术。

明代青藏高原地区的手工业者分工明确，工匠分为铁匠、木匠、银匠、铜匠、石匠、泥匠等；手工业品除氆氇等毛织品外，还有腰刀、盔甲、铁甲、马鞍、木碗等。正统十一年（1446 年），乌思藏剌麻表殊言千等来朝，贡马及金银器皿、刀甲等②；正统十二年（1447 年）正月，四川杂谷安抚司加撒等寨向化番僧加藏等来朝，贡马及明铁甲③；正统十二年十二月，四川长宁安抚司土官安抚剌麻儿遣其子游竹来朝，贡蛮口、铠甲及马④；正统十三年（1448 年）十一月，四川杂谷安抚司番僧南哥藏等来朝，贡刀剑、铁甲⑤；正统十四年（1449 年）十二月，“安定等卫安定王占斡些儿遣使臣监奔福余……乌斯藏剌麻喃结藏卜、四川思南柯等寨招出向化生番班撒儿来

① 久米德庆：《汤东杰布传》，德庆卓嘎、张学仁译，第 91 ~92 页。
② 《明英宗实录》卷 145，正统十一年（1446 年）九月甲戌条。
③ 《明英宗实录》卷 149，正统十二年（1447 年）正月丁丑条。
④ 《明英宗实录》卷 161，正统十二年（1447 年）十二月乙丑条。
⑤ 《明英宗实录》卷 172，正统十三年（1448 年）十一月丙午条。

朝，贡马、驼、黄鹰、铁甲、刀剑”① 等。成化十四年（1478 年）三月，“岷州土番柒笼等簇簇头迷等来朝，贡马及盔甲”②。成化十五年（1479 年）十一月，“陕西岷州卫憨班等簇番人官巴等、官郭等簇番人板的节等、多藏等簇番人七古陆等各来朝，贡马及盔甲等物”③。成化十五年十二月，瞿昙寺禅师剌麻桑尔加端竹等也遣使来朝贡盔甲等；④ 正德十一年（1516 年）三月，陕西岷州法藏等寺番僧班剌著秀等来朝贡画佛、舍利、腰刀等物。⑤ 这些记载至少说明了如下两个问题：一是当时青藏高原的藏区向中央政府进贡比较频繁；二是青藏高原地区进贡给中央政府的手工业品种比较多，且质量较高。这从一个侧面反映了当时青藏高原手工业技艺的水平比较高，手工业经济具有一定的规模。

在手工业生产中，兵器的制造和维修也占有一定的地位，其往往反映了手工业技术的最高水平，同时也是政府首先保证正常运行的手工业行业。明代各卫所设有官杂造局，可修造兵器伞仗。西宁卫、归德千户所亦不例外。成化十三年（1477 年）十二月，甘肃总兵官署都督佥事王玺奏：“凡军器破烂，宜令官军类送各卫所杂造局，于岁造军器内照数兑换。其不堪者，依例修理，加倍折算，准作季造之数。”⑥ 从各卫所杂造局的功能来看，青藏高原的卫所也必然具有这样的作用，其对于当地手工业技术，无疑具有一定示范作用。

有明一代，金、银、铜、玉石、珊瑚等装饰品，是僧俗官员进贡或民间贸易的常见之物。据《明史·阐化王传》载，阐化王所贡之物有“画佛、铜佛、铜塔、珊瑚、犀角、氆氇、左髻毛缨、足力麻、铁力麻、刀剑、明甲胄之属，诸王所贡亦如之”⑦。《明实录》对此多有记载，宣德二年

---

① 《明英宗实录》卷 173，正统十三年（1448 年）十二月庚辰条。
② 《明宪宗实录》卷 176，成化十四年（1479 年）三月乙酉条条。
③ 《明宪宗实录》卷 198，成化十五年（1479 年）十一月辛卯条。
④ 《明宪宗实录》卷 198，成化十五年（1479 年）十二月辛酉条。
⑤ 《明武宗实录》卷 135，正德十一年（1516 年）三月丙申条。
⑥ 《明宪宗实录》卷 137，成化十三年（1477 年）十二月丙申条。
⑦ 《明史》卷 331《西域传》三。

(1427 年)，“陕西洮州卫思曩日等簇番僧亦什星吉……等来朝，贡马及银器”①。宣德二年正月，“陕西洮州等卫土官百户剌麻失宁卜肖（宁）……等贡金银器皿、羊、马”②。宣德三年（1428 年）十二月，西宁卫等处剌麻绰受等来朝贡马及银器等。③ 宣德四年（1429 年）五月，“四川长河西、鱼通、宁远等处剌麻问卜雪能藏……等来朝，贡马及金银器皿”④。正统四年(1439 年）十二月，“陕西临洮府番僧剌麻著吉藏卜、四川番僧寨首林占王疋、陕西凉州番僧曷萨室哩、临洮府剌麻班麻参等俱来朝，贡马及铜佛像”⑤。正统五年（1440 年）五月，“乌思藏铁禅等寺剌麻远丹坚错等俱来朝，贡马、驼、佛像、铜塔”⑥。正统七年（1442 年）四月，四川伽木隆地面番僧奴肉（玉）思等来朝贡马及佛像、璎珞。⑦ 正统八年（1443 年）十二月，陕西河州等卫普岗等寺剌麻锁南尔监藏等各贡马、驼、玉石等⑧；正统十二年（1447 年）二月，番僧初坚剉巴藏卜贡马及玉石数量多而受到了朝廷的奖赏。⑨ 该年闰四月，乌思藏高僧绰你麻等来朝，贡驼、马、玉石诸物⑩；正统十四年（1449 年）六月，乌思藏领绰等寺番僧剌麻颜千、长河西、鱼通、宁远等处甘藏等寺都纲剌麻桑剌结藏卜等贡渗金铜佛、舍利、珊瑚等物⑪；万历元年（1573 年）二月，四川金川寺演化禅师差都纲头目 275 人进贡珊瑚等物。⑫ 可见，当时装饰品、奢侈品是青藏高原地区向中央政府进贡的主要物品，这也表明青藏高原地区的装饰品、奢侈品等手工加工业比较发达。

上述情况表明，明代传统手工业在青藏高原地区仍保持着向前发展的势头。

---

① 《明宣宗实录》卷 24，宣德二年（1427 年）正月乙未条。
② 《明宣宗实录》卷 24，宣德二年（1427 年）正月戊午条。
③ 《明宣宗实录》卷 49，宣德三年（1428 年）十二月辛丑条。
④ 《明宣宗实录》卷 54，宣德四年（1429 年）五月癸丑条。
⑤ 《明英宗实录》卷 62，正统四年（1439 年）十二月乙亥条。
⑥ 《明英宗实录》卷 67，正统五年（1440 年）五月丙寅条。
⑦ 《明英宗实录》卷 91，正统七年（1442 年）四月丁巳条。
⑧ 《明英宗实录》卷 111，正统八年（1443 年）十二月庚戌条。
⑨ 《明英宗实录》卷 150，正统十二年（1447 年）二月乙卯条。
⑩ 《明英宗实录》卷 153，正统十二年（1447 年）闰四月乙巳条。
⑪ 《明英宗实录》卷 179，正统十四年（1449 年）六月丙子条。
⑫ 《明神宗实录》卷 10，万历元年（1573 年）二月壬戌条。

第四节　交通运输业

明朝建立后，除恢复了元朝原有驿站、设置新的驿站外，还不断修筑青藏高原的道路，以加强其和内地的交通联系，从而使青藏高原的交通运输业比前代更加发达，为促进青藏高原与内地的交流提供了交通运输上的保障。

洪武十二年（1379 年），曹震理四川军务，“架桥立线”①，开辟了一条自茂州通往松潘的陆路，以解决当地的粮食供应问题。正统十二年（1447 年），提督松潘兵备右佥都御使寇深言：“四川抵松潘路皆临河倚山，山高水急。乞敕四川有司委官督夫积木修桥，凿石广路，务在坚致平坦为长久计，庶军马得以并进，粮夫永无疏虞。”这得到了中央政府的批准。②

洪武六年（1373 年）正月，明政府设西宁卫。洪武十四年（1381 年），西宁卫始设驿站，“置庄浪、西宁马驿四。庄浪卫二，曰在城、曰大通河；西宁卫二，曰在城，曰老鸦城”③。此后随着公务的增多，两个马驿满足不了公文递送和来往官员住宿的需要，于是，洪武十九年（1386 年），明政府又增置了 5 处马驿。这 5 处马驿分别是：平戎驿（在今平安县）、嘉顺驿（在今乐都县碾伯镇）、冰沟驿（在今乐都县马厂乡北）、巴州驿（在今民和县南巴州乡）、古鄯驿（在今民和县南古鄯镇）。新置 5 驿加上原有两驿共 7 驿。在增设 5 处马驿的同时，还增设了 4 处递运所，分别是：平戎递运所、嘉顺递运所、老鸦城递运所、冰沟递运所。明代各主要驿道除设驿站、递运所外，还仿元制，设有急递铺。西宁卫所辖驿路，自西宁卫城至冰沟口，共设 14 个急递铺，依次是：在城铺（城内西隅）、洪水铺（距在城铺 10 里）、石峡铺（距洪水铺 20 里，以下除注明者外俱间隔 20 里）、土山子弯铺、迭烈逊铺、杨铺（距前铺 10 里）、马哈剌铺、碾伯铺、东弩木赤铺、白崖子铺（距前铺 30 里）、甜水铺、山岭铺、冰沟铺（距前铺 40

① 《明史》卷 132《曹震传》。

② 《明英宗实录》卷 149，正统十二年（1447 年）正月戊寅条。

③ 《明太祖实录》卷 140，洪武十四年（1381 年）十二月乙卯条。

里）、冰沟口铺。[①]

明代甘青交界地区入藏驿站沿袭元代驿站。洪武四年（1371 年），太祖“遣工部主事王伯彦往河州，赐山后七驿世袭土官劳哥等文绮、银碗”[②]。永乐五年（1407 年），明朝廷命“帕木竹巴灌顶国师阐化王吉剌思巴监藏巴里藏卜同获（护）教王、赞善王、必力工瓦国师、川卜千户所、比里、朵甘、陇答王（三）卫、川藏等族，复置驿站，以通西域之使”[③]。同年，还派陕西行都司都指挥同知刘昭、何铭等人赴西番、朵甘乌思藏等处“设立站赤，抚安军民”[④]。在近两年的时间中，何铭等 60 人完成了驿站的修复，“往乌斯藏等处分置驿站，还奏”[⑤]。永乐十一年（1413 年），明朝廷又遣朝官入藏谕令乌思藏阐化王及甘、青、川等地大小藏族首领再次修理驿路：

> 遣中官杨三保赍敕往谕乌思藏帕木竹巴灌顶国师阐化王吉刺思巴监藏巴里藏卜、必力工瓦阐教王领真巴儿吉监藏、管觉灌顶国师护教王宗巴斡（斡）即南哥巴藏卜、灵藏（灌）顶国师赞善王著思巴儿监藏巴藏卜及川卜、川藏、陇答、朵甘、答笼、匝常、刺恰、广迭、上下邛部、陇卜诸处大小头目，令所辖地方驿站有未复旧者，悉如旧设置，以通使命。[⑥]

宣德九年（1434 年）四月，明朝为强化驿站的安全、保证贡道的畅通，于青海玉树的通天河流域设立毕力术江卫指挥使司，加强了对这一“往诸番皆由其地”的交通要冲的管理。[⑦]

青藏高原的交通经过多次调整、修复，无论是从雅安到拉萨，还是从成

---

① 崔永红、张生寅：《明清时期青海地区驿传设置与驿传役负担的演变》，《青海民族研究》2006 年第 4 期。

② 《明太祖实录》卷 67，洪武四年（1371 年）七月己酉条。

③ 《明太宗实录》卷 48，永乐五年（1407 年）三月丁卯条。

④ 《明太宗实录》卷 48，永乐五年（1407 年）三月辛未条。

⑤ 《明太宗实录》卷 61，永乐七年（1409 年）二月辛巳条。

⑥ 《明太宗实录》卷 91，永乐十一年（1413 年）正月己卯条。

⑦ 《明宣宗实录》卷 110，宣德九年（1434 年）四月癸丑条。

都到甘南，都更加畅通无阻，因而出现了“道路毕通，使臣往还数万里，无虞寇盗”① 的太平景象。这样，明代在前代道路修建的基础上初步形成了四通八达的交通运输网络。

赵毅先生经过考证将明代藏区同内地的交通分为青藏道、川藏道及松潘道②。下面分别给予简要介绍。

(一)青藏道

关于青藏道的具体线路走向，从陈渠珍著、任乃强校注《艽野尘梦》中的《陈渠珍出藏线路图》来看，由西宁入藏的通路分为经过玉树的青藏东道，经河源、藏北草地、索克河一带的青藏中道和经都兰、格尔木入藏的青藏西道。明代由西宁入藏应为三线，而其驿道在东路和中路。

《西藏图考》、《西藏志》、《卫藏通志》和《小方壶舆地丛钞·卫藏识略》诸书中关于中路驿道有大体相同的记载：“东北由拉萨诏向色拉寺东过彭多河铁索桥，由角子拉热正寺、僧顶工至木鲁乌苏通西宁大道。”这条道，即青藏中通道，也是明初以来的汉藏藏道。具体线路是从拉萨出发，经墨竹（墨竹工卡）、必力工瓦（止贡）、旁多到当雄或由羊八井到当雄，经那曲卡（喀喇乌苏）、绰诺果尔、蒙咱西里克（聂荣）、泡河老，渡索克曲（索曲）到巴木汉，过当拉岭（唐古拉山脉）到吉利布拉克，渡阿克打木河（当曲）到多伦都尔，再经大片水草较好的谷地，渡过两条水浅流缓的河流后在曲玛尔（曲麻莱）附近渡必力术江（通天河），经巴彦哈拉、喇嘛托罗海越噶达素齐老峰（巴颜喀拉山脉）沿星宿海北行，经查灵海（扎陵湖）、鄂灵海（鄂陵湖）到琐力麻川（玛多），经托索湖畔、多罗池畔，再经公额淖尔、西纳绰尔池畔到巴彦诺尔，最后经和尔，过和尔曲（倒淌河）、日月山、东科尔（湟源）到达西宁。

经玉树入藏的青藏东道的大致路线，是从今拉萨出发，经彭多、当雄、那曲、唐古拉山口、杂多、玉树、称多、玛多合人藏大道至西宁。这条道也可自西宁向西进入藏大道，先至香日德，然后折西南行，直趋玉树。③

① 《明史》卷337《西域传》三。

② 赵毅：《明代内地与西藏的交通》，《中国藏学》1992年第2期。

③ 同上。

（二）川藏道

川藏道是明初在川藏部分驿站的基础上，与茶道修整而成的。作为官道，始建于正统（1436～1449年）年间。川藏驿道是将四川的驿道延伸至昌都与青藏东道相连，即从成都经碉门到打箭炉，再经理塘、江达、昌都到拉萨。

青藏道自永乐年间设置驿站后，一直畅通无阻，但到宣德年间使臣往还常遭劫掠。宣德五年（1430年）正月太监侯显奏："先使乌思藏，至邛部之地，遇贼劫掠官军马牛。"① 同年六月，"朝使自西域还，及西域贡使至，具言曲先卫都指挥散即思数率所部邀劫往来使臣，梗塞道路"②。致使"乌思藏等处使臣，自宣德（1426～1435年）间入贡，以道梗（寓）河州。彼既羁留异土"。③

明中期以后，川藏道成为藏区与内地联系的重要交通通道。据记载，仅嘉靖十五年（1536年）一年内途经此道的"乌思藏辅教、阐教、大乘各王差国师短竹札失等、长河西、鱼通、宁远等处军民宣慰使司差寨官桑呆短竹等各进贡，凡四千一百七十余人"④。至于民间贸易人员的数量，一定更为可观。

（三）松潘道

除青藏、川藏两条主干线外，松潘道也是明代藏区通往内地的一条重要驿路。《明实录》载，正德四年（1509年）四川守臣奏：

> 四蜀之西，松潘独当一边，且与吐蕃接境，甚为蜀患。松州南下叠溪、威、茂，为南路；东出江油，为东路。自江油而入者，道路颇宽，番寨稍远，间有出没，我军犹可为备。惟南路由灌县而入，以溯叠溪，地势险隘，番寨相联。⑤

① 《明宣宗实录》卷62，宣德五年（1230年）正月辛未条。
② 《明宣宗实录》卷67，宣德五年（1230年）六月甲申条。
③ 《明英宗实录》卷30，正统二年（1437年）五月乙未条。
④ 《明世宗实录》卷183，嘉靖十五年（1536年）正月庚午条。
⑤ 《明武宗实录》卷52，正德四年（1509年）七月庚申条。

由此可见松潘地理位置的重要性，以及松潘道在青藏高原交通中无可替代的地位。

早在洪武年间，威、松、茂三州的藏族部落相继入京朝觐，归附明王朝。明政府为了加强对松潘地区的控制，对松番驿道进行了多次维修和扩建。洪武十一年（1378 年），四川都司组织修建了从灌县到陶关的道路、桥梁。[①] 洪武十六年（1383 年）四月，“松州卫佥事耿忠上奏曰：‘臣所辖松潘等处安抚司，各簇长官司，宜以其户口之数，量其民力，岁令纳马置驿，而藉其民充驿夫，以供徭役。’从之”[②]。洪武二十年（1387 年），景州侯曹震派员修筑松茂驿道，“作驿站舍邮亭，架桥立栈。自茂州，一道至松潘，一道至贵州火赴保宁”。“至是运道既通，松潘遂为重镇。”[③] 松潘等地因交通畅通而一跃成为行政中心和军事重镇。

宣德二年（1427 年），边将钱宏启衅逼反松播表匝诸族。当地百姓“断威州索桥，烧毁铺楼”[④]。驿路中断后，为了保障驿路安全，宣德四年（1429 年）正月，明政府在松茂道上“设溪子、叶棠（堂）、松林、三路口四站，拨军二百人及马给递”[⑤]。宣德十年（1435 年），修复“松潘东南二路关城木栅……薄刀等十三处关城令存留守备官军修理。其龙州宣抚司城木栅令本司原操土民修理”[⑥]。成化十二年（1476 年），四川巡抚右副都御使张攒兼理松、茂、安、绵、建昌等处边务期间对松茂道进行了大规模整治：

> 自叠州抵茂州，道路、桥栈被贼毁坏者悉缮修。拓展茂州城池，保卫居民，以免后患，增筑城堡，以屯戍兵，量地险易远近，分委都指挥等官巡守，使责有所归。东路自龙州铁索桥至松潘望山关，于小河及三令驿驻兵；自平夷堡至平定堡，于镇平堡驻兵；自永镇堡至新堡子，于

---

① 《明史》卷 311《四川土司传》。

② 《明太祖实录》卷 153，洪武十六年（1383 年）四月丁丑条。

③ 《明史》卷 132《曹震传》。

④ 《明宣宗实录》卷 29，宣德二年（1427 年）七月乙酉条。

⑤ 《明宣宗实录》卷 50，宣德四年（1429 年）正月癸酉条。

⑥ 《明宣宗实录》卷 10，宣德十年（1435 年）十月丙午条。

> 叠溪驻兵，自实大关至七星关，并东路路土地岭至石泉堡，于长宁堡驻兵；自龙州以东至安、绵、石泉，于石泉县驻兵；自威州堡至保县堡，于坝州驻兵。……增置墩堡九处，新筑茂州城一所。[①]

此后，松茂道堡卡林立，由威、茂抵叠溪，就多达堡寨48处。

明代对松潘南路驿路用力颇多，屡加治理。这条道从成都出发，西经灌县、威州（汶川）、茂州（茂汉）、叠溪到松潘。松潘西出黄生关，接青海进藏大道。

此外，明政府于正德（1506～1521年）年间，又根据巡抚四川右副都御史刘洪奏议，“修东路，……可开通偏桥，如七里阁、黑漩窝、泥儿湾等处甚危，然有可用改河移之彼岸者，有可用石叠为堤者”[②]。

有明一代，驿路是藏区与内地往来的重要通道。与此同时，驿路的畅通又促进了内地与青藏高原地区在政治、经济、文化、宗教等方面的交流。

第五节 朝贡贸易和茶马互市

一 朝贡贸易

有明一代，朝贡是中央政府与边疆民族地区进行政治联系的特定形式，青藏地区也不例外。

明代在青藏高原地区广施封建，所谓“众建多封”。在宗教上，封阐化、阐教、赞善、护教、辅教诸王，大宝、大慈、大乘等诸法王，以及众多西天佛子、大国师、国师、禅师、都纲、喇麻等；行政上，则设乌思藏、朵甘等都司、行都司以及大量的卫所、万户、千户、宣慰司、宣抚司、安抚司等机构，获封各类僧俗职名者不计其数。凡获封者即与明朝廷确立了朝贡关系，而朝贡的名目，有定时定期的年例朝贡。有明一代，年例朝贡的期限根

① 《明宪宗实录》卷179，成化十四年（1478年）六月丙申条。

② 《明武宗实录》卷13，正德元年（1506年）五月辛卯条。

据不同时期的情况不断地进行调整，但大体而言，期限多为三年一贡，也有二年一贡、一年一贡者。如成化年间，定议乌思藏诸王等番僧三年一贡，长河西、董卜韩胡等处一年一贡或二年一贡，松潘、茂州诸处番僧则一年一贡，“其附近乌思藏地方，入贡年例如乌思藏”。[①] 除了年例进贡外，各地僧俗上层凡袭职、替职、谢恩、庆贺等都向朝廷进贡，均无时间限制。

因此，有明一代青藏高原各地僧俗向朝廷进贡者，无论人数规模，还是名目频次，都十分可观。就人数规模而言，从《明实录》等史料的记载来看，从明初到明末，始终呈增长趋势。特别是明中叶，贡使人数呈暴增之势。成化初年，礼部就乌思藏阐化等诸王贡使人数问题奏称：“宣德（1426～1435 年）、正统（1436～1449 年）间，番僧入贡，不过三四十人，景泰（1450～1457 年）间起数渐多，然亦不过三百人。天顺（1457～1464 年）间遂至二三千人，及今前后络绎于途，赏赐不赀……”[②] 尽管明廷采取各种措施进行限制，但并没有什么明显成效。如成化十八年（1482 年），礼部奏朵甘赞善王违反三年一贡之例，连续两次差派贡使 413 人，同时，又以“请封”“请袭”的名目差派 1557 人入贡。[③] 成化十九年（1483 年），长河西灌顶国师札思八坚粲遣使 1800 人进贡。[④] 成化二十一年（1485 年），乌思藏大宝法王及国师、牛耳寨寨官等遣使入贡 1470 人。[⑤] 弘治十二年（1499 年），长河西及乌思藏诸番“一时并贡”，贡使合计 2800 余人。[⑥] 嘉靖十五年（1536 年），“乌思藏辅教、阐教、大乘各王差国师短竹札失等、长河西、鱼通、宁远等处军民宣慰使司差寨官桑呆短竹等各进贡，凡四千一百七十余人”[⑦]。隆庆二年（1568 年），董卜韩胡及别思寨贡使多至 1700 余人。[⑧]

① 《明宪宗实录》卷 78，成化六年（1470 年）夏四月乙丑条。

② 《明宪宗实录》卷 21，成化元年（1465 年）九月戊辰条。

③ 《明宪宗实录》卷 224，成化十八年（1482 年）二月甲寅条。

④ 《明宪宗实录》卷 243，成化十九年（1483 年）八月癸未条。

⑤ 《明宪宗实录》卷 272，成化二十一年（1485 年）十一月甲戌条。

⑥ 《明史》卷 331《西域传》三。

⑦ 《明世宗实录》卷 183，嘉靖十五年（1536 年）正月庚午条。

⑧ 《明史》卷 331《西域传》三。

至于朝贡次数，有学者就《明实录》的记载统计，直明一代藏区各族朝贡总计 1450 次。[1] 如此，则平均每年朝贡 5.25 次。

贡使往还的车船、食宿等都由内地官府提供：

> 四川、云贵、乌思藏、董卜朝胡土官、通把事、番僧，洮、岷、西宁番僧人等，俱支廪给，应付驴头、江船。内赍有敕者，应付下马一匹，水给站船。其赏赐物件，验包拨车。[2]

凡贡使入朝，均以方物为贡。综合《明会典》《明实录》《明史》等记载，明代青藏高原地区的贡品大体上有马匹、驼、画佛、铜佛、铜塔、珊瑚、犀角、氆氇、左髻、毛缨、足力麻、铁力麻、刀剑、明甲胄、茜草、酥油、青盐、鹘、土豹等等。其中，马匹基本上是朝贡者必备的贡品。而明朝廷一方面给朝贡者大量回赐，另一方面凡以马为贡者，另给"马值"。

明朝的回赐分为两部分，一部分是给遣主本人的，另一部分是给贡使的。根据朝贡者身份地位及距离远近的不同，明朝相应给予朝贡者不同的回赐。如据《明实录》记载，永乐（1403～1424 年）中规定对河州属必里千户所官员的回赐物品及额度：

> 河州卫必里千户所千户每员银六十两、彩币六表里、钞百锭，曾授金符头目亲来朝贡者银五十两、彩币五表里、钞七十锭、纻丝衣一袭，遣人朝贡者，银四十两、彩币四表里、钞五十锭，中途死者官归其丧，赏赐付抚安官给之，所遣使每人银十两、彩币二表里、钞三十锭，未授金符头目亲来朝贡者银四十两、彩币四表里、钞五十锭、纻丝衣一袭，附贡者银三十两、彩币三表里、钞四十锭，付抚安官给赏；其抚安千户，每员赏钞七十锭、彩币四表里，旗军人等人赏钞

---

① 武沐：《论明朝与藏区的朝贡贸易》，《青海民族研究》2013 年第 4 期。

② 《明会典》卷 148《驿传》四。

五十锭、彩币二表里。[1]

由此可见，朝贡回赐的物品主要是金银、钞锭和各类丝织品。又据《明会典》记载，回赐除上述物品外，还有茶叶：

西番、乌思藏……喇嘛番僧人等，从四川起送来者，到京每人彩缎一表里，纻丝衣一套，俱本色。留边听赏同。其彩缎一表里，折阔生绢四匹，纻丝衣一套，内二件本色，衣一件折生绢三匹。俱赏钞五十锭，折靴袜钞五十锭，食茶六十斤。从洮、河州起送来者，到京每人折衣彩缎一表里（后加至二表里），纻丝并绫贴里衣二件。留边听赏同。其彩缎一表里折生绢四匹。俱食茶五十斤，靴袜钞五十锭。[2]

总体来看，在回赐的物品中，占比重最大的是丝织品。在现存的两份正统和成化时期给大宝法王的敕书中，所列之回赐物品都是丝织品。正统十年（1445 年），哈立麻遣使贡佛像、马匹及方物，朝廷所赐即为苎丝和彩绢。其中，苎丝为暗细花红 1 匹，暗细花黄 1 匹，暗细花青 1 匹，素红 1 匹；彩绢为红 2 匹，蓝 2 匹。[3] 成化二十二年（1486 年），哈立麻等遣使朝贡，朝廷所赐之物仍然是苎丝和彩绢两类物品。[4]

凡朝贡马匹，明廷一律给价。宣德以前，统一给价；其后则主要论质给价：

中马一，给钞二百五十锭，纻丝一匹；下马一，钞二百锭、纻丝一匹；下下马一，钞八十锭、纻丝一匹；有疾瘦小不堪者，每一马钞六十

---

① 《明太宗实录》卷 18，永乐元年（1403 年）四月丁卯条。

② 《明会典》卷 112《给赐》三。

③ 中国藏学研究中心等编《元以来西藏地方与中央政府关系档案史料汇编》（第 1 册），中国藏学出版社，1994，第 166 页。

④ 同上书，第 193 页。

锭，绢二匹。[①]

贡赐之间形成特定的贸易交换关系，但明廷薄来厚往，回赐之数大大超过贡物所值，而朝贡次数频繁，人数众多，巨量赏赐再加上需要支付贡使往返的旅费，成为明廷沉重的经济负担。到成化时期，这个问题变得越来越突出。成化六年（1470 年），礼部奏“乌思藏等处番僧进贡至者数多，赏赐彩缎动数千计，官库所贮不敷关用”[②]。成化八年（1472 年），礼部又奏“今年陕西岷洮等卫所奏送各簇番人四千二百有奇，除给予马值不计，凡赏彩缎八千五百二十四表里，生绢八千五百二十余匹，钞二十九万八千三百余锭，滥费无已”[③]。作为回赐物品的茶叶，数量也很大。成化十八年（1482 年），灵藏赞善王属下僧人共 412 人入贡，每人赏茶叶 50 斤，总数高达 20600 斤，“例给赐于陕西茶马司，面所司无存积者，故布政司请以茶价易茶给之”[④]。鉴于此，巡抚都御史阮勤上奏称：“陕西岁办茶止两万六千余斤，而给赐进贡番僧岁或至四五万斤，遂致各僧候支有迟至一二年者，日费廪饩，坐耗边储。”明廷因之于成化十九年（1483 年），“诏四川岁运茶十万斤，分贮陕西省茶马司，以给番僧”[⑤]。奏中所言每年回赐所费茶叶四五万斤，只是赐给经由陕西入贡的藏僧，按此，赐给经由四川入贡僧人的茶叶数量也不会少于此数。两项相加，则每年给赐总量在 10 万斤以上。

除了得到丰厚的回赐外，朝贡使臣又往往借朝贡之便，在返途中多与民间私自交易。如正统中期，安定卫国师摄剌藏卜等，“以朝贡至京，各市茶两千斤”，同时，又奏请为安定王购买茶叶 3000 斤。英宗以为购买量太大，“诏允安定五百斤，官为运去。其国师两百斤，徒众人一百斤，俱

---

① 《明宣宗实录》卷 22，宣德元年（1426 年）十一月庚子条。
② 《明宪宗实录》卷 79，成化六年（1470 年）五月乙未条。
③ 《明宪宗实录》卷 105，成化八年（1472 年）六月辛卯条。
④ 《明宪宗实录》卷 223，成化十八年（1482 年）正月丙子条。
⑤ 《明宪宗实录》卷 236，成化十九年（1483 年）正月壬寅条。

令自募人运"[①]。董卜韩胡宣慰司每遣使入贡，回还途中都要"多买货物"[②]，数量相当庞大。景泰四年（1453年），右都御史李实即奏"董卜韩胡宣慰司番僧国师、禅师、剌麻进贡毕日，许带食茶回还，因此货买私茶至数万千斤及铜、锡、磁、铁等器用"[③]。成化十五年（1479年），乌思藏辅教王南渴坚粲巴藏卜遣都纲沙加星吉等363人进贡，"沙加星吉等乞将赐赍物于湖广荆州境内市茶，人六十斤。许之"[④]。贡使大量购买民间茶叶，触及了明代中央政府的榷茶政策，并助长了茶叶走私，因此，天顺(1457～1464年）年间，明廷曾下令加以阻禁。天顺二年（1458年），令户部"揭榜禁约番僧进贡回还者，毋得沿途贩买私茶，扰人装送"。[⑤]天顺三年（1459年），又下令"湖广军民人等，不许交通番僧贩鬻私茶，违者治罪"[⑥]。这种禁令的出台，反映了进贡贡使私下贸易的活跃。而明朝廷的禁令似乎也没有收到明显的成效。

二　茶马互市

"番人嗜乳酪，不得茶，则困以病。故唐、宋以来，行以茶易马法，用制羌、戎。"[⑦]明王朝继承唐、宋旧制，在全国实行茶叶专卖政策，无论官茶、商茶，"皆贮边易马"。为了配合明政府在青藏高原地区的政治、军事行动，用茶马互市安定人心，"洪武四年（1371年）十二月开茶市……以国重臣定茶法"。[⑧]在西部少数民族地区设立了诸多茶市，"自碉门、黎、雅抵朵甘、乌思藏，行茶之地五千余里"[⑨]。《国榷》载，洪武五年（1372年）二月，明政府"置秦州（今甘肃天水）茶马司"，不久又置洮州（今甘肃临潭）茶马司；次年十月"置河州（今甘肃临夏）茶马司，以河州茶马司总

① 《明英宗实录》卷113，正统九年（1444年）二月乙酉条。

② 《明英宗实录》卷195，附13，景泰元年（1450年）八月壬申条。

③ 《明英宗实录》卷232，附50，景泰四年（1453年）八月甲辰条。

④ 《明宪宗实录》卷186，成化十五年（1479年）正月甲戌条。

⑤ 《明英宗实录》卷297，天顺二年（1458年）二月壬午条。

⑥ 《明英宗实录》卷305，天顺三年（1459年）三月己丑条。

⑦ 《明史》卷80《食货志》四。

⑧ （明）谭希思：《明大政纂要》卷3，四库全书存目丛书本。

⑨ 《明史》卷80《食货志》四。

之”。洪武三十年（1397年）四月，又改秦州茶马司为西宁茶马司，遣其治于西宁。[①] 四川方面，雅州（今雅安）、碉门、松州（松潘西北）等地均设置茶马司。

为开通贸易渠道，洪武八年（1375年），明太祖专门派遣使者深入藏区，“以绢、帛、巴茶市马西番，命河州守将抚循之以通互市，由是山后归德诸州西方诸部落皆以马来售”。[②] 洪武九年（1376年），茶马司开市茶马。这一年，仅秦州、河州就市马171匹。[③] 洪武十一年（1378年）十二月，秦、河二州及庆远、顺庆盐马司所易马686匹；[④] 洪武十二年（1379年）十二月，秦、河两州茶马司以茶市马1691匹；庆远裕民司以银、盐市马192匹[⑤]；洪武十三年（1380年）九月，河州茶马司市马，用茶58892斤，牛98头，市马2050匹[⑥]；洪武十四年（1381年）十月，“四川威、松、茂州三卫用茶、姜、布、纸易马”[⑦]；洪武十四年十二月，秦、河二州以茶易马181匹[⑧]；洪武十五年（1382年）十二月，秦、河、洮三州茶马司及庆远裕民司，市马585匹[⑨]；洪武十七年（1384年）十一月，秦州、河州茶马司市马560匹[⑩]；同年十二月辛酉，四川碉门茶马司，以茶易马骡596匹[⑪]；洪武十八年（1385年）正月，四川、贵州二都司送所市马11600匹至京师[⑫]；秦州、河州茶马司及叙南等卫，市马6727匹。洪武二十年（1387年），四川雅州碉门茶马司，以茶163600斤易驼、马、骡、驹170余匹（峰、头）。[⑬]

---

① 《明太祖实录》卷252，洪武三十年（1397年）四月己丑条。
② 《古今图书集成·食货典·茶部汇考》卷292。
③ 《明太祖实录》卷110，洪武九年（1376年）十二月己卯条。
④ 《明太祖实录》卷121，洪武十一年（1378年）十二月戊午条。
⑤ 《明太祖实录》卷128，洪武十二年（1379年）十二月壬辰条。
⑥ 《明太祖实录》卷132，洪武十三年（1380年）九月戊戌条。
⑦ 《明太祖实录》卷139，洪武十四年（1381年）十月甲子条。
⑧ 《明太祖实录》卷140，洪武十四年（1381年）十二月庚辰条。
⑨ 《明太祖实录》卷150，洪武十五年（1382年）十二月辛丑条。
⑩ 《明太祖实录》卷168，洪武十七年（1384年）十一月癸未条。
⑪ 《明太祖实录》卷169，洪武十七年（1384年）十二月辛酉条。
⑫ 《明太祖实录》卷170，洪武十八年（1385年）正月癸酉条。
⑬ 《明太祖实录》卷182，洪武二十年（1387年）六月壬午条。

洪武中后期，随着西番诸卫的陆续建立，明王朝逐渐巩固了对青藏高原地区的统治，茶马互市遂被纳入国家控制的渠道，这种经济活动被赋予了以马代赋的政治意义。洪武十六年（1383 年）正月，朱元璋敕谕松州指挥佥事耿忠："西番之民归附已久，而未尝责其贡赋。闻其地多马，宜计其地之多寡以出赋。如三千户则三户共出马一匹，四千户则四户共出马一匹，定为土赋。庶使其知尊君亲上奉朝廷之礼也。"① 四月，耿忠便回报："臣所辖松潘等处安抚各族长官司，宜以其户口之数，量其民力，岁令纳马置驿，而藉其民充驿夫，以供徭役。"② 洪武二十五年（1392 年）三月，明太祖"遣尚膳太监而聂、司礼太监庆童赍敕往谕陕西河州等卫所属番族，令其输马，以茶给之"③。五月"尚膳太监而聂等至河州，召必里诸番族，以敕谕之，诸族皆感恩意，争出马以献。于是得马万三百四十余匹，以茶三十余万给之，诸族大悦"④。这次茶马交易活动是差发马制度的一次成功的尝试。洪武二十五年八月，"西宁卫所属西番土酋亦金真奔言：'诸番族皆野居散聚，射猎为食，请岁输马二百匹为常赋。'从之"⑤。"以马为赋"的差发马制度正式推行。

为了防止边卫官吏利用马赋差发制度而向藏民索取马匹，也为了更好地控制茶马贸易、杜绝私市，洪武二十六年（1393 年），明太祖命"曹国公李景隆赍赉金牌、勘合，直抵西番以传朕命，令各番酋领受，俾为符契以绝奸欺"⑥。李景隆受命"往西凉，永昌、甘肃山丹、西宁、临洮、河州、洮州、岷州、巩昌缘边诸番，颁给金铜信符。敕谕各族部落曰：'往者朝廷或有所需于尔，必以茶货酬之，未尝暴有征也。近闻边将无状，多假朝命扰害尔等，使不获宁居。今特制金牌信符，族颁一符。遇有使者征发，比对相合，始许承命。否则，械至京师，罪之'"⑦。

① 《明太祖实录》卷 151，洪武十六年（1383 年）正月辛酉条。
② 《明太祖实录》卷 153，洪武十六年（1383 年）四月丁丑条。
③ 《明太祖实录》卷 217，洪武二十五年（1392 年）三月乙丑条。
④ 《明太祖实录》卷 217，洪武二十五年（1392 年）五月甲辰条。
⑤ 《明太祖实录》卷 220，洪武二十五年（1392 年）八月戊午条。
⑥ 《明太祖实录》卷 251，洪武三十年（1397 年）三月壬午条。
⑦ 《明太祖实录》卷 225，洪武二十六年（1393 年）二月癸未条。

金牌信符制的实行，使明代中央政府有效地控制了西北地区的茶马互市。在当时，金牌具有法律作用，任何个人是不允许染指茶马贸易的，民间贸易在严厉取缔之列："私茶出境，与关隘不讥者，并论死。"① 明初的这种规定得到了严格执行，对舞弊走私者严惩不贷，即使王公贵族也不例外。如驸马欧阳伦，就因茶叶走私而被朱元璋在兰州处以死刑②，这充分表明了朱元璋打击茶叶走私的决心和强硬态度，尤其是在执法过程中不徇私情，在当时影响深远。为了保证茶马互市的顺利进行，明初还设立检察官专门巡理茶事，定期派遣京官于行茶之地监督征课，严缉私贩，这就是当时盛行的巡茶制度，明朝所谓的"岁遣行人等官巡视"就指此。明太祖朱元璋时期，每年"自三月至九月，月遣行人四员，巡视河州、临洮、碉门、黎、雅。半年以内，遣二十四员，往来旁午"③。实际上，伴随着茶马贸易，藏族人民对内地其他物品的需求也会得到部分满足，如永乐二年（1404 年）三月丙寅，河州卫指挥佥事康寿以安定卫距河州茶马司遥远，"运茶甚艰，请给布绢为便"，成祖认为"诸番市马，已著为令"，今安定卫来朝之初，"自愿纳马，其意可嘉。姑以（绢）布给之，后仍以茶为值"④。正统九年（1444）二月，命陕西行都司总兵官以绢易马，"每中等马一匹，支绢十八匹；中中马一匹，支绢十六匹"⑤。同年九月辛巳，又以"大绢五千四百匹于巩昌等卫卖马"。

金牌信符制度在洪武后期的大力推行，不仅使明王朝获得了大量马匹，而且使广大的藏区居民得到了大量生活用茶。洪武三十一年（1398 年），曹国公李景隆还自西番，"用茶五十余万斤，得马一万三千五百一十八匹"⑥。宣德七年（1432 年），"所征河州卫各番簇茶马七千七百余匹，已征六千五百余匹……西宁等卫所属番簇茶马三千二百九十六匹，已征二千三百余

① 《明史》卷 80《食货志》四。

② 《明太祖实录》卷 253，洪武三十年（1397 年）六月己酉条；《明史》卷 80《食货志》四。

③ 《明史》卷 80《食货志》四。

④ 《明成祖实录》卷 27，永乐二年（1404 年）三月丙寅条。

⑤ 《明英宗实录》卷 113，正统九年（1444 年）二月丙午条。

⑥ 《明太祖实录》卷 256，洪武三十一年（1398 年）二月戊寅条。

匹”。[①] 宣德十年正月（1435 年），“陕西西宁、河州、洮州番族输马一万三千余匹，当给赏茶一百九万七千余斤”。[②] 正统九年五月，“陕西西宁、河州、洮州等卫所属番族番民，……一次纳差发马一万四千五十余匹，合用茶偿其价”。[③] 正统十二年（1447 年）四月，以茶 125430 斤，征收西宁、罕东、安定、阿端、曲先五卫番民马 2946 匹。[④]

到正统末年，因明朝与蒙古各部在西北各边战事频繁，各卫所属番民多受骚扰，徙居无常，金牌散失殆尽，金牌信符趋于废止。弘治十年（1497 年），遂经熟悉西南、西北民族地区事务的都御史杨一清奏请予以恢复，但已时过境迁，无法恢复明初旧观。弘治十二年（1499 年），御史王宪言：“自中茶禁开，私茶莫遏，易马不利。”遂停中茶之制。[⑤] 正德元年（1506 年），杨一清又建议：“商人不愿领价者，以半与商，令自卖。遂著为例永行焉。金牌信符之制当复，且请复设巡茶御史兼理马政。乃复遣御史。而金牌以久废。卒不能复。后武宗宠番僧，许西域人例外带私茶。自是茶法遂坏。”[⑥]

实际上，明政府在茶马互市中对茶叶的控制，不仅是出于对茶叶垄断或配置的考虑，还涉及国家安全、国家职能、民族利益、经济均衡发展等诸多因素。明代的茶马互市对中原王朝来说，除了众人皆知的经济原因外，最主要的是基于对西北少数民族的羁縻政策和军事方面的考虑，明太祖朱元璋就认为“绸缪边防，用茶易马，固番人心，且以强中国”。[⑦] 因此，为方便易马，巩固国防，明政府全力以赴、费尽心机地控制茶马互市，一般不允许个人染指其中。明初，政府严禁私茶进入藏区。洪武十三年（1380 年），明政府“檄秦、蜀二府，发都司官军于松潘、碉门、黎、雅、河州、临洮及入西番关口外，巡禁私茶之出境者”。又派佥都御史邓文铿等查川、陕私茶，

---

① 《明宣宗实录》卷 97，宣德七年（1432 年）十二月丁亥条。

② 《明英宗实录》卷 100，宣德十年（1435 年）正月甲午条。

③ 《明英宗实录》卷 116，正统九年（1444 年）五月丁卯条。

④ 《明英宗实录》卷 152，正统十二年（1447 年）四月丙午条。

⑤ （清）龙文彬：《明会要》卷 55《食货》三，中华书局，1956。

⑥ 《明史》卷 80《食货志》四。

⑦ 同上。

“有一巴茶私出境者，置以重法”。[①] 可见，明代初期对于茶叶走私的打击力度是比较大的，即使王公贵族走私，一经发现也严惩不贷。[②]

但与此同时，对于民间商人来说，私下里与少数民族直接进行茶叶贸易，交易成本比较低，而回报率却相对高。明初，茶马交换之比率为：“长河西等番商以马入雅州易茶，由四川岩州卫入黎州始达。茶马司定价，马一匹，茶千八百斤，于碉门茶课司给之。番商往复迂远，而给茶太多。岩州卫以为言，请置茶马司于岩州，而改贮碉门茶于其地，且验马高下以为茶数。诏茶马司仍旧，而定上马一匹，给茶百二十斤，中七十斤，驹五十斤。”[③]但到了10余年后，马价开始变为上马给茶80斤、中马60斤、下马40斤，[④]显然是持续压低了马价。而到了永乐八年（1410年），在河州卫的市面上，茶马比价已到“上马每匹茶六十斤，中马四十斤，下马递减之”[⑤] 的地步。在实际交换过程中，茶马司在易马活动中还额外压低茶马比价，永乐以前的西北地区共有四次马匹易茶量的记录：洪武十三年（1380年）为37斤、二十五年（1392年）为29斤、三十一年（1398年）为39斤，永乐八年（1410年）为36斤。每匹马的平均易茶量均在40斤以下，明显低于洪武后期中马每匹茶60斤的标准。[⑥] 马价之低，令人吃惊。在互市过程中，不法官吏相互勾结，营私舞弊，经常出现官茶以次充好、以少称多、骗榨侵夺少数民族财物的恶劣行为，引起少数民族的不满。此外，官市上还禁止除茶马以外的其他各种物品的贸易，这也不利于各民族间的经济交流。所以当民间商人冒险贩运私茶出境后，以比较合理的价格和交易商品的多样化与藏区居民进行交易时，自然而然地受到欢迎。对于私茶贩子，地方文武官员往往“贪利而不畏法，相与勾引而容纵之”[⑦]，致使“奸人窃肆，私茶盛行。番人

① 《明太祖实录》卷253，洪武三十年（1397年）六月己酉条。
② 《明史》卷80《食货志》四。
③ 《明史》卷80《食货志》四。
④ 《明成祖实录》卷61，永乐七年（1409年）正月辛亥条。
⑤ 《明成祖实录》卷110，永乐八年（1410年）十一月己丑条。
⑥ 陈一石：《明代茶马互市政策研究》，《中国藏学》1988年第3期。
⑦ （明）姜宝：《茶法议》，载《明经世文编》卷383《姜凤阿集》。

一至，既要厚赏，复索高价……甚至骄傲抗违，招之不至”。[①]

在明代，地方官员与私茶贩子互相勾结以“贪其利”，甚至有些官豪势要之家也涉足其间，尤其是一些达官贵族和驻军头目更是利用特权和采取贿赂的手段参与茶叶走私活动，因而明代的茶叶走私非常猖獗，有时甚至出现武装走私的情况。

明代各级官吏同藏区私下贸易的数量是很可观的，如洪武年间驸马都尉欧阳伦遣家人往来西北地区贩茶出境，“伦家人有周保者尤纵暴，所至驱迫有司索车五十辆”，载茶往河州私易。[②] 宣德八年（1433 年）正月，“巩昌卫都指挥佥事汪寿私造店舍五百余间，停榻私茶。……又赍金牌买马，内官人等亦带私货入番，又减番人马值以易私马”[③]。正统十年（1445 年）九月，陕西右布政使奏：“每年运茶入番，其洮州等三卫军官往往夹带私茶，以致茶价亏损，马数不敷。”[④] 一些地方官吏尽管不直接参与走私，却指使、纵容下属、子侄等私贩茶叶。如正统五年（1440 年）六月，陕西都指挥金事陈玘“以私茶令军余入番贸货”[⑤]，即是一例。弘治（1488 ~ 1505 年）末，杨一清在其奏疏中指出，“近年以来，贩茶还蕃，多系将官、军官子弟”，并称“军职自将官以下少有不令家人、伴当通番”。[⑥] 弘治十六年（1503 年），整饬西宁等处兵备、陕西等处提刑按察司副使萧翀呈在西宁查获一起涉事 20 余人、贩茶数量达 4000 斤的走私大案，究查结果，即系当时身居甘肃总兵官要职的刘胜纵容其侄子刘深所为。[⑦] 因这些人大有背景，所以一般的“守备把关巡捕官知情故纵”[⑧]。

在明代的茶叶走私中，也有洮州、河州等青藏高原边缘地区的汉族军民利用地利之便，以私储良茶易取藏区良马然后高价出售给商人获得大量茶

① （明）梁材：《议茶马事宜疏》，载《明经世文编》卷 106《梁端肃公奏议》五。

② 《明太祖实录》卷 253，洪武三十年（1397 年）六月己酉条。

③ 《明英宗实录》卷 98，宣德八年（1433 年）正月庚午条。

④ 《明英宗实录》卷 133，正统十年（1445 年）九月壬申条。

⑤ 《明英宗实录》卷 68，正统五年（1440 年）六月甲戌条。

⑥ 杨一清：《为修复茶马旧制第二疏》，载《明经世文编》卷 115。

⑦ （明）杨一清：《为将官滥给驿传兴贩私茶违法事等》，载《关中奏议》卷 3，影印文渊阁四库全书本。

⑧ （万历）《明会典》卷 37《茶课》。

叶，再与藏区农牧民交换各种土特产品的情况。正统十三年（1448 年）二月辛酉，洮州茶马司奏："本司额收四川官茶三年一次，易番马三千匹。然有未完者。盖由近年邻近府卫军民兴贩私茶者多，是以产茶处所，竟以细茶货卖，而以粗茶纳官。"[①] 嘉靖十二年（1533 年）二月，巡按陕西监察御史郭圻言茶法事宜，"茶户每采新茶，晒成方块，潜入番族贸易，致官市沮滞"[②]，而川、陕各边军民"窃易番马以待商贩，岁无虚日"[③]，用好马直接与商人换茶，以劣马应付茶马司，反映了民间贸易形式的繁盛。弘治三年（1490 年），明政府决定"西宁、河西二茶马司各开报茶四十万斤，洮州茶马司二十四万斤，招商中纳。每引不过百斤，每商不过三千斤，官收其十分之四，余者听其货卖"[④]。因为禁而不绝，最后明政府不得不承认私商买卖的合法性。

明代茶叶走私活动的日益猖獗，使正常的茶马互市受到了严重破坏，或无马可市，或无茶叶从事互市，或官茶滞销，致使中央政府关于茶马互市的政策和法令形同虚设。嘉靖（1522～1566 年）时期，户部在总结这一情况时不无感慨地说：

> 自金牌制废，私贩盛行。各番不中马而自得茶，边吏不能禁顾，私委所属抽税马（焉）。且贩者不由天全六番故道，私开小路径通嗒葛，而松、茂、黎、雅私商尤多。自是茶禁日弛，马政日坏。[⑤]

私茶相对于官茶来说价格便宜，还可以直接运输到少数民族地区，直销环节少，交易成本低，茶叶质量高，服务态度好，少数民族购买或物物交换比较方便，信誉度比较高，其竞争力是官茶难以望其项背的。

终明代一世，查禁私茶的措施不谓不完备，处罚走私不是不严厉，而茶

① 《明英宗实录》卷 163，正统十三年（1448 年）二月辛酉条。
② 《明世宗实录》卷 147，嘉靖十二年（1533 年）二月庚子条。
③ 《明史》卷 80《食货志》四。
④ 《明孝宗实录》卷 40，弘治三年（1490 年）七月戊寅条。
⑤ 《明世宗实录》卷 24，嘉靖二年（1523 年）三月辛未条。

叶走私活动却始终没有从根本上杜绝。上至皇帝，下至地方官吏，为杜绝茶叶走私可谓绞尽脑汁。尤其令人困惑的是，“查禁愈严，则茶利愈厚”。这是因为“利之所在，趋者澜倒”。[①] 明代的茶马互市形成了查禁越严厉、走私回报率越高，因而走私活动越来越猖獗的怪圈。

① （明）杨一清：《为修复茶马旧制以抚驭番夷安靖地方事》，载《关中奏议》卷3。

第六章 清　代

顺治元年（1644 年），清王朝定都北京。据《圣武记》卷 5《国朝抚绥西藏记上》载："顺治（1644～1661 年）初，天下混一，达赖、班禅及固始汗复各遣使献金佛念珠，表颂功德。"为推行"从俗从宜"的政策，清朝最高决策者对西藏各方势力采取了"一揽子"封授的办法，既册封和硕特部首领固始汗为汗王，也承认达赖喇嘛的宗教领袖地位，以"安劝庶邦，使德教加于四海"①。康熙五十九年（1720 年），清政府开始任命文武官员入驻藏区，自此西藏被有效纳入了中央政府的管辖范围。而在青海、甘肃等西北藏区，以及在四川、云南等西南藏区，清政府则采取了与西藏不同的行政体制。青海藏区按照管理蒙古族的办法进行管理，其宗旨是"众建而分其势"。②"少其地而众建之，既以彰赏罚之典，又使力少不能为乱，庶可宁揖边陲。"③ 甘肃、四川、云南藏区基本上实行的是土司制度。清政府因地制宜，对藏区实行不同的统治方式。

清朝对藏族居住地区的行政区划是：西藏分为卫（前藏）、藏（后藏）、阿里三部，归清朝驻藏大臣管辖；宁静山之东为喀木（西康），归四川管辖；甘、青地区的藏族属甘肃，归西宁办事大臣管辖。总之，在清朝中前期，中央政府对青藏高原地区的关注远远超过明朝及以前，青藏高原地区便在独特的政治格局和安定的社会环境下，得以进一步稳定并逐渐发展起来。

---

① 《清世祖实录》卷 74，顺治十年（1653 年）四月丁巳条。

② （清）张其勤辑《清代藏事辑要》卷 2，西藏人民出版社，1983。

③ 《清高宗实录》卷 295，乾隆十二年（1747 年）七月甲寅条。

第一节 农业

清朝前期，青藏高原地区的农业经济还是比较落后的，多数藏族民众使用的农具主要是铁锹、铲、锄（近似宽刃的用于挖掘的斧子）以及犁（由木制的犁把装上铁铧制成，辕扼缚在两头牦牛或犏牛牛角上，合挽耕种）等。尽管采用简单的生产工具及落后的“二牛抬扛”的农耕方式，但是在以藏民族为主体的各族人民的辛勤劳作下，青藏高原的农业生产在明代的基础上依然保持着继续发展的势头[①]。

首先，西藏地区的农业生产区域比明代有了显著扩大，在此基础上农业生产技术也较之前有了显著提高。

有学者统计，明代西藏地区约有 75 万人，清以来人口大幅度攀升，康熙（1662～1722 年）初年为 115 万余人，乾隆（1736～1795 年）末年为 139 万人左右，鸦片战争爆发前后，人口峰值达到 150 万。在很大程度上，人口的增加较能反映农业经济的发展，同样，人口的不断增长又能促进土地使用面积的不断扩张。清前期，原先分散的农耕区已由气候温凉的雅鲁藏布江中游和藏东三江河谷发展到温凉的各河流上游和藏南高原的河谷湖盆地区。据有关史料记载，海拔 4400 米的羊卓雍湖湖畔在 17 世纪中期就已有了相当规模的开垦。[②] 乾隆时期的《西藏记》记载了当地的农业生产情况：

> 藏地高下不一，寒暄各异，平壤则热，高平则冷，有十里不同天之语。……就拉萨而论，其地冬虽寒而不凛冽，夏虽暑而不薰蒸。清明、立夏之间，草木萌芽；季春夏初之际，麦豆播种。收获则在七、八月之交。[③]

① 参见刘正刚、王敏《清代藏族农业经济初探》，《西藏研究》2003 年第 3 期；安平《清代前期藏区经济探析》，《中国藏学》2007 年第 2 期。

② 张世明：《清代西藏社会经济的产业结构》，《西藏研究》1991 年第 1 期。

③ 西藏研究编辑部编《西藏志·卫藏通志》，第 19 页。

由于高原地区海拔高低不同，寒暑各异，播种和收获的季节也有所不同。史书如此记载：

> 夷人有“三土七石”之谣。阳坡高下俱可耕，壑溪箐中，日色不到者不堪种植。地多浇薄，再熟之区不多，如小麦八月种，至次年七、八月熟，其地再种小麦则无实，须另种荞豆以纾地力。牟麦三月种，六、七月获。荞麦四月种，八月获。豌豆、蚕豆俱三月种，八月获。青稞二月种五月获。①

清嘉庆（1796～1820年）年间的《西藏纪游》记载：“青稞如麦而叶穗较短，四月播种，六七月即可刈获，盖口外地寒，五谷不生，惟稞麦较宜尔。”② 青稞比较耐寒，可以生长在海拔4500米的高原之上，可以说青藏高原各地都可以种植。除了青稞之外，由于土地的大量开采利用，农作物品种及种植次数也较以前有了显著变化。清代的青藏高原出现了“其他许多农作物：小麦、荞麦、大麦、豆（豌豆）、芥菜和多种蔬菜。在某些地区，甚至可以一年两收［吉隆札什伦布西南的青稞、黑麦或小麦，热曲江及拉喀藏布江（雅鲁藏布江）流域的青稞和谷子，工布地区的水稻和青稞］”③。当然，除西藏本地所属外，有些是自他处贩来，一些农作物的种子更是由广大的汉族民众带入，“拉萨谷属青稞、小麦、胡豆、豌豆、菜籽。自他处贩来者，则绿豆、黄豆、冰豆、稻米、黑糖。蔬属则圆根、葱、蒜、芫荽。近汉人自内地带菜种有白菜、莴苣、菠菜、苋菜、韭菜、萝卜、桐（茼）蒿、四季豆、苦豆”④。在恩达、察哇作贡、桑阿、昌都、阿里噶尔渡等海拔较低、自然条件较为优越的地方已经开始种植稻米⑤。可见，除农作物的品种有了显著增加外，有些地区甚至出现了农作物一年两熟的现象。

① （清）吴德煦纂修《章谷屯志略》，（台湾）成文出版社有限公司，中国地方志丛书本，第84页。

② （清）周霭联撰、张江华点校《西藏纪游》，中国藏学出版社，2006，第56页。

③ 〔法〕石泰安：《西藏的文明》，耿昇译，中国藏学出版社，1999，第13页。

④ 西藏研究编辑部编《西藏志·卫藏通志》，第19页。

⑤ 同上书，第20页。

乾隆年间，驻藏大臣松筠记载的“济咙为卫藏极边，外接廓尔喀，西南行十日可抵阳布番民大小四百余户，地气和暖，一年两熟”①，也证实了这一点。

18 世纪时，藏区的经济作物也有了从引进、培植到逐渐发展的过程。如四川巴塘的葡萄、石榴、桃子、李子和西瓜等，西藏察雅、俄达等地的核桃，穷结的竹子、核桃等，达布的葡萄、核桃、桃子、海棠等，拉萨的胡桃、蚕豆、菜籽、杏、白葡萄（侨居“世界屋脊”的外国传教士曾用来制作做弥撒的酒），波密的蜂蜜、香料，工布的小麦啤酒，杂日山的红枣和黄杏，泽当的苹果和梨，等等。这时已普遍采摘草药治病，利用树木的纤维制作纸张，从树脂中提取胶等。② 此外，从康区至藏北草原及藏东亚热带地区还盛产各类名贵中草药，如麝香、熊胆、红花、黄连、甘遂、当归、生姜等。③ 可见，这一时期藏区的经济作物随着农业的发展被广泛开发。换言之，这些地区的农业生产水平已开始接近内地。另外，有些地方的生产水平及农作物生长已经能和中原腹地相媲美了：墨竹工卡“人勤耕稼，稻畦绣错，一如内地”④；恩达更是“两旁皆良田无隙地，弥望青葱，内地秋稼之佳，亦不过此”⑤。

其次，清代青藏高原东北部的甘、青藏区的农业生产技术比明代又有进步。

清雍正（1723～1735 年）、乾隆时期，青海地区各级地方官都较重视劝督农耕，从总督、巡抚到兵备道、知府、知县都以亲自劝农、推广先进生产技术为荣耀。乾隆初期，甘肃巡抚黄廷桂亲自“颁耕耨之具，示培壅之法，谆谆告诫”农民要勤于农作。西宁道杨应琚“与守令又亲劝督焉”。虽仍“逊于他处”，但是相比以往依然有了显著的进步。⑥ 乾隆《循

---

① （清）松筠：《西招记行诗》，载吴丰培辑《藏游综汇编》，四川民族出版社，1985，第 119 页。

② 〔法〕石泰安：《西藏的文明》，耿昇译，第 14 页。

③ 陈崇凯：《西藏地方经济史》，第 354 页。

④ （清）王世睿：《进藏纪程》，载吴丰培辑《藏游综汇编》，第 69 页。

⑤ （清）林俊：《西藏归程记》，第 105 页。

⑥ （清）杨应琚：《西宁府新志》卷 8《地理・物产》。

化志》卷 7 记载，“前任陕西藩宪帅公若区田要录”，教区田种法式一则，要求地方官在各县推广。该志书详细记载了区田法的好处和具体操作方法。“其法不论田之美恶，不计地之多寡，不须牛力，不消工费．竭一家妇子之力，即可收功，而于贫难无田之民犹便。每区一尺五寸之地，收谷三、四升”，“每亩三百五十区，可得谷二十余石，减收亦得十余石，已足以养活一家”，唯用锹镢垦种。“若粪治得法，灌溉以时，虽遇旱灾，不能损耗。”①

清代，青海境内的农民已经普遍懂得麦豆轮作、麻豆轮作的耕作技术。麦类夏禾与糜、谷类秋禾倒茬，这样不仅可以保持地力，还可以增收。乾隆时期，西宁府种植的谷类作物包括小麦、大麦、荞麦、青稞、大豆、豌豆、藏豆、扁豆、糜、芒谷、胡麻、油菜籽、燕麦等。循化一带“园中间有种刀豆者。秋田种大糜子、谷子，其荞麦则青稞割后方种，惟此为两收”②。大通卫境内还有直麻，俗称麻子，“此间岁产油数十万斤，皆取于此”③。近现代该地所种植的农作物品种已基本齐全。除粮食作物外，蔬菜、瓜果等经济作物品类已较丰富。据苏铣《西宁志》记载，早在顺治年间，西宁卫种植的蔬菜就有苦瓜、茄、芥、芹、茄莲、圆根等。采食野生的蔬菜有蘑菇、沙葱、沙韭、龙须（俗名头发菜）等。杨应琚的《西宁府新志》记载的西宁蔬菜主要有白菜、荷苗、胡荽（芫荽，今称香菜）、木耳、甜菜、菠菜、窝（莴）笋、王（黄）瓜、蒜、苋、蔓苔等，采食的野菜多了苦苣、蕨菜、蕨麻等。乾隆《循化志》载，循化厅境除有瓠子、黄瓜外，还有菜瓜、葫芦、西瓜、苜蓿、山药（洋芋）等，“红庄撒拉种之花椒与川椒稍逊”。辣椒、苦豆（一名苜蓿子）等，也已在青海种植。

清朝效法前朝，依旧推行移民屯田政策，青海也成为容纳移民的重要地区之一。雍正二年（1724 年），清军在平息了罗卜藏丹津的叛乱并控制了整个青海地区之后，在川陕总督、抚远大将军年羹尧奏报的《青海善后事宜

① （清）龚景瀚：《循化志》卷 7《农桑》。
② （清）龚景瀚：《循化志》卷 7《物产》。
③ 大通县志编纂委员会编《大通县志》（下）（注释本），陕西人民出版社，1993，第 281 页。

十三条》中，第十二条便是“边内地方宜开垦屯种”，建议向青海移民。次年，清朝统治者从北京、山西、陕西、甘肃等地移民青海，修建大通卫（辖今大通、门源、祁连等县所属的几处城堡）。雍正十年（1732年），青海办事大臣达鼐正式奏请在额色尔津试办农垦并招民垦荒[①]。随着屯田移民的推行，青海的人口数量明显增长。

实际上，人口的增长在一定程度上能反映出农业生产的发展状况，因为农业生产的发展是保证人口增长的必要条件。据《西宁府新志》和《西宁府续志》等相关文献资料统计，顺治二年（1645年）西宁卫和归德所有在册人口合计约为36384人。到乾隆十一年（1746年），西宁、碾伯、通、归德四属有编户人口166327人（尚不包括“投诚纳粮番民”97738人）。自顺治二年至此的101年间，在籍人口增长了357%左右，平均年增长率约为15.16‰。又据嘉庆重修《大清一统志》记载，嘉庆年间，西宁府有人口708829人，其中包括“投诚番民”。与约70年前含有番民的总人口数264065人相比，又增长了168%左右，平均年增长率为14.21‰。可见，在清前中期的170多年中，青海编户人口确实保持了连续快速增长的势头。随着人口数量的持续增长，青海地区的土地也得到了进一步的开垦，[②] 农业经济有了明显的发展。

清代青海境内与赋役有关的土地分为屯、科、秋、站、垦、番6类。屯田指明以来曾是国家所有，并开展过军屯的土地，后转化为私田，仍沿旧称，其担负的钱赋与其他土地有一定区别；科田又称民田，是祖上留传下来的私田，私田中有“永不升科”者，凡被官府登记并据以征收钱粮者才叫科田；秋田指原只能种秋禾的瘠薄之地；站田指旧曾为驿站之地；垦地即新近开垦的上报升科之地；番地是雍正三年（1725年）以后开始清查入册的原少数民族耕种的土地。[③] “番民”（藏族、撒拉族、土族等）耕种之地在明代及明以前即已存在，但清雍正以后才有了记载。这几种土地中，以屯、科、番地占的比重最大。清康熙以来，新垦的各类土地不少，如“康熙四

① 田方、陈一筠：《中国移民史略》，知识出版社，1986，第42～43页。

② 崔永红：《青海经济史（古代卷）》，第162页。

③ 同上书，第166页。

十三年（1704年），四骡牛夫首报垦荒地一十八顷六十四亩，额外清丈自首地一十一顷九十三亩”。“康熙五十七年（1718年），招民开垦荒地八顷二十九亩。”[①] 乾隆六年（1741年），前甘肃巡抚徐杞疏报，归德所康、畅、李三寨屯民于雍正十三年（1735年）开垦水地8顷37亩有奇。[②]

番地登记后，也有不断新垦的土地。如雍正二年西宁县“劝民开垦水地六十一段，每段大小不等，共下子粒仓石三十一石五斗”。雍正七年（1729年）“劝民开垦旱地六十八段”，“共下子粒仓石六十三石七斗”。[③] 雍正十三年，碾伯县“续报开垦旱地一百九十段……水地一百八十八段”[④]。乾隆十九年（1754年），“甘肃巡抚鄂乐舜疏报：西宁县届沙塘川脑、巴扎等各庄番汉民人，补报乾隆九年（1744年）至十年（1745年）份垦过旱地一千零二十二段，十三年份旦过水地一百三十七段”[⑤]。乾隆三十七年（1772年），前后番地总额比雍正年间多出6481段，约5万亩。这时在册各类土地总和达到208万余亩，这个数据虽然有一定的误差，但208万亩这个数字，在青海东部农业发展史上也是空前的，它相当于唐、宋等朝农业发展最兴盛时在册耕地面积的3倍左右，标志着青海东部农业经济的发展此时达到了历史最高水平。青海西宁以南、以西一带在清初尚是以畜牧业为主的地区，乾隆以降，农耕区扩大，农牧分界线逐渐向高原内部推移。据乾隆《西宁府新志》卷4《西宁县》记载，县西北100余里处有燕麦川，与大通卫燕麦川相通，该地昔日主要生产燕麦饲马，故得燕麦川之名，但“今生齿日繁，渐犁锄矣”。不言而喻，这在当时是农区扩大的一个表征。[⑥]

再次，位于青藏高原东部的川西地区和云南的中甸地区，农业生产也得到了较大的发展。

---

① （清）杨应琚：《西宁府新志》卷16《田赋·贡赋》。

② 《清高宗实录》卷155，乾隆六年（1741年）十一月丁丑条。

③ （清）杨应琚：《西宁府新志》卷16《田赋·贡赋》。

④ 同上。

⑤ 《清高宗实录》卷464，乾隆十九年（1754年）五月癸巳条。

⑥ 萧正洪：《清代青藏高原农业技术的地域类型与空间特征》，《中央民族大学学报》2003年第6期。

川西高原因邻近四川盆地，历史上亦颇受其农业技术的影响，而清代“康雍复垦”时期对四川地区又采取优惠政策，进一步促进了川西高原土地的开垦，加之清初对川西高原地区实施的改土归流政策，使当地的土地所有制发生了变化，土地被收归国有，实行屯垦，迫使一部分世代从事畜牧生产的藏民转牧为耕，川西地区的农业生产区域及从事农业的人口迅速扩大和增加。与此同时，随着屯垦的推广，川西地区迁入了大量掌握先进农耕技术的汉人。如康熙五十五年（1716 年），清政府出兵西藏，平定准噶尔，途经甘孜地区东路、南路，并从打箭炉（今康定）经理塘、巴塘、察木多至西藏的站程 81 处，安置塘兵。大批汉人进入折多山以西藏族聚居区。雍正七年（1729 年），徙达赖于泰宁，清廷调来营兵 3000 人戍于此，称为泰宁（乾宁）营。据统计，1650～1750 年屯驻的官军达 3000～4000 人。

清乾隆年间，政府在大小金川改土归流，设汛[①]于道孚之角洛寺，并在甘孜设麻书汛，在章谷（今丹巴县城）安插“三铺六屯”和“打箭炉厅十二甲”汉户，以及岳扎、翁古二汛驻防军眷、单兵丁近 4500 人。阿坝的大小金川原土司区及杂谷脑地区留兵约 6000 人，设立军屯，又鼓励内地农民出关开垦，实行民屯。

除随军入藏区外，民间也有自发流入川西藏区的百姓。如《懋功厅乡土志》记载，懋功厅的陶姓、俞姓、廖姓、陈姓在清末时人口繁盛，他们都是在嘉庆、道光（1821～1850 年）年间由遂宁、安岳、德阳、乐至等县迁居该地的。随着汉民族的大量迁入，他们也带来了比较先进的生产工具和耕作技术及新的作物品种，如牛耕技术的引进，铁犁、铁铧的带入都为当地的农业生产提供了有利条件。[②] 不仅青稞种植面积不断扩大，而且巴塘等自然条件相对好的地区还形成了高原地区独特的农业景观。姚莹在《康輶纪行》中曾这样描述巴塘的农业景观：“巴塘富庶过里塘远矣，至

---

① 清代兵制，凡千总、把总、外委所统率的绿营兵均称“汛”，其驻防巡逻的地区称“汛地”。

② 徐君：《近代四川藏区农业的发展》，载杨岭多吉主编《四川藏学研究》（四），四川民族出版社，1997，第 587～588 页。

今二塘气象犹过不同，盖地气一寒苦一温暖也。”“巴塘四面皆山，中开绿野平畴，周约三十数里，青稞小麦，弥望葱秀。”① 清人周联谌在其《西藏纪游》中也曾记载：“巴唐番民较多，气温和煦，瓜蓏蔬菜略如内地，惟成熟较晚耳。”②

而据成书于乾隆四年（1739 年）的《雅州府志》卷 5《物产》统计，其境内生产的谷物已有稻、黍、菽、荞麦等；蔬菜已有芋、山药、蕨、芹菜、青菜、白菜、黄瓜、冬瓜、南瓜、丝瓜、茄子、葱、蒜、韭、藕、笋等；豆类作物有黄豆、胡豆、赤豆、黑豆等。经济作物有桃、李、柿、栗、梨、石榴、核桃、枇杷、佛手、柑子、香椿、樱桃、葡萄、丹桂、芙蓉、黄连③等。可见，当时这里的农作物生产也是比较活跃的。

在章谷地区，尽管“山寒地瘠，稻谷不生”，“土宜物”，但种植有小麦、大麦、青稞、荞麦、黄豆、黑豆、蚕豆、豌豆、芋麦、黍、粟、蜀黍等。在农业生产中，当地居民已总结出一套比较成熟的耕作经验：

> 阳坡高下俱可耕垦，溪箐中日色不到者不堪种植。地多浇薄再熟之区不多得，如小麦八月种至次年七八月熟，其地再种小麦则无实，需另种荞豆以纾地力。

蔬菜则有芦菔、圆根、白菜、青菜、莴苣、苋菜、芹菜、洋芋等 18 种；瓜果有南瓜、北瓜、冬瓜、西瓜、黄瓜、木瓜等 10 种。其中部分作物是汉、藏民族交往的历史见证，“蔬菜种繁，芦菔白菜等传自内地，而质厚味美尤过多。山韭亦有家畦者。惟圆根为夷人素茹蔬”④。仅从上述农

---

① （清）姚莹：《康輶纪行》，载全国图书馆文献缩微复制中心编《西藏汉文文献汇编》第 1 辑，1992，第 51、52 页。

② （清）周蔼联著、张江华点校《西藏纪游》，第 27 页。

③ （清）曹抡彬、曹抡翰：《雅州府志》，（台湾）成文出版社有限公司，中国方志丛书本，第 141 ~ 142 页。

④ （清）吴德熙：《章谷屯志》，（台湾）成文出版社有限公司，中国方志丛书本，第 84 ~ 88 页。

作物的种植情况来判断，川西高原一些地区的农业生产已和中原之地没有大的区别。

在云南中甸，随着清政府的“改土归流”，特别到乾隆中叶以后，随着内地汉族及其他民族的陆续迁入，云南迪庆藏区的农业也发展起来。由于海拔较高，迪庆地区的农作物主要是青稞，除此还有蔓菁。其他农副特产有珠参，多产于奔子栏、栗地坪；佛掌参，多产于奔子栏；雪茶产于阿墩子、奔子栏及中甸高山地区；小桃产于江边及城中，奔子栏的藏桃亦为名品。康熙五十七年（1718年）后，清朝军队进入此地，为了解决口粮，范溥在“引运甸中”时，即始行“相土劝耕”“招民开垦”，尽管后来因“山地苦寒，而又无水，率不能成，所招垦食，俱孑然一身，虽只二三十人，大都丐食不归而死，后视宏扬正辖，遂俱罢垦”。毋庸置疑，这是将内地先进的耕作技术引进迪庆藏区的开端，在迪庆社会经济开发史上具有一定的历史意义。①

总之，清政府对青藏高原地区的农业开发，继承了元明以来对边疆民族地区实施的优惠政策，多次免除地方向中央王朝所纳的赋税，如乾隆六十年（1795年）下旨将前藏赋税宽免一年；后藏免其一半，并拨出库银4万两，救济失业和流离失所的贫困藏民。同时下令西藏各地官员，招抚流散的农奴归本地安置，发给口粮籽种，三年内免除乌拉的差役和赋税。② 在藏族地区所收的赋税，清政府又以采邑的形式赏给达赖和班禅额尔德尼，且西藏所有的财政收入也均归达赖和班禅，所有这一切都促进了青藏高原地区农业经济的稳定发展。

对边疆或边疆以内的少数民族聚居区开展汉族移民垦殖活动。四川西部的藏族聚居区为明代汉族移民屯田垦殖所不及。乾隆三十九年（1774年）、四十一年（1776年）先后平定小金川和大金川之后，设置了美诺厅和阿尔古州；乾隆四十八年（1783年）改为懋功屯务厅，对原大金川、小金川之地展开了屯田和移民垦殖活动，共“安插及分户加垦番屯兵民共

---

① 王恒杰：《迪庆藏族社会史》，中国藏学出版社，1995，第187页。

② 西藏研究编辑部编《西藏志·卫藏通志》，第450页。

七千二百八十二户”，“垦地一十八万四千二百七十三亩”。参加屯垦的有汉族农民，也有“番民”（藏族）。在懋功屯务厅设置之前的雍正七年（1729年），清朝便在今康定设置了打箭炉厅。于是，一部分汉族移民便涌入打箭炉屯垦。至清末，汉族移民屯田垦殖区向西发展到巴塘和德格一带。光绪三十年（1904年），驻藏帮办大臣凤全赴任，“道经巴塘，见地土膏腴，即招汉人往垦，筑垦场于茨梨陇，委巴塘粮员吴锡珍、都司吴以忠兼理”[①]。宣统元年（1909年），赵尔丰曾至德格，德格土司多吉僧格主动要求“招汉人开垦，使地辟民聚，乃可图存”[②]。可见，至清朝末年，川西藏族地区的汉族移民垦殖活动，已到达巴塘、德格一带。这是农业经济进一步发展的最好说明。

第二节　畜牧业

虽然清代青藏高原地区的农业生产获得了一定程度的发展，农业垦殖面积明显增加，但是畜牧业经济依然占据着主导地位。清初，中央政府积极推行保护、扶持畜牧业的政策，在法律上禁止开垦牧场。顺治十二年（1655年）清政府颁布了内地民人“不得往口外开垦牧地”的禁令。《理藩院则例》中有“私牧开垦封禁牧场，加等治罪”的具体规定。这些规定无疑对稳定青藏高原的畜牧业生产产生了积极影响。

在饮食方面，藏族的许多食物都源于畜牧业提供的畜产品。在服装方面，游牧居民主要以牛羊毛、绒和皮等制作各种藏式衣裙、鞋、帽等。在交通运输方面，牦牛是耐寒负重的“高原之舟”，马是西藏居民远行的坐骑，牛皮及羊皮制成的船只（筏子）是西藏地区许多湍急河流上航行的便利工具。在日常用品方面，藏族人民使用的许多东西都是用畜牧业所提供的产品制造的。[③] 因此，西藏地区为了更好地发展畜牧业，从萨

---

① （民国）赵尔巽：《清史稿》卷513，吉林人民出版社，1998。

② 同上。

③ 成崇德、张世明：《清代西藏开发研究》，燕山出版社，1996，第63页

迦王八思巴时代设立的“管牛只官，管马匹官”等官职到清代依然沿用。[①]

顺治九年（1652年），五世达赖喇嘛进京，沿途藏区各部多次进献马、牛、羊等物。史书如此记载，“五月初一日，行抵肖莽宗木拉，……霍尔查巴尔达的首领噶玛索南盛情款待我们，并向我奉献了以约一百匹马。……以布玛尔、鄂博、嘉巴日、赞果达、旺杰、衮则一千人为首向我奉献了二百六十匹良马”。初九日，“霍尔麦巴拉杰向我敬献了带犊母犏牛一百头、公犏牛二十头”。“此后，我们经过了蒙古人称之为察罕额尔克，藏语称为盖巴噶波的地方，又顺次渡过努克曲、阿克达木河，至曲郭扎西奇巴附近的噶尔巴拉则雄。贝日多达玉杰和曲珍兄妹等人献马七十匹……牛一百五十头。”六月十四日，“为了迎接我们，达赖巴图尔的属下衮布才旺、扎西、德钦库洛齐等人共送骆驼一百峰，墨尔根济农送马、骆驼等共计一百；……行抵直甫那玛朵时，哲务霍尔仓奉献了马、骡、犏牛、茶叶等各一百”[②]。此类记载，不胜枚举，这无疑是当地畜牧业经济繁盛的一个侧面。《卫藏通志》记载，乾隆五十八年（1793年）前，仅在哈拉乌苏牛羊场内就有“奶牛三千只、羊一万余只”[③]，这里的牧场具有一定的规模。

畜牧业除了对西藏居民的日常生活发挥重要作用外，还是清代青藏高原地区与外界进行商业贸易的重要支柱。有清一代，牛、马、羊等活畜和各种畜产品是青藏高原地区向内地输出的大宗商品之一。早在清朝迁都北京的前两年，即崇德七年（1942年）十月己亥，“图伯忒部落达赖喇嘛，遣依拉古克三胡土克图、藏青绰尔济等至盛京。使者依拉古克三及同来喇嘛等各向朝廷献驼、马”[④] 等。顺治九年十二月，“达赖喇嘛至，谒上于南苑，上赐座，赐宴。达赖喇嘛进马匹”[⑤]。顺治十年（1653年）三月，“厄鲁特部落顾实

① （五世达赖喇嘛）阿旺洛桑嘉措：《五世达赖喇嘛传》（上），陈庆英、马连龙、马林译，中国藏学出版社，2006，第214页。

② 同上书，第217、219、221页。

③ 西藏研究编辑部编《西藏志·卫藏通志》，第484页。

④ 《清太宗实录》卷63，崇德七年（1642年）十月己亥条。

⑤ 《清世祖实录》卷70，顺治九年（1652年）十二月癸丑条。

汗遣旦巴温布等贡马及方物。宴赉如例”[①]。康熙五年（1666 年）六月，“岷州卫法藏等六寺喇嘛桑节落旦等贡马，赏赉如例”[②]。如此记载，时见于史书。

清代甘青藏区的经济依然以牧业为主，马、牛、羊等牲畜仍是广大牧民的基本衣食之源。顺治九年，青海的塔尔寺给达赖喇嘛献马 500 匹、牛 40 头，在“给以大小多巴温布为首建的台座上，奉献了以两千匹马为主”的礼品。碾伯的郭隆寺等处也敬献了马匹。[③] 由此可见青海地区畜产之多。据《甘肃通志稿·物产》记载：“西宁、甘凉一带，附近蒙番地方，产马多而驯良，约分数种：由农家畜养者为孳生马；由番地产者为番马；由人力之调解，其最良者为走马，次为跑马，青、黄、红、白、黑各色均有。”《秦边纪略》记载：今天祝、庄浪一带，少植五谷，多事畜牧，“毳帐当路，畜马弥山”，“番之牦牛、犏牛、马、羊充斥道途”。[④] 清雍正年间曾任甘肃布政使的钟保曾说：“秦（此处指甘肃）俗以畜牧为生，多有（将山地）留为畜牧之场，比比皆然。”[⑤] 据《颇罗鼐传》记载，雍正元年清政府为剿灭青海罗卜藏丹津的叛乱，在收抚那霄六部（nags-shod-tsho-drug）、霍尔四部（hor-kha-bzhi，藏北蒙古游牧部落）、青海玉树（yul-shul）、上下仲巴（vgrong-stod-smad，今西藏阿里）、穷布白黄黑三部（khyung-dkar-ser-nag-gsum，昌都三十九族地区）等部落时，缴获马、羊、牛两万余头（只）。[⑥] 嘉庆年间到过藏区的周联蔼曾记载：

> 犏牛最淳，可骑以履冰。牦牛性极野。又有一种无角牦牛，番人呼为“哑”，又名毛葫芦，皆性劣。然番地黑帐房游牧，牛羊以千万计，

---

① 《清世祖实录》卷 73，顺治十年（1653 年）三月壬午条。

② 《清圣祖实录》卷 19，康熙五年（1666 年）六月壬寅条。

③ （五世达赖喇嘛）阿旺洛桑嘉措：《五世达赖喇嘛传》（上），陈庆英、马连龙、马林译，第 226、227 页。

④ （清）梁份：《秦边纪略》卷 1《庄浪卫》，青海人民出版社，第 97、106 页。

⑤ 中国第一历史档案馆编《雍正朝汉文殊批奏折汇编》第 6 册，甘肃布政使钟保“奏陈开垦荒山管见折”，江苏古籍出版社，1991。

⑥ 策仁旺杰：《颇罗鼐传》，汤池安译，西藏人民出版社，1988，第 239 页。

以乳为粮，以毛为毳帐、衣服，随水草而行，既避差徭且长幼团聚。无耕种之劳。西宁蒙古亦然。所畏者“夹坝”抢劫耳。

余见类五齐一足番僧，骑一毛葫芦行走如飞，又极稳，盖千中难得其一云。①

除民间畜牧饲养外，清初苑马监及马场等官营牧场的设置，更进一步促进了甘青地区畜牧业的发展。清初沿袭明制，继续以茶易马，所得民间之马送苑马监牧养，“顺治（1644～1661年）初，陕西设洮岷、河州、西宁、庄浪、甘州茶马司”②。据相关档案资料记载，从顺治八年闰二月至七月的5个月内，西宁司易马1150匹，河州司易马241匹，5司总计易马1791匹。从顺治九年十月至顺治十年六月，西宁司易马1300匹，河州司易马927匹，总计易马3079匹。易马数有所增加，说明牧区养马数量有所增加。③ 康熙四年（1665年），清政府虽然尽撤陕西各苑马监，但是在当时社会经济发展的大背景下，甘青牧区特别是青海地区的畜牧业经济还是有了一定程度的发展。正如有学者评述的：“这一点虽然没有准确的数据可资证明，但从青海蒙古势力一度达到极盛，其首领罗卜藏丹津敢于公然与清朝抗衡可以推想，其畜牧业为主的经济实力是相当雄厚的。”④

雍正十一年（1733年），陕西总督刘于义因新疆战事方紧，需用马匹较多，计划在河西等地设马场，便委派曾任过西宁府知府的黄澍赴摆羊戎（今青海化隆县境）等地方查勘。黄称：“摆羊戎周围约二百四十五里，其间荒地甚多，且饶水草，可牧马六七千匹。”⑤ 刘于义上奏朝廷，建议在甘、凉、肃、西宁诸处各设马场一处。此议于乾隆元年（1736年）获得批准并得以实行。是年定制，每场养北马1200匹，以游击1人总理其事；场分5群，每群养牝马200匹、牡马40匹；每群设牧马千总、把总各1人，牧副

① （清）周蔼联著、张江华点校《西藏纪游》，第33～34页。

② 《清史稿》卷141《兵十二·马政》。

③ 陈光国：《青海藏族史》，青海人民出版社，1997，第457页。

④ 崔永红：《青海经济史（古代卷）》，第194页。

⑤ 王昱：《青海方志资料类编》，青海人民出版社，1987，第858页。

外委1人，兵10人为牧丁；所牧马不论牝、牡，每3匹取孳生马1匹，3年内均齐一次。至乾隆十八年（1753年），甘肃提督所辖马场共达6处：甘肃提标所辖1处，马分5群；提属永固协所辖1处，马分1群；凉州镇标所辖1处，马分5群；西宁镇标所辖1处，马分5群；肃州镇标所辖1处，马分3群；肃州镇下安西协属沙州、靖逆2营所辖1处，马分1群。马场的设置进一步推动了牧区马匹等牲畜的饲养。据嘉庆《大清会典事例》卷524记载，到乾隆三十四年（1769年），“西宁镇马场生息繁庶，现有大小儿骒骟马三千七百余匹”①。

乾隆四十五年（1780年），陕甘总督勒尔谨等奏：

> “…西宁镇属原设孳生马一千二百匹，因场地不敷放牧，在于镇属大通一带另疆宽厂。后为孳生过多，于乾隆三十四年（1769年）分拨甘州、凉州、肃州三标营马一千一百余匹，尚存马二千三百余匹。迄今又十余年，除儿、骒交县变价，及补拨营缺骟马外，尚余马三千五百余匹。该厂地窄，水草不敷，气又寒冷，请分拨甘州、凉州、肃州三处马厂放牧。”报闻。②

由于孳生分牧，管理有方，到道光年间，马大蕃息，多至2万匹，③ 取得了良好的经济效益。

清代官牧除马之外，还设立了牛、驼、羊等牧厂（场），与马厂（场）并列，专门从事放牧事宜。这一局面的形成，是由于前代的官牧业只需要马匹，而清代除了马之外，还将屯田用的耕牛，运输等方面用的骆驼，军士食用的牛、羊等，都纳入了官牧，从而使清代官营畜牧业的畜牧种类较前代更为繁杂。乾隆初年，西宁镇还拥有常备骆驼1000余峰，为了养好这批官驼，乾隆十三年（1748年）又在西宁设驼场一处，

---

① （清）昆冈等：《大清会典事例》卷524《兵·马政·牧马》，宣统元年上海商务印书馆石本。

② 《清高宗实录》卷105，乾隆四十五年（1780年）四月丁卯条。

③ 魏永理：《中国西北近代开发史》，甘肃人民出版社，1993，第113页。

场分若干群。[①] 乾隆年间，西宁镇属绿营兵共有额设马4620匹，标营马2400匹，协路各营马2220匹，备战驼500峰，又配炮驼100峰，额设孳生驼200峰，孳生马1200匹。[②] 由此可见，清代官办马（驼）场的经营状况明显优于明代。[③]

清代，每年三月和七月在云南丽江举行的龙王庙会和骡马会上，上市骡马达万头（匹）以上。[④] 而川西高原饲养牦牛则以放牧为主，多数是随季节迁移牧地，逐水草而居。饲养牦牛主要用于肉食，取毛皮和奶酪。道光《龙安府志》记载，番民耕种用双牛耕，其牛呼犏牛，出松潘寨，价颇贵，每头约价十金，犁地有力。亦养牦牛，多供宰杀。[⑤]

总之，清朝前期由于政府重视、措施得当，青藏高原地区的畜牧业生产依然保持着良好的发展势头。

第三节　手工业

一　毛纺织业

清代青藏高原的手工业在很大程度上要依附于农业和畜牧业，在整个社会经济结构中虽然所占的比例较小，相比于前代却有了明显发展。在手工业中，最为发达、最为普及的是具有地方特色的毛纺织业。前文中提到，清代藏族地区盛传“纺毛线，织氆氇”的民谣，说明毛纺织业很发达，因为青藏高原的广大牧区为毛纺织业提供了比较充足的原料，牧民们在放牧生产的闲暇之余，无论男女，一家一户信手捻毛织线，为编织品进行第一次粗加工。“氆氇、大锦、细毯，皆以羊毛为之，藏地随处皆织之。”[⑥] 毛纺织业成

---

① 王昱：《青海地方资料类编》，第858～859页。

② 参见沈云龙《西宁府新志（二）》，文海出版社，1966，第641页；《清高宗实录》卷464，乾隆十九年（1754年）五月癸巳条。

③ 崔永红：《青海经济史（古代卷）》，第197页。

④ 张保华：《云南文化资源研究与开发》，云南民族出版社，1994，第155页。

⑤ 郭声波：《四川历史农业地理》，四川人民出版社，1993，第310页。

⑥ （清）周蔼联著、张江华点校《西藏纪游》第3页。

为青藏高原牧民的重要家庭副业。

据有关史料记载，西藏东部居民纺织的毛料在当时要比西藏西部居民纺织的毛料更胜一筹。质量上乘的毛织品当属江孜的氆氇。江孜的氆氇一般长10英寸，宽12英寸，多被染成一种颜色，如绿、黄或暗红等色，其中暗红色最受欢迎。清代乾隆年间吴省钦曾作《藏氆氇》诗：

边城出鱼通，乌斯藏联属。
水草健移帐，羊牛富量谷。
岂惟驰骋便，寝食利皮肉。
一毛积万毛，毹毰细盈掬。
漫捻体渐粗，交搓绪相续。
数丈亘一条，条条受机柚。
经之旋纬之，织作妙缘督。
长钩准高架，用手不用足。
匹成刮始光，束卷诧丰缛。
彼中霜雪繁，适体耐寒燠。
披同黑貂襜，紫藉胜熊褥。
入市茶马偕，任贡组纆恧。
皇灵被戎夏，如布罔越辐。[①]

可见清代藏区的氆氇纺织技术和制作工艺都已经很成熟了，其商品价值相当高。

早在顺治三年（1646年）八月，“达赖喇嘛、厄鲁特顾实汗等遣班第达赖喇嘛、达尔汉喇嘛等同来，上表请安，献金佛、念珠、氆氇羢、甲胄、马匹等物”。[②] 顺治七年（1650年）固始汗、达赖喇嘛和班禅遣使向清朝“献驼马、番菩提数珠、黑狐皮、绒单、绒褐、花毯、茶叶、狐腋裘、狼皮等

① 赵宗福：《历代咏藏诗选》，西藏人民出版社，1987，第135～136页。

② 《清世祖实录》卷28，顺治三年（1646年）八月戊戌条。

物，酌纳之”。甘青藏区也多次向清王朝贡氆氇等毛纺织品。据《大清会典事例》卷986《理藩院·甘肃河州等处喇嘛贡物》载：

> 顺治八年，河州宏化、显庆寺，各遣喇嘛贡舍利、铜塔、佛像、番犬及马驼、氆氇、豹皮、酥油等物。十年，西宁瞿昙寺国师贡舍利、藏菩提数珠、琥珀、氆氇、猞猁狲皮、狼皮、狐皮、酥油、马。净宁菩提寺国师、净觉寺国师、慈利寺国师、禅师，延寿寺国师，普法寺国师、吉祥寺禅师、伊尔吉寺喇嘛，各进贡方物，与宏化显庆寺等。又西宁西纳演教寺国师贡舍利、琥珀数珠、珊瑚数珠、青金石数珠、菩提数珠、花毯、西绒毯、氆氇、腰刀、猞猁狲皮、艾叶豹皮、金钱豹皮、狼皮、狐皮、马、驼、牛、酥油等物。河州端严宏化等寺喇嘛皆入贡。庄浪红山堡报恩寺都纲进贡，与河州诸寺同。

当时的藏区已经把氆氇这种最珍贵、最美好的礼物作为送给清王朝的贡品。

清代，青藏高原的氆氇不仅是重要的贡品之一，也是当时广大藏民群众纺织衣冠最重要的材料①，更是藏民群众贡奉、交纳给当地寺院、部落头人的重要实物。《五世达赖喇嘛传》对此多有记载：在为第巴索南热丹超度法事时，各地供奉给僧人“白色和染色氆氇二百九十九匹”。为求得藏区安宁而做法事时，以“第巴幸巴第为首的大部分仲科尔向我敬献了以素缎、氆氇为主的大批礼品”②。《七世达喇喇嘛传》中也多有类似记载。由于生产数量较多，氆氇也成为当时青藏高原地区对外输出的重要商品。

除氆氇外，青藏高原的主要纺织品还有邦典（围裙）、藏被、藏毯、藏靴、藏巾、垫子等手工业制品。据说，在五世达赖喇嘛时期，拉萨召开了一次“全藏区手工业产品展评会”，被评为当时藏地优质纺织品的有江孜的卡

① 西藏研究编辑部编《西藏志·卫藏通志》，第24页。

② （五世达赖喇嘛）阿旺洛桑嘉措：《五世达赖喇嘛传》（上），陈庆英、马连龙、马林译，第322、401页。

垫、贡嘎姐德秀的围裙、郎杰秀的氆氇等，这次展评的结果和今天西藏地区优质产品的生产格局基本相符。历史上江孜就有楚西贵族、朵西贵族雇佣卡垫生产者以自己家族的名字命名“朵西壁沙”“楚西壁沙”的卡垫并用于交换的事例。拉萨的大贵族夏札和察绩也曾肩佣过优秀的民间手工业者生产自己设计的“夏札邦典”“察绒邦典”。五世达赖在位期间还建立了一些纺织手艺人的专业组织，如卡垫生产者、缝纫者等，用于加强对纺织业的管理。①

总而言之，清代青藏高原地区毛纺织业的大力发展，一方面反映出高原畜牧业生产能为该地的毛纺织业提供丰富的原料，另一方面也反映出当时毛纺织品已被普遍生产，因此有些毛纺织品不仅能满足日常生活所需，还成为对外交流的重要商品。

二　金属加工及其他

金属加工制作是西藏传统的手工业，其历史悠久，早在吐蕃时期就已经有了相当的规模，清代在此基础上继续发展。

史载，拉萨是清代金银铜器手工业生产的中心地区之一，当时拉萨的金银铜器产品主要有两类：一类是装饰品，如镯子、刀鞘及鼻烟壶上的装饰等，需要精雕细镂；另一类是不注重装饰的器物。除金银铜的加工制作外，制作腰刀的手工业也很发达。据周蔼联的《西藏纪游》载：

> 番刀式不一，总以刃薄质轻者为良，于曾购其一，视常刀略长，刃薄如蒲叶，两面可以随手摆动，特不能屈之使曲尔，又有一种状如薙草之镰刀，而其刃外向，本狭末宽，拭之似甚犀利。②

因藏刀样式多，而且“刃薄质轻”，所以青海巴燕戎格厅“所属甘都钢铁小刀尤驰名，每年出销汉人番人者为数甚巨”③。

---

① 张明、扎嘎：《西藏手工业和工艺品》，中国藏学出版社，1996，第11页。

② （清）周蔼联著、张江华点校《西藏纪游》，第61页。

③ 《西宁府续志》卷10，青海人民出版社，1985，第39页。

相对而言，作为西藏传统手工业的金银器加工业的技术水平要比铁器制造业的技术水平高得多。史载，西藏金银匠“凡金银铜锡，累丝穿珠，作器皿及妇女首饰，皆与中国同，而雕楼玲戏，人物花卉，无不象形维肖”。当时银匠的生产工具主要有钉子、刀凿、大小锤子、钻子及在藏语中被称作“鲁巴”的熔化银圆的容器等。银匠先将银圆放入容器中用火熔化，接着将银子倒入一个内部涂有酥油的铁管中，等银水稍微冷却后便将其从铁管中取出，并加以锻造，打成所需的形状。在银器大体打制好的基础上，银匠开始錾雕花纹，先用铜丝做成的刷子磨光，最后将刻磨好的银器放入盛有水和一种碎土的陶器中加以熬煮，使已变成灰白色的银器恢复莹白色。由于藏区的铁匠地位低下，所以铁器的制造就不那么幸运了，“铁匠的工具通常仅限于一个小铁砧、一个汉式锤子和一个有点像苏丹人所使用的那种风箱，他们仅以拙劣的技术制造一些他们会制造的小物件”。[①] 这无疑影响了青藏高原的铁器生产。

尽管如此，清代青海境内的铁器制造业也并未中断，只是所需要的铁并非产自本地，而需从汉中地区运来，使铁器制造业的发展受到限制。青海自产的铁制品包括钟、铲、镢、锹、火盆、刀、锥、斧、凿等，一般追求实用性，工艺水平不高。

制陶业在清代是西藏重要的手工业之一。墨什工卡是西藏制陶业的中心，主要生产罐、壶、盆等各种陶器，生产规模较大，但技术水平相对内地而言显得落后一些。清代西藏的制陶工具十分简单。一是转盘，在藏语中被称为“科罗”，是一种借助手力或脚拇趾之力而左右旋转、将陶坯修成圆形的工具；二是坯子模型，这是用于制作各种陶器的坯型；三是刀片，这是用于刮平泥或借助转盘来画简单纹道的工具；四是刷子，这是用来涂釉或沾水搪光陶坯表面的工具。[②] 这些工具虽然简陋，却比较实用，使青藏高原地区的制陶业在清代有了一定程度的发展。

除此之外，清代青藏高原地区的石器、木器、泥塑、建筑、雕版、印刷

---

① 成崇德、张世明：《清代西藏开发研究》，第96~97页。

② 同上书，第98页。

等手工业，亦有较大进步。

清代随着格鲁派的兴盛，青藏高原的寺院建筑在前代的基础上有了进一步的发展。17～18 世纪，五世达赖主持修建了红宫，其后第巴·桑结嘉措又主持修建了白宫。布达拉宫是古代藏族人民智慧和汗水的结晶，清代又对它进行了大规模修缮，该寺院是木石结构，吸取了中原汉式殿堂建筑中的梁架、斗拱、藻井等特点，并融汇了印度、尼泊尔等国建筑风格，上下 13 层，有大小殿堂 2 万余间，巍峨挺拔，金碧辉煌，不愧为世界古建艺术的瑰宝。

此外，始建于康熙四十九年（1710 年）的今甘肃甘南的拉卜楞寺，因其规模宏大，成为格鲁教派六大寺院之一。该寺院先后建有经堂 6 座，大小佛殿 48 座，其中 7 层楼 1 座，6 层楼 1 座，3 层楼 8 座，2 层楼 9 座；鎏金铜瓦顶楼 4 座，绿色琉璃瓦顶楼 2 座；寺主嘉木样活佛的藏式楼房 31 座，各活佛住宅 30 院，大厨房 6 所，印经院 1 所，讲经院 2 处，嘉木样大师别墅 2 处，经轮房 500 余间，普通僧舍 500 多院，占地面积 1000 余亩，这些建筑形成了特色鲜明的藏族寺院建筑群。这些建筑按其用途分为经堂、佛殿、活佛住宅、僧舍；按其建筑结构分为石木和土木两类；按其形式分为藏式和藏汉混合式两种。整个建筑群雕梁画栋、金碧辉煌、宏伟壮观，有鲜明的藏族特色和风格；在整体设计、建筑工艺、艺术风格上都表现出极高的水平。①

提及园林建筑，18 世纪 40 年代由七世达赖格桑嘉措初建的罗布林卡（宝贝园林）当首屈一指。罗布林卡占地约 36 公顷，是其后历代达赖喇嘛读书学习、处理政务、举行典礼、消夏避暑和进行宗教活动的离宫。园内分罗布林卡、金色林卡两部分，有格桑颇章（意即宫殿）、金色颇章、达旦明久颇章三组宫殿建筑。园内楼、台、亭、榭、壁画及装饰美不胜收、富丽堂皇、幽雅别致。除按功能的不同，罗布林卡根据树木、建筑、花卉组成了若干个景区，其中花木百余种，成为藏区园林之典范。②

17 世纪中叶以后，前后藏、阿里、康区、甘青等藏区，以寺庙和地域

---

① 贡保草：《拉卜楞“塔哇”的社会文化变迁》，民族出版社，2009，第 55 页。

② 曾国庆：《清代藏史研究》，西藏人民出版社，1999，第 263 页。

为中心建立了许多雕版印刷机构。其中较大的印书院主要有以下几个。

布达拉印书院。由清初五世达赖喇嘛建立于拉萨布达拉宫下面。

那塘印书院。清康熙年间由六世达赖喇嘛创建于日喀则那塘寺，雕版印刷了 13 部《班若波罗蜜多经》以后，因财力匮乏而停工。雍正八年（1730 年），颇罗鼐掌管藏政，恢复了该印书院，召集了不少青年刻板家，印刷了包括《大藏经·甘珠尔》在内的大量藏文典籍。

甘肃卓尼印书院。康熙五十五年（1716 年），甘南卓尼掸定寺十一世土司莫索贡保应召北京，返寺后发愿弘传，遂建该印书院。该印书院兴盛时仅雕印工就有 300 余人，可见其规模之大。

德格印书院。雍正七年（1729 年）由四川德格四十二世土司却吉·登巴泽仁创建。德格印书院是清代藏区规模最大的印书院，有印版两万余块，曾印刷了数以百万卷的各种文化典籍。德格印书院印成的卷帙浩繁的全套德格版《大藏经》，就多达 326 部。

拉卜楞印书院。乾隆五十一年（1786 年）由该寺二世嘉木样活佛晋美旺布创建于甘南夏河，拉卜楞印书院具有一定规模。

塔尔寺印书院。道光七年（1827 年），由该寺五世赛多活佛益西土丹嘉措建于青海湟中，颇具规模，有数千块佛经、佛画刻板。[①]

另外，清代在青藏高原的手工业工艺中，唐卡是值得一提的代表，其在继承传统的基础上有了新的发展，成为清代流传至今的文化瑰宝之一。

第四节　交通运输业

清代为了更好地管理青藏高原地区，使当地的交通更加通畅，故沿袭了元明时期的驿传制度，使青藏高原地区和其他地区更加紧密地联系起来。

康熙五十八年（1719 年），藏区驿站正式设立，入藏驿道共分三条：一路从皇华驿经居庸关外，经陕西、甘肃、四川，由川康道赴藏；另一路由京师经直隶（河北）、河南、陕西、甘肃、青海入藏；再一路自北京、河南，

① 曾国庆：《清代藏史研究》，第 257～258 页。

而后绕道云南中甸进藏。[①] 据曾国庆先生的考证其驿道大致如下。

康藏驿道，全程2490公里左右，共安台84处，安汛13处；打箭炉—贡诸桥（工竹卡）—折多山根—纳哇—瓦碛（瓦切）—东恶洛（东俄落，今康定与雅江之间）—八义—泰宁—高日寺—卧龙石—八角楼（今雅江县附近）—河口（中渡）—麻盖中—剪子湾—拨浪工（设把总1员，兵10名）—西恶洛（西俄落，今雅江与理塘县之间）—咱吗纳洞—火竹卡—里塘（设把总1员，兵25名）—纳哇奔松（头塘，即公撒塘）—海子塘（设兵8名）—拉二塘—立登三坝（设兵10名）—大所—小坝冲—巴塘（设守备1员，兵50名，总管察木多以东乍丫至打箭炉一路之塘汛）—牛古渡—竹巴笼—工拉—莽里（莽岭）—南登（南墩）—谷黍（古树）—普拉拉—江卡（今西藏芒康县附近，设把总1员，兵20名）—黎树（设兵10名）—窄拉塘（又名阿拉塘）—石板沟（设兵8名）—阿足（又作阿足鲁，设把总1员，兵20名）—谷家宗（洛家宗）—乍丫（设把总1员，兵30名）—雨撒塘—昂地（襄地，今察雅县附近）—王卡—巴贡—奔地（包墩）—蒙布塘—察木多（今昌都，设游击1员，兵600名，总管以西至拉萨一路之塘汛）—恶洛藏—过脚塘（裹角塘）—拉贡—恩达（今类乌齐县附近）—九台塘—麻里（麻利）—三巴桥（嘉玉桥）—洛隆宗（今洛隆县）—紫妥（曲齿）—硕板多（设把总1员，兵50名，后裁30名）—中泽—八里郎—拉子—边坝（冰坝，即达隆宗，位于今洛隆县与嘉黎县之间）—丹达—郎吉宗—大窝（达模）—阿兰多—甲贡—多洞—插竹卡（叉杵卡）—拉里（今嘉黎县，设把总1员，兵50名）—阿咱（阿杂）—山湾—常多—宁多（灵多）—江达（今工布江达县附近，设守备1员，兵120名。后驻千总1员，兵40名）—顺达—禄马岭（鹿马岭）—磊达（堆达）—乌素江—仁钦里（仁进里）—墨竹工卡—拉蒙（拉木）—得庆—砌塘（蔡里）—拉萨。康藏路上还设立了打箭炉、理塘、巴塘、察木多、拉里、拉萨6处粮台，各驻文职1员。[②]

---

① 国庆：《清代藏区驿传制度蠡测》，《西藏研究》1996年第1期。

② 西藏研究编辑部编《西藏志·卫藏通志》，第45～52页。

青藏驿道，全程约2060公里，凡68站：西宁—阿什汉—哈尔噶尔—伙儿—柴吉口—苦苦兔库儿—滚厄尔吉—依麻儿—朔罗口—朔罗达巴—希拉哈布—得伦脑儿—苦苦库图儿—阿拉克沙儿—必流兔—河牙库兔儿—黄河渡—纳木噶—和多都—气儿撒托洛流—和牙拉库兔儿查都—白儿赤儿—喇嘛托洛海（今曲麻莱县附近）—巴彦哈拉那都—沙石隆—衣克阿立各—鄂兰厄尔吉—苦苦赛渡—木鲁乌苏—查汉厄尔吉—忒们苦住—白儿七兔—土乎鲁托洛海—东布勒兔口（今杂多县附近）—东布勒兔达巴那都—东布勒巴查都—乎兰果儿—得尔哈达—顺达—多洛巴兔儿—布哈赛勒—哈拉河洛—呵木达河—因达木—吉利布喇克—依克诺木汉乌巴什—索克东边—巴木汉—泡河老（今西藏聂荣附近）—沙克因果尔—蒙咱—蒙古西里克—绰诺果尔—楚木拉—郭隆—哈拉乌苏（今西藏那曲）—噶欠—什保诺尔—克屯西里克—达木（今西藏当雄）—羊拉—夹藏坝—达隆—沙拉—甘定郡科尔—都们—郎拉—拉萨。

滇藏驿道，自云南中甸至西藏洛隆宗，计程1540公里左右，凡38站：中甸—箐口—汤确（汤礁）—泥西—桥头—卜自立（奔子栏）—杵臼—龙树塘—阿墩子（今云南德钦）—多木—桥头—梅李树—甲浪—喇嘛台—必兔—多台—欲台—临米—喇嘛寺—江木滚—扎乙滚（今西藏盐井县与左贡县之间）—热水塘—三巴拉—浪打—木科—宾达—烈达—擦瓦冈—天道—塔石—崩达（今西藏八宿县附近）—雪坝—鲁体南—瓦河—马里衣—晓叶桑—山桥边—洛隆宗。以下至拉萨各站同康藏道。

清代虽有上述三条进藏驿道，然据史载："惟云南中甸之路峻险重阻，故军行皆由川、青二路，而青海路要绕行蒙古人居住的草地千五百里，又不如打箭炉内皆腹地，外环土司，所以驻藏大臣往返以四川为正驿，而互市与贡道亦皆在打箭炉。"① 需要指出的是，各时期的藏区驿站"酌地方情形安设"，驻扎员弁及兵丁数目，甚至是驿路里程均不尽相同。康熙年间，为运粮饷，康藏粮台（含招募的土兵）最多时有3500余名，到了康熙末年解藏粮饷可敷若干年之用，且藏地可以采买，故裁去1600余名。乾隆年

① （清）黄沛翘：《西藏图考》，西藏人民出版社，1982，第78页。

间，康区瞻对平乱及大小金川战役发生，为保障通信联络和后勤给养，清廷于沿途增设了许多台站、官弁、塘马驿卒等。乾隆五十六年（1791年），为抗击廓尔喀入侵西藏，高宗帝下令“今查西宁到藏，路平且近，较为便捷，著勒保、奎舒即将甘肃各营及青海众扎萨克等之马调拨数十匹，从西宁至藏界，依照康熙年间之例，安置驿站，专为驰送藏中来往奏折之用。并按站分派弁兵，赍领驰送，以专责成”①。可是，仅隔数月，在实际驿递过程中，西宁至藏一带新设台站的兵丁口粮难以接济，且“该处道远站遥，诸多未便”，同时又基于川藏台站“文报往来，向无迟滞”等，所以谕令撤回青海台站，文书驰择仍经川藏各站。② 上述一切都说明清代在藏区所设驿站除保持相对稳定的机构外，会随时根据实际情况的变化而有所调整。

清代藏区的驿传种类繁多，计有驿、站、台、塘、铺、腰塘等。驿，内设驿卒、驿骑，为传递官府文书、运送官家财产、护送乘驿官吏或提供歇宿、换马的处所。站，专为负责递送军事情报而设置的机构。台，又称军台、粮台，内设粮务，主要任务是管理仓储转运粮秣、饷银、兵服、兵鞋及各种军火（鸟枪、火药、铅丸、弓箭、刀矛、火绳、炮子），承办驻藏大臣委查案件，监造银钱诸务。塘，又称马塘、塘汛。汛是清兵制中最基层的单位，每汛辖数个至十余个塘。因此，塘是受制于汛之下的军事组织，与驿、站职能相同，称谓不同。铺，作用等同于塘，“十里一铺，设卒以递公文”；腰塘，又称旁站，设于“两驿相距远处之适中地方”，旨在提高办事效率。③

藏区驿传的日行速度，按照应驿文书轻重缓急主要分为四等。一等600里，昼夜遄行，风雪无阻，是最快的速度，通常十万火急的文书照此飞递。二等500里，为急行速度。三等400里，为普通速度。四等300里，是马递速度中最慢的。“现发留保柱谕旨印封遵交站，由六百里驰递西藏。上年十二月初六日自京发递印文珠匣，于十六日由成都接递，计程二十日内应交番

---

① 《清高宗实录》卷1390，乾隆五十六年（1791年）十一月癸酉条。

② 《清高宗实录》卷1395，乾隆五十七年（1792年）正月癸巳条。

③ 国庆：《清代藏区驿传制度蠡测》，《西藏研究》1996年第1期。

子地方，本年正月底可到藏。”[①] 这是《清实录》中有关驿递速度及里程的一段较为详细的记载。由此记载计算，“六百里”的文书，自北京至成都，一般只用10天左右，由成都至拉萨一般也只用20余天。这在当时来说是非常快的速度。由于文书运送紧急，驿站必须准备充足的马匹。一般情况下，每塘经常准备的驿马是10匹左右。[②]

此外，为了确保文书准时驿递，清政府甚至根据站间距离，以时辰（每一时辰相当2小时）作为时间计算单位，限时递送。以康藏路为例：“打箭炉七塘三百四十里，八个时辰；中渡五塘三百里，七个时辰四刻；里塘七塘四百八十里，十一个时辰；巴塘五塘四百一十里，十个时辰；江卡五塘四百六十里，十一个时辰；乍丫一塘八十里，二个时辰；昂地五塘三百七十里，十个时辰；察木多五塘四百四十里，十一个时辰；嘉玉桥三塘二百四十里，七个时辰；硕板多五塘五百二十里，十三个时辰；浪吉宗五塘四百五十里，十一个时辰四刻；拉里五塘三百八十里，九个时辰；江达至拉萨七塘六百里，十五个时辰。以上六十五塘，五千零三十里，一百二十六个时辰零八刻。”[③] 平均日行约400里。

清代驿传方式基本上承袭了元明时期的做法，驿卒必须是健壮善行者，执行任务时背负文书行囊、土枪及雨衣，腰缠皮带，上系数只铃铛，一路响声不绝于耳（夜间则高举火把），目的在于提醒车马行人让道和通知下一站做好驿传准备。以此铺换马，数铺换人，日夜兼程，冰雪冱寒、瘴疠荼毒在所不顾。因执行公务，驿骑撞死路人亦概不负责。

清初驻藏各驿塘兵很好地保证了中央与藏区的联系，但随着时间的推移，“兵半老弱”影响了驿传效率。为此，乾隆十六年（1751年）钦定：嗣后如有缺额，由驻藏大臣将藏地可拨之余丁验补。粮台官员，打箭炉和拉萨两处由川省同知，通判内遴选，其余四处粮务由县丞、州同等职内派委，三年一换，关于驿马的征派和粮运规定，清廷成功地沿用了传统的乌拉差役

① 《清高宗实录》卷1077，乾隆四十四年（1779年）二月戊寅条。

② 牙含章：《班禅额尔德尼传》，西藏人民出版社，1987，第365页。

③ （清）钟方：《驻藏须知》（下），西藏社会科学院西藏学汉文编辑室、全国图书馆文献微缩复制中心，1991，第69页。

的办法，即通过行政命令，有偿征用当地民夫和牲畜支差，“日限行八十里，慢坡之路，每日限行九十里”，“以资背（运）送”。其粮石脚价，每米一石，用牛马一头，每站给银一钱六分；每两头牛用夫一名，每人每头照台费旧例给口粮一分，计每石米自打箭炉至拉萨，需银二十六两八钱。除此，应征邮驿马匹每匹年付白银八两。[①] 诚因有这些详细规定和措施，有清一代，无论是抗御外敌入侵，还是戡定藏区数次叛（骚）乱，青藏高原的驿站制度都发挥了巨大的作用。

综上所述，清代藏区的驿传制度，使青藏高原地区与内地建立了密切的联系，形成了疏密得当的网络体系，对青藏高原的交通运输和社会经济发展都发挥了积极作用。

第五节 商业贸易

一 茶马贸易

清代初期，茶马法基本上沿用了明代的制度，只是略做调整而已。清初“每年榷茶中马，各厅员实掌其事”。[②] 与此同时，为了确保西北地区茶马贸易的顺利进行，清政府在西北地区设置了五茶马司，其中西宁茶马司驻西宁，洮州茶马司驻岷州（今甘肃岷县），河州茶马司驻临夏（今甘肃临夏市西北），庄浪茶马司驻平番（今甘肃永登），甘州茶马司驻兰州（今甘肃兰州）。由清政府统一在西北五茶马司发行茶引。

顺治二年（1645 年），清政府定陕西茶马事例：

> 户部言，陕西召商茶以易番马，向有照给金牌勘合之制，查前明诏谕，通接西番关隘处所，拨官军巡守，不许私茶出境。凡进贡番僧应赏食茶，颁给勘合，行令四川布政司拨发库茶照数支放，不许于湖广等处

① 国庆：《清代藏区驿传制度蠡测》，《西藏研究》1996 年第 1 期。

② 岷县志编纂委员会办公室：《岷州志校注》，第 169 页。

收买私茶。违者尽数入官，仍将伴送人员治罪，此旧例之可行者。若金牌一项，系明初事例，永乐十四年（1416 年）已经停止，我朝定鼎，各番慕义驰责，金牌可以不用。但以茶易马，务须酌量价值，两得其平。①

清代虽然沿袭了前朝的茶马贸易制度，但是明代的金牌勘合之制被取消，而严禁私茶出境货卖则一仍其旧，并以此作为国家控制下茶马贸易顺利进行的保证。

顺治三年（1646 年），西北五茶马司共发行茶引 130 余道，中马 1300 余匹。顺治七年（1650 年），清政府规定西北 5 茶马司茶引全部改由商部颁发，大、小茶引均由官、商平分以为中马之用。按照旧例，其中“大引采茶九千三百斤，为九百三十蓖，商领部引，输价买茶，交茶马司一半，入官易马，一半给商发卖，例不抽税”“小引包茶，税分等级，每五斤为一包，每两百包为一引，发卖民用”。也就是说，茶 1 小引为 1000 斤。不久又规定，每小引即 1000 斤茶允许附茶 140 斤。茶马互市所需“茶蓖先由潼关、汉中二处盘查，运至巩昌，再经通判察验，然后分赴各司交纳，官茶贮库，商茶听商人在本司贸易”。②

西北 5 茶马司在顺治六年（1649 年）至十年期间，由于茶马贸易的恢复和兴盛，其每年中马并“赏番”及实存茶篦数，都较前有所增长。相关档案材料记载如下。

顺治六年，洮州茶马司中马并“赏番”用茶篦 6755 斤；岷州茶马司用茶篦 17287. 5 斤；总计用茶 24042. 5 斤。

顺治七年正月至八年闰二月，洮州茶马司中马并“赏番”用茶篦 42650 斤；岷州司用茶篦 81370. 5 斤（包括转发洮州，拨发河州及西宁司中马茶篦数）；西宁司用茶篦 61720 斤；河州司用茶篦 96080 斤，庄浪司用茶篦 14650 斤；总计用茶 296470. 5 斤。

---

① 《清朝文献通考》卷 30《证榷考》五《榷茶》。

② 吴觉农：《中国地方志茶叶历史资料选辑》，农业出版社，1990，第 11 页。

顺治八年闰二月至七月，洮州茶马司中马并“赏番”用茶篦 6270.5 斤；岷州司用茶篦 28615.5 斤；西宁司用茶篦则为 113655 斤；河州司用茶篦 62145 斤；庄浪司用茶篦则为 17440 斤；甘州司用茶篦 3500 斤，总计用茶 231626 斤。①

顺治九年十月至十年闰六月，洮州茶马司中马并“赏番”用茶篦 34220 斤；岷州司用茶篦 32901 斤；西宁司用茶篦 124975 斤；河州司用茶篦 88380 斤；庄浪司用茶篦则为 30255 斤，总计用茶篦 310731 斤②。

在实存茶篦数方面，顺治八年闰二月，洮州司存 76407 斤；岷州司存 14572 斤；西宁司存 2150 斤；河州司存 34 斤；庄浪司则无存茶；总计实存茶篦 93163 斤。③

顺治十年闰六月，洮州司存 78022 斤，岷州司存 14132 斤；西宁司存 57720 斤；河州司存 41327.8 斤，庄浪司存 65825 斤；总计实存茶篦 257026.8 斤。④

从上述统计数字可以看出，西北茶马贸易在清初有一定恢复，并逐渐呈现繁荣之势。

清初，在 5 个茶马司中，甘州茶马司总其事，系一个管理机构，因此实际上茶马贸易主要在西宁、洮、岷、河等 4 个司进行。而在这其中，每年以茶易取的马匹，以西宁司为最多，庄浪、河州二司次之，洮岷司又次之。洮岷司中，若洮与岷“分别中马”，“以十分为率，洮居其七，岷居其三”。⑤

就清初茶马贸易而言，其虽然从总体上得到了一定程度的恢复，但是就其实质来说，其易马定额与实易数额均远远达不到前代的水平。顺治二年茶马御史廖攀龙奏：“茶马旧额万一千八十八匹，崇祯三年（1630 年）增解二

① 中国历史第一档案馆：《为请差巡视茶马官员事》（顺治八年九月一日），吴达题。

② 中国第一历史档案馆：《清代档案》，《为巡视茶马官员缴差事》（年月残），王道新题。

③ 中国第一历史档案馆：《清代档案》，《为请差巡视茶马官员事》（顺治八年九月一日），吴达题。

④ 中国第一历史档案馆：《清代档案》，《为巡视茶马官员缴差事》（年月残），王道新题。

⑤ 岷县志编纂委员会办公室：《岷州志校注》，第 171 页。

千匹，请永行蠲免。”[1] 以地方未靖，茶道梗阻，园户绝少之故也。以后岁易马匹，“前后接差报中多寡不等”。直至顺治十年仍是“地方初安，中马多寡，臣部难以定额”。[2]

顺治末年，由于诸种原因，茶马贸易开始衰落。顺治十三年（1656年），清政府“以甘肃所中之马既足，命陈茶变价充饷”。顺治十四年（1657年）“复以广宁、开成、黑水、安定、清安、万安、武安七监马蕃，命私马私茶没入变价。原留中马支用者，悉改折充饷”。[3]顺治十八年（1661年），清政府允准达赖喇嘛及根都台吉之请，于云南北胜州互市，以马市茶。[4] 康熙四年，题准开茶马市场，商人则按每两收税银三分，由抚臣详造交易细数，“番商”姓名，每年题报。[5] 但其茶马贸易的规模，较陕西西宁等茶马司的茶马贸易而言规模很小，而且范围也极其有限。雍正三年（1725年），西宁茶马贸易改归西宁府管理，规定二月、八月为交易期，集市初设于日月山，后因日月山地方狭窄，移于丹噶尔，交易数额不限。

康熙四年，清政府决定裁去陕西苑马各寺监，归并甘肃巡抚管辖。康熙七年（1668年），清政府又裁茶马御史，归甘肃巡抚兼理。康熙二十四年（1685年），刑科给事中裘元佩言洮、岷诸处额茶30余万篦，可中马1万匹。陈茶每年滞销，又可中数万匹。请遣员专管。康熙三十六年（1697年），差部员督理茶马事务，同年以“兰城无马可中”为由撤销了甘司。[6] 至康熙四十四年（1705年），以前中马最多的西宁、河州二司也出现“招中无几”之境况，而不得不将库存茶篦变价折银充饷。又“以奸商恃有前例，

① 《清史稿》卷124《食货志》五《茶法》。

② 中国历史第一档案馆：《清代档案》，《折中额定马数事本》（顺治十年正月二十五日），噶达洪题。

③ 《清史稿》卷124《食货志》五《茶法》。

④ 《清圣祖实录》卷4，顺治十八年八月甲寅。

⑤ （清）允裪等：《大清会典则例》卷49《户部·杂赋上》，影印文渊阁四库全书本。

⑥ 吴觉农：《中国地方志茶叶历史资料选辑》，农业出版社，1990，第11页。

皆分带零运，私贩转多，饬照旧缉捕，停差部员，仍归甘肃巡抚兼理”[①]。康熙六十一年（1722 年），于兰州设立茶司，令兰厅管理，称“甘司”。雍正初年，年羹尧奏请移互市于那喇萨喇地方（日月山），准岳钟琪之请仍开河州、松潘互市，又将那喇萨喇互市移至丹噶尔寺（今青海湟源县）。雍正三年，西宁茶司归西宁府管理。雍正九年（1731 年），命西宁五司复行中马法。至十三年（1735 年），复停甘肃中马。[②] 从此，官营茶马贸易正式退出了历史舞台。

清初在西北设五司恢复茶马旧制时，四川地区并没有推行此法，而是采用了茶引法，也就是由茶商直接与藏区互市。当时承引专商，须出具其籍贯、姓名、年龄、体形、面貌特征等注册于户部。承商经认结后，即取得垄断引茶购销的法定官商身份，“他人不能侵冒”。引茶必须“年办年销，若壅积迟滞者，该管官及商人一并处分”。[③] 行引夹带私茶者，“照私盐律治罪”，加工制作掺杂伪劣者，“照例计数科罪”。[④] 引茶有腹引与边引之分，销往藏区的茶引称为“边引”。而“边引又分三道：其行销打箭炉者，曰南路边引；行销松潘厅者，曰西路边引；行销邛州者，曰邛州边引。皆纳课税”[⑤]。当时四川全省“行于藏卫及松潘地边岸者即十之八九，腹地州县（‘腹引’）不过一二”。边引中以“行藏卫为大宗，松潘地及之（松潘，为边茶运入川西北、甘南、青海及蒙古的集散地）”。顺治年间川茶共 106200 引，康熙年间，“四川产茶多，其用渐广，户部议增引，迄康熙（1662～1722 年）末，天全土司、雅州、邛、荥经、名山、新繁、大邑、灌县并有所增”[⑥]。康熙二十六年（1687 年），增边腹引 10105 引；二十九年（1690 年），又增 2423 引；四十一年（1702 年），定四川省天全土司增 5600 引，

① 《清史稿》卷 124《食货志》五《茶法》。另据《清朝文献通考》卷 822《职官考》六载，茶马御史一职于康熙三十四年（1695 年）恢复，四十二年（1703 年）复裁，与《清史稿》记载有出入。

② （清）张廷玉等：《清朝文献通考》卷 30，《征榷考》五《榷茶》。

③ （清）昆冈等：《大清会典事例》卷 24《户部・杂赋》。

④ （清）托津等：《钦定大清会典事例（嘉庆朝）》卷 197《户部・杂赋》，载《近代中国史料丛刊》第三辑，（台湾）文海出版社。

⑤ 《清史稿》卷 124《食货志》五《茶法》。

⑥ 同上。

雅州增2079引，邛州增300引，荥经县增3504引；四十四年（1705年）增名山县3310引，雅州腹引南销改为边引行茶；四十五年（1706年）又增四川新繁、大邑、灌县1900引；四十八年（1709年）又增天全土司510引，四十九年（1710年）增行720引，雅州增边引1980引。[①] 四川茶税皆论园论树征，然而“树有大小，园有宽狭，岂能一致？若据以为额，未得其平”。雍正年间，改为按斤两征收茶税，并将旧例每斤征课二厘五毫，“酌减其半，无论边、土、腹引，俱纳银一厘二毫五丝”。又由于川茶行销，其引尚不敷用，“于是复增，各府、州、县再行给发”[②]。从此川边茶引额实际上已不受限制，因为当藏民族地区的边茶引额不敷用时，朝廷就会增发茶引。雍正十年（1732年），还开“预颁茶引”之制，“川省行茶，原以部引为凭，自应请引行运。但口外番夷贸易多寡，内地州县无从查考。或见番客云集，茶斤易售方请增引。如必候部颁发，则番客已去，各商未免畏阻不前。请于额颁之外，预颁茶引五千张，收贮巡抚衙门，俟有请引州县，一面题报，一面即将部引发下”[③]。由此清政府已不再限制茶叶供应，而是尽可能满足民族地区的茶叶需求。

纵观清代茶务，唯“陕甘、四川号为边引”，是供应青藏高原地区藏蒙各族人民的主要茶源[④]。顺治、康熙年间，陕甘行官营茶马制，四川则通行茶引制，召商发引纳课，藏汉商民直接市易。陕甘茶马司经常“调番中马”，挟权肆贪，或任意岁添马额取监，或勒以昂茶贱马，藏区商民不堪“马役”之累，“势必以魑羸充数”，“甚而盗窃其（茶马司）马报中”，“病商扰番”，茶法马政交疲[⑤]。而四川茶引商茶，藏汉商民直接市易，边商有权支配全部茶斤，摒除官司抑勒后，运本降低，茶利丰厚。康熙中叶，“松潘一路茶价甚贱”，各族商民转向松潘、打箭炉并涌入藏区买贩边茶，有力地冲击了西北的马茶官市，导致青海、甘肃各茶马司官茶壅滞浥烂，不得不

① （清）常明、杨芳灿等：《四川通志》卷69《食货·茶法》，巴蜀书社，1984。
② 《清史稿》卷124《食货志》五《茶法》。
③ （清）张廷玉等：《清朝文献通考》卷30《征榷考》五《榷茶》。
④ 《清史稿》卷124《食货志》五《茶法》。
⑤ 中国第一历史档案馆：《清代档案》，《折中额定马数事本》（顺治十年正月二十五日），噶达洪题。

减价变卖。[①] 雍正以后，洮岷、河州、甘州司相继裁撤。因此有学者认为“随着马茶军事意义的消失，西北茶马市趋于衰弱，藏汉贸易中心南移，形成了打箭炉与松潘两大边茶贸易中心”[②]。

二 民间贸易

清初，随着中央政府与青藏高原关系的确立，以及商品经济的发展，青藏高原地区与内地的商业贸易活动更为频繁，贸易更加繁荣，形成了西藏的拉萨、四川的打箭炉、云南的大理府、甘肃的西宁府等重要的民族贸易据点。

清代到藏区经商的人很多，据雍正时人张海《西藏记述》记载：

> 巴塘产粟米，桑阿曲宗产谷米。打箭炉、里塘、巴塘、察木多、西藏俱有汉民寄居贸易，西藏各货汇集，如氆氇、藏绸、藏布、藏毡、藏枣、藏香、藏红花、藏核桃、葡萄、石青、阿魏则来自布鲁克巴。藏佛、藏香扎什隆布为最，青金石产于桑阿曲宗。[③]

乾隆四十八年（1783 年），英国探险家塞缪尔·特纳进藏活动，回到印度后，他向孟加拉国总督提供了一份报告，其中提到了中国内地与西藏的贸易物品。西藏向内地输出沙金、钻石、珍珠、珊瑚、少量麝香、西藏生产的羊毛制品、羊绒、孟加拉国水猫皮，内地向西藏输出金银线所织锦缎、普通丝绸、黑茶、烟草、银条、朱砂、水银、瓷器、喇叭等乐器、皮类和干果等。双方商品交易的数量很大，据他估算仅在扎什伦布（日喀则）地区，每年就要消费价值 5 万到 60 万卢比的茶叶。[④] 从事这一贸易的商人包括西藏本地人、克什米尔人以及喇嘛的代理人。当时拉萨既是西藏人烟兴旺之

---

① （清）王全臣：《河州志》卷 2《茶马》。

② 鲁子健：《清代藏汉边茶贸易新探》，《中国藏学》1990 年第 3 期。

③ （清）张海：《西藏纪述》，（台湾）成文出版社有限公司，中国方志丛书本，第 73 ~ 74 页。

④ 〔英〕塞缪尔·特纳：《西藏札什伦布寺访问记》，苏发祥、沈桂萍译，西藏人民出版社，2004，第 268、274 页。

地，也是商贾辐辏之区。“卫藏地方为外番往来贸易人等荟萃之所，南通布鲁克巴，东南通云南属之番子，东通四川属之打箭炉以外各土司，北通青海、蒙古，直达西宁。惟西通巴勒布及克什米尔，缠头番民，常川在藏居住，设廛兴贩者最多。”①

康藏地区，以打箭炉为中心，向东可以和四川成都紧密相连，向西出关，经泰宁（乾宁）、道坞（道孚）、章谷（炉霍）、甘孜、德格，渡金沙江，再由江达至察木多（昌都），是通往拉萨的北路交通大道。康熙四十年（1701 年），清政府在打箭炉设立“茶关”后，川藏的茶叶贸易量大增，来往商旅也逐年增多，北路贸易一天天繁荣起来，因而被称为“川藏商道”。川藏通道带动了沿途城镇、村落、寺庙、商号的繁荣。以打箭炉为例，元明时仅为一小村庄，清康熙三十二年（1693 年）达赖喇嘛为扩大与内地贸易的规模，奏请于“打箭炉交市”；三十五年（1696 年），康熙饬准“打箭炉番人市茶贸易”，此后该地藏汉商贾云集，商务繁盛。雍正七年（1729 年），置打箭炉厅，“为番夷总汇，因山为城，市井辐揍，商务繁盛”②，藏汉间交易以“锅庄”为媒介。雍正至乾隆年间，打箭炉由 13 家锅庄发展为 48 家。③

在云南藏区，顺治十八年（1661 年），清廷应北胜（今永胜）边外达赖喇嘛干都台吉之请，批准在北胜“互市茶马”。康熙二十七年（1688 年）应达赖喇嘛请求，云贵总督范承勋奏请“于中甸互市”，“遂设渡通商贸易”④。由此滇藏贸易逐渐恢复，其后招徕大批内地商贾，双边马帮往返于拉萨、墨竹工卡、江达、拉里、边坝、硕板多、洛隆、阿墩子（迪庆）、中甸，维西等地商贾络绎不绝。当时丽江仅通安州、巨津州向西藏输出的土特产就多达数十种，其中有毡、布、绵绸、沙金、滑石、朴硝、山货以及盐、铁、金、银和丽江良马等。西藏输入的则有贝母、知母、虫草、鹿茸、麝香、藏香、红花、菖蒲、黄连、章堆金、绿松石和氆氇、皮

---

① 西藏研究编辑部编《西藏志·卫藏通志》，第 329 页。

② （清）魏源：《圣武记》，中华书局，1984，第 229 页。

③ 鲁子健：《清代藏汉边茶贸易新探》，《中国藏学》1990 年第 3 期。

④ 《古今图书集成，职方典》卷 505《丽江府部汇考》。

毛等。雍正十三年（1735 年），清政府整顿云南茶市，规定每百斤茶叶为一引，由清户部下拨 3000 茶引，各茶商向丽江官府申领引票，方允赴藏销茶。

清早期在西宁等地设立了茶马司等专门机构，以控制民间贸易往来，但是早在顺治初年，甘、青等地已经出现“商人多越境私贩，番族利其值贱，趋之若鹜。兼番僧驰驿往来，夹带私茶出关，吏不能诘”[①]。可见清朝初年，私市贸易已经广泛存在。乾隆初期，陕西巡抚陈宏谋在其奏文中分析了这种情况产生的原因：

> 甘省茶务，欠课惰销，日积益多，通计额引，原不加多。而销茶地方，比昔渐宽。若非私茶偷漏，何至官茶壅滞。检查旧牍，历任前院皆有缉私之行，捕获者有分赏之条，并有茶禁。藉运军装夹带私茶之行，文武各官参处定例甚严。现在各处皆有私茶，成群驮送，亦复有之，而拿获私茶之案绝少。……甘省茶法，敝坏已极，固不尽有私茶，而私茶亦其大端。果能于私茶入境之处，层层捕缉，私贩焉能肆行境内。少漏一封私茶，即多销一封官茶，倘得私茶尽绝，官茶单行，茶法自有起色。但若笼统通行，仍成故套。[②]

随着民间商人的大量涌入，清初西宁城的商业已相当繁盛。梁份的《秦边纪略》记载了康熙二十年（1681 年）前后他所目睹的西宁卫城的商业景象：

> 卫之捐转殷繁，不但河西莫及，虽秦塞扰多让焉。自汉人、土人而外，有黑番、有回回、有西夫、有黄衣僧，而番、回特众。互市之故哉？城中之化壮硼黄，伏极常以万计，四方之全、四境之牧不与焉。羽毛齿革、珠玉布帛、菜烟豆麦之届，负提

① 《清史稿》卷 124《食货志》五《茶法》。

② （清）陈宏谋：《再申私茶之禁以疏宫茶檄》，载《培远堂偶存稿》，清道光培远堂全集本。

空载，交销于道路。①

梁份亲自游历过西北各地，他认为西宁商业之繁盛程度不仅超过了当时河西地区的甘、凉、肃州，而且与整个陇右地区比较，也是很突出的。经商者各族之人都有，而以藏族、回族人居多。交易额最大的是各类牲畜，城外放牧的不算，仅西宁城中等待交易的就常数以万计。商品种类繁多，尤以皮毛制品、布帛、茶叶、粮食等为大宗。

清代前期，西宁的商业得到进一步发展，其标志是出现了相对固定的专门市场。据《西宁府新志》卷9记载，西宁城中有西宁府所辖粮面市3处：城中粮面市在剧学街，东关粮面上市在史家大店至柴家牌楼间，东关粮面上市在东梢门至西纳牌楼间。其他如菜果市在道署西，骡马驴市在石坡街，柴革市在大什字，石煤市在大什字土地祠前，石炭市在释衙口等。另外还有西宁县届缨毛市在祁家牌坊西，牛羊市在湟中牌楼东小。市场区分府届、县届，为的是便于分工管理和征收商税。清廷对互市点以外的边口贸易的控制是很严厉的，专门设有这方面的法律，违者轻则鞭打、罚款，重则绞死。如雍正十二年（1734年），西宁办事大臣衙门从蒙古例内摘出68条，以唐古特字（即藏文）颁行藏族，这就是有名的“番例”68条。其中涉及边口贸易的一条如此规定：

尔唐古特人等，不许私自与远处蒙古、番子、回子人等贸易，若（或）使人贸易，及探望亲属，或出卡伦邀接货物贸易。如有明知违例，该管头目放纵者，查系从何部落发觉，即将该部落之下户等罚犏牛五十条，百户等罚犏牛四十条……将为首贸易之入绞，妙没家产；为从者各鞭一百，并罚三九牲畜。其财货俱行入官。②

“三九”牲畜即27头牲畜。看守卡伦之入稽查不严者，也要分别受

① （清）梁份：《秦边纪略》卷1《西宁卫》，第63页。

② （民国）周希武：《玉树调查记》，青海人民出版社，1986，第205页。

“革去等级，财产抄没”和鞭打罚服的处罚。“番例”是从蒙古例中摘出来的，可见这些律例原来是针对蒙古族的，雍正前后对蒙古族仍然适用。乾隆二十六年，军机大臣等议复，都统多尔济奏称：原定日月山以西青海地方，不许商入越山贸易。“今准夷荡平，回部向化，请令内地商人各随所愿，裹带茶叶、布匹等项，前往青海贸易，使柴达木等远处贫出蒙古，得以什只售换，于边疆生计，大有裨益。”但必须持有地方官核发的“蒙古汉字印照”，接受守边官兵检查，严禁夹带禁物。[①] 这得到了清政府的批准。从这时开始，清政府对青海边口贸易的限制有所放宽。内地商人越边贸易者很多。后来丹噶尔市场之所以一度出现极盛的局面，与清政府削除人为的贸易壁垒、取消某些贸易禁令、优化贸易环境有极大关系。

清代从事边口贸易的商民被称为“羊客”。羊客们的商贸活动促进了农牧业的流通，有利于经济的发展和繁荣。但随着清朝的中衰，阶级矛盾趋于尖锐，还禁止携带军火等物出口，结伙“为盗”“为匪”屡有发生。道光三年（1823 年），陕甘总督那彦成整理蒙藏事务时，为防止羊客“夹带违禁军火物品”“或教诱蒙古为匪”，规定“嗣后勿论何州县羊客，与河北蒙古买羊易货，止准在西宁县届日月山卡以内东科尔寺、丹噶尔及大通县属之乌什沟、察罕俄博等处互相售易。其河南蒙古、番子羊只货物，均在贵德厅属之西河滩售卖。该羊客不许往赴蒙番游牧处所收买，致滋流弊”[②]。乾隆二十六年（1761 年），明令取消的赴边贸易至此又基本上恢复了。那彦成还规定，羊客必须“特带卖之方正绸缎及不干例各构并沿途自食粮茶若干，同行几人，是何姓名，前往何处买羊，由何路行走，由何卡进口”等先行报官，均“开载票内”，“买羊在一千只以上者结大票一张，一千只以下者给小票一张，仍发西宁府交于羊客执持，前往票载地方贸易，大票限四个月进口，小票限两个月。或由西宁、甘、凉、肃载明所进何口，该守卡异兵查验羊只货物与票载相符，即将印票截角”，按季上报西宁府。[③] 显然，这时对

① 《清高宗实录》卷 663，乾隆二十六年（1761 年）三月壬戌条。

② （清）那彦成：《平番奏议》卷 4。

③ 同上。

边口贸易又增加了一些限制。

清雍正年间，随着官营商业的衰落、民间贸易的兴盛，青海本地籍的商人阶层也逐步成长起来。据康熙年间成书的《秦边纪略》记载，西宁城东一带为商业集中区，流动人口尤多，当时东关为回民聚居的地方，“回回皆拥资为商贾”。多巴市场上专门从事贸易的商人除“黑番”外，主要是来自西宁熟谙蒙藏语言、颇具地方特色的商人。其中有内地汉族商人，也有本地的蒙古族、回族、撒拉族、土族等族商人。

图书在版编目（CIP）数据

青藏高原社会经济史 / 魏明孔，杜常顺主编. -- 北京：社会科学文献出版社，2019.7
ISBN 978-7-5201-4742-2

Ⅰ.①青… Ⅱ.①魏… ②杜… Ⅲ.①青藏高原-经济史-研究 Ⅳ.①F129.97

中国版本图书馆 CIP 数据核字（2019）第 075533 号

青藏高原社会经济史

主　　编 / 魏明孔　杜常顺

出 版 人 / 谢寿光
责任编辑 / 王玉山
文稿编辑 / 韩宜儒

出　　版 / 社会科学文献出版社 · 经济与管理分社（010）59367226
地址：北京市北三环中路甲 29 号院华龙大厦　邮编：100029
网址：www.ssap.com.cn
发　　行 / 市场营销中心（010）59367081　59367083
印　　装 / 三河市尚艺印装有限公司

规　　格 / 开　本：787mm × 1092mm　1/16
印　张：20.25　字　数：320 千字
版　　次 / 2019 年 7 月第 1 版　2019 年 7 月第 1 次印刷
书　　号 / ISBN 978-7-5201-4742-2
定　　价 / 126.00 元

本书如有印装质量问题，请与读者服务中心（010-59367028）联系